序説　「大逆事件」の言説空間……山泉　進

一　言説空間と空間規制

「大逆事件」は言説空間のなかに存在する。こういう言い方に多くの人は違和感を覚えるかもしれない。二六名の被告がいて、大審院での裁判があり、東京監獄での処刑が行われて、家族や遺族たちのその後の人生があって、これらすべては現実のことで、言葉のなか、言説のなかの出来事ではないではないかと。しかし、「大逆事件」を全体としてみれば、違法性をもつ事実があって、それが裁判所において構成要件をみたす事実として認定され、犯罪としての処罰がおこなわれたわけではない。たしかに大審院において犯罪となる事実が認定され、二四名に死刑判決が下され一二名が処刑されたことは事実であるが、少なくとも前提となる「違法性をもつ事実」が存在したのか、については疑わしい。大審院における公判において、検事局を代表して法廷にたった平沼騏一郎大審院次席検事が主張したように、被告たちを裁く基準は、その「信念」であって「事実」ではなかった。「事実」が行為のなかにしか存在しないように、「信念」は言説のなかにしか存在しない。したがって、「大逆事件」は言説のなかに存在することになる。ところで、言説を言葉と文法規則よりなる意味の表現と考えれば、そこには意味を表現する主体が存在し、主体の場所が存在することになる。つまり、言説は一定の意味を付与する空間のなかに存在しているということである。

「大逆事件」の言説空間を考える場合、私は三つの指標を提示したいと思う。第一の指標は、その言説が公的な空間に存在したのか、あるいは私的な空間に存在したのかという指標である。公的空間はまた二つに分類することができる。一つは法律を根拠とする命令や指示の体系である。公文書や公的記録として言い表されるこのような言説は、裁判所や行政官庁などの公的機関を通して発せられるものである。もう一つの公的空間にある言説は、新聞や雑誌などの活字メディアを通してつくられるものであり、読者を前提にして成り立つ。他方、私的空間にある言説は、個人の私的な日記や手記というかたちで、少なくとも執筆時においては公表されないことを前提として存在するものである。また基本的には個人間の信書（手紙や葉書など）もここに含めることができよう。「大逆事件」においては、内面にある「信念」が問題にされるという前提のもとで、私的言説もすべて公的空間へとさらけ出すことを要請された。第二の指標は言説の公開性に関するものである。「大逆事件」において、事件の本質にかかわる重要な多くの言説は公開することを禁止された。その非公開性の原則が何によるものかは、「大逆事件」そのものの性格を規定することになるが、公開を許された言説からは常に事件の本質を隠蔽する作用が働くことになった。「大逆事件」に関する言説を理解しようとする場合、それが公開を禁止された言説であるのか、公開を許された言説であるかを考慮しておくことは事件理解の本質にかかわることであるといっても過言ではなかろう。その意味では、現在の状況を投影させて、すべての言説をフラットに並べて、透明化された事実から真実を取り出そうとしても「大逆事件」という闇の中を簡単に覗くことはできない。第三には言説が同時的であるのか、回想的であるのかという指標である。回想的言説には、文字通りの当事者や関係者たちの回想、あるいは小説などの文学作品、さらにはノンフィクション作品による再構成や研究論文までもが含まれる。当然にも、回想的言説には時間的経過の差があり、とりわけ「大逆罪」が存在していた戦前と、「大逆罪」が刑法から削除された戦後とでは、空間規制において質的な転換があり、それらのことを十分に考慮する必要がある。回想的言説と区別される同時性をもった言説とは、文字通り「大逆事件」の進行に付随して作成される、公的文書、新聞記事、感想録や日記の類である。これらの言説は、「大逆事件」を事後的にいわば完成された事件として回想的に捉えるのではなくて、事件を製造し、拡大し、政治的ショウへと仕立て上げていったメカニズムを解明するためには必要な言説である。

このように、「大逆事件」の言説についての三つの指標を提示しておくことは、ある意味において、「大逆事件」についてのテーマと叙述を規定することにもなる。たとえば、私的で、非公開的で、同時的な「大逆事件」についての言説といえば、石川啄木の「日本無政府主義者陰謀事件経過及び附帯現象」や平出修弁護士の「刑法第七十三条に関する被告事件弁護の手控」などに代表されることになろうし、公的で、公開的で、同時的な言説の分析では当時の新聞報道を取り上げるのが最適であろう。また、神崎清の著作のように、入手可能なすべての種類の言説を探し出して、「大逆事件」を回想的に再構成しようとした力作もある。(1)

ともかくも、言説空間についての指標を設定する意味は、言説をその背後にある意味空間を含めて理解し、「大逆事件」を成立させる構造を探求したいという欲求にもとづいている。戦後、歴史の闇の中から「大逆事件」を明るみへと出す努力は、冤罪者たちの無実を証明するところからはじまった。無実であり、無罪であることを証明するためには、隠された資料を探し当てて真実を発見し、被告たちの無罪を勝ち取ることに精力が注がれた。「大逆事件」の五〇年を期しての、被告の一人、坂本清馬らによる再審請求はその頂点でもあった。それから五〇年近くが過ぎ去って、いま「大逆事件」を論じることは無罪論よりも、むしろ歴史的評価を必要とされる時期にきていると私は考えている。そのために、いま一度、そもそも「大逆事件」とは何であって、何が起こったのかを検証し直してみる必要があるように思われる。その作業の出発点として、言説空間に注目してみたいと私は考えた。

少し先を急ぎすぎている。「大逆事件」当時にかえって、もう少し言説空間について考察しておかなくてはならないことがある。これは、先の言説の公開性という指標に関係しているのであるが、この公開性は、表現の自由とプライバシー権の侵害というような権利の衝突において生じる性格の問題ではない。また、個人や機関の意思によって秘密にされたり、あるいは公表されたりするという関係にあるのでもない。たとえ、個人の場合に、様々な覚悟をして公表しようという意思が働いたとしても、公表することが許されない意味空間が厳然と存在しているということである。それは、現象的には法的に規制された言説空間である。

まず、活字メディアについての規制についてみてみよう。これについては、新聞紙法と出版法という二つの法律による規制が働いていた。新聞紙法は、新聞紙条例が改正されて、一九〇九年五月六日法律第四一号として公布された。この法律において、「新聞紙」と定義されるものは、「一定ノ題号ヲ用ヒ、時期ヲ定メ又ハ六箇月以内ノ期間ニ於テ時期ヲ定メスシテ発行スル著作物、及定時期以外ニ本著作物ト同一題号ヲ用ヒテ臨時発行スル著作物」である（第一条）。新聞紙を発行する場合には内務大臣への届出でが必要とされたが、その場合「題号」「時事ニ関スル事項ノ有無」「持主ノ氏名、若シ法人ナルトキハ其ノ名称及代表者ノ氏名」「発行人、編輯人、印刷人ノ氏名年齢」等の八項目の記載が必要とされた（第四条）。そして、政治問題などの「時事ニ関スル事項」を掲載する場合には、東京市、大阪市、及びその「市外三里以内ノ地」においては二千円の保証金を求められた（第一二条）。掲載内容についての規制は、第二三条に規定されていて、「内務大臣ハ新聞紙掲載ノ事項ニシテ安寧秩序ヲ紊シ、又ハ風俗ヲ害スルモノト認ムルトキハ其発売及頒布ヲ禁止シ、必要ノ場合ニ於テ之ヲ差押フルコトヲ得」とされていた。また、「外国」あるいは「本法ヲ施行セサル帝国領土」において発行された新聞記事についても、「本法施行ノ地域内ニ於ケル」と同様な処置がとられた（第二四条）。そして、後者の場合、一年以内に二回以上の処分を受けた時は、内務大臣はその新聞紙を「本法施行ノ地域内」へ「輸入」または「移入」することを禁止することが出来た。これらは、内務大臣による行政的な処置であるが、これに違反した場合には、発行人、編輯人に対して「六月以下ノ禁錮又ハ参百円以下ノ罰金」が科せられた。行政的規制とは別に司法的処罰も定められていて、「安寧秩序ヲ紊シ、又ハ風俗ヲ害スル事項」を掲載した場合には、発行人と編輯人に対して「六月以下ノ禁錮又ハ弐百円以下ノ罰金」が科せられた（第四一条）。さらに、第四二条には、「皇室ノ尊厳ヲ冒瀆シ、政体ヲ改変シ、又ハ朝憲ヲ紊乱セントスルノ事項」を掲載した場合には、発行人、編輯人、印刷人に対し、「二年以下ノ禁錮及参百円以下ノ罰金」を科すことが定められていた。これ以外にも、「大逆事件」報道においては大いに威力を発揮するのであるが、捜査や裁判に関する報道が禁じられていて、第一九条は、「新聞紙ハ公判ニ付スル以前ニ於テ予審中ノ内容、其ノ他検事ノ差止メタル捜査、又ハ予審中ノ被告事件ニ関スル事項、又ハ公開ヲ停メタル訴訟ノ弁論ヲ掲載スルコトヲ得ス」と定められていた。また、第二一条には、「新聞紙ハ犯罪ヲ煽動若ハ曲庇シ、又ハ犯罪人若ハ刑事被告人ヲ賞恤若ハ救護シ、又ハ刑事被告人ヲ陥害スルノ事項ヲ掲載スルコトヲ得ス」とあって、被告人たちの無実を訴えたり、擁護したりする記事を掲載することは厳禁されていた(2)。

出版法は、新聞紙法より早く一八九三年四月一四日に公布された。この法律において出版とは、「凡ソ機械舎密其ノ他何等ノ方法ヲ以テスルヲ問ハス、文書図画ヲ印刷シテ之ヲ発売シ又ハ頒布スル」ことであるとされた（第一条）。ただし、「新聞紙」と「専ラ学術、技芸、統計、広告ノ類ヲ記載」するものを除いた「定期ニ発行スル雑誌」については、この法律から除外された（第二条）。これらは新聞紙法の適用を受けた。そして、文書や図画を出版する場合には、「発行ノ日ヨリ到達スヘキ日数ヲ除キ三日前ニ製本二部ヲ添ヘ内務省ヘ届出」ることが義務付けられている

（第三条）。また、「著作者又ハ其ノ相続者及発行者連印」の「出版届」も必要とされた（第五条）。内容に関する規制は、内務大臣の権限下において、「安寧秩序」の妨害と「風俗」の壊乱について、「発売頒布ヲ禁シ其ノ刻版及印本ヲ差押」ができた（第一九条）。また「外国」において印刷されたものについても「内国」において同様の措置をとることができたが（第二〇条）、これはまだ植民地を有していない時代の表記である。刑事罰の規定は、第二六条に「政体ヲ変壊シ、国憲ヲ紊乱セムトスル文書図画ヲ出版シタルトキハ、著作者、発行者、印刷者ヲ二月以上二年以下ノ軽禁錮ニ処シ、弐拾円以上弐百円以下ノ罰金ヲ附加ス」とある。第二七条には「風俗ヲ壊乱」について単独で罰則が定められているので、「安寧秩序」については、第二六条に含ませたのであろうか。その他、新聞紙法と同様、第一七条には、「重罪軽罪ノ予審ニ関スル事項ハ公判ニ付セサル以前ニ於テ之ヲ出版スルコトヲ得ス」、また、第一六条、「罪犯ヲ曲庇シ、又ハ刑事ニ触レタル者若ハ刑事裁判中ノ者ヲ救護シ若ハ賞恤スルノ文書ヲ出版スルコトヲ得ス」と規定していた。

活字メディアを離れて、集会における言論規制についてみてみると、一九〇〇年三月一〇日公布の治安警察法が力を揮った。治安警察法は、政治結社と集会について「安寧秩序ヲ維持」するために様々な規制を定めているが、屋内外の集会についても、「警察官」は、「屋外ノ集会又ハ多衆ノ運動若ハ群集ヲ制限、禁止若ハ解散」することが出来たし、また「屋内ノ集会ヲ解散」することが出来た（第八条）。また、集会における言論内容についても、「重罪軽罪ノ予審ニ関スル事項ヲ公判ニ付セサル以前ニ講談論議」すること、また「傍聴ヲ禁シタル訴訟ニ関スル事項ヲ講談論議」することを禁じたほか、「犯罪ヲ煽動若ハ曲庇シ、又ハ犯罪人若ハ刑事被告人ヲ賞恤若ハ救護シ、又ハ刑事被告人ヲ陥害スルノ講談論議」することについても禁止した（第九条）。もちろん、これらの場合や、「安寧ヲ紊シ、若ハ風俗ヲ害スルノ虞アリト認ムル場合」においては、警察官は中止させる権限をもった（第一〇条）。違反した場合には刑事罰が科せられた。

これらの法規のもとでの「大逆事件」進行中の言論規制については、「社会主義者沿革（第三）」に記録されている。(3) 新聞紙法違反に問われたものについては、「特種ノモノ」と「一般」に区別して掲載されている。「特種ノモノ」が主として社会主義者が関係している処分を受けた事項、そして「一般」の方は商業紙において社会主義者に関する記事を掲載して処分を受けた事項に分類されている。いずれも日本全国を対象としている。後者の「一般」の方からみれば、処分状況を時系列に、行政処分・司法処分を記して一覧表にして並べているが、「大逆事件」発覚の一九一〇年五月以降をとれば、『東洋時論』（一九一〇年七月号）に掲載されたアナトール・フランスの小説「乞食」が第二三条の「安寧秩序ヲ紊シ」に該当するものとして発売頒布禁止、差押の行政処分をうけたのをはじめとして、一九一一年三月一八日号と二〇日号の『大阪夕刊』が「読基督抹殺論」と題する幸徳秋水を賞揚する記事を掲載したとして、発売頒布禁止、差押、同一主旨事項掲載差止の行政処分を受け、同時に第四一条により記事署名人である朝日福太郎が罰金百円の司法処分を受けるまで、全部で二七件についての処分状況が列挙されている。ただし、これは新聞紙名と発行年月日、記事のタイトル、処分内容と処分日が簡潔に一覧表にして掲げられているだけで、記事内容や処分理由など具体的なことはわからない（もちろん「特種ノモノ」と重複して掲載されている場合にはこの限りでない）。これに対して「特種ノモノ」は、主として社会主義者が関係する特種な事例として、より詳しく記載されている。一九一〇年五月以降について、人物と関係した新聞紙だけを取り出せば、長谷川淑夫（『北海新聞』）、橋浦時雄（『因伯時報』）、谷村伊八郎・遠藤重義（雑誌『天下』）、笠原定次郎・竹沢繁一郎（『静岡新聞』）、吉田璣・小国善平（『北拓新聞』）、佐藤秀雄（『宇和朝報』）、林謙（『中国民報』）、野村貞吉・広瀬徳重（『九州民友新聞』）、竜野梅太郎（雑誌『実業公論』）、藤田貞二（『東京新聞』）、片山潜（『社会新聞』）、朝日福太郎（『大阪夕刊』）、以上一二件である。最初の事例である長谷川淑夫のケースだけを取り上げれば、一九一〇年七月二四日から同年八月二〇日までの間に、自らが発行する『北海新聞』に掲載した「昔の女今の女」と題する記事が問題とされた。具体的に内容が紹介されていないので、どのような表現であったのかは確かでないが、ともかく「我国古今ノ女性ニ関スル風俗ノ変遷ヲ叙述シ、皇室ノ尊厳ヲ冒瀆スルモノト」認められるような記事であると断定され、同年九月一六日函館地方裁判所において、発行兼編輯人として各禁錮四月・罰金五〇円の判決を受けた。控訴するも一一月二五日函館控訴院にて棄却、同時に『北海新聞』の発行を禁止された。さらに上告したが一九一一年二月二四日棄却され、三月一八日函館監獄に収監された。新聞紙法第四二条の「皇室ノ尊厳ヲ冒瀆シ」云々の規定に違反したこの事件についての大審院判決は、冒瀆罪判例の一つの柱となったということであるが、後に言及することもあろう。

社会主義に関係する出版法違反事例についても、「特種ノモノ」と「処分一覧」に区別して記載されている。「特種ノモノ」として、「大逆事件」に直接関連するものとしては、伊藤証信が、自ら発行する雑誌『無我の愛』（一九一一年三月七日発行）に「大逆事件の啓示」と題された記事を掲げ、翌日八日に発売頒布禁止等の処分を受けたことくらいであろうか。「処分一覧」は出版法第一九条により、内務大臣による発売頒布禁止、刻版並びに印本の差押処分を受けた出版物のことであるが、平民社が結成された一九〇三年からみれば、同年二件、一九〇四年一件、一九〇五年四件、一九〇六年九件、一九〇七年八件、一九〇八年一八件、一九〇九年一六件、そして「大逆事件」の年、一九一〇年一月～五月が六件、六月一件、七月五件、八月三件と続く。九月に入ってからが異常で、一日は一件、三日五六件、六日一三件、九日七件と減少していくが九月の合計が九二件、以後一〇月一件、一二月三件、一九一一年一月～五月一〇件と終息していく。これは八月上旬文部省と内務省において方針が決定され、九月に社会主義文献についての一斉禁止処分が行われた結果である。政府は、社会主義そのものを「根絶」する方針を打ち出し、読書の段階において封殺し、思想の影響力を根絶やしにすることを目指した。片山潜や田添鉄二など幸徳秋水の直接行動論に反対する合法主義的な社会主義者たちの著作、あるいは運動から離脱していた木下尚江の小説までをも発禁処分の対象としていることは、そのように考えないと説明がつかない。また、これらの行政処分とは別に、出版法第二六条の「政体ヲ変改シ、国憲ヲ紊乱」に該当するものとして司法処分を受けたケースは別に掲げられ、①内山愚童、『無政府主義道徳非認論』・『来るべき革命ハ無政府共産』・『帝国軍人　座右之銘』の出版により禁錮二年、②堀愛・日山忠三郎・山下儀平次、『貧乏人の福音』により禁錮三月（一年間の執行猶予）、③小木曽助次郎、『社会主義の大意』により禁錮四月、④赤羽一、『農民の福音』により禁錮二年、岡千代彦、同書により禁錮六月、⑤関谷竜十郎、『社会主義とは果して如何なる性質の者なる乎』により禁錮一年六月、が並んでいる。ただ、一九一〇年以降は、④と⑤である。

治安警察法関係をみれば、一九一〇年六月以降、翌年一月までに社会主義者が関係した政談集会で「演説中止」を命じられたものは一二例、吉瀬才一郎、佐々井辰次郎、片山潜、藤原恒太郎、池田兵右衛門、藤田貞二等の名前が並ぶが、演題は、普通選挙、水害に対する当局の責任、一般的な社会主義の鼓吹というようなものであった。それよりも、むしろ多くの社会主義者たちは「大逆事件」の捜査の影響をうけて、演説会自体を開くことが出来ない状況下にあったと考えた方が正確であろう。

二　不敬罪と不敬事件

加えて、刑法（一九〇七年四月二三日公布）は、「皇室ニ対スル罪」として不敬罪を定めていた。第七四条、「天皇、太皇太后、皇太后、皇后、皇太子又ハ皇太孫ニ対シ不敬ノ行為アリタル者ハ、三月以上五年以下ノ懲役ニ処ス」、後段には「神宮」や「皇陵」に対しても同様の規定がある。また、第七六条は、「皇族」に対する「不敬ノ行為」があった場合を規定し、「二月以上四年以下ノ懲役」が科された。もちろん、刑法第二編第一章「皇室ニ対スル罪」は、第七三条、第七五条の大逆罪とこの不敬罪から構成されているが、それが帝国憲法上に規定された天皇の特別な地位と関係していることはいうまでもない。戦後、一九四七年に天皇の地位の変更とともに、大逆罪も不敬罪も刑法から削除された。内務省作成の「社会主義者沿革（第三）」は、「大逆事件」前後における社会主義運動、組織、個人についての視察記録であるが、そこには「大逆事件」捜査中における不敬事件についての六つの事件記録が掲載されている。(4)

掲載順に紹介すれば、第一のケースは、「田中佐市、金子新太郎及杉山正三ニ関スル事件」である。記載によれば、一九一〇年九月一五日、横浜地方裁判所検事と警察とによる田中佐市、金子新太郎、大和田忠太郎等の家宅捜索をおこなったことにはじまっている。容疑は、一九〇八年一一月か一二月に内山愚童が秘密出版した『入獄記念無政府共産』と題する冊子が送付されてきて、他に配布した疑いがあるということであった。「天子金もち大地主。人の血をすふ、ダニがおる」「今の政フの親玉たる天子といふのは、諸君が、小学校の教師などより、ダマサレテおるやうな神の子でも何でもないのである、今の天子の先祖は、九州のスミから出て、人殺しや、ごう盗をして、同じ泥坊なかまの。ナガス子《ネ》ヒコなどを亡ぼした」云々等の不敬な文字が並んでいた。(5)取調べの結果、田中佐市は、約五〇部が匿名で送られてきたこと、そのうち七、八部を金子新太郎に、一五部から二〇部を大和田忠太郎に交付したこと、何部かは横浜伊勢佐木町にて通行人に配布したことを認め、他方、金子新太郎は横浜市内中村町通りで通行人に配布したことを認めた。『東京朝日新聞』（九月一九日）により補えば、田中佐市は貸家業で三〇歳、金子新太郎は菓子製造業で二九歳、第一回公判は一七日午前九時、横浜地方裁判所にて東裁判長、服部立会検事のもとで開廷された。審問に先立って、検事から公安秩序を紊すおそれがあるとして傍聴禁止を請求、裁判長は直ちにこれを受け入れて傍聴禁止を宣告したということである。同記事によれば、犯罪事実については「探聞」であるとことわっているが、「被告両人は各所の同主義者より送付し来りたる刊行物をば、其内容を極めず中に不敬の文字を記せる侭配布したる事件」であって、被告たちは「自ら心着かざる為めの犯罪なり」と陳述し、安村弁護士は、「被告等の行ひは法律より見るも事実より見るも犯罪の成立すべきものに非ず、唯徳義上、政策上之を厳罰に処すべきものなるやを知らねど、斯くの如きは弁護士の陳ぶる限に非ず」といって無罪を主張し、一一時半に閉廷したとある。そして、二一日午後一時に判決の言渡しがあり、「検事の求刑通り刑法第七十四条の最重刑即ち懲役五年宛に処せられたり」（『日本』一一月二一日）。控訴を申し立てたが、同年一二月二七日東京控訴院にて棄却となり、翌年一月一七日千葉監獄へ移送された。なお、大和田は交付されたことは認めたものの、他に配布したことを否認し無罪になっている。杉山正三は、田中佐市方の家宅捜索の際に発見された葉書により不敬罪に問われた。文面には、「隣室ニ酔客アリ、談偶々天皇ノ事ニ及ブ、彼曰ク天子ハ国賊ナリト、一葉落チテ天下ノ秋ヲ知ル、吾党ノ前途大ニ楽観スベキヲ知レリ」云々とあった。何年に書かれたものかは記録されていないが、この方は先の裁判よりも迅速に判決が出され、一九一〇年九月二六日不敬罪により検挙、一〇月二九日横浜地方裁判所において懲役五年の判決を受けた。控訴をするものの、一一月一九日東京控訴院にて棄却、横浜監獄に服役する。

第二のケースは、「鈴木楯夫日記事項ニ依リ処刑セラル」と題されている不敬事件である。「大逆事件」捜査中の一九一〇年九月一七日、愛知県在住の鈴木楯夫を取調べ中に本人所持の日記の記述により、同年一一月四日名古屋地方裁判所検事により不敬罪にて起訴、即日同裁判所において懲役五年の判決をうけ、名古屋監獄に収監されたというものである。日記の記述内容は、一九〇九年七月一〇日に、「天皇陛下が霖雨を心配せられ農事の前途を気遣い有司を派遣し玉ふと各新聞サモ有難たさうに記載して居る、勿論政策上だが余り国民を馬鹿にして居る、他人の労働を掠奪して食ふ寄生虫共よ、汝等は斯くて永久に其特権を維持し得るとなすか、万国に征服の翼を張る、社会党の勢力を解せざるや、サルにても国民は何時眠りより醒むスベからう、心細い限りにこそ」云々、また同年一一月三日、天長節の日の記述、「今日の新聞は何れも紙数を増刊して天皇の天長を祝して居る、国民は何時まで此の愚を許容するだらう」云々の文言が不敬罪の対象とされた。九月一七日に武富済検事の取調べに対して、「私ノ提出シタル日記ニハ　皇族ハ盗賊テアルトカ云フ事ヲ初メトシテ誠ニ過激ナル事項ヲ記載シテアリマスガ、一時ハ全ク極端ナル過激ノ思想ヲ懐キ無政府共産主義者テアリマシタガ、只今ハ国家ノ権力及法律ヲ認テ居リマスノテ無政府共産主義者テハアリマセヌ、純然タル片山派ニテ議会政策ヲ取ルノテアリマス」等々と抗弁したが聞き入れられなかった。それにしても、起訴と同日に判決を受けたということからすれば、とても裁判という手続きを踏んだものとは思えない。

第三は、「長加部寅吉、坂梨春水及岩崎松元ニ関スル事件」である。一九一〇年九月二六日から三〇日、「大逆事件」に関して検事らが群馬県下に出張、取調中に上記三名を不敬罪にて検挙したという事件である。まず、岩崎松元については、九月二六日、県下邑楽郡高島村在住の蟹江鉦三宅において「暗殺主義」という印刷物が発見された。取調べの結果、アメリカから岩崎宛に送付されてきたものを一九〇八年春頃に蟹江に配布したことが判明、一〇月一八日岩崎は大阪から前橋へ護送され、翌一九日前橋地方裁判所において不敬罪を適用、重禁錮五年の判決、直ちに控訴するも一一月四日に棄却、前橋監獄に収監された。この場合も、裁判という形式がとられたどうかは疑わしい。「暗殺主義」は、一九〇七年一一月三日にサンフランシスコの日本領事館入口や日本人居住地区に貼付されていたとされるもので、日本国内にも郵送されていた。「日本皇帝睦仁君ニ与フ」と題された文章は、「日本皇帝睦仁君足下　余等無政府党革命党暗殺主義者ハ今足下ニ一言セント欲ス」と書き出され、「睦仁君足下、憐レナル足下、足下睦仁君ノ命ヤ旦夕ニ迫マレリ、爆裂弾ハ足下ノ周囲ニアリテ将ニ破裂セントシツ、アリ、サラバ足下ヨ」で結ばれている。(6)長加部寅吉に関する不敬罪は、内山愚童から送られてきた秘密出版物『入獄記念無政府共産』を高畠素之と神田幸策に交付した容疑で、一九一〇年一一月一日前橋地方裁判所の予審判事により拘留状が発せられ、同月二二日同裁判所において懲役五年の判決を受け、前橋監獄に収監された事件である。すでに、この件については出版法による禁止、差押の行政処分が行われ(一九〇八年一二月三日告示)、「社会主義者沿革(第二)」にも記録されていた。それによると、一九〇八年一一月中に「入獄記念無政府共産」と題する「頗ル不敬危激ノ文章」を掲載した八頁の小冊子が、群馬県在住の長加部寅吉宛に六部送られてきたというもので、差出人に「小田原後藤生」とあり、「神奈川県下箱根宮之下郵便局」の消印があったとされている。「不明者」から送付されたものとして記述されているが、内山愚童は同年一一月五日、これ以外の秘密出版の罪で禁錮二年、爆発物取締罰則違反で懲役一〇年の一審判決を受けていたので、群馬県からの情報としてこういう処理になったのであろうが、おそらく警保局においては郵便局印から内山を特定することは可能であったはずである。なお、長加部寅吉についての視察結果は、「常ニ主義ニ関スル新聞雑誌ヲ購読シ、又時々之カ論説ヲ新聞等ニ寄書スルコトアリ」と記録されている。(7) 坂梨春水の場合は、九月二六日植原啓次郎宅にて発見された坂梨の執筆した「大阪ヨリ送ル最後ノ書面」と題された文章が不敬罪に問われた。この文章は、一九〇九年二月末頃、坂梨が大阪滞在中に植原方に同居していた喜多一に郵送したもので、その後六月頃「之ヲ同人ヨリ取戻シ」とあるので坂梨が取り戻してという意味になろうか、さらに阿部米太郎に見せたものであると断定されている。坂梨が取り戻したものがどうして植原宅から発見されたのか、これでは判明しないので、あるいは植原が取り戻したのかもしれない。(8) ともかく、坂梨執筆のものと確認され、先の長加部寅吉と同日の一一月一日に前橋地方裁判所予審判事より拘留状が発せられ、同月二二日同裁判所において懲役四年の判決を受け、前橋監獄に収監された。坂梨の場合には、何を根拠とされたのであろうか、一年少ない刑罰になった。考えられるのは印刷物か、そうではないかくらいのものである。ところで、「頗ル不敬ニ渉ル」とされた文章は、「何故ニ天皇ハ有難イカト人ニ問ヘハ、タ、有難イ別ニ理由ハナシト応ヘ候、有難イモノハ神様仏様ノ様ニ木像ニ化シ日夜睫前ニ合掌スルコトニシテ贅沢ナ生活費ヲ与ヘス屠レト申セシニ、狂人ナリヤト小人ハ嗤ヒ候」云々と続くものであった。(9)

第四の不敬罪のケースは、「田中泰及相坂佶ニ関スル事件」である。この事件も内山愚童の『入獄記念無政府共産』に関係している。兵庫県在住の田中泰は、一九一〇年一〇月一一日「大逆事件」の証人として東京地方裁判所の召喚を受け、翌日帰県の途中静岡市の義兄を訪ねたところ、同月二九日再び同裁判所検事局より召喚され出頭、同日に不敬罪にて拘留された。相坂佶の方は、原籍は広島県であるが在京中の一〇月一五日東京地方裁判所検事局に出頭、取調べを受けた後同月二八日不敬罪の容疑で拘留された。事件内容は、「大逆事件」の被告となった大阪在住の三浦安太郎から、一九〇九年五月に送られてきた内山愚童の冊子を田中は「之を流布スル目的ヲ以テ」同月中に相坂佶に転送したという容疑であり、相坂佶も同一の目的をもって同年九月中に大久保繁助に郵送したという容疑である。田中泰は、予審判事河島台蔵の取調べにおいて、『入獄記念無政府共産』は、三浦安太郎の手紙に同封されていたもので、読み終えたら相坂に送ってくれとの事が書いていたので、「直ク相坂ノ方へ封シテ郵送致シマシタ、然ル処相坂カラハ届タトモ届カナイトモ返事ヲ寄越シマセヌテス」と答えている。そのうえで、しつこく内容について聞かれている。「証人ハ其本ヲ読テ如何ナル感シカ起タカ」、答え、「全部悉ク覚へテ居リマセヌガ過激ナ事カ書テアルト思ヒマシタ」。問い、「如何ナル事カ過激ト思ツタカ」、答え、「何ウモ能ク覚ヘテ居リマセヌ」、問い、「余リ不敬ニ渉ル事ガ沢山書テアルノテ今更云ハレナイノタロウ」、答え、「不敬ノ事モ書テ有ツタ様テス、ケレトモ壱チ〳〵能ク覚ヘテ居リマセヌ」と。格別に不敬の言説を表明したわけではなかったが、不敬文書の配布ということだけで不敬罪に問われ、両名ともに一九一〇年一二月二一日東京地方裁判所において懲役五年の判決を受けた。田中は控訴、相坂も控訴し上告したが何れも棄却され千葉監獄に収監された。

第五番目の不敬事件として列挙されているのは「橋浦時雄日記事項ニ依リ処刑セラル」と題されている事件である。一九一〇年一一月一七日、同月九日には「大逆事件」の被告二六名と大逆罪による公判開始が決定されていた時期にあたっているが、新聞紙法違反事件にて東京地方裁判所に出頭、取調べを受けた結果、不敬事件が発覚し同日に拘禁され、一二月一日同裁判所において懲役五年の判決を受けた。控訴、上告するも棄却され、一九一一年三月三一日千葉監獄へ送られた。掲載されている「判決ノ要項」によれば、「被告人時雄ハ予テ社会主義者ナル幸徳伝次郎等ト交リ、遂ニ過激ナル無政府共産主義又ハ虚無主義ヲ奉スルニ至リシヨリ、自ラ皇室ニ対スル尊敬ノ念ヲ失ヒ居リタルモノナル処、明治四十二年十月二十日　至尊カ騎兵実施学校ニ行幸セラル、ヤ、被告人ハ途ニ之ヲ拝観シ、同日〔略〕自己ノ日記帳ニ当時ノ感想トシテ　至尊ノ尊厳ヲ冒瀆シ奉ル可キ事項ヲ記載シタルモノナリ」ということであって、この文章自体からは肝心の「至尊ノ尊厳ヲ冒瀆シ奉ル可キ事項」の内容が隠蔽されている。橋浦時雄日記『冬の時代から』（第一巻）口絵には、一九一一年三月三日付で小原直検事により「不敬事項」の理由で「抹消」され、「没収」された部分が写真版にして掲げられている。戦後、橋浦が記述の「大要」として復元したところによると次のようになる。《　》が復元された部分である。(10)

この日は明治天皇が渋谷の騎兵実習学校の卒業式に臨幸するというので、その行列を道玄坂あたりで僕は見物したのだ。当時道は狭く、沿道の奉迎観衆はあふれて、護衛の騎兵は群集を目の下に見ながら通過しなければならなかった。そこで、

《誰か爆裂弾でも投げるかといったように箱馬車の両側の騎兵は群集をにらみつけるようにして行く》

という記事になった。全く騎兵の緊張ぶりは殺気立ってさえ見えた。箱の中で天皇の髯の濃い長味の顔が見られる。

《竜顔とはよくいったもので竜のような顔だ。思い出すのは僕が高等小学校へ通学する途の本庄村の中ほどに村上という醸酒家があって、その白壁の土蔵にいかめしい竜の浮彫の飾りがある。その竜の顔とそっくりだ》

と誌した。後にこの土蔵の竜は警官が来て取りはらいになったそうな。最後には、《日本では天皇と国民とは親と子との関係にあると学校で教えられたのだが、親が子の処に出掛けるのに抜身の槍をひっさげて行く奴はあるまい》

という感想が書かれた。

一二月一日の第一審裁判は、弁護人を与える猶予も与えず、弁護人なしで開廷し、傍聴禁止にした審理の後に、裁判官たちが合議をして即日判決を下した。この時に明治憲法下でも許されていなかった、傍聴禁止のままでの判決宣告を下したということである。控訴院の裁判には、「大逆事件」でも弁護人を引き受けていた平出修がついたが、一二月二七日控訴を棄却した。しかし、さすがに傍聴禁止のままで言渡しをした原判決については違法として破棄している。上告をすすめた平出弁護士の「上告論旨」の要点は、「不敬ノ行為トハ其地位其関係ニ立ツ（一）天皇及皇室又ハ（二）人民ニ対シ、侮蔑ノ表示ヲナスニ非レハ未タ以テ既遂条件ノ完成ト云フヲ得ス。故ニ仮令不敬ノ言語ヲ発スルモ、亦之ヲ文字ニ綴リテ書顕ハストスルモ、其言語文章カ天皇及皇室若クハ人民ニ知覚セラレサル以上ハ、未タ以テ不敬罪ノ成立ト云フヲ得サルモノトス」というところにあった。また、早稲田大学予科の学生であった被告は、「何ノ根底モナク」「主張モナク」「軽薄ナル懐疑説ニ中毒シタ」だけのことで、「刹那刹那ノ感想ヲ其日記ニ記録シタルニ止マリ、之ヲ世ニ示シテ何ヲ為サントスルノ目的」があったわけでもなく、「近親交友ニスラ秘シテ示サス、深ク行李ニ蔵メタリシ」ものであって、たまたま新聞紙法違反の事件で家宅捜索を受けて発見されたものであるから、刑罰を加えるようなことではなく、「説イテ救フヘク、訓ヘテ導クヘキモノ」であると弁護している。[11]しかし、大審院は一九一一年三月三日、原判決を支持し上告を棄却した。森長英三郎は「ある不敬事件」において、この判決を「不敬罪を、公然性を要求する名誉毀損罪の特別法ではないことにして、天皇の現神化、天皇制強化に役立たせた」と批判し、「大正、昭和年間の日記の押収による多くの不敬事件は、この判例によったものである」と位置づけた。[12]

第六のケースとして掲げられているものは、「入営中ノ尾原英夫楽書事件」と題されているもので、これは軍隊内での事件であるので多少趣を異にしている。一九一〇年一二月一日、島根県下の歩兵第二一連隊第八中隊に入営中の尾原英夫が、同月二六、七日頃より翌年一月下旬までの間に、数回にわたり連隊内のいくつかのトイレの内外に「不穏ノ楽書」を書いたとして、一九一一年二月二一日岡山憲兵隊へ送致、取調べのうえ同月二四日第一七師管軍法会議へ移送され、四月七日不敬罪により懲役五年の判決を受け、同月一〇日大阪衛戍監獄へ送られたというものである。「判決ノ要項」によれば、尾原被告は中学一年生頃より社会主義に関心を示し幸徳秋水の名前も知っていたという。父は医者であり、性格も被告とは正反対で、謹厳で旧慣や上下の区別を重んじるタイプであり、被告はいきおい母親に同情し、母子関係は「情愛濃」のものがあった。一九一〇年一二月一日の入営後も帰郷のおもい絶ちがたく、また身の不自由困難であることを感じていたが、同月二六、七日頃、「此情ヲ楽書セハ自然帰郷ヲ許サル、者多キヲ加ヘ、古兵ノ挙動モ改マルヘシ思考」するとともに、「奇抜ノコトヲ書セサレハ幹部ノ注意ヲ惹クニ足ラスト」と考えて、当時新聞を賑わせていた「大逆事件」に関係することを書くことに決心して、「軍隊ハ困難甚シク自由ヲ妨クル本元ナリ、社会主義者ハ来リ救ヘヨ」との趣意の落書きを書いたのが最初であった。以後、何度か落書きを書いているが、原文が引用されているのは、翌年一月二五日頃、落書きの内容から判断すればもう少し早く一八日の幸徳秋水らの死刑判決が新聞紙上に報じられていた直後ということになるが、ただ軍隊内への情報は遅れることが予想されるのでこのような日付けになるのか、中隊の厠（トイレ）の「仕切板ヨリ無双窓ニ亙リ」、以下は裁判官の作文であろうが、「前後ノ思慮ヲ欠キ架空ノ想像ヲ逞フシ筆ニ任セテ」とあって、次のような文章である。「東都ヨリノ通信ニ依レハ日米〇〇〔戦争〕ノ起ルニ乗シ、〇〇〔革命〕ヲ為スト、嗚呼可憐ハ〇〇〔皇室〕ノ者共ヨ、只今〇〇〔革命〕ヲ実行ナスカラ一言尚当事者ニ注意シテ特別ニ警告ヲナス、社会主義者万歳、死共其志実行スヘシ、当所ニモ同人八人アリ、何事カ事アルニ乗シテ大事ヲナシテ素志ヲ貫クヘシ、夫レ当事者ハ今ヨリ覚悟セヨ、嗚呼可悲可歎吾々社会主義者ニ取リテ覇王タル伝次郎幸徳秋水氏ハ吾人ノ仇敵タル者ヨリ死ヲ宣セラル、万事嗚呼休ス、否吾々ハ益々其精神ニ奮発ヲ増シ愈々吾人ノ主義ヲ慣行セントシテ不止、見ヨ一朝事アラハ吾人ノ自由ヲ束縛スル最モ可仇ノ王タル馬鹿者共カ至尊ト仰ク〇〇〔天皇〕ヲ」と引用は一旦途切れ、「尚文勢ニ乗シ危害ヲ加フル旨ヲ述べ」との注釈が入って、もちろんここには記録としてすら残して置くことの出来ない配慮が働いているのであるが、復元すれば「倒シ」とか「暗殺シ」とか「抹殺シ」とかの言葉が隠されているのであろうが、「終ニ」と続けてから、原文の引用にかえって「幸徳秋水大王以下二十三兄仇ヲ打タサル不可」の言葉が連ねられている（引用文中の括弧内の語は山泉が補ったものである）。二〇歳をこえた青年の落書きにしては、たんに軍隊内の不自由あるいは帰郷の念からは説明できないような、幸徳秋水らへの一体感のようなものさえ感じるが、いずれにしても「証拠十分ナリ」として懲役五年の不敬罪が適用された。

三　大逆罪と大逆事件

大逆事件とは、一般的にいえば、大逆罪に該当する事件をさしている。大逆罪は、一八八〇年七月太政官布告三六号として公布、一八八二年一月一日から施行された刑法典に明確に規定された。この刑法は、ナポレオン法典を模範として、ボアソナードによって起草されたもので、罪刑法定主義を規定した近代的で自由主義的色彩をもつ刑法であった。その第二編「公益ニ関スル重罪軽罪」、第一章に「皇室ニ対スル罪」を置き、第一一六条「天皇、三后、皇太子ニ対シ、危害ヲ加ヘントシタル者ハ死刑ニ処ス」と大逆罪が規定された。この刑法自体に対しては制定過程で様々な見解が盛り込まれたために、ボアソナード自身も改正が必要であると考えていたほどであるが、やがてヨーロッパに起こった「新派」の理論の影響、刑事政策的観点、あるいは社会防衛論的発想等からの改正の動きが加速し、一九〇六年司法省に法律取調委員会が設置され、ドイツ刑法などを参考にした改正案が作成された。一九〇七年法律第四五号として新刑法が帝国議会において承認され、同年四月二五日公布され一九〇八年一〇月一日から施行された。これが、現行の刑法でもある。その第七三条は、「天皇、太皇太后、皇太后、皇后、皇太子又ハ皇太孫ニ対シ危害ヲ加ヘ又ハ加ヘントシタル者ハ死刑ニ処ス」と旧刑法の大逆罪を引き継いだ。もちろん、敗戦とともに、天皇の地位が変革され、一九四七年不敬罪とともに大逆罪も刑法から削除された。したがって、大逆事件とは、一八八二年の旧刑法の施行から一九四七年現刑法から刑法第七三条が削除される間に起きた、大逆罪が適用された事件ということになる。

もちろん、旧刑法の施行以前、大逆罪に相当する罪がないわけではなかったが、それは近代的刑罰とは性格を異にするものであった。一八六七(慶応三)年徳川幕府による大政奉還と朝廷による王政復古の宣言により維新政府が誕生し、いち早く刑法の改正に着手、一八六八(明治一)年には刑法局が設置された。同年一〇月の行政官布達には、「新律御布達までは故幕府へ御委任の刑律に仍り、其中磔刑は君父を弑する大逆に限り、其他重刑及び焚刑は梟首に換え、追放、所払は徒刑に換える」ことが通達された。これは刑法官の仮定であって、公布されたものではなかった。この時、「仮刑律」が編纂された。「仮刑律」は、「名例」の章において、刑の種類を定め、「笞刑」「徒刑」「流刑(近流・遠流)」「死刑(刎・斬・絞首・梟首・磔・焚)」とし、そのうち「磔」

と「焚」については、「非常の極刑なり、君父を弑する大逆罪のものを刑す」と定めた。一八六九年には太政官と刑部省が設置され、翌年には太政官に制度取調局が設けられフランス刑法の翻訳がおこなわれた。他方では、一二月「新律綱領」六巻が公布された。一八七一年司法省が設置、一八七三年「改定律例」が制定、欧米諸国の刑法を参考にして「新律綱領」に追加したものである。このようにして、刑法典の制定へと向かっていくのであるが、「仮刑律」、「新律綱領」や「改定律例」においては、天皇を対象とした大逆罪の創設など思考の外にあった。穂積陳重『法窓夜話』に記されたエピソードによれば、「新律綱領」の編纂に際して、その草案「賊盗律」中に「謀反、大逆」の条項を目にした副島種臣参議が「本邦の如き、国体万国に卓越し、皇統連綿として古来嘗て社稷を覬覦したる者無き国に於ては、斯の如き不祥の条規は全然不必要である」として激怒して削除したとのことである。(13)

近代的刑法に規定された大逆罪は、もちろん天皇の国家的地位により規定されたものであり、一八八九年の大日本帝国憲法制定後は、その憲法上に保障された地位に根拠づけられているものであった。いうまでもないが、明治憲法下にあっては、天皇は「国ノ元首」として「統治権ヲ総攬」する存在であり、文字どおり立法・行政・司法、加えて軍の最高責任者として特別の存在であった。さらには、「万世一系」に由来するその地位は、「神聖ニシテ侵スヘカラス」もの（第三条）として、解釈上実定法を越える神聖不可侵な存在でもあった。それ故、刑法上も一般の国民に対するのとはことなる特別の罰則規定が定められていて、第一章に「皇室ニ対スル罪」が置かれ、その第七三条で大逆罪、第七四条で不敬罪が規定されていた。先にみたように刑法の制定過程においては、世俗的な罰則規定のなかに神聖なる天皇に対する犯罪を規定すること自体が不敬な行為であるとの意見もあったくらいであるが、この点は、神代から連綿と続いてきた神格化された国学的天皇像を、近代の国民国家の支配形態と接続させようとする時に起こる、日本近代国家のジレンマそのものであったといえよう。もちろん大逆罪に対する裁判も、裁判所構成法第五〇条第二項により大審院の特別権限に属するものされ、「第一審ニシテ終審トシテ」大審院の管轄のもとにただ一回許されているだけであった。ここで、大逆事件についての裁判プロセスをみておくと、その訴訟手続は、刑事訴訟法第七編の第三一〇条以下に規定されている。それによると、まず、検事総長が捜査の最高責任者となることになっている。そして地方裁判所や区裁判所の検事あるいは司法警察官が捜査を担当することがあっても、検事総長への報告が義務づけられている。捜査により事件が「大審院ノ特別権限」に属し且つ起訴すべきものと認定されたときには、検事総長は大審院長に予審判事の任命を請求することになる。そして大審院長により任命された予審判事が予審をおこなう。予審は、事件の取調べを行い、起訴するかどうかを判断する審理の過程ということになるが、実際には、予審判事は被告人を勾引、勾留して訊問を行うほか、検証、捜索、物件差押、証人訊問、鑑定等の作業を行う。予審判事は、これ以上の取調べが必要でないと判断した時点で、「訴訟記録」をまとめ、自分の「意見」を付して大審院に提出する。大審院においては、検事総長の意見を聴いて、事件を公判に付すかどうかを決定することになる。

そして有罪の判定がなされれば、ここで初めて大審院に「特別法廷」が組織され、裁判が開始されることになる。公判は、人定訊問から始まり、検事総長による公訴事実についての冒頭陳述がおこなわれる。刑事訴訟法では、裁判長による証人や被告人の訊問、また供述、証拠調べ等が行われ、その後で検事による論告、弁護人による弁論がなされ、そして判決の言渡しというように進む。判決後には、裁判所書記によって「公判始末書」という公判記録が作成されることになる。

ところで、大逆事件の捜査と裁判に関する手続きは、何も大逆事件にかぎられたものではなくて、一般に近代国家における「法の支配」あるいは「法治主義」と言い表される一般的原理にもとづくものであり、まさしく封建的な身分的、人的支配のクビキを脱して、法という抽象的で形式的な原理を創出したところに近代国家における「法治主義」の意味があった。その前提には自由で平等な「個人」という、これまた抽象的な存在ではあるが、この「個人」の生存と自由を保障する近代市民社会の原理が前提とされているのである。このような形式主義のもとでは、大岡裁きといわれるような、義理や人情を重んじた裁判は厳しく禁じられていて、一定の定められた手続きのもとで捜査と裁判は進行する。その意味で、常に適正手続きが求められている。しかし、ここで一つ考えておかなければならない問題がある。というのは、この形式主義のもとでは、合法的な手続きさえ行われていれば、結論は正当化されるという危険を宿しているということである。たとえば、ある行為に対して、一定の形式的手続きさえ踏んでさえいれば、その実質は無視、捨象されて結論が導かれてしまう恐れがあるということである。この場合、本来的には、適正手続きは、「正しい」という判断のもとでの手続きでなければならないにもかかわらず、形式主義が進むと合法であれば、つまり「手続き」に違反していなければ結論が正当化されるという事態を生み出すことにもなる。何のために手続きの適正さが要請されているのか、歴史的背景からみれば、抽象化された「個人」からなる市民社会のなかで、普遍的原理としての「人権」を実質的に保障するためということになるのであるが、この視点が欠落されて、犯罪の撲滅や社会秩序の維持が最優先されるとき、手続きの合法性の罠へと陥ることにもなる。

大逆事件は、極めれば天皇という「神聖不可侵」な超歴史的、超国家な存在を、世俗的な近代国家の機能的枠組みへと呼び戻し、しかも人為的な司法的手続きのコンベアーに乗せなければならないという原理的ジレンマを抱えた特殊な事件である。それは、テロや反乱による、政治指導者である首相や大臣の暗殺などとは較べようもない性格をもっている。したがって、大逆事件においては、事件そのものをあってはならないという前提のもとで処理し、何事もなかったかのように国民の目から消してしまうことが優先されることになる。いきおい大逆事件の裁判は、秘密裁判となり暗黒裁判になる傾向を本質的にもっている。その意味では、法的手続き、これを無視することは近代国家の原理そのものを放棄するということに繋がるわけであるから、法的手続きの形式主義こそが、事件内容を、つまりあってはならない天皇暗殺という動機や理由を国民から隠蔽するための最後の命脈になっていたともいいうる。この意味で、大逆事件についての裁判をでっち上げの野蛮な裁判であったとか、あるいは暗黒裁判や秘密裁判であったと非難したとしても、どこかで、足元をすくわれる危険性がある。結果として、野蛮な裁判であり、暗黒裁判であったということはいえるが、裁判自体が違法な秘密裁判であったと非難することだけでは、この形式主義の壁を打ち破ることは困難である。

形式主義の罠を強調しすぎた感があるが、もちろん、大逆事件においては、この形式主義すらも踏みにじられる危険性があることについても注意が必要である。たとえば、幸徳事件の場合、公判において刑事訴訟法で規定されている証人の訊問は一切おこなわれなかった。さらに奇妙なことに、裁判記録である「公判始末書」にいたってはいまだ存在が確認されていない。「公判始末書」には、「公ニ弁論ヲ為シタルコト又ハ公開ヲ禁シタルコト及ヒ其理由」「被告人ノ訊問及ヒ其供述」「証人、鑑定人ノ供述及ヒ宣誓ヲ為シタルコト若シ宣誓ヲナササルトキハ其理由」「証拠物件」「弁論中異議ノ申立アリタルコト、其申立ニ付キ検事其他訴訟関係人ノ意見及ヒ裁判所ノ裁判」「弁論ノ順序及ヒ被告人ヲシテ最終ニ供述セシメタルコト」、と例示して、これらの事項と「一切ノ訴訟手続」を記載することを義務付けている（刑訴法第二〇八条）。せめて、これらの記録が残されていれば、「訴訟記録」に収録されている「検事調書」や「予審調書」とは異なる、被告たちの言説を見つけることができるはずである。

ところで、大逆罪が刑法に規定されていた時期、大逆罪に該当する大逆事件として裁かれたケースは四件ある。一番目が、幸徳秋水が首謀者として二六名が被告になり、一九一一年一月一八日二四名に死刑判決、そして同月二四日から翌日にかけて一二名に対する死刑執行が東京監獄においておこなわれた事件であり、幸徳事件ともよばれ、本書が研究対象としている事件である。この事件の概要については後述する。二番目の大逆事件は「虎ノ門事件」とよばれるもので、一九二三（大正一二）年一二月二七日、第四八通常議会開院式に向かう摂政宮（後の昭和天皇）を、難波大助がステッキ銃で狙撃した事件である。弾は命中せず、摂政宮に何らの危害はなかったものの、明らかに刑法第七三条の「危害ヲ加ヘントシタ」行為があったことは確かで、翌一九二四年一一月一三日死刑判決、二日後には処刑された。第三番目の大逆事件は「朴烈・金子文子事件」とよばれるもので、まったく雲を掴むような話であるが、関東大震災直後の一九二三（大正一二）年九月三日、在日朝鮮人であった朴烈が行政執行法により検束されたことに始まる。流言蜚語のなか、「救護」が名目とされたが、実際には「公安ヲ害スル虞」あるものとして拘束された。翌四日には、同棲中の金子文子も連行される。取調べの過程で事件がつくられ、一〇月二〇日には不逞社の治安警察法違反事件へ、翌一九二四年二月一五日には爆発物取締罰則違反事件へ、そして、同年七月一七日には大逆事件として予審請求をうけることになる。容疑内容は、大正一二年秋頃に予定されていた皇太子（後の昭和天皇）の婚礼に際して、「爆弾ヲ投擲シテ危害ヲ加ヘ」ようとしたというのである。一九二六年三月二五日、大審院における死刑判決、しかし、筋書き通り、四月五日検事総長名で無期懲役に減刑、朴烈は足かけ二十三年にわたる獄中生活に堪えぬき、戦後、一九四五年一〇月二七日出獄、他方、金子文子は、その年七月二三日栃木監獄において縊死した。第四の大逆事件は「李奉昌事件」と呼ばれるものである。この事件も「虎ノ門事件」同様に、事件としての体裁をなしている。一九三二（昭和七）年一月八日、恒例の陸軍始観兵式をおえて帰途上の天皇の馬車に手榴弾が投げられた。所あたかも桜田門外、警視庁舎の正面玄関の真ん前であった。犯人は朝鮮半島からやってきた李奉昌という三十二歳の青年であった。李青年は、民族差別に悩み、その気持ちが朝鮮独立運動と結びついたといわれるが、そんなに深い思想的背景があったとも思えない。ともかくも、上海に渡り、「朝鮮人仮政府」のメンバーから手榴弾と資金をえて、犯行に及んだのである。同年九月三〇日死刑判決、一〇月一〇日絞死刑に処せられた。ちなみに言えば、この時の首相は犬養毅、責任を感じて内閣総辞職を願い出たものの、天皇から留意され、首相の座に止まったのが良かったのか、悪かったのか、四ヶ月後には「五・一五事件」が起きて暗殺される運命となった。

近代日本の大逆事件に関して、もう一つだけ触れておかなければならない事件がある。それは、「大津事件」あるいは「湖南事件」と呼ばれているものについてである。一八九一（明治二四）年五月一一日、滋賀県大津で起きたこの事件は、立憲国家として出発したばかりの日本の存亡にかかわる大事件であった。今でこそ、当時の大審院長児島惟謙は司法権の独立を守った「護法の神様」との評価を得ているものの、あの時代の国際的政治状況をリアルにみれば、頑なに実定法の適用にこだわった児島の言動は、ひとつ間違えば国家を滅ぼす、「不忠の臣」になりかねないものであった。ともかくも、「大津事件」は法律上からみれば、大逆罪の適用をめぐる問題であった。当時の刑法は、一八八二（明治一五）年に施行された旧刑法で、さきに述べた四つの大逆事件に適用された刑法とはことなるのであるが、その第一一六条大逆罪のなかに、外国の皇太子を含ませろというのが松方正義首相以下、政治担当者の超法規的判断であったが、児島らは立法趣旨からいってあり得ないとして反対したわけである。もちろん、松方らには、日露間の国際紛争を回避することこそが優先されるべきであるという政治的判断があり、そのためには、とりあえず犯人津田三蔵の首を差し出すことが先決であったわけである。いずれにせよ、「大津事件」においては大逆罪が適用されることはなかったものの、大逆罪の適用をめぐる最初の事件ということでここに言及しておきたい。

四 「大逆事件」の経過と構成

近代日本で起きた四つの大逆事件のうちで、一般的に大逆事件と呼ばれているものは、ここに述べる幸徳秋水を首謀者とする明治天皇の暗殺計画である。少し煩わしいが、他の大逆事件と区別するために「大逆事件」と括弧を付して表記することにしたい。

「大逆事件」は、一九一〇（明治四三）年五月二五日、長野県明科における明科製材所職工、宮下太吉の逮捕にはじまる。いま、大審院検事局が作成したと推定される「幸徳伝次郎外二十五名ニ対スル刑法第七十三条ノ罪ノ被告事件ノ発覚原因及其検挙並予審経過ノ大要」と題された文書により「大逆事件」生成のプロセスを押えておきたい。この文書は、同年一一月一日予審終結時に、事件の公表を想定して作成されたものと考えられる。(14) これにより、七名の起訴により終結するはずであった「大逆事件」が全国へと拡大されていった捜査側からの思惑を窺うことができる。当初、事件は宮下による爆裂弾の製造と所持による爆発物取締罰則違反事件として捜査され、宮下の他、新村忠雄、古河力作、新村善兵衛の三名を逮捕し取調べがおこなわれた。長野地方裁判所検事による訊問の結果、宮下、新村忠雄、古河の三名が、「スガト共ニ其固信セル主義普及ノ一手段トシテ、同年秋季ニ於テ　至尊ニ対シ大逆ヲ敢行センコトヲ謀議シ、太吉ハ其実行ノ用ニ供スル為メ爆裂弾ヲ製造シタリト明言」し、また新田融と新村善兵衛もこれに「参与」したことが「明白」になった。そして、「スガ」即ち管野須賀子の「情夫」であり、新村忠雄が師事する幸徳秋水が注目され、「我国ニ於ケル無政府共産主義ノ首唱者ニシテ、常ニ過激ノ言論ヲ為スル者ナルニヨリ、同人モ亦其共犯ナルヘシト認メ得ラル、ヲ以テ」、検事正は五月三一日、右の七名を大逆罪に該当するものとして、刑事訴訟法第六四条第一項により検事総長に送致した。ここで、とりわけ注目しておきたいのは、幸徳秋水の検挙に関しては何らの物証もなしに、「認メ得ラル、」という憶測だけでおこなわれたところである。この点については、送致をうけた検事総長も気になったのであろう、本文書においても、宮下、新村、古河は自分の罪については明言したものの、「被告伝次郎ハ毫モ之ニ関係ナシト陳述セリ」ということであるから、三人とも幸徳秋水の関与については否認をした。そう記したうえで、押収した信書の文言だけを物的な根拠にして次のような憶測を働かせている、「伝次郎ノ平素ノ主張ト其スガ、忠雄等トノ関係ヨリ観察スレハ、伝次郎カ今回ノ陰謀ニ干与セサル理由ナキノミナラス、各被告人ノ家宅ヲ捜索シテ押収シタル被告等ノ信書ノ文詞ニ徴スレハ、寧ロ其首魁ナリト認メタ」と。検事総長のもとでは、幸徳秋水は事件の共犯者どころか、さらに「首魁」つまり事件の首謀者として起訴されてしまった。「大逆事件」を全体としてみれば、幸徳秋水を共犯者とし、さらには首謀者としたところに、事件をフレーム・アップしていく最初の梃子があったということがいえるのであるが、ともかくこのハードルは検事たちの憶測により、いとも簡単に乗り越えられたということができる。新村善兵衛については、宮下、忠雄ともに、ということは本人も当然にも関係を否認したということであるが、忠雄逮捕についての情報をいち早く幸徳と大石に知らせたこと、また新宮の忠雄から兄宛の書簡（一九〇九年六月発信）、あるいは忠雄に依頼されて薬研を借りたことなどを理由に共犯者とされた。かくして、検事総長は、幸徳、新村忠雄、古河、管野、宮下、新村善兵衛、新田の七名について、「至尊ニ対シ危害ヲ加ヘントノ陰謀ヲ為シ、且其実行ノ用ニ供スル為メ爆裂弾ヲ製造シ、以テ陰謀実行ノ予備ヲ為シタル者」、すなわち刑法第七三条の罪を犯したものと認めて、裁判所構成法第五〇条第二号、刑事訴訟法第三一三条により、大審院長に予審開始の請求を行った。これを受けて、大審院長は直ちに予審判事を任命し、予審を開始した。

和歌山県新宮の大石誠之助への事件の飛び火は、本文書の記載するところによれば、先の新村善兵衛の忠雄逮捕を知らせたハガキが発見されたこと、忠雄が大石のもとに寄宿したことがあること、忠雄から善兵衛宛の信書から忠雄が滞在中に大石と「無政府共産主義ノ実行ニ関シ」「謀議スル所アリタルヘシト認メラル、」こと、「家庭破壊論」を新聞に掲載したことがあること、等々により、大石は「無政府共産主義ヲ信シ、常ニ過激ノ言論ヲ為ス者」であると判断して、六月三日家宅捜索を行った。押収物からは、幸徳、内山愚童、松尾卯一郎ら「過激ナル主義者」と親交ある書信が数多く発見されたこと、とりわけ忠雄が新宮を去る際に大石に宛てたハガキ（一九〇九年八月二〇日）には、「革命ノ為メニハ母ノ傍ヘハ帰省セサルヲ宜シトス」とか、「新宮ノ四ケ月半ノ滞在ハ暴風ノ前ノ静寂」というような言説があり、明言はしていないが、陰謀が進行中であったことを窺わせる証拠があるというニュアンスで、ともかく、これらの事実により観察すれば大石も「忠雄等ノ陰謀ニ参与セルコト疑ナキ」により、五日大石を共犯と認め予審を請求したということである。この説明から判断すれば、大石誠之助に対する起訴も、幸徳秋水らとの交友関係だけにもとづく予断と憶測から成り立っているといわざるを得ない。ただ、大石を共犯者とすることによって、「十一月謀議」と呼ばれる事件の新しいストーリーが展開されることになる。その意味において、大石の逮捕は「大逆事件」の第二の梃子となった。その「大逆事件」の新しいストーリーは、皮肉にも大石誠之助自身が関与を否認した、記録された言説のなかから誕生した。本文書においても、この言説が比較的に長く引用されていることを考えれば、まさしく検事局が、「大逆事件」を一つの事件、一つの物語へと構成するキイ・ポイントとなった言説と推定できる。六月八日の取調べである。

忠雄ハ新宮ニ滞在中、爆裂弾ヲ以テ暴力ノ革命ヲ起シ大逆罪ヲ実行センナトト放言シ、太吉ヨリ爆裂弾製造ニ着手シタリトノ通知アリタリナト言ヒ居リタルモ自分ハ之ニ賛成セサリシ、又四十一年十一月上京シ巣鴨ノ平民社ニ伝次郎ヲ訪ネタルトキ、伝次郎ハ日本ニ於テモ暴力革命ノ必要アリト云ヒ、巴里ノコンミユーンノコトヲ語リ、決死ノ士五十人許リアレハ、之ニ爆裂弾其他ノ武器ヲ与へ、裁判所、監獄、市役所、其他ノ官庁及富豪ノ米倉ヲ破壊シ、一時タリトモ暴力ヲ以テ社会ノ勢力ヲ占領スルコトヲ得ヘシ、是レ革命ノ為メ非常ナル利益ナリト言ヒタルコトアルモ、自分ハ之ニ関係ナシ

続いて岡山県の森近運平の検挙へと移るが、これは六月一一日の宮下の供述に発するとされている。文書によれば、宮下に「皇室ヲ侮蔑スルノ念」を生じさせたのは、一九〇七年一二月大阪において森近から話しを聞いてからであり、また無政府共産主義を信じるようになったのも森近の教示による。一九〇九年二月巣鴨に森近を訪ねたとき、大逆罪の敢行の話をし、参加を呼びかけたが、森近は自分には妻子があり実行に加わることができないが、として古河力作を推薦したというのである。一一日森近運平は共犯者として予審請求された。さらに宮下の供述から事件は拡大する。六月二四日、爆裂弾の材料と製法について問われ、塩酸加里は新村忠雄を介して大石から送ってもらったもの、製法については一九〇九年一〇月頃新村から知らせてもらったが、そ

れは奥宮健之から聞いたものであった。そして、翌月試爆に成功したということであった。他の被告たちの供述により、大石が「情ヲ知テ」塩酸加里を送ったこと、また奥宮は、幸徳らに大逆の意思があることを「推知シナカラ、其依頼ニ応シ」たことが明瞭となった。これにより奥宮は六月二七日に予審請求された。

新宮グループの逮捕は、成石平四郎の検挙からはじまっている。文書によれば、一九一〇年六月中に「密ニダイナマイト四箇ヲ所持スルコト発見」され、爆発物取締罰則違犯として二六日予審請求された。そして交友関係を調べると、高木顕明、峯尾節堂、崎久保誓一がいたが、一九〇九年一月に大石方で集会があった折、大石から「爆裂弾其他ノ武器ヲ以テ暴力革命ヲ企テ、富豪ノ財物ヲ掠奪シテ貧民を賑ハシ、諸官衙ヲ焼燬シ、要路ノ顕官ヲ暗殺シ、二重橋ニ迫リ大逆罪ヲ敢行センコト」を勧誘せられ、「孰レモ之ニ同意シ、決死ノ士タランコトヲ承諾」したというのである。また平四郎の兄、成石勘三郎は、事情を知りながら大石から薬品を受け取り、爆裂弾の製造に着手したが成功しなかったというのである。この「十一月謀議」なるものが架空であるので、検事たちが立件に苦労している様子は、本文書からも窺うことができるが、ここに管野須賀子を登場させている。管野は六月三日に初めて宮下、新村及び古河等と「大逆罪ヲ敢行センコトヲ謀議」したと「自白」した後、大逆罪の敢行以外に、「諸官衙、富豪ノ住宅等ヲ焼燬シ、監獄ヲ破壊シテ囚人ヲ解放シ、以テ革命ヲ実行シタシ」と思っていたと供述したというのである。はじめは「大言壮語」であるとしていたが、六月八日に大石の言があり、また成石平四郎の言があり、「茲ニ始メテ」、幸徳や管野らに「暴挙ヲ決行セントノ意思アルコト明カトナリタリ」ということになった。幸徳を取調べると、赤旗事件後に上京中、海路、大石方を訪問し、成石平四郎、高木、峯尾、崎久保と会見し、政府の迫害に対しては「大ニ反抗ノ必要」があることを鼓吹したこともわかった。以上により、七月七日に崎久保誓一、峯尾節堂、高木顕明の三名、同月一〇日成石勘三郎、同月一四日成石平四郎が共犯として予審請求された。

熊本グループへの着手は松尾卯一太からはじまっている。というのは、一九〇八年一一月大石が巣鴨平民社に幸徳を訪問した際、松尾もまた上京中であったことが注目された。一九一〇年七月一六日の幸徳の供述によれば、幸徳が、大石、松尾に「決死ノ士」を募集する必要があることを告げると、「孰レモ同感ナリト答ヘタリ」と陳述したというのである。そこで、新聞紙法違反で熊本監獄に服役中の松尾を東京監獄に移し取調べたところ、新見卯一郎、佐々木道元、飛松与次郎等の取調べと家宅捜索が必要ということになった。結果、一九〇八年一一月（これは「十一月謀議」以前になってしまうので「一二月」の間違い）松尾が新見に陰謀計画を告げると「同意ヲ得」、一九〇九年三月佐々木、飛松もまた「同意」したことが明らかになり、八月三日共犯として予審請求された。坂本清馬の予審請求は、松尾、新見の供述によるもので、八月九日に予審請求されている。

大阪・神戸グループへの着手は、大石、内山愚童、森近等の供述によるものとされている。大石が一九〇八年一一月幸徳訪問の帰途、大阪にて武田九平、三浦安太郎、岡本頴一郎等と茶話会を開いたこと、別に内山愚童が一九〇九年五月に武田、三浦に面会したことが明らかとなり、八月二二日関係者の取調べと家宅捜索が行われた。その結果、一九〇八年一二月一日大阪市の村上旅館での茶話会の席上、武田、三浦、岡本は大石から聞いた陰謀計画に「賛同ノ意」を表し、また一九〇九年五月二一日武田宅において内山から幸徳等の「暴挙」の計画、さらには内山の「大逆罪ヲ行ハンヨリハ寧ロ警戒ノ厳ナラサル儲嗣ニ対シ危害ヲ加フルヲ捷径トストノ説」を聞いて「賛同ノ意」を表したことが明らかになり、八月二八日武田、三浦、岡本が幸徳の共犯として予審請求された。なお、「儲嗣」というのは皇太子のことを指している。神戸の岡林寅松と小松丑治については、武田や三浦等の供述から八月三〇日取調べと家宅捜索が行われた。その結果、一九〇九年五月二二日内山が神戸海民病院に岡林と小松を訪問、幸徳の「暴挙」の計画、それに内山の皇太子暗殺の説を説いたところ、これに「賛同ノ意」を表したことが判明したとして、九月二八日岡林と小松が予審請求された。内山愚童は当時、爆発物取締罰則違反により服役中であり、一〇月一八日に予審請求された。以上が、二六名の被告についての予審請求(起訴)に至る経過である。

本文書は、翌年一月一八日の大審院で言渡された「判決書」の骨子をなすものであり、この文書により、公判がまさしく有罪にするための儀式にしか過ぎなかったことを証明しているといっても過言ではない。ただ、この文書には掲載されているが、その性格上「判決書」からは欠落させられている項目には注目しておいてよい。それは、取調べを受けたが予審請求されなかった人たちである。文書は「被告人以外ノ者ノ取調」の項目でこのことに触れ、「本件ノ陰謀ヲ熟知セリト認メラル、者」が、東京、横浜、群馬、愛知、京都、大阪、神戸、岩手等の各地に散在していることは「明白」であり、具体的には幸徳から「陰謀」を告知された者、大石あるいは内山より「暴挙」に加担することを求められた者、三浦より爆裂弾の製造について「協議」を受けた者があったことを挙げている。「大逆事件」においては、状況的にみれば被告となっていてもおかしくない人物たちが何人かいたが、ここで名前を挙げて検証することはしない。しかし、文書はいう、「此等ハ皆、或ハ明答ヲ与ヘス、或ハ陽ニ承諾ノ意ヲ表シ其実賛同ノ意思ナカリシモノナルコト明カトナリ、孰レモ本件ノ共犯ト認メ難キヲ以テ起訴ノ手続ヲ為サス」と。ただし、そのうち「数名」は不敬文書発送、あるいは不敬事実記載により不敬罪に該当するものとして起訴したと。先に述べた不敬事件は、このような事情が絡んでいたことが、ここに記録されている。

さて、以上のような事件発覚から予審経過を経て、一九一〇年一一月九日に公判開始が決定され、新聞等には「爆弾事件」「重大事件」とだけ発表されていた社会主義者たちの逮捕が、国民に対して初めて「大逆事件」であると公表された。公判の開始は一二月一〇日、弁護人の今村力三郎が言うように、「一人の証人の出廷もなく、審理を急ぐこと奔馬の如く」公判は進められ同月二九日には終結、翌年一月一八日、二四名に大逆罪による死刑判決、新田と新村善兵衛の二名に爆発物取締罰則違反の有期刑が言い渡された。そして、翌日、半数の一二名が天皇による恩赦で無期懲役に減刑、残りの一二名はほぼ一週間後の二四日（ただし管野須賀子のみ二五日）、東京監獄において絞死刑に処せられた。

ところで、「大逆事件」といわれるものは、「判決書」というような強制力を背景とした公的な言説からみれば、一つの事件として見事に構成されている。このことは、主として被告や証人たちの調書からなる予審判事によってまとめられた「訴訟記録」さえ、有罪になるように構成されているという点では同じである。「大逆事件」の真実を知るためには、このような公的な言説の背後にあるものを探り出さなければならい。たとえば、石川啄木は、「大逆事件」を相異なる三つの物語が一つの「事件」として構成されたものであると見抜いた。(15)

その第一の物語は、宮下太吉による爆弾製造という事実を核にして、管野須賀子、新村忠雄、古河力作の間にあった「謀議」を指している。いわゆる「明科事件」と呼ばれるものである。この物語だけは事件としての体裁を備えている。ここから先は、法律解釈上の争いになるが、大逆罪という罪の構成がたんなる「犯意」にとどまるものを除いて、中止犯、従犯を問はず、未遂、着手、予備、陰謀等のすべての行為を含んでいると解釈すれば、実際に爆弾を製造し、その原材料を保持していた宮下太吉と、天皇暗殺の談義（もちろん、具体的な計画性に欠け「謀議」と呼べるほどのものでないにせよ）に加わっていた三人については有罪であるという説が成立する。もっとも、私たちに示されている「事実」は、あくまでも権力側により残されている言説によるものであり、あくまでも、この「事実」により判断するかぎりという保留を付してのことである。ここで、幸徳秋水の場合はどうかということが問題になる。幸徳を物語の主人公、つまり事件の首謀者の地位からはずせば、「判決書」が描いた一つの「事件」という物語は完全に崩壊する。逆にいえば、この物語を成立させるためには、権力者にとっては何としても幸徳秋水だけは物語の主人公の地位に留め、有罪にしておく必要があった。そして、明らかにそのように言説が偽造された。幸徳秋水もまた一面、この物語においてその役割に甘んじた。私には、当時の裁判官になって幸徳秋水に対して有罪や無罪の判断を下そうとも思わないし、そのことに現在、意味があるとも思われない。

第二の物語は「十一月謀議」と呼ばれるもので、一九〇八（明治四一）年一一月、東京巣鴨の平民社において、幸徳秋水を中心にしてなされたとされる明治天皇暗殺計画である。同年六月の「赤旗事件」にみられるように、桂太郎内閣による社会主義者にたいする弾圧が厳しくなっていくなかで、「判決書」によれば、「決死ノ士」による次のような大逆の「謀議」が図られたというのである、「赤旗事件連累者ノ出獄ヲ待チ、決死ノ士数十人ヲ募リテ富豪ヲ劫掠シ貧民ヲ賑恤シ、諸官衙ヲ焼キ当路ノ顕官ヲ殺シ、進テ宮城ニ逼リ大逆ヲ犯ス」と。大石誠之助は、東京からの帰途、大阪において、武田九平、岡本頴一郎、三浦安太郎に、帰郷後、新宮において、成石平四郎、高木顕明、峯尾節堂、崎久保誓一、成石勘三郎に、それぞれ「謀議」を話し、「同意」を得たというのである。他方、熊本から上京した松尾卯一太は、平民社において「謀議」に加わり、帰郷後、新見卯一郎、佐々木道元、飛松与次郎の「同意」を得たとされる。また、平民社の近くに居住していた森近運平も大石らと「謀議」に参加したとされた。この「十一月謀議」なるものは、大石誠之助の供述の中から創作された架空の物語であった。しかし、被告の人数からいえば「大逆事件」の大半を構成しているもので、「大逆事件」が権力者によるデッチアゲ事件とされる根拠になっている。

第三の物語は、内山愚堂の放言から発した「皇太子暗殺事件」であるが、これも何ら具体性があるわけではなく、大逆罪を構成するとは思えない。「判決書」では、内山は幸徳らの天皇暗殺計画を知っていたが、それより「寧ロ皇儲ヲ害スル万事容易ニシテ効果ハ却テ多大ナラン」と説き、神戸において、岡林寅松と小松丑治が「同意」したとして事件とされた。

以上のような、もともと関連性のない三つの物語が、幸徳秋水をキイ・パースンにすることによって、一つに結びつけられ、一個の「事件」にフレーム・アップされたものが「大逆事件」であった。

ところで、「大逆事件」はどうして起こったのだろうか。確かに、宮下太吉による爆弾製造の事実があり、管野須賀子、新村忠雄らに天皇暗殺の思想があったことは事実である。彼らは、ロシアのナロードニキに憧れ、天皇を神のごとく尊敬する、民衆の「迷信」を打ち壊すために、「爆裂弾」による殺害を思いついた。もちろん、当局による弾圧が厳しく、大衆的な運動が起こせないという押しつめられた状況が背景にあった。しかし、「事件」を構成するような差し迫った危険性があったとは考えにくい。「大逆事件」は、権力による犯罪として意図的につくり出されたと考える方がわかりやすい。その当事者は誰で、いかなる動機によりつくり出されたのか。

ここでは一つの仮説を提示しておきたい。私は、直接的な当事者として、平沼騏一郎（当時、大審院次席検事で司法省民刑局長を兼務していた）ら、エリート司法官僚、検事を考えている。その動機は、官僚機構全体の中での自分たちの地位を高めたいという権力欲にあったとみている。当時、検事は司法官僚内で比較的に冷遇されていた。そのことが背景にあった。そして平沼らの思惑は、山県有朋や桂太郎らの藩閥勢力の意図と一致するところがあった。山県や桂などの藩閥勢力は、政党政治による国家経営を考える西園寺公望らの政治的手法に違和感を抱いていた。Military Engineering を国家経営へ転用することに重点を置いた山県や桂にとって、欲望あふれる庶民的社会を Civil Engineering を駆使して利益誘導し、調整する政友会的政治手法は、耐え難いものであった。もちろん、その一つに社会主義者に対する対応もあった。社会主義思想を欲望が生み出した時代的潮流として認め、法的な規制で対応しようとした政友会的対応は、個人道徳から国家倫理までを国体論という斉一的原理によって統一し、その体内から異質物を徹底的に排除することこそ帝国日本の使命と考えた山県たちにとって許しがたい政治的倫理と映った。山県たちが、政友会勢力との葛藤に利用したのが、社会主義者に対する取締り問題であって、その際、検事を中心とする司法官僚から提示されたものが社会防衛論の考え方であった。

社会防衛論は刑法改正問題とともに台頭してくる。先にもみたように、一八八二（明治一五）年に施行されたボアソナードを中心に作成された旧刑法は、個人の人権に配慮した、それなりに自由主義的刑法典であったといえる。もちろん、多くの欠陥をかかえ、制定当初から改正の動きがあったことも事実である。改正論議が本格化するのは、ヨーロッパで力を得てきた、いわゆる「新派」の刑法理論が日本においても一定の影響力をもつようになってからである。この理論は、社会を犯罪から予防することを重視し、行為の結果において人を処罰するのではなくて、犯罪を犯す恐れのある人物をあらかじめ特定し、未然に犯罪を防ごうとする刑事政策的立場に立つものであった。つまり、個人の性格や思想を問題とするのである。こうした考え方は、捜査、取調べを任務とする検察官に多くの活動の余地をあたえ、立場を強化するものであった。現場の検事たちも、積極的にこの刑法改正作業にかかわり、一定程度この考えが取り入れられたかたちで、一九〇八（明治四一）年施行の新刑法が誕生した。同年六月の「赤旗事件」、それにこの「大逆事件」は、彼らの格好のターゲットとなった。「大逆事件」公判の冒頭に平沼騏一郎が論じたように、「大逆事件」において裁かれたのは、被告らの行為ではなく「信念」であり、「事実」ではなく思想であった。そして、「判決書」にもこの姿勢は維持されて、「無政府共産主義」という「信条」が問題とされた。その意味で「大逆事件」は、「信条」を表すいくつかの言葉、皇室を否定する「無政府共産主義」、「暴力革命」と読み替えられた「直接行動」、思想への献身を意味する「決死の士」などからなる言説のなかにこそあった。

＊なお、引用文には適宜、読みやすくするために読点を付した。

注

（1）神崎清の「革命伝説」は、戦後『世界評論』（一九四七年一一月・一二号月・一九四八年二月・四月・六月・七月・八月号）に七回にわたって連載されたのが始まりである。中央公論社からの単行本化は、一九六〇年三月『革命伝説（天皇暗殺の巻）』、同年七月『革命伝説（爆裂弾の巻）』である。前巻が赤旗事件までを、後巻が宮下太吉による爆裂弾の実験までをカヴァーしている。その後、宮下太吉を中心にして死刑判決までを描き出したのが、『大逆事件』（ノンフィクション全集一五、筑摩書房、一九六一年四月）、それらを増補して完結させたのが、全四巻『革命伝説』（芳賀出版、一九六八年六月～一九六九年一二月）となる。その改題、改装版が『大逆事件――幸徳秋水と明治天皇』（全四巻、あゆみ出版、一九七六年一二月～一九七七年五月）として刊行される。

（2）週刊『平民新聞』の発刊以後、社会主義新聞に対する弾圧は、主として新聞紙条例（一八八七年一二月二八日公布、一八九七年三月一九日改正）第三三条規定の社会秩序紊乱により、まれに第三二条の朝憲紊乱により処罰された。しかし、一九〇八年六月の「赤旗事件」後には第一七条の適用があり、『熊本評論』（第二七号、一九〇八年七月二〇日、第二八号、同年八月五日）は同条の「被告人救護」、『東北評論』（第一号、同年八月一日）は「犯罪人曲庇」、『東京社会新聞』（第一四号、同年八月五日）は「犯罪人賞恤」によって処罰されている。

（3）『社会主義沿革1』（続・現代史資料1、みすず書房、一九八四年一〇月所収）二六九～三〇九頁。

（4）同右、二五七〜二六〇頁。

（5）表紙には赤刷りの文字「入獄紀念」、旗にデザインされた赤地に中抜きで「無政府共産」と「革命」の二種類の文字が印されている。一九〇八年八月に有罪判決を受けた「赤旗事件」の被告たちの入獄記念として秘密出版されたものである。柏木隆法氏による復刻版を参照、同『大逆事件と内山愚童』（JCA出版、一九七九年一月）に活字化されて収録されている。ただし、タイトルは「社会主義者沿革」の記載にならった。

（6）社会文庫編『在米社会主義者・無政府主義者沿革』（柏書房、一九六四年九月）一七八〜一九五頁。

（7）『社会主義沿革1』（続・現代史資料1、みすず書房、一九八四年一〇月所収）七二、七七〜七八頁。なお、「社会主義者沿革（第二）」は一九〇八年八月以降一九〇九年七月までの内務省警保局記録である。

（8）石山幸弘は、「大逆事件」捜査時における阿部米太郎宅から押収された証拠物中の「原稿（通信文）」二通（押収番号一六二二ノ一、一六二二ノ二）の一つを「大阪より送る最后の書簡」とし、「群馬へ帰郷して喜多方から取り戻した坂梨自身が、長加部寅吉を挟んで阿部宅に回覧させたもの」としている（石山幸弘「大逆事件の飛沫（二）」、『風—群馬県立土屋文明記念文学館紀要』第六号、二〇〇二年三月、七四頁）

（9）前掲の石山論考は、長加部寅吉と坂梨春水に対する不敬罪に関して、事実関係を詳細に解明したうえで、「不敬文書頒布」と「私信不敬」に分類して、新聞紙条例（法）との関係、あるいは当局がマークした社会主義者としての活動歴の違いから両者の量刑の違い等に言及している（「大逆事件の飛沫（二）」、同第七号、二〇〇三年三月、八五～九五頁）。
（10）『冬の時代から』（橋浦時雄日記第一巻、山本博雄・佐藤清賢編、雁思社、一九八三年七月）一一五～一一六頁。
（11）平出修「ある不敬事件の弁護（仮題）」（『定本　平出修集』春秋社、一九六五年六月）三八四～三八五頁。
（12）森長英三郎「ある不敬事件」（『新編　史談裁判』第一巻、日本評論社、一九八四年六月）一九五頁以下を参照。なお、森長によれば、橋浦事件と並んで、新聞紙条例違反の事例として本文で取り上げた、長谷川淑夫の新聞紙法第四二条の「皇室ノ尊厳ヲ冒瀆シ」云々の規定に違反した事件において、大審院が「我皇室ハ万世不易一アリテ二ナシ、古今ノ別アルベカラズ」との判決を下し、歴代の天皇や皇族にたいする冒瀆罪の成立を認めたことが、その後の不敬罪判例の二本の柱となったということである（前掲書、一九九頁）。
（13）穂積陳重『法窓夜話』（有斐閣、一九一六年一月）二六頁。
（14）「社会主義者沿革（第三）」（前掲書、二三三～二三八頁）、また外務省外交史料館所蔵「社会主義者幸徳伝次郎外二十五名ノ陰謀一件」（山泉進・荻野富士夫編・解説『「大逆事件」関係外務省往復文書』（不二出版、一九九三年一月、二三～三二頁）に収録されている。
（15）石川啄木「A LETTER FROM PRISON」（『石川啄木全集』（第四巻、筑摩書房、一九六七年九月）三五〇～三五一頁。

第一部

佐藤春夫の大逆事件――〈憂鬱＝倦怠の文学〉の誕生……………佐藤嗣男

一　文学史的事象としての大逆事件

一九一〇（明治四三）年五月の明科事件に端を発した大逆事件（幸徳秋水事件）の波紋は、文学の世界においても、さまざまな形で多くの作家たちに及んでいる。

直接大逆事件を描いた作品とともに関連作品も含めた、森山重雄作成の「『大逆事件と文学』年表」(1)を見るだけでも、上司小剣・永井荷風・秋田雨雀・石川啄木・中里介山・森鷗外・大平野虹・正宗白鳥・徳冨蘆花・三宅雪嶺・武者小路実篤・平出修・木下杢太郎・山本染瓦・佐藤春夫・与謝野寛・水上瀧太郎・大塚甲山・小泉三申・荒畑寒村・田山花袋・室生犀星・鳴海要吉・沖野岩三郎・青木健作・宮地嘉六・里見弴・尾崎士郎・有島武郎・大杉栄・武藤直治・小林多喜二・木下尚江・田宮虎彦・宇野浩二・立野信之・西村伊作・宮本研・木下順二・瀬戸内晴美（寂聴）・福田善之・羽田中誠・水上勉の諸氏の名が上ってくる。さらに「年表」記載後ということでは、山田風太郎・中上健次・佐木隆三などの名も浮かんでくる。事件発生以来今日に至るまでの多くの作家が名を列ねている。天皇制絶対主義の明治国家が時の社会主義者・無政府主義者の撲滅を図って牙を剝いた大逆事件に対して、プラスにであれマイナスにであれ、日本の作家たちの多くは決して無関心・無感覚ではなかった。

大逆事件は、国家と個人の問題、国家権力と精神の自由の問題、等々を自己の存在証明を賭けて問い直すという文学的営為の対象として、日本の作家たちの前に立ちはだかるものであったとも言えよう。例えば、これは夙に知られたことであるが、永井荷風は「花火」（『改造』一九一九・一二）の中で、次のように書いている。

明治四十四年慶応義塾に通勤する頃、わたしはその道すがら折々市ケ谷の通で囚人馬車が五六台も引続いて日比谷の裁判所の方へ走つて行くのを見た。わたしはこれ迄見聞した世上の事件の中で、この折程云ふに云はれない厭な心持のした事はなかつた。わたしは文学者たる以上この思想問題について黙してゐてはならない。小説家ゾラはドレフュー事件について正義を叫んだ為め国外に亡命したではないか。然しわたしは世の文学者と共に何も言はなかつた。私は何となく良心の苦痛に堪へられぬやうな気がした。わたしは自ら文学者たる事について甚しき羞恥を感じた。以来わたしは自分の芸術の品位を江戸戯作者のなした程度まで引下げるに如くはないと思案した。

当時慶応義塾文学科教授であった数え三三歳の荷風は大逆事件の囚人馬車に遭遇する。大逆事件に直面して何も言えぬ自己を恥じ、荷風は思うのである。「自分の芸術の品位を江戸戯作者のなした程度まで引下げるに如くはない」と。そして、「我は今、わが体質とわが境遇とわが感情とに最も親密なるべき芸術を求めんとしつゝあり。現代日本の政治並びに社会一般の事象を度外視したる世界に遊ばん事を欲せり。（略）われは主張の芸術を捨て、趣味の芸術に赴かんとす。われは現時文壇の趨勢を顧慮せず、国の東西を問はず時の古今を論ぜず唯最もわれに近きものを求めてこゝに安んぜんと欲」し、「文学者の事業は強ひて文壇一般の風潮と一致する事を要せず。元是れ営利の商業に非ざればなり。（略）われは今自ら退きて進取の気運に遠ざからむとす。幸ひにわが戯作者気質をして所謂現代文壇の急進者より排斥嫌悪せらる、事を得ば本懐の至りなり」と考え（「矢立のちび筆」、一九一六）、荷風は「思想よりも、何よりも先ず官覚の表現を芸術に求め」(2)て「腕くらべ」（一九一六）や「おかめ笹」（一九一八）を生み出していくこととなる。

「かつて『地獄の花』（一九〇二年）を書いて自然主義の先駆者となったこの永井荷風が、いまや『文学者の事業は強ひて文壇一般の風潮と一致する事を要せず』として、世の自然主義ブームに背を向けて新ロマン派運動の先頭に立ったということは、文学史的に見て興味深いことであった」とは、熊谷孝の指摘(3)であるが、続けて熊谷は言う。幸徳事件（大逆事件）に際して「世の文学者」は何も言わなかった。いわゆる近代文学の主流派（自然主義系）は、「現代日本の政治並びに社会一般の事象」と固く結びついている、実際には最も切実な実人生・実生活の問題から目をそらすことですでに第一芸術としての資格を喪失してしまっている。という自他ともに向けての批判（ニヒリストの自嘲と冷笑）に、荷風の戯作者気質の文学は出発点を見出し、「思想よりも、何よりも先ず官覚の表現を」という新ロマン派の誕生に道を拓いていったのだと。こうした荷風の自称「戯作者気質」を決定的なものにした契機は幸徳事件がもたらした衝撃であり、その意味でも、自由民権運動がある意味でそういうものとしてあったように、幸徳事件はまことに文学史的な出来事だったと言わなければならない、と。

しかしながら、大逆事件が文学史的な出来事であったということは、見てきたように荷風の文学的反応と新ロマン派の誕生をそこに触発する結果になったということにのみとどまるものではない。熊谷はさらに、『明星』のロマンティシズムや自然主義の影響下にあった石川啄木を反自然主義の詩人・評論家としての道を歩かせる大きな動因ともなったことや、さらには、「阿部一族」をはじめ、一連の歴史小説で、いわば過去を裁くことで現在を裁くという形で天皇制絶対主義下の現実、半封建的資本主義の現実を批判する森鷗外をもそこに生み出していることなどを上げ、幸徳事件がまさに「文学史的事象としての幸徳事件」[4]でもあったことを明らかにしている。

「文学史的事象としての幸徳事件」、言いかえれば、「文学史的事象としての大逆事件」という把握は、「大逆事件」が持っているもう一つの側面、文学史上・精神史上のエポックメーキングな事件でもあったという面を見事に言い当てている。本章では、こうした〈文学史的事象としての大逆事件〉という視点から大逆事件と文学の関係を問題にしてみたい。大逆事件と文学ということ、得てして、事件当時の既成作家の反応・動向や、事件に材をとった作品の分析・検討に焦点を合わせるということになりがちである。が、本章では、次代（大正期）を担った作家たちがその精神形成期に「大逆事件」といかに向きあったのか、そうした点を問題にしてみたいと思う。

精神の形成期に「大逆事件」に遭遇し、その衝撃《ショック》を持続させ、それを一つの文学的・創造的エネルギーとして作品を生み出していった作家に的を絞って論じてみたいと思うのだ。

例えば、尾崎士郎などである。一八九八（明治三一）年生まれの尾崎は、一九一〇年に愛知県立第二中学校（現岡崎高校）に入学し、翌一一年落第したため同級生となった大須賀健治をとおして「大逆事件」と出会うことになる。大須賀の家には義兄の山川均の関係で大逆事件の資料が多く、尾崎は大須賀の家をしばしば訪れていたという。尾崎少年の大逆事件への関心は、一九一八（大正七）年に二〇歳で入社した売文社の堺利彦ら、いわゆる「生き残った人々」の話や資料に触れることでその「大逆事件」体験がさらに深められ、爾後三十年にわたる「大逆事件」の小説化となって結実していく。

また例えば、大逆事件に材をとった徳冨蘆花の講演『謀叛論』（一九一一・二・一、於第一高等学校）や森鷗外の作品などを通して、言わば間接的に「大逆事件」体験を持った芥川龍之介のような作家などである。一高一年で『謀叛論』を聴講したに違いない芥川は、蘆花の説く〈謀叛の精神〉を自己の文学の地下水として大正文学の一角を担っていく。

しかしながらここでは、芥川と同じ一八九二（明治二五）年生まれの佐藤春夫に焦点を絞って見ていこう。彼がいかに郷里紀州新宮の「大逆事件」にかかわり、そしていかに「大正の憂鬱文学の筆頭に置かれる資格に恵まれ[5]」た「田園の憂鬱」を生み出したのか、その軌跡を追ってみたいと思うのである。

注

（1）森山重雄『大逆事件＝文学作家論』（三一書房、一九八〇・三）

（2）永井荷風『問はずがたり』（扶桑書房、一九四六・七）

（3）熊谷孝『現代文学に見る日本人の自画像』（三省堂、一九七一・一）

（4）注（3）に同じ

（5）菅野昭正「憂鬱とモダニズム――『田園の憂鬱』新考」（『新潮』二〇〇六・四）

二 〈新宮の大逆事件〉

一九一〇（明治四三）年五月二五日、明治天皇暗殺を計画し爆裂弾を製造、試発した宮下太吉を長野県松本警察署が連行したのを皮切りに、大逆事件の検挙は開始された。累は佐藤春夫の〈故郷紀州新宮〉（現和歌山県新宮市）にも及び、大逆事件被告中、紀州グループと呼ばれる、大石誠之助が六月五日に、峰尾節堂・崎久保誓一・高木顕明が七月七日に、成石勘三郎が七月一〇日に、成石平四郎が七月一四日に、それぞれ起訴決定されている。

後年春夫が自己の分身とも言うべき二人の少年を虚構造型して描いた小説「わんぱく時代」

（一九五七）がある。作中で「詩歌であると小説であるとを問はず、文芸の作品は美と真実とのために事実を変更する自由を持つことは、新聞記事や一般の記録とはおのづから違ふ。それ故、文学上の作品は真実であつても必ずしもいつも事実どほりであるとは限らない。」と断り書きされているように、作中の記述を即事実とするわけにはいかないが、次のような記述などはかなり信憑性があるのではないだろうか。紀州グループの検挙があった当時の新宮町と春夫自身の様子が語られている。三月に和歌山県立新宮中学校（現新宮高校）を卒業し上京していた春夫は、何になるにせよ、大学ぐらいは出ておかないとだめだから、高等学校の入学試験を受けよという父の言葉に対して、七月、受けるだけは受けるということで受験することになる。

入学試験の落第は決つてゐるから、志望はいつそ最も入学しにくい一高にして、その受験だけ（それも最後の一日は欠席）して成績発表を待つ必要もなく大急ぎで帰郷した。（略）折から町ではドクトルさん〔筆者注、大石誠之助〕が検挙されて、赤城顕真和尚〔同、高木顕明がモデル〕や川奥のいかだ師の某〔同、成石平四郎がモデル〕などにも手がまはつて、まだ連累があるらしいと、ドクトルさんの知人たちは、あの温厚なドクトルさんに何の罪かとあやしみながら町は恐怖に襲はれてゐた。

「大急ぎで帰郷した」春夫の前に「町は恐怖に襲はれてゐた」のである。「わんぱく時代」は続けて、「大石緑亭その他の人々が検挙され、なほ大石の友だちのだれかれが家宅捜索を受けたといふ話ぢや。わしにも注意したがよいと教へてくれた人があつた。さあ、何事があつたのかは知らないが、よほど重大な事件らしいからだれにも洩しちやならないといふことぢやつたが」と言って家宅捜索を恐れてうろたえる、緑亭大石誠之助と同じ医者同士、インテリ仲間だった父豊太郎の姿を活々と描いてる。が、この点については、「わんぱく時代」と同じ頃に書かれたと思われる回想「大逆事件の思い出」(1)を見てみることにしたい。恐れていた家宅捜索は春夫の父豊太郎にも及んでいたのである。


父は帰ると直ぐ、クロポトキンの『パンの略取』という本があったろうあれをさがしているのだがどうしても見つからないと、不安がって騒ぎ出した。それならば父の書斎から持ち出してわたくしが読みはじめていたところだから、そのことを言うと、早く持って来い。あれは大石から借りていた本であると急いで取り返して、それを金庫のなかへ隠し込んだのはいかにもおかしかった。家宅捜索をおそれたのであろうが果して警察からは捜索が来て、

「お宅にピストルがあるそうですね」

と警察から来た人がかまをかけると、あまりにも途方のない質問に、父はとぼけた様子で、これですかと取出したのは水ピストルであった。水ピストルというのは自転車で往診をする父を犬が追っかけるので、それを追うために父が備えつけていたおもちゃのようなものなの

である。捜査に来た人が、

「もうほかにはありませんか」

というのを父は
「平素北海道の山中に住むので備えつけて置いてもよいとは思っていますが、さして必要もないのでまだ求めませぬ」

と答えていた。そんなことでこの捜査はすんでしまった。


家宅捜索を恐れて本を金庫に隠し込んだ父の姿を「おかしかった」としているが、それは戦後になったからこそ言えることで、当時はそんなものではなかった筈だ。一九〇八（明治四一）年の夏、幸徳秋水が新宮の大石を訪ね熊野川に舟遊びをし、その際天皇暗殺と爆裂弾製造の謀議をしたとして紀州グループの陰謀図がデッチ上げられていくわけだが、春夫の父も北海道に行っていなければ、大石の誘いに応じ、下手をすれば大逆事件の被告の一人になっていたかもしれぬのである。この頃父豊太郎は開業していた熊野医院を一時閉鎖し北海道十勝国中川郡止若《やむわっか》に仮寓、十弗に農場を経営している。「思えばわが父にとって、北海道は命の親ともいうべきありがたい土地であった。と父自身も言い、われわれ家族たちもみなそう語り合ったものであった」（前出「大逆事件の思い出」）。

同じく家宅捜索を受け警察に連行された、後に東京お茶の水に文化学院を設立する西村伊作は、取調べの際東京から来た検事に「お前たちがいくら騒いでも政府にはかなわないのだ」というようなことを言われたという。西村は続けて、「私の叔父、ドクトル・大石の家も家宅捜索をされた。そのほかにキリスト教信者の家がほとんど全部捜索された。新宮の町では十軒ばかりの家がこのとき捜索されたのである。（略）叔父は他の数名とともに東京へ連れて行かれた。／この事件は社会主義者を強く圧迫するための事件だということがわかった。（略）今度は徹底的にたたきつぶそうという方針がとられたのだったらしい」と当時を語っている。(2)

六月三日の大石誠之助らの家宅捜索に始まった新宮の大逆事件は、自分が連累者と見做されて家宅捜索を受けるのではないかという不安と恐怖の前に町民を恐れ戦かせたのである。のみならず、紀州新宮地方では、「社会主義なる言葉は一種の地方的恐怖」（「或る女の幻想」、一九一七）とさえなっていたのである。

その前年の一九〇九（明治四二）年八月二一日、数え一七歳の春夫は「新玉座」で催された、生田長江、与謝野寛、石井柏亭を講師とした文学講演会で時間潰しに一場の談話「偽らざる告白」をするはめになる。二〇分かそこら自然主義文学の解説を試みたもので、「一切の社会制度の虚偽を排し百般の因習と世俗的権威を無視した虚無観に立って天真のままの人間性と人間生活とを見ようというのが自然主義の文学論であると生意気な公式論の受売を」(3)したものだが、「虚無的という用語を使ったために、聴衆中の一小学教師の誤解の種となって、ロシアの虚無党と同一視されたうえ、社会主義と混同され、わたくしが学生の分際で社会主義の宣伝をすると、中学校へ讒訴(4)」され、春夫は無期停学ということになってしまう。当時は、「一般には自然主義と社会主義とをほとんど同じもののように誤解していた。というのは、いつも思想に対しては無智なわが国の政府では、自然主義も社会主義も、どちらも何ものとも知らないで一様に危険思想と称し、大ザッパに一括していたから(5)」なのだ。

ところが、この誤解と無理解のために起こった無期停学の処分が口火となって、学校に一大ストライキが持ち上り、剰え特別教室一棟が焼失するという事件が起ることになる。「思えばこれは後の大逆事件の前哨戦のようなものであった。それは大石誠之助氏方に来ていた若い社会主義者が画策しアジって起こさせた同盟休校であったのだから。けれども学校はわたくしを主謀者とヤブにらみして、おかげでわたくしは中学五年級のまる一年ほとんど授業を受けることもできず、従って中学以上の学校に入学の希望もなくなって、いよいよ独学で文学をやろうと決意したものであった。わたくしは追放の代わりに卒業させてもらったものと思っている(6)」と春夫は振り返っているが、「前哨戦」を受けていよいよ大逆事件も本番になると、特別教室焼失の件(放火事件とされた)が蒸し返され、「中学校の放火犯人はやはり社会主義の一味の者らしいといふ取沙汰(7)」が専らとなる。その結果、「遂に検挙されるに到らなかつたが、(略)同級の学生が二人、取調べのために田辺の地方裁判所から召喚を受けて帰る途中海上で暴風に遭つて魚服に葬られ(8)」るという悲劇も生じている。

「社会主義」への恐れが昂じて精神に変調を来《きた》す町民も現れてくる。沖野岩三郎から聞いたという実話をもとに、春夫は、社会主義者の幻影に怯える被害妄想狂の娘を、「或る女の幻想」（前出）で描き出している。

佐藤春夫と大逆事件――春夫はその十代の後半、精神形成期を、いわば〈新宮の大逆事件〉の真只中に過していたのである。

注

（1）佐藤春夫「大逆事件の思い出」（伊藤信吉・井上靖・野田宇太郎・村野四郎・吉田精一編『現代詩鑑賞講座第五巻　新しき抒情　近代詩篇Ⅳ』、角川書店、一九六八・一二）　※「大逆事件の思い出」収録末尾に「（「処女」大正四年五月号より）」とあるが、『処女』大正四年五月号には掲載されていない。『処女』は女子文壇社より、それまでの『女子文壇』（一九〇五年創刊）を一九一三（大正二）年九月号に改題、一九一六（大正五）年五月号まで発行された月刊の女性啓蒙雑誌である。春夫との関係は深く短歌や小品文などを寄せており、一四年から一五年にかけては「誌友文芸」欄「感想」の選者となっている。調査対象とした国会図書館蔵本にも欠号（一九一五年九〈発禁〉、一一、一二月号、一六年四月号）があり、その中に掲載という可能性もあるが考えにくい。臨川書店版『定本佐藤春夫全集』（全三六巻、一九九八・四～二〇〇一・九刊）にも、「大逆事件の思い出」というタイトルの一文は収録されていない。その大逆事件観等、戦後のもの、特に「わんぱく時代」執筆の頃のものと思われるが、広くご教示を仰ぐところである。

（2）西村伊作『我に益あり』（紀元社、一九六〇・一〇）

（3）佐藤春夫「私の履歴書」（『日本経済新聞』一九五六・七・一一〜一八）
（4）佐藤春夫「詩文半世紀」（『読売新聞』夕刊一九六三・一・四〜五・一）
（5）注（4）に同じ
（6）注（4）に同じ
（7）佐藤春夫「青春期の自画像」（『新潮』一九四六・七）
（8）注（7）に同じ

三 「愚者の死」を草す

東京に戻った春夫は、九月、堀口大学と共に慶応義塾大学予科文学部に入学する。一九一四（大正三）年春に退学するまでの、三田の時代の幕開けであった。ここで春夫は大逆事件の判決を知ることとなる。次の引用は「わんぱく時代」（一九五七）からのものであるが、これもほぼ事実だったと見てもよいであろう。

そのころ（といふのは僕の逸民生活の当時）の学生は、浩然の気を養ふと称してよく娼家に足を踏み入れる悪風があつたものである。（略）蕩児の素質はありながら天分を全く具へなかつたおかげで、僕は深入りすることもなかつた。

しかしこの日、上京二年目の一月半ごろすぎの一夜は、僕はふたりの酔つぱらつた悪友（略）に誘はれて、須田町の電車停留所の人ごみにまじつてゐた。

寒い晩で（略）二人の悪友のひとりは、

「なかへ行くのだ」と言ひ、ひとりは、

「是非たつみへ」

と、それぞれにかたはらの人に聞えないやうな小声で行く先を主張して相ゆづらず、（略）幾台かの電車をやりすごしてゐたものであつた。

その時、古オーバーの上に三尺帯をしめ、腰にたくさんぶらさげた鈴を騒々しく揺り鳴らしながら、

「号外、号外！　大逆事件の逆徒判決の号外！」

と、どなり立ててゐるのであつた。その胸に下げたビラは、交錯した街頭の灯かげに「死刑十二人無期十二人！」と読まれた。

僕はわが郷土にもいささかは関係のある事件でもあつたし、すぐに号外を買つて見た。（略）

僕は全身冷水を浴びせられた思ひで、二人の友に号外の僕に与へたショックを説明して、彼等と遊興をともにすることを断つてひとり帰つた。さうしてその夜半、僕は近く処刑されるべき大石誠之助の死を弔ふ一詩を草した。

須田町で号外を見た日の夜半に成つた僕の詩稿は大石の死刑後加筆し「愚者の死」と題して発表した。

大逆事件に対する特別裁判は一九一〇（明治四三）年一二月二〇日に開廷、翌一一（明治四四）年一月一八日に幸徳以下二四名に死刑、二名に有期懲役の判決が下り、翌一九日、明治天皇の特赦ということで死刑囚の半数に当たる一二名が無期懲役に減刑されている。この一九日に春夫は須田町で号外を買って読み、郷土の紀州グループの大石誠之助・成石平四郎の死刑、崎久保誓一・成石勘三郎・高木顕明・峰尾節堂の無期懲役を知るのである。その夜半に草された一詩は、大石の死刑（一月二四日）後加筆され、「愚者の死」と題して、同年三月一日発行の『スバル』第三年第三号に発表されている。

千九百十一年一月二十三日
大石誠之助は殺されたり。

げに厳粛なる多数者の規約を
裏切る者は殺さるべきかな。

死を賭して遊戯を思ひ、
民俗の歴史を知らず、

日本人ならざる者
愚なる者は殺されたり。

「偽より出でし真実《まこと》なり」と
絞首台の一語その愚を極む。

われの郷里は紀州新宮。
渠の郷里もわれの町。

聞く、渠が郷里にして、わが郷里なる
紀州新宮の町は恐懼せりと。
うべさかしかる商人《あきうど》の町は歎かん、
――町民は慎しめよ。

教師らは国の歴史を更にまた説けよ。

「愚者の死」について山本健吉は、「小さな新宮の町で徳望家の大石をはじめ、大勢の連累者が出たことは、驚天動地の大事件だった。そしてそれは、もっとも身近かな立場で、この大事件を経験した佐藤に取っても、たいへんなショックだった。彼等の啓蒙活動によって『平民新聞』などを知り、町では虚無主義者と見なされた彼に取って、それは思想的にも身近かな事件だった。(略)『愚者の死』(略)の中で大石の愚を笑うという形で、反語的に支配者に抗議し、同時に恐懼《きょうく》する『商人の町』新宮の愚をも笑って、故郷への青年らしい嫌悪を表現している。(略)全体としてこの詩に見られる調子には、非常にシニカルに突き刺さるようなものがありながら、反面、支配者の犠牲に供せられた同郷の『ドクトルさん』に対しての、こみあげてくる慟哭《どうこく》の声がきこえる」[1]と述べている。

春夫は号外を手にした時、自己の実生活の一部を成していた「身近かな」人たちの名を改めてそこに見出し、「冷水を浴びせられた」ようなショックを受けるのである。大石誠之助たちは「厳粛なる多数者の規約」とその「規約」を作る者(国家権力)の手によって、まさに「殺された」のだ。

春夫にとって、〈新宮の大逆事件〉とは彼の内と外とを問わずその生活に打撃を与え破壊する、その意味でも「身近かな事件」であった。生活圏であった郷里新宮は「恐懼」させられ(詩中、

「郷里」と「紀州新宮」が印象的に繰り返されている)、実家には実際に家宅捜索の手が入り、同級の学生二人が不運の死を遂げるということなどが〈わが生活〉の中で次々と起こり、不安と怒りの念が沈殿していく。また、大石など、単に父の友人としての知り合いということを越えて小生意気にも一場の論争を挑むなど、知的な生活には欠き得なかった人であり、中学校の帰り道にいつも立ち寄っては『平民新聞』や『火鞭』などを読んで社会主義思想などにも触れることのできた新聞雑誌閲覧所の開設者でもあった。〈わが内面の生活〉にとっても、「思想的にも身近かな」人であった。その大石が「殺された」のである。それは〈わが生活〉への国家権力による破壊のダメ押しでもあり、〈わが内なる生活〉への国家権力の介入でもある。天皇制絶対主義国家の前にその否定者(社会主義者)として抹殺された大石への「慟哭の声」はもとより、個々の人間の内面生活にまで踏み込んでくる国家に向けての、そしてその国家(「規約」「民俗の歴史」「国の歴史」)を盲目的に受けいれる「恐懼」する「多数者」と「教師ら」に対しての憤りの声が春夫の口を衝いて出てくるのである。

おそらく草稿の段階では大石の死を悼む心情の吐露により傾斜していたであろうものが、発表詩の段階では大石を迫害したものがまた自分たちを迫害するものであったことを知ったところに生まれてくる怒りの発露として詩《うた》われたもの(「渠が郷里」は同時に「わが郷里」なのである)となっている。

中上健次は「愚者の死」を引用して、大石を「佐藤春夫が『愚者』と呼んだが、『愚者』とは単に新思想による大逆の志を持った者と取るのではなく、それこそ、神武天皇の東征以来、冷や飯を食いつづけた闇に閉じこめられ続けてきた紀州の人間の気質を言うのである。〔新宮の〕大逆事件を新思想だけで捉えると、モダニストたちが、跳ねあがりを謀議していたという単にそれだけの事件に見えてくる。（略）冷や飯を食って来た土地、紀州。神武天皇をさえ、〈倏忽《には》かに惑《を》え〉させる熊の、毒の満ちる土地である。（略）『国の歴史』と春夫は言う。『古事記』に、〈天つ神の御子、すなはち寤《さ》め起きて、『長く寝つるかも』と詔《の》りたまひき。故《かれ》、その横刀《たち》を受け取りたまひしき時、その熊野の山の荒《あら》ぶる神、自《おのづか》ら皆切り仆《たふ》さえき〉とある。春夫の言う『日本人ならざる者』を『熊野の荒ぶる神』と読み替えてもよいと、同じ紀州新宮生れの私は思う。（略）大石誠之助は、紀州、熊野を一身に体現していると言ってもよい」[2]と言っている。

　中上に言わせれば、「愚者の死」の「愚者」は神話時代以来、中央（国）に刃向かう辺境の愚か者、つまり「紀州の人間の気質」をも指すのだという。その意味では、「本来アマノジャクの性格なので」（「詩文半世紀」）と言う春夫自身もまた「紀州の人間の気質」を持った「愚者」だということになろう。そうであればこそ、国家権力の手で「愚者」として殺されていった大石の死に、春夫が己れと通底するものを感じ取っていったということも、謂れなきものではなかったと言えよう。

　「愚者の死」が敢て古語調を取り、「愚者」のような支配者の言葉で一貫して詩われている（中に、意図的に死刑執行日がズラされているとか、「殺されたり」とキイ・ワードとして反逆の言葉が差し挟まれているが）からであろうか、「『愚者の詩』を書いたとみられる明治四四年一、二月の時点では、佐藤はただ俗説にしたがって、国賊大石を罵ったのであって、反語の詩ではないように思われる(3)」という読みも出されている。が、後年、「わんぱく時代」（一九五七）で春夫自身が語っているように、「あの事件の結末に当つて僕の書いた小さな詩『愚者の死』が、すべて反語的な表現であつたから官憲の眼はくらましてゐたが、その底に潜み流れてゐた僕の感情は、官憲の不正に対して心ひそかに憤りを感じてゐた一部の人々の心にふれ共鳴されるものがあつたと見えて、僕の小さな詩は人々の記憶に残つて、僕といふ少年詩人の存在を注目させる役に立つた」と見る方がより正当であろう。

　創造の最終的な完結は読者に委ねられた特権ではあるが、作品を読み解く視座を違えてしまえばズレも生じてこよう。確かに字義どおりに取れば、「愚者の死」は大石と郷里新宮を扱き下ろしたものとなる。が、この詩は、中上が示唆しているように、「紀州の人間の気質」を持った特殊な個としての大石の死を、同様の気質を持つ春夫が支配者側の言葉を逆手にとって（「反語的表現」）楯としながら（「官憲の眼はくらましてゐた」）、自己の問題を重ね合わせに詩《うた》ったものであった。そしてそこに詩われた「感情」は特殊な個の感情から飛躍・飛翔して、「官憲の不正に対して心ひそかに憤りを感じてゐた一部の人々の心にふれ共鳴される」、それこそあり得べき日本人（人間）としての普遍的で典型的な個の感情として顕在化《アピア》していたのである。

　中村光夫が言っているように、それは「時代の政治、あるいはその根抵にある天皇制の機構にむけられ」た「偽りでない憤怒の情をたぎらせた」ものであって、典型である。「この反語的な云いまわしは、現代の読者には無用の迂路のように見えるかも知れません。しかし当時としては、これが許され得る唯一の表現法であり、これだけを云うにも多大の勇気を要したと思われ(4)」るのである。

注

(1) 山本健吉「佐藤春夫・人と作品」(山本健吉・島田謹二編『日本詩人全集17　佐藤春夫』、新潮社、一九六七・一〇)

(2) 中上健次「私の中の日本人　大石誠之助」(『波』一九七七・四/小学館文庫・中上健次選集㈢『紀州　木の国・根の国物語』、一九九九・一)

(3) 森長英三郎『緑亭大石誠之助』(岩波書店、一九七七・一〇)

(4) 中村光夫「佐藤春夫」『作家論集4』(講談社、一九六八・八)

四　社会問題に対する「傾向詩」を詩う

春夫は、「愚者の死」の後《あと》を追うように翌月の『スバル』一九一一(明治四四)年四月号に

「小曲二章」と題して「病」と「煙」の二編を、そして「街上夜曲」と計三つの詩篇を一挙に発表している。「愚者の死」に連なるこれらの詩は、春夫が『殉情詩集』（一九二一）の自序に「われは幼少より詩歌を愛誦し、自ら始めてこれが作を試みしは十六歳の時なりしと覚ゆ。いま早くも十五年の昔とはなれり。爾来、公にするを得たるわが試作おほよそ百章はありぬべし。その一半は抒情詩にして、一半は当時のわが一面を表はして社会問題に対する傾向詩なりき。今ことごとく散佚す。自らの記憶にあるものすら数へて僅に十指に足らず」と書いた、その「傾向詩」の一部である。

では、春夫の言う「傾向詩」とは何であったのか。まずは、「病」を見てみよう。

うまれし国を恥づること。
古びし恋をなげくこと。
否定をいたくこのむこと。
あまりにわれを知れること。
盃とれば酔ざめの
悲しさをまづ思ふこと。

後年春夫はこの詩の第一、五、六行を思い出しながら、「日露戦争直後、この戦争は勝利でありながら『生《ママ》れし国を恥づる事《ママ》』が一つの流行のやうな形を呈してゐた。『自己嫌悪』といふ言葉はその後数年して里見弴の云ひ出した言葉であつたと思ふ。意識過剰といふ言葉は、何時何人が云ひはじめたものかは知らないが、自分は『自己嫌悪』とか『意識過剰』とかいふものをその表現を使ふほどはつきりした自覚のない同じやうな感じをこの小曲で云はうとしたものであつたらう。わがはたちよりこの方が、ずつと実感があるのに、なぜ完全におぼえてゐないのだらうか[1]」と語っているが、そうした「自己嫌悪」と「意識過剰」の感じは次の「煙草」の、

父の教をやぶりつつ
父の金もてわが吹かす煙草、
国の掟をよそにして
国の都にわが吹かす煙草、
おもしろやそのけむり、
むらさきに輪となりて
春の夜のさびしきわれをとりめぐる。

にも見てとれるし、「愚者の死」にも同じものが流れている。日露戦争以後の、明治後期のデカダンの風潮にあってということもあろうが、反封建的・反国家的なサイドに未熟ながらも身を置

いた怒れる若きアウトサイダー春夫の、大逆事件によって思い知らされた国家という巨大な壁を前にして、われ何もなしえず、ただ酔いざめの悲しさと煙草を吹かすだけのさびしさを味わうだけだというやるせない心情がそこにもたらしたものだったと言えよう。

春夫がそうした自己凝視の最中にあったところへ一つの新聞報道が飛び込んでくる。春夫の中に新たな怒りが込みあげてくる。『スバル』の一九一一(明治四四)年一二月号に発表された、「十一月十日　至尊門司行幸に際し門司駅構内に於て御召列車脱線の事あり、爲に御乗車約一時間遅延す。九州鉄道管理局門司構内主任清水正次郎、一死を以て罪を償はんとて轢死す。乃ち、清水正次郎を悼む歌并短歌一首。／附記す、作者は斯の如き忠烈悲壮なる事蹟を敍するにあたり軽佻なる自家の詩風を恥ぢ敢て古調に倣ふ」という長い詞書のついた傾向詩、「清水正次郎を悼む長歌并短歌」が生み出されてくる。

かけまくもあやにかしこき
大君ののります車
あやまりて動かずなりぬ、
司人《つかさびと》うろたへさわぎ
やうやくに一時を経て動きけり、
大君は煙草きこして

この間《ひま》をまちあぐませつ、
司長《つかさおさ》おそれかしこみ
身をころし詫びまつらむと
夜をまちて命絶ちぬと。
世人みな美しとたたふるものを、
若草の妻もな泣きそ、
尸は千千にくだけて
見る眼には悲しかりとも
耐へこらへ妻もな泣きそ。
この国の大丈夫《ますらたけを》ら
大君のためしと云へば
いも虫も貴ぶ命
その命すてて惜しまず、
あなかしこ、大丈夫は
いも虫におとれる命もてるならねど。

反　歌

大君のきこしたまひし匂ひよき煙のごとく消えし君はも

森山重雄が言うように、「大逆事件の処刑と同じ年に起きたこの一小事件は、大逆事件と表裏の関係にある。一死を以て罪を償は《ママ》んとする行為は、一死を以て大逆を謀る行為と、その方向はまったく逆であるが、同じ天皇制権力機構から生まれた双生児的事件である。『忠烈悲壮なる事蹟』は同時に『いも虫におとれる命』でもあった[2]」のだ。大君（天皇）の前には「いも虫におとれる命」でしかない民衆と、その一員でもある自己とに眼を向けたとき、激しく鋭く憤りが吹き出してくる。けれども、「その憤りの生まれるゆえんが、日本の社会構造と歴史の圧力とによることはわかるけれど、知的にわかるからといって、生命全体を投げ出して、そのわかるものを是正する力は自分にない。憤りは清水にだけではない。我《われ》みずからにむけられた。もっとつきつめてみると、皮肉や冷嘲がその憤りの底にひそんでいた。それをなえまぜて歌うと、清水を悼む詩のような知的感情の世界が出てきた[3]」のだと、島田謹二は指摘しながら、「こういうタイプの詩を、かれは『傾向詩』とよんだ」のだと言っている。

　こうしたこの詩を巡る評価の流れに対して林廣親は、煙草をきこして事故の回復を待つ天皇の身体性を伴なうイメージに着目して、「明治天皇は国民と隔絶したところに神格化されるにいたった存在であり、その身体性に関わる描写はタブーに当たる。（略）この場合詩人は天皇の傍居、

『匂ひよき煙』の間近に位置していることになる。それでこそ描きうるいわば〈不敬〉すれすれのイメージに最終的に賭けることで、現実の距離を超えた臨場感を生み出し、まさに古代万葉的な『大君』と『君』の関係の物語を歌い得たのである。（略）この詩が作り出した両者の距離の近さこそこの詩の本質的評価に関わる問題[4]であるとしている。たしかに一面、このような天皇と国民の「距離の近さ」が潜在的にあることは否めないであろう。それは、一九一二（大正元）年の『スバル』一二月号に発表された「日本旧道徳の最後の人」として「敢て自ら信ずることのために死」して「ただしき行ひと人情の美しさ」を示した「われら老理想家」を悼んだ詩、「乃木大将を悼む言葉」にもうかがい知ることができよう。そしてまた、後に天皇制国家体制に与して『戦線詩集』（一九三九）や『日本頌歌』（一九四二）、『大東亜戦争』（一九四三）、『奉公詩集』（一九四四）などを生み出していくプシコ（心理）イデオロギーの一要素ともなっていったことは否定できない事実ではある。

けれども、まさに数えの二〇歳、この大逆事件処刑後の時期（明治四四年）にあって、そうした「距離の近さ」が全面的に、春夫の意識下にあったとは思われない。次に引用するのは、再度一高受験を促す父豊太郎の手紙でもあったのだろう、四月一六日の日付で父宛に書かれた返書の一部である。[5]

一、個人を尊重することを知らず、正しき校風の名の下に多数者の勢力を振ふこと高等学校より甚だしきはなし。
一、高等学校は鷗外博士の小説を禁止する文部省の直轄学校として児等が尊重する二十七名の名士の演説を乞ふべからざるの内命を奉じつつあり。最近、徳富健《ママ》次郎氏の意義ある演説に報ゆるに鉄拳を以てせんとせし生徒の学校なり。明治四十四年と云ふ聖代にありて然も文芸部の主催せる講演会に両三名婦人の聴衆ありしが故にその閉会後塩を撒けりと云ふ学校なり、（略）児は恐る、児は斯くの如く愚劣なる学校に於て無事に呼吸し得るや否や。
一、帝国大学の図書館に於てはその後一切社会主義の書物を貸さずと云ふ（附記す、鷗外博士曰く、社会主義と自然主義を外にして近代の文学なしと。）堪えがたき哉、官僚の臭、児は何所にか文学を学ぶべき。
一、要するに高等学校及び大学は文学を究めむとする児等にありて遂に何等の権威と関係とを有せざる也。
一、高等学校の陋習を破らんが為めにとならば退学を期して入学せん。

として文学を志す自分には一高受験の意思が全くないことを告げたものである。が、そこには、信頼し敬愛する父であればこそであろうが、国家の次代を担う予備軍・エリート集団の教育所としての一高批判をとおして、「明治四十四年と云ふ聖代」に対する若い春夫の思いの丈が流露されている。個の尊厳をないがしろにする全体主義（国家主義）、言論思想の弾圧・統制、横行する官僚主義、男尊女卑など封建的陋習に対する反抗であり反逆の思いの丈である。

こうした返書に込められた春夫の当時のメンタリー（心的状況）を知れば知るほど（例え、知らないにしても）、「清水正次郎を悼む長歌并短歌」は当時の春夫の憤りが必至的に生み出した作品であったと納得がいってくる。その意味では、そのちょうど一年後に発表された「乃木大将を悼む言葉」も、天皇と国民の「距離の近さ」を感じるメンタリティーが強力に裏打ちされて詩われたというよりも、乃木の志を知らず勝手に殉死者としての虚像を作り上げていく国民の浅薄さに対する春夫の憤りに発するものだったと言えよう（ちなみに作品では「殉死」という言葉は使われず、一方では「ドンキホオテ」などの言葉が使われている）。

さて、ちょっと回り道をしてしまったが、前出の『スバル』一九一一（明治四四）年四月号掲載の「街上夜曲」に戻って見てみよう。

号外のベルやかましく、
電灯の下のマントの二人づれ、
——十二人とも殺されたね。
——うん……深川にしようか浅草にしようか。
浅草ゆきがまんゐんと赤い札。

電車線路をよこぎる女の急ぎ足。

一月一九日、須田町で号外売りの「大逆事件の逆徒判決の号外」を手にした春夫は、その夜、「愚者の死」一編を草し、大石の処刑後加筆して完成稿としたという。「街上夜曲」はその加筆の折に時を置かずして作詞されたものと思われる。

大逆事件処刑（実際は管野スガを除く一一名が一月二四日に、翌二五日に管野が死刑執行された）を報じる号外を手にし、芸術家志望の若者でもあろう二人連れの一人が感情を押さえた声で言う。「十二人とも殺されたね」――願わくば一九日の一二名減刑に続けて残りの一二名も、というはかない期待があったのかも知れぬ。失望、と同時に揺るぎない国家権力の壁を改めて感じざるを得ない。けれども連れは全くの無関心、ただ娼家のある町をどこにしようかと、そして街は街で日常が繰り返されていく。山本健吉が指摘しているように、「時代閉塞の壁にぶつかってなすところのない青年の、心の内訌《ないこう》が、街上で対話を交わす二人の青年の、怖る怖るの関心とまったくの無感動との対立のうちに現れている。『深川……浅草……』とは、事件にそっぽを向いていた当時の自然主義的無関心を指したものと受取ってもよい。／（略）幸徳事件の衝撃によって、理想を喪失し、方向を見失った当時の青年たちの気分が、この詩には表現されている」(6)のである。

以上、「愚者の死」をはじめとして何点かの、春夫の言う「社会問題に対する傾向詩」を見てきたわけだが、つまるところ、「傾向詩」とは、春夫の「大逆事件」体験を契機として意識化された反俗・反権力の表明、個を圧殺するものへの悲憤慷慨、反抗の叫びであり訴えであった。と同時に、そうした「知的感情」とともに生じてくる、俗と権力の厚い壁（「時代閉塞の壁」）に自己の無力を思い知る倦怠の心情や、それらの圧力に怯え戦く気持との内部葛藤を、「自己嫌悪」と「意識過剰」とに包み込んだものでもあった。

注

（1）佐藤春夫「青春期の自由像」（『新潮』一九四六・七）

（2）森山重雄『大逆事件＝文学作家論』（三一書房、一九八〇・三）

（3）島田謹二「解説」（山本健吉・島田謹二編『日本詩人全集17　佐藤春夫』、新潮社、一九六七・一〇）

（4）林廣親「春夫の『傾向詩』について」（『定本佐藤春夫全集第36巻　月報』36、臨川書店、二〇〇一・六）

（5）佐藤春夫「一九一二年（明治四五年）2　四月一六日　佐藤豊太郎宛」（『定本佐藤春夫全集』第36巻、臨川書店、二〇〇一・六）　※臨川書店版全集では「一九一二年（明治四五年）」とされているが、〈一九一一年（明治四四年）〉の誤りであろう。本書簡は『ポリタイア』通巻第八号「佐藤春夫特集」（一九七〇・六）に「佐藤春夫の手紙」の標題で掲載され、竹田龍児の解説で「右に掲げた叔父春夫の書簡は叔父が二十歳の誕生日を迎えて間もない明治四十五年四月十六日に父豊太郎に宛てて認めたもので」と紹介されたものである。が、それに対しては早くから浜崎美景が、「蘆花の演説を最近と云っている事、進級の費用と云っているのが春夫の進級は四四年春一回のみである事、（略）下宿を引きうつり云々と云っているのが四五年ならば超人社に住んでいて矛盾するなどから確実に四四年のものだ」（『森鷗外周辺』、文泉堂書店、一九七六・五）と修正意見を出している。一点補足しておけば、本稿引用外で春夫は「去九日は私二十回の誕日にて御祝ひ下され候由」と書いており、満二〇回ということで明治四五年と推定されたのだろうが、これは明らかに数えの二〇回ということで、やはり明治四四年ととるのが順当であろう。

（6）山本健吉「佐藤春夫・人と作品」（山本健吉・島田謹二編『日本詩人全集17　佐藤春夫』、新潮社、一九六七・一〇）

五　「傾向詩」的なものとの訣別と隠匿

「大逆事件」の衝撃を「傾向詩」に昇華させてきた春夫ではあったが、中学校入学時に既にわれ文学者たらんと宣言した文学への道を、いわば「傾向詩」的路線の方向にとることはしなかった。一六歳の頃から詩作を始めて『殉情詩集』を出すまでの一五年間に約百編、その一半は「抒情詩」であとの一半は「傾向詩」だったと春夫は言っていた（前出『殉情詩集』自序）。その「抒情詩」的方向に、「抒情詩」的精神に支えられた散文の世界へと入って行くのである。その辺のことを、後年、春夫は次のように回想している。

わたくしも初めは、傾向詩、例えば「愚者の死」などのようなのを作っていた。中学校で受けた無理解な待遇が、わたくしを反逆児にしていたのであろう。／しかしながら、わたくしは日を経るに従ってわたくしの本性に返った。そうしていつのころからともなくわたくしの作るところは純然たる抒情詩になった。わたくしは日常生活、実感に即した抒情詩を心がけていた。[1]

郷党が危険な反抗児と見、やがてその少反抗児が「愚者の死」や「清水正次郎を悼む」程度がわが国の生活人といふものなのである。さればこそ石川啄木が尊重される所以なのである。これ以上の生活人になると生かして置かないのが、この国のわれわれの時代のならひだ（略）。ともかくも僕は命がけの生活人でなかつたことは確実である。僕はこのとほり生きてゐるのだから。[2]

そのころ、学校騒ぎ以来わたくしは多少なじみになった社会主義思想に関心を持ちはじめて、これに共鳴する点もないではなかったが、人生は唯物的に割切るにはも少し複雑なものだと考え、それに大逆事件に却《ごう》されて、義を見てなす勇もなく、社会主義青年にはならない

で依然文学青年であった。やがて「田園の憂鬱」時代に入る。(3)

「田園の憂鬱」は（略）ただ詩から散文への移行ではなく、これこそわれらの貧弱な少年生活人が少年芸術家に転身したと見るべき重要なポイントなのである。／いや、かの少年生活人はその時、意識して芸術家に更生しようとしたのではなく、むしろ貧弱な生活人の歩みの方向を転換して一歩を進めたつもりでゐた。それとも芸術と生活とを一致させようとしてゐたといつた方が適切なのかも知れない。芸術と生活とを混同するもしくは合致させようとする、少年生活人らしい無分別にさうして性急な行動であつたかも知れない。／彼はこの時消極的な生活人のポーズをとつて隠者にならうと考へてゐたものであつた。(4)

一七、八歳の頃、春夫は「漠然と社会主義思想のようなものに感染していた。故郷の町にそんな空気がみなぎっていたからであろう」が、「大逆事件がわたくしから社会主義を撲滅」し、「わたくしは大逆事件のおかげでまっしぐらに芸術に向かった」のである。(5) 国家の意に反する者は問答無用、一刀両断の「大逆事件」である。国家や社会とかかわりをもって生きざるを得ない「生活人」として、さらに一歩を進めて社会運動に身を置くことは一命をささげることに外ならない。「命がけの生活人」である。春夫は「芸術のためにすることがあるのを自覚して社会運動に一命をささげるだけの覚悟がなかったため」ということもあるが、「社会制度の直接な変改よりも、むしろ文学による人知の啓発の方が、迂遠に間接的なように見えながらも、実は根本的なものだというように考え」、自分のような者が「ナマヌルイ社会運動をするよりも、文学によってほぼ同じことができ」るのではないかと考えるのである。(6)「過去を他にして今日がないが如く、個人を他にして社会は無い。この逆の事も言へるだらう。してみると個人を、個人の苦悶を出来るだけ深く書く事によつて、自らその時代は出てくるに違ひない」(7)と思うのだ。春夫の言う「少年生活人」から「少年芸術家」への転身であった。

こうした春夫の〈転身〉の契機は、戦後に書かれた「わんぱく時代」(一九五七)で見事に虚構され形象化されている。図式的に整理して言えば、春夫の分身とも言える、「少年生活人」=「傾向詩」的性向を持った「反逆児」である崎山栄と、「少年芸術家」=「抒情詩」的性向にある「わたくしの本性」を持った僕、須藤との二少年が織りなす物語である。作中にもあるように、

然らば真実の大逆事件とは何か。当時、天皇は神聖にして犯すべからずと法で定められてゐた。その天皇を、事もあらうに暗殺などとあるまじき不敬事を種に国民を煙にまいて、天皇を支配階級擁護の具に供し、あまつさへ天皇陛下の赤子十二人の虐殺を国家の権威を借りて断行した事件で、かういふ過激な事件を醸造した時の政府とその手先の裁判官どもこそ真実の大逆罪と、僕は信じてゐる。

とする、戦後にしてわかり言い得る「大逆事件」観に立って、文学の眼をもって再構成（回想）された、一面、春夫の〈新宮の大逆事件〉の渦中にあった少年たちの物語でもあった。

一個独立した崎山は実在しない虚構上の登場人物であるが、春夫の心の中の「大逆事件」には崎山がいるのである。「そもそもわが崎山栄は、僕がわがあばら骨一本を抜いて僕の胸中に生み、さうして真実の大逆事件といふ社会機構の毒蛇の口に泣きながら人身御供に捧げるために僕が愛し育てて来た象徴的人物」だったのである。被差別部落の存在などを知って社会運動に突き進んでいった友の名を、娼家に行こうとしていた僕（須藤）は須田町で手にした大逆事件判決号外のとどく、無期懲役者の最後に発見して衝撃を受ける。作品は、僕が淡い恋心を抱いていた、今は七〇に手のとどく、崎山の姉、お昌ちゃんの手紙で幕を閉じている。手紙には、冬の秋田の獄中で死んでいった崎山のことが告げられていた。

大逆事件処刑後の春夫の現実に戻して見れば、自己の内なる崎山的なものの収監（強権による死につながる）を思い知らされることで、反逆児春夫少年の〈わんぱく時代〉は終わったのである。内なる崎山的なものがイメージの上ではあれ封殺されることで、春夫は「傾向詩」的なもの＝「大逆事件」体験を中核とした国家・社会へのプロテストを隠匿し心の闇へと封じ込めていく。

春夫は自己を凝視して思うのである。「普通の境涯の青年作家に出来ることは、先づ詩人的なロマンティシズムの情熱か、でなければたつた一人の主人公を取扱つた心理的なものであるのが当然である。普通、青年の心といふものは外面に向かないで内面的で、自己解剖に忙しいのが原則ではないか。青年が社会意識を持つても要するにただ詩で、小説的に社会批評を能くするといふわけにはいくまい。自己批評ならば青年も亦之をよくする。要するに私は今のところ寧ろ内面的な自己批評の心理小説を我国の小説に求めるので、ほんとうの社会批評とても鋭い自己批評をして青年時代を経過した人にのみ要求出来ると私は思ふから、社会的意識から生れるいい小説といふものは結局もう少し気永く待たないでは、反つてつけ焼刃にすぎないだろう」。だからこそ、「私は寧ろ、これからの小説に向つてもつと心理的に深いもの、主観的情熱的なものを先づ要求しよう」と思うのである。(8)

既に見てきたように、青年の憤りを「外面」に向けて発した「傾向詩」においても、春夫は「自己嫌悪」とか「意識過剰」とか「内面的な自己批評」を行間に流露させていた。「社会制度の直接な変改」など夢のまた夢なのだ。理想も持てず方向すら見定められない時代閉塞の中にあって苦悶するわれら青年。ならばその青年一人ひとりの苦悶を見極めるしかあるまい。「外面に向かないで内面的で、自己解剖に忙しい」青年の「心理的に深いもの」を、「傾向詩」と共に詩作し続けていた「抒情詩」的なものを押し進めて「主観的情熱的なもの」を「心理小説」として書いていこうというのである。春夫は一九一六(大正五)年、最初の妻川路歌子と共に、神奈川県の市ケ尾に、後、中鉄《なかくろがね》に転居し、「消極的な生活人のポーズをとつて隠者」たらんとした生活に入っていく。そしてその生活の中から、大正時代の〈憂鬱の文学〉の傑作とされる「田園の憂鬱」

が生まれてくるのである。

注

（1）佐藤春夫「詩文半世紀」（『読売新聞』夕刊一九六三・一・四〜五・一）
（2）佐藤春夫「うぬぼれかがみ」（『新潮』一九六一・一〇）
（3）佐藤春夫「私の履歴書」（『日本経済新聞』一九五六・七・一一〜一八）
（4）（注2）に同じ
（5）佐藤春夫「青春放浪」（『読売新聞』夕刊一九六二・四・二七〜五・八）
（6）（注5）に同じ
（7）佐藤春夫「個人的文学、社会的文学」（『文芸都市』一九二九・六）
（8）佐藤春夫「吾が回想する大杉栄」（『中央公論』一九二三・一一）

六　分岐点＝「或る女の幻想」を書く

しかしながら春夫の「『田園の憂鬱』時代」への転身は、詩から散文へといった単線的なものではない。窮極的には詩人たらんとした作家が佐藤春夫であったと思われるが、その詩情のよってくるものを外に求めず自己の内に見極めようとしてとられた表現形式が散文という形式であったということであろう。菅野昭正が指摘するように、(1)それは、日露戦争以後のデカダンの風潮の中で近代的教養として身につけた西欧の世紀末思想（アニュイ、メランコリー、スプリーン）に共鳴する自己の「憂鬱」の本源的なものを内側に探ろうとした営為でもあろう。そのためには、言わば点である詩ではなく、線である散文の表現性格が必然的に選び取られたということだったと思われる。

けれども、こうした憂鬱（——憂悶・憂愁・陰鬱・無聊・退屈・不安・悲嘆・無為・屈託・塵労・倦怠、等々）の本源的なものを心理解剖に委ねるためには「社会的意識」を前面に押し出すわけにはいかない。具体的には「傾向詩」的なものを押し殺していかざるをえないのだ。その意味でも詩から散文、「田園の憂鬱」へと単純にことが運んだわけではなかった。たしかに「田園の憂鬱」（一九一八）が生まれるためには、「田園雑記」（一九一六）や「病める薔薇」（一九一七）の試行作品が書かれている。が、そうした「田園雑記」や「病める薔薇」など、その後「田園の憂鬱」に直接結実していく作品が書かれていく中に、「或る女の幻想」というちょっと趣きの異なった作品がある。一九一七（大正6）年一二月一日発行の『中外』（第一巻第三号）に発表されたもので、初出の標題は「ある女の幻想」、作品末尾に「(十一月十一日未定稿)」とある、言わば未完成とも言える作品だが、この作品を一つの分岐点として「田園の憂鬱」時代へ入っていったと考えられるのである。「或る女の幻想」は次のような作者の前置きで書き出されている。

左に録するは、某女が、彼の《ママ》女の不思議なる苦悶と恐怖とに就て、牧師O氏に訴へたる所のものを、変体《ママ》心理研究学生N氏が、O氏よりの伝聞に憑れる記録を、更に活動写真作者F氏が、その作物の資料として（?）伝写せしものに係る。文体の前後甚だ相違するは、蓋しN氏の文章とF氏のそれと混合せるに原くか。編者しるす。

後年この前置きに対して春夫は、「これは実話である。某女がこれをO牧師に訴へた時、これはもつと痛切なものであつたらう。それを変態心理研究学生Nが記録した時はもつと心理的に深く追求したものであつた。ところがシナリオライターF氏が、これを資料にした。つまりこの作は聞き書きのまた聞きといふわけで、それもシナリオライターF氏がシナリオの素材に書きとめて置いた時には、その目的からごく通俗に映画向きのおはなしで、それとてもどこまでも外面的ににぎやかな動きを主にしたお膳立てで、何ら心理的や宗教的なものも痕をとどめぬたわいもないドライな筋書式話題になつてゐる」ということだと解説を付している。[2] 作者の解説が唯一絶対だとは言えないが、それはともあれ、変態心理研究学生が興味を持って記録した〈或る女の幻想〉の話、ということは、何らか精神に異常をきたした女の話がシナリオの素材風に展開されるということなのだ。狂女の心理解剖は伏せられて映画向きのドライな筋書式話題となっているというのだ。シナリオは映画監督によっていかようにも料理されていく。この作品もまた読者次第だということになるのであろう。

《クリスチャンの彼女が年の頃二十二、三歳の少年紳士と相識ったのは、十八歳の夏、病気療養のため滞在していた箱根でであった。新学期も始まり東京に帰ることにした彼女だが一緒に乗った少年紳士を新橋停車場で見失ってしまう。一ケ月ほどして、入院している、病床を訪ねよという手紙がくる。病床を訪れた彼女に、家族にも御身を紹介する好機会があるだろうと彼は言う。彼は伯爵の若君である。地方の一商家の娘に伯爵家の花嫁になる資格はあるのか、彼女は疑問であったが、彼はそれら習俗的な事実に関しては一切考慮していないように見える。そうして冬も過ぎた三月のある日曜日、次の日曜日に家で大園遊会がある、あなたを紹介するいい機会だと彼は言う。その病院の帰り、彼女は一台の自動車に拉致されてしまう。

気がついて見ると、真白な部屋で、二人の若い男が彼女の方を見ている。男たちは最近にアメリカから帰朝した社会党員で、日本での運動の血祭として人民の膏血をしぼる彼X伯爵一家に対して社会的制裁を遂行するのだと言う。そして彼女が真にX家の嗣子の婚約者であるかどうかを問い質すので、彼女は彼の従妹であるI子爵の令嬢E子が婚約者だろうと答え、平民の娘である彼女は解放される。

事件後、彼女は故郷紀州新宮地方に帰る。「この地方は、その当時の世界的事件である所謂大逆事件なるものに依つて、大逆者たる数人の社会主義者が一時に刑せられた。或は死刑になり、或は無期懲役になつた。さうして社会主義なる言葉は一種の地方的恐怖であつたのである。それら社会主義のなかでもＳ・Ｏと呼ばれた人がそのなかでの最も重なる人であつた。さうして彼の一族はすべて社会主義者であるかの疑を、地方の人々に抱かせた位である」。丁度この頃、Ｓ・Ｏの一族の二人の青年がアメリカから帰っていたのである。彼女は東京で逢った二人の若い社会党員（彼女自身が生み出したＳ・Ｏ家の二青年の分身）がこの二青年そのものだと考え、何としても会いたいと、二青年の友人であるＯ牧師を訪ね、彼女の苦悶について話す。Ｉ子爵令嬢Ｅ子は彼女の「隠識的な嫉妬や、自己の危険から逃れやうとする本能」から出た言葉で、あの海の下にあるという部屋に監禁され、他人には決して理解も同情もできない、彼女自身と同じような「異常な苦悶」を必ずや経験しつつあるに相違ない。そして彼女は「不思議な恐怖と不安と」に襲われるのだという。この怖しい出来事がいつ、どこで、例えば身をけがされるとか何がいったいあったのか、あの二人の社会党員から得心の行けるだけ聞き出したい。「自分の意識」を持って生き続けて来た、「今まで続いて来た生活が、その一夜のうちに忽然見失はれ、さてその次の今の生活とどんな風に連続させてよいものやら」、「この怖しい出来事のおかげで、全く自分の一生ではないも同然です。私はどうかして、この不思議な隙間を、はっきりさせなければならないのです」と彼女は続けながらも、「その心持がどうすれば完全に表現出来やうか」と、「そのもどかしさ」を体全体で表情するだけである。》

　長目の作品紹介となってしまったが、「大逆事件で大きなショックを受けた地方の文学少女的田舎娘」[3]、変態心理（パラノイア／被害妄想狂）に取り憑かれた一人の女の姿に仮託して、当時の春夫自身の心理が凝視された作品となっている。一貫して「と、彼の女は言ふ」・「彼の女の言ふところに依れば」式の叙述形式をとり、狂女の幻想＝妄想の世界（異常）が語られることで、日常の真実が垣間見えてくる。大逆事件のショックのあまり社会主義者の社会的制裁（テロ）に脅え苦悶する少女の姿そのままに、社会主義的なるものへの春夫の否定・批判が語られた作品だと読み取る読者もいるに違いない。が、「ドライな筋書式話題」と作者自身は言うが、この作品もまた作品全体がシニカルな反語的な表現となっている。「地方的恐怖」を醸成することで国家権力から眼を逸らさせ、人々をマインドコントロールしていく元凶があることを読後感として浮き上らせる構造となっている。けれどもここでは、その元凶に怒りをぶつけるというよりは、そうした大逆事件的状況を前にして、「自分の意識」に基づいた「生活」が寸断され、「自己の危険から逃れやうとする本能」から恐怖と不安に苛まれ苦悶する〈自分〉を、そして、寸断された生活の「この不思議な隙間」をはっきりさせたい、表現したいというモチーフが前面に押し出されたものとなっている。

ところで、春夫はこの作品について、「『田園』（『田園の憂鬱』）は構想も、表現の文体も考えているが書き出しさへできないので、筆ならしのつもりで『或る女の幻想』を書き出してみた。これは大逆事件の直後、わが郷里新宮市にあった事実を、沖野岩三郎から聞いて置いたのを、映画のストーリー風にデフォルメしたもので、文字どおりの愚作に相違なかった。／最初から愚作と知りながら、こんなものを書くのは、考えて置いた『田園』の文体は古風で間に合わず、女房は一日中留守で話相手もないままに、そんなものを時間つぶしの筆ならしにしたのである」(4)と語っている。たしかに「或る女の幻想」は完成された作品ではない。では、なぜ、「愚作と知りながら、こんなもの」を、春夫は書いたのか。

宇野浩二が一九一七(大正6)年当時を回想して、江口渙の紹介で「『処女文壇』に佐藤春夫の小説をもらつた。それは、三号で廃刊したために、雑誌に出なかつたが、『ある女の幻想』といふので、今でも私の手元にある。その原稿の初めにかういふ手紙がついて居る。/江口君/(略)これは、これで十一枚あつて、あと十枚位のものだ。若し二号にわたつてこんなものでよいならば出してもらつて下さい。話は女学生向きの、その意味で面白いものなのだが。それで読切でなければいけないなら、残念ながら今月は駄目。これで我慢してもらつてくれないか。(略)/この便箋に書いた手紙の上に、横書きに、『水上様必読』と書いてある、(略)この佐藤の小説は、残念ながら、『処女文壇』に出なかつたが、葛西善蔵の『雪をんな』といふ小説は出た。猶、この佐藤の小説は、佐藤の手紙にもあるやうに、十枚ぐらゐの小説であるが、浪曼的な好短編であつた」(5)と述べている。「水上潔」の偽名で『処女文壇』(蜻蛉館発行)の編集をしていた頃の宇野の話である。ここに出てくる「ある女の幻想」は話題にしてきた「或る女の幻想」の前半部分に当たるものか原型と言えるものかであったと思われる。葛西の「雪をんな」が一九一七年七月発行の『処女文壇』に掲載されていることから見て、六月頃の話ではなかったのだろうか。

そうして見ると、「或る女の幻想」は『中外』の急場を救ふための一作を一週間か十日ほどの間にやつて見よ」と師の生田長江に言われて一作を試みたというもの(6)ではなく、既に夏より書き継がれたものに、おそらくは手を入れて発表された、時間をかけた作品だったと言えよう。〈新宮の大逆事件〉に遭遇し、「わんぱく時代」風に言えば「同じ時代に同じ土地に生れた崎山の運命と、僕自身のものとを思ひくらべて自分の僥幸を思」いながらも、自分が社会主義者と見做されるのではないか、下手をすれば次は自分の番かもしれないと苛んでくる恐怖と不安に苦悶する、こうした生活とはいったい何なのか。そしてこうした生活を強いてくる国家とは社会とは何なのか。「或る女の幻想」の「彼の女」ではないが、春夫もまた、「はっきりさせなければならない」のだ。が、「どうすれば完全に表現出来やうか」なのである。どうあがいてみても所詮は「傾向詩」的表現が限界なのだ。あげくが「そのもどかしさ」に悶々するしかないのである。大逆事件にかかわる、ということは強権への真実追求のための自由で完全な表現は、自分にとって現実にはありえないことなのだ。それが、「或る女の幻想」を書き継ぐ中で最終的に辿りついた春夫の結論であり自己確認だったのである。

大逆事件的なものへの表現が不可能であるならば、では、春夫はどうしたのだろうか。「或る女の幻想」に先立って書かれたと思われる「病める薔薇」(7)の前書きには次のような発言が見られる。

透明な金属性の美と、天真な熾んな意志とを、僕がどれほど切に希求するか、（略）すべてのものから脱却する唯一の道はその脱却しやうとするものに一先づ耽りて、耽り尽す外にはないといふのが、僕の信仰箇条の一つであるからして、僕は僕に宿つたこの芸術的衝動の一を敢て圧潰さうとはしなかつた。眼には見えぬ白い細い繊指が僕を奏で出づるがままに、僕は鳴り出した——但、悲哉、僕は壊れた竪琴であつた。

春夫は言う。「透明な金属性の美」と「天真な熾んな意志」とを希求するのだと。そしてそうした芸術的衝動をフルに活かしていくのだと。そうした芸術的衝動＝「抒情詩」的側面と、分身「崎山」＝「傾向詩」的側面とを持つ自分なのだが、後者は抑圧されその表現方法を見出せない挫折と敗北を味わわされた「壊れた竪琴」が今の自分なのだ。挫折と敗北がもたらす倦怠と憂鬱の中に呻吟するしかない自分なのである。日常的に襲い来る倦怠と憂鬱の心情から脱却したい。そう願えばこそ、「脱却しやうとするもの」＝倦怠と憂鬱の心情に耽り尽す外にはないと春夫は考えるのである。美の希求という新ロマン派（唯美主義・耽美主義）の動きとも通底しながら、春夫独自の倦怠の文学、憂鬱の文学へと道を拓いていこうというのである。

しかしながら、そうした創作意図で書いた「病める薔薇」の延長に「田園の憂鬱」を構想した時、『田園』の文体は古風で間に合わず」という代物でしかないのだ。文体と現実把握のための発想とは切っても切れない関係にある。「傾向詩」的傾向＝「社会意識」を発想として幾分なりとも持つ限り、透明で天真な純粋に美のみを追求するという、具体的には散文詩的に憂鬱=倦怠の心情を内面的に心理解剖的に追究する独自の「文体」を創造することはむずかしい。と同時にその場凌ぎにとった古典風の文体では、まして大正期の「壊れた竪琴」を奏でることは無理というものであった。

憂鬱=倦怠の心情を心情そのままに描く新しい文体を創造するためにはその根本にある発想の見直しと組換えが必至となってくる。その文体模索の一環としてとられたのが、実は「或る女の幻想」を書くということだったのだ。書くことを通して事態は改めてはっきりしてくる。「大逆事件」的なものを書く表現の自由はない。ならば、「そのもどかしさ」に悶える心情を書く〈憂鬱=倦怠の文学〉あるのみ、である。「或る女の幻想」はそうした意味で、春夫が自分のとるべき文学の道を選択し決断した〈文学宣言〉であった。初出段階で「(十一月十一日未定稿)」とされたものが、後に単行本『病める薔薇』(一九一八)収録の際には「(一九一七年十一月作)」とされ、「未定稿」の言葉が削除されていることも、土台愚作だと言いながら書き続けたのも、謂れのないことではなかったのである。「或る女の幻想」の先はないのだ。「未定稿」であれ「愚作」であれ、これはこのままの姿でわが文学の分岐点を示す道標であり、欠きえない作品なのである。「或る女の幻想」を書くことで、春夫は本格的に〈憂鬱=倦怠の文学〉への道を一歩踏み出したのである。

注

（1）菅野昭正「憂鬱とモダニズム」――『田園の憂鬱』新考」（『新潮』二〇〇六・四～六）
（2）佐藤春夫「うぬぼれかがみ」（『新潮』一九六一・一〇）
（3）注（2）に同じ
（4）佐藤春夫「詩文半世紀」（『読売新聞』夕刊一九六三・一・四～五・一）
（5）宇野浩二『文学の三十年』（中央公論社、一九四二・八／福武書店、一九八三・四）
（6）注（2）に同じ
（7）前書き末尾に、「一九一七・五・三」とある

七　〈憂鬱＝倦怠の文学〉の誕生

「或る女の幻想」以降、戦前・戦中を通して、正面から（反語的表現にせよ）「大逆事件」を扱った作品を春夫は書いていない。ちなみにここで眼についた春夫の「大逆事件」関連の文章をまとめて見ておこう。(1)

一九一一（明治四四）年三月　詩「愚者の死」（『スバル』／全集2）

一九一一（明治四四）年四月　詩「小曲二章（病、煙草）」「街上夜曲」（『スバル』／全集2）
一九一一（明治四四）年六月　詩「小曲四章」（『スバル』／全集2）
一九一一（明治四四）年七月　詩「憤」「友の海外にゆくを送りて」（『三田文学』／全集2）
一九一一（明治四四）年八月　詩「蛇の子の歌（エホバよ、口論）」（『スバル』／全集2）
一九一七（大正六）年一二月　小説「ある女の幻想」（『中外』／全集3）
一九二三（大正一二）年一一月　回想記「吾が回想する大杉栄」（『中央公論』／全集19）
一九三四（昭和九）年二月　小説「二少年の話」（『中央公論』／全集9）
一九三四（昭和九）年一〇月　小説「若者」（『文芸春秋』／全集9）
一九四六（昭和二一）年七月・一二月　回想記「青春期の自画像」（『新潮』・『座右宝』／全集11）
一九五四（昭和二九）年三〜六月　小説「晶子曼陀羅」（『毎日新聞』夕刊／全集13）
一九五六（昭和三一）年七月　回想記「私の履歴書」（『日本経済新聞』／全集14）
一九五七（昭和三二）年一月三日　詩「むかしの新年」（『東京新聞』夕刊／全集2）
一九五七（昭和三二）年一〇月〜五八（昭和三三）年三月　小説「わんぱく時代」（『朝日新聞』夕刊／全集15）
※この頃一九五〇年代の作？　回想記「大逆事件の思い出」（『新しき抒情』、角川書店、一九六八／全集未収録）
一九六一（昭和三六）年一〜二月　回想記「わが霊の遍歴」（『読売新聞』日曜版／全集15）

一九六一（昭和三六）年一〇月　評論「うぬぼれかがみ」（『新潮』／全集26）
一九六二（昭和三七）年四～五月　回想記「青春放浪」（『読売新聞』夕刊／全集17）
一九六三（昭和三八）年一～五月　回想記「詩文半世紀」（『読売新聞』夕刊／全集18）

こうして見てくると、一九六四（昭和三九）年五月六日に没するまで「大逆事件」を忘れ得なかった春夫の姿が浮き彫りになってくる。戦後になってわが「大逆事件」体験を反復して語り「わんぱく時代」に形象化して見せている。けれども戦前・戦中にあっては、「或る女の幻想」以後、それを封印し隠匿していくしかなかったのである。「吾が回想する大杉栄」では大逆事件後の社会主義者たちが文士社会へ亡命する姿に触れるだけであり、「二少年の話」や「若者」にしても、〈新宮の大逆事件〉前夜の大石誠之助たちの姿に些か言及しただけというものである。どう見ても「大逆事件」を向こうに回した作品と言えるものではなかった。

大逆事件以後一九一九（大正八）年の米騒動までの期間は、社会主義者にとってまさに〈冬の時代〉であった。近藤典彦(2)からの孫引きとなるが、「内務省警保局作成の『社会主義者沿革』第三（一九一一年六月現在）に『出版法ニ依ル』『処分一覧』というのがある。（略）この一覧によると社会主義本と無政府主義本の『処分』は一九〇三年（明三六）二冊、〇四年一冊、〇五年四冊、〇六年一〇冊、〇七年八冊、〇八年一八冊、〇九年一六冊。一九一〇年（明四三）はなんと一一〇冊である。狩り尽くしたと思ったらまだあったとでもいうように翌一一年にも一〇冊『処分』

している。(略)/一九一〇年(明四三)の一一〇冊中九月三日の『処分』は五五冊、九月六日〜一二月二三日の『処分』は三九冊であり、大逆事件後の発禁本がわずか四か月間に計九四冊という」状況であった。

〈冬の時代〉の襲来はなにも社会主義者に限ったことではなかった。一八九三(明治二六)年のより言論弾圧強化を目論んだ出版法に依る「安寧秩序妨害」「風俗壊乱」に相当するとして、筆禍事件は広く出版の世界に及んでいたのである。大逆事件から大正年間の筆禍事件(発禁及び削除等の処分)を斎藤昌三『現代筆禍文献大年表』(3)で数えて見ると、一九一〇(明治四三)年二一六件、一一年一九五件、一二(明治四五・大正一)年七八件、一三年二九三件、一四年三九〇件、一五年二五四件、一六年三〇八件、一七年一一八件、一八年二六九件、一九年二五四件、二〇年一九八件、二一年二六九件、二二年一三一件、二三年一八五件、二四年三九六件、二五年三一八件、二六(大正一五・昭和一)年四九〇件、という有様である。

けれども、〈冬の時代〉は一面「民本主義者の春の時代であった。大正デモクラシー運動が最高潮に達したとき、社会主義運動も高揚した。日本人は自分たちの言葉をある程度取り返すことに成功した」(4)。が、いかに大正デモクラシーが謳歌されようと、時代がダーク・エイジであることに変わりはなかった。この辺の時代性については、一九一八(大正七)年九月六日から一一月二二日まで『大阪朝日新聞』に連載された沖野岩三郎の懸賞小説「宿命」の辿った運命が如実に物語っている(5)。新宮の大逆事件をモデルにした「宿命」を前にして、「大正デモクラシーの開花をむかえた時期でもあり、新聞社は、従来の新聞連載小説の型をやぶったあたらしい社会派小説の出現をよろこんだ。が、なにぶん大逆事件に関係した作品なので、内務省警保局に連絡して、原稿の内閲をもとめたところ、『全部掲載不能』という回答がもどってきた」というのである。そこで改作ということになり作品は「挑発的な美人の活躍するあたらしい風俗小説」となって、大逆事件を連想させるような具体性は影を消してしまう。「宿命」はその後、いくぶん原作の匂いをとりもどそうというので加筆・増量の上単行本として福永書店から一九一九（大正八）年一二月出版されるのだが、その際にも、「天皇暗殺計画をふくむ大逆事件を、『例の事件』と書くことさえゆるされず、英領シンガポールの秘密出版事件という空想的な設定にかえているために、たとえば、新宮中学のストライキを製材所の労働者のストライキにして書きたしてみたところで、事件実体の稀薄性をおぎなうことはできなかった」のである。「『大逆事件に少しでもふれたものはいけない』という天皇制警察国家の終始一貫した方針」は厳然としてとられていたのだ。

「例の事件」と書くことさえ許されずということでは、春夫自身も、「宿命」改作を間に挟んで、一九一七（大正六）年の「ある女の幻想」の「所謂大逆事件なるもの」から一九二三（大正一二）年の「吾が回想する大杉栄」の「世に謂ふ大逆事件なるもの」へとぼかした言い回しながらさらに微妙に変化させており、一九三四（昭和九）年の「若者」では「或る事件」となって「大逆」の二字は消えてしまっている。一語一語の言葉狩りも含めて一語一語の言葉すら奪われていく。作者自身による自己規制、出版社・編集者による内部規制、そして官憲への事前内閲と、法制下の検閲以前に張りめぐらされた私設検閲網が表現の自由を奪い精神の奴隷化状態を拡大再生産していく。先程見てきた筆禍事件の件数などはものの数ではないのだ。

とは言っても、一九二六（大正一五・昭和二）年の筆禍件数四九〇件というのは特筆に値しよう。前年四月の治安維持法公布に伴ってさらに言論弾圧が強化され発禁が相次いだ結果と言えよう。日本はもっとも厳しい治安体制下に入っていく。「青年期における私の思想方向を決定づけたといつても過言ではないかも知れぬ」大逆事件を大正末期から書き始めた尾崎士郎は、当時を振り返って、「戦争前の政治的環境の下にあつては、この事件を正面から描くことはまつたく困難であるより以上に、不可能であつた。それが作品の上にさまざまな歪みを生じてゐるが、どのような角度から描いても法的制圧を免れることは出来なかつた」と述べている。[6]「獄室の暗影」[7]では警保局の検閲によって五〇枚ちかい原稿の約四分の一が削除、伏字だらけとされ、「蜜柑の皮」[8]では最初『日本評論』に「十一人目の男」と題して発表予定だったものが検閲にひっかかり編集会議の結果、発表中止となるなど、散々な目にあう士郎だが、彼もまた何の制圧もなしに小説「大逆事件」[9]を発表できるのは戦後を待たなければならなかったのである。

尾崎士郎が悪戦苦闘している一方で、時代は三・一五事件（一九二八、共産党員の全国的大検挙）、内務省に保安課（思想取締りのための特別高等警察）設置など、[10]ますます出口なしの状況となっていく。そうした一九二九（昭和四）年、春夫は書いている。

それにしても、今日の日本事情では、存分に社会を描く事が出来ないと同様に、徹底的に個人を描く事も決して満足には出来さうにない。／社会を描かうとすれば、秩序を破壊する意味で、当然禁止されなければならないし、個人の生活を本当に深く描かうとすれば、当然風俗を壊乱する意味で、重大なる一面を、伏字にしなければならない。／（略）皆は花鳥風月の文学を嗤つてゐるが、本当に人生なり、社会なりを描く文学はこの国では許されてはゐないのである。今日進行してゐるプロレタリア文学などといふものも、それが横行し得るといふ理由は、やがてそれが如何に無力なものであるといふ反証にしか過ぎないではないか。一笑。／（略）我々の国では、筆はわづかに花鳥風月を描くときにのみやつと自由なのだ——お互にさうは思はないかしら。

春夫はまた、平和な温厚な自然に対してその反対の暴虐の威力を持つ恐怖すべき自然にむかう喩えをとって、「あまりに強い暴力に対して我々はその防備を失ひ、従つてこれを味ふなどの余裕は寸毫も与へられず、只たゞその後に現はれるであらうところの平和な姿をのみを恃みにして、しばらくこの暴虐の下に屈従したのである」(11)と述べている。時代とともにますます威力を増す国家の暴虐の前に、春夫は屈従するしかなかったのである。「或る女の幻想」を書くことで「傾向詩」的路線の放棄を宣言した春夫ではあったが、時に頭をもたげてくる「大逆事件」に対する想いをさらに忘れよう、隠匿しようとなってくる。「本当に人生なり、社会なりを描く文学はこの国では許されてはゐない」のだ。ニヒルな自虐的な笑いがこみあげてくる。

改めてあきらめるしかないのだ。ならば、ますます「平和な温厚な自然」＝「花鳥風月」を、「抒情詩」的傾向を恃みとしていくほかはない。尾崎士郎は士郎流に削除や伏字をものともせず大逆事件を書き続けた。が、春夫は春夫で、ちょうど同年生まれの芥川龍之介が〈小さくとも完成品を〉と願ったように、彼自身もまた「完全に表現」できぬ文学にわが身を置くことには堪えられず、「完全に表現」できる文学に活路を見出していくしかなかったのであろう。「日本古来の詩情と現代人の複雑な心情と」[12]を歌いあげていくしかなかったのである。

こうしてあきらめるしかなかったその後の春夫は戦争遂行の国家体制下にあって、「一命を賭して、一国の権力と抗争するだけの勇気も思想も」なく、「民族感情を代表して、はじまってしまった戦争に勝つようにと協力」し、「二度までも従軍し、また多くの戦争詩をも」作っていくようになる。[13]「戦争が始まってしまったかぎりは、勝つために協力するのは当然のことと思ったまで」と言った小泉信三と同じように言いたいとする春夫の言[14]も含めて、日本古来の詩情の讃歌が体制側イデオロギーとしての日本イデオロギーと、詩的美の追求が戦争美（戦場にこそ窮極の美がある）礼讃と連動していく春夫の戦中についてはまたの機会に論じてみたい。が、ともあれ、「大逆事件」の恐怖体験が過酷な言論弾圧の中で増幅され、強権の前に体制（戦争遂行）に組み込まれていかざるを得なかった春夫の姿はまた当時のインテリ民衆の一面を如実に物語るものでもあったと言えよう。

佐藤春夫と大逆事件、——宇野浩二が戦後のある文章で、「私たちの年ごろのもので、いくらか文学にしたしんだものは、大逆事件の報をきいたとき、よしあしにかかわらず、稲光りをあびたような気がした」と書いていたというが[15]、一歳年下の春夫にしてみればそれどころの騒ぎではなく、大逆事件は、ある意味では自分自身がその渦中に巻き込まれた〈わが新宮の大逆事件〉として、生涯背負い続けなければならぬ事件だったのである。戦後の作品「わんぱく時代」に形象性豊かに描かれることになるが、春夫のイマジネーション＝文学の眼を通して見れば、わが分身である崎山（「傾向詩」的側面）は大逆事件の当事者の一人であり獄中に死していくのだ。春夫にとって、大逆事件とは、まさに〈春夫の大逆事件〉そのものにほかならなかった。

「大逆事件」の衝撃は春夫をして、国家や社会の強大な壁を前にして何事もなしえぬ自己の無力を実感するところに生じる倦怠感と、そうした倦怠感を抱えて生きざるを得ない憂鬱感とに堕とし込んでいく。その元凶が奈辺にあるのか、憤りとともに知的感情を通してわかることはできるのだ。が、それは完全に表現することはできない。「或る女の幻想」を書くことでその完全な表現の実現を試みるのだが、無惨にも挫折し敗北するしかなかったのである。ならばわが「抒情詩」的側面を活かして、敬愛した永井荷風の「主潮の芸術を捨て、趣味の芸術に赴かん」、「思想よりも何よりも先づ官覚の表現を」ではないが、〈社会意識から生まれる小説〉ではなく〈内面的な自己批評の心理小説〉を、〈透明な金属性の美と、天真な熾んな意志〉とを表現しようとなっていく。自分も含めて宇野ではないが「稲光り」をあびて時代閉塞の現状を実感し倦怠感と憂鬱感にとりこまれた大正期の心ある青年たちの心情を心情そのままに描いていこうというのである。こうして生み出されてきたのが「田園の憂鬱」（一九一九）であり「都会の憂鬱」（一九二二）であった。

ところで、中村文雄は、「春夫の『田園の憂鬱』『都会の憂鬱』の二部作は、大正文学の金字塔ともいわれるが、春夫は『都会の憂鬱』について、『もとわが青春を記念する二三の人物の影絵のやうに去来する一片の暗い心情小説にしか過ぎないものである。その暗い心情の世界さへ現れてゐるなら作者は事足れりとするのである』と述べているが、大逆事件の衝撃と無縁ではあるまい、と考えるのは穿ち過ぎであろうか[16]」と書いている。が、穿ち過ぎどころか、大逆事件の衝撃がもたらした暗い心情そのままだったと言っても過言ではないであろう。

時代の流行とも言える西欧わたりのデカダンの受容も当然あったのではあろうが、大逆事件がもたらした倦怠と憂鬱の問題を社会文学的に描くのか心理文学的に描くのか、春夫は「或る女の幻想」を分岐点として後者の路線を選び取ったところに上記二作品が生まれてくるわけで、「大逆事件」の影がそのベースにあることは否めない事実であろう。

ともあれ、その精神形成期に遭遇した〈新宮の大逆事件〉の衝撃を持続させ、そこに生じる憂鬱＝倦怠の心情を文学的課題とすることで、佐藤春夫は、大正期の最大の産物とも言える〈憂鬱＝倦怠の文学〉の金字塔「田園の憂鬱」と「都会の憂鬱」を生み出していったのである。

——その意味では、佐藤春夫の〈憂鬱＝倦怠の文学〉の誕生を誘発したという意味においても、大逆事件はまことに〈文学史的事象としての大逆事件〉であった。

注

（1）〈まとめ〉中、「全集」とあるのは臨川書店版『定本佐藤春夫全集』（全三六巻、一九九八・四～二〇〇一・九刊）を指す。また、数字は全集の巻数を示している。なお、本章引用の春夫の文章は「大逆事件の思い出」以外は全てこの臨川書店版全集に拠った。

（2）近藤典彦「大逆事件、社会主義運動冬の時代へ」（『国文学七月臨時増刊号　発禁・近代文学誌』二〇〇二・七）

（3）斎藤昌三『現代筆禍文献大年表』（粋古堂書店、一九三二・一一／『斎藤昌三著作集』第二巻、八潮書店、一九八〇・一二）

（4）注（2）に同じ

（5）神崎清『大逆事件4』（あゆみ出版、一九七七・五）

（6）尾崎士郎「あとがき」（『大逆事件』、雪華社、一九五九・八）

（7）尾崎士郎「獄室の暗影」（『改造』一九二一・三／前出『大逆事件』）

（8）尾崎士郎「蜜柑の皮」（『中央公論』一九三四・四／前出『大逆事件』）　※初出は教誨師の独白という形式で構想をねりなおすことで検閲をパス。

（9）尾崎士郎「大逆事件」（『別冊文芸春秋』一九五二・一二／前出『大逆事件』）

（10）佐藤春夫「個人的文学、社会的文学」（『文芸都市』一九二九・六）

(11) 佐藤春夫「あきらめ」(「秋宵雑記」、『中央公論』一九二九・一〇)
(12) 井村君江「評伝佐藤春夫」(『新潮日本文学アルバム59 佐藤春夫』、新潮社、一九九七・九)
(13) 佐藤春夫「詩文半世紀」(『読売新聞』夕刊、一九六三・一・四~五・一)
(14) 注(13)に同じ
(15) 平野謙「解説」(『日本プロレタリア文学大系序』、三一書房、一九五五・三)
(16) 中村文雄『大逆事件と知識人』(三一書房、一九八一・一二)

第二部

事件「大逆」の裾野……………吉田悦志

一　日刊『平民新聞』文芸――事件「大逆」への道

一　日刊『平民新聞』と上司小剣

日露戦役後、キリスト教系の『新紀元』（明治三九年一一月一三日廃刊）と、社会主義系の『光』（明治三九年一二月二五日廃刊）とが合流することで、明治四〇年一月一五日付で、日刊『平民新聞』は創刊されたのである。発行所は東京市京橋区新富町六の七、平民社。発行兼編集人は石川三四郎。印刷人名義は深尾韶となっている。ほぼ三ヶ月後、第七五号をもって同年四月一〇日付で廃刊するまで発行所も発行兼編集人も印刷人名義も替わっていない。

一月二九日第一〇号には、初めて掲載された「平民社より」という欄に、平民社と日刊『平民新聞』発刊に係わる構成メンバーを紹介している。

〈創立〉は、石川三四郎、西川光二郎、竹内兼七、幸徳伝次郎、堺利彦の五名。〈平民社庶務会計部〉は、幸徳（主任）、村田四郎（会計）、森近運平（売捌）、椎橋重吉（広告主任）、齋藤兼次郎（発送）、神崎順（発送）、八木《ママ》健次郎（発送集金）、吉川守邦（広告）、宇都宮卓爾（発送其他）。さらに〈平民社編輯部〉には、赤羽一（巌穴）、石川三四郎（旭山）、西川光次郎、原真一郎（霞外）、

徳永保之助、幸徳伝次郎（秋水）、山川均、岡野辰之助、荒畑勝三（寒村）、堺利彦、深尾韶、山口義三（孤剣）、小川茂吉（芋銭）が名を連ねている。そのほか、庶務編輯の雑務員及び広告募集員若干名と、活版部二九名であった。

荒畑寒村は、その『寒村自伝』(1)に、「はじめ噂にのぼった『読売新聞』の上司小剣の入社も結局実現されなかったから、新聞編集のくろうといっては僅かに幸徳、堺、石川の三氏に過ぎず、何といっても貧弱の感をまぬがれなかった」と記して、「素人の新聞作り」を指摘していたのである。

確かに上司小剣がこの『平民新聞』編集のスタッフに参画する噂はあった。荒畑寒村・向坂逸郎共著『うめ草すて石』(2)には、結局小剣が『平民新聞』編集に加わらなかった事情を、寒村は次のように語っている。「日刊『平民新聞』を出すとき、はじめは小剣も入れるような話もあったんです。小剣自身も大いに色気を見せていたんですがね。しかしこっちは、いつつぶされるかわからんし、小剣を入れりゃ相当の給料を出さなきゃならんし、つぶれた場合の始末にも困るしするので、ついに沙汰やみになったんです」と。

また『サンデー』第七四号（明治四三年五月一日）は、「恋女房を護衛する小剣先生―当世お半長右衛門の曲芸―」と題したゴシップ記事を載せている。小剣の『平民新聞』参加が沙汰やみになった事情を面白おかしくこう書いている。「先年堺枯川や幸徳秋水が平民新聞を起こしたときも、小剣先生はこの新聞へ這入る約束であつたが、妻君が貴郎アンナ××のやうな社会党の仲間になれば今から離縁して下さいと、泣き出したので、小剣先生も三拝九拝、百拝頓首して漸く雪子夫人の逆鱗を和らげたのだそうだ」。

いずれにしても、この時期上司小剣の『平民新聞』への参加についてある程度は社会的関心を呼んでいたことは否めない事実であった。後に触れることになろうと思うが、ジャーナリスト上司小剣が、明治三九年秋から冬にかけての一時期、紛う方なく平民社を中心とした革命運動に飛び込む決意をしていたことも確かであった。しかし結局は、本体を目前にして小剣は身を翻したのである。また、荒畑寒村の発言や、ゴシップ的ではあれ『サンデー』の記事から、小剣が『平民新聞』あるいは革命運動への接近から離脱に至った事情を、二様に解釈していたことも窺える。一つは、平民社側の内情であり、他方は、小剣側の家庭的事情である。けれども、そうした寒村の発言や『サンデー』の記事を一概に排除してしまうつもりはない。ただ最も大きな要因はそうした事柄に係わることではなくて、間違いなく上司小剣その人の革命運動への想念と、その人のアイデンティティに関する問題に、本当の因果があったのである。

さて、小剣が『平民新聞』に接近して、そして離れていったのは歴史的事実であって、日本社会党中央機関紙発刊に際して、この新聞がジャーナリスト小剣という、貴重な新聞作りの玄人を欠いたまま出立したのも事実である。

そのために、寒村自ら回想したように、日刊『平民新聞』は、ほぼ「素人の新聞作り」という負債を背負ったままスタートしたのである。枯川堺利彦は第一一号（一月一三日）の「平民社より」欄に、「平民社の編輯局は無経験な素人の寄合である」と認めた上で、「其代り新聞界の歴史と習慣とより超脱して、其の陋習悪弊を免れて居る点があるかと思ふ」と自負とやや自嘲をこめた言い回しをしている。けれども、民衆の極めて流動的で拡散したまま点在する脈絡のない精神の多様性を把握しながら、「新聞」という言説空間において総括し、十全に対応し、わが陣営つまり革命運動の側に引きつけて放さないためのあらゆる方法と手段を画策しなければならないとしたら、やはり、「無経験な素人」では心許ないと言わざるをえまい。たとえそれが、新聞界の歴史と習慣という陋習悪弊を免れていたとしても、多様性を持った民衆に柔軟な説得力を持つ新聞を創るためには、経験豊かな玄人が必要である。ましてや、『寒村自伝』が打ち明けているような、「殊に初号を出すとすぐ五日間休刊し、一月二十日に第二号を出したのは少し不体裁であった。第二号および第三号に堺さんの『新宮行』という紀行がのっているが、これは当初、大部分の創業費出資を約した仙台の同志竹内兼七氏が何かの事情で約を果さなかったらしく、そのため堺先生が創業の多忙の中を匆々の多忙の中を一月十一から一週間、紀州新宮へ出かけて大石誠之助氏と西村伊作氏とに金策を依頼したのである。初号はやっと出したものの、もうすぐ資金に手詰まって第二号の発行もおくれたというのが、当時の実状であったらしい」という、困窮した経営状態からの創刊だとすれば、ますます商業新聞の新聞作りのノウハウを、陋習だとか悪習だとか言わずに、学ぶものは学ぶに、しくはなかったはずである。書生気質が抜けきれない革命運動の向かう先に、自ずと青年的ラディカリズムが立ち現れる。

こうした内輪の次第からも、上司小剣という『読売新聞』編集経験者を欠いた『平民新聞』の出発は、堺利彦の自負にも関わらず、大きな負債を抱えてのものであったといえよう。上司小剣という後の『父の婚礼』(3)を上梓する作者個性にとって幸か不幸かは別としても、こと『平民新聞』育成の観点からはたしかに不幸であった。『平民新聞』全紙面に及ばなくとも、一文芸欄の範囲に限ってみても、『読売新聞』文芸欄の充実と比較するならば、その損益は明白であろう。

二 西川光次郎の「同伴者」論

『平民新聞』には、ことさら文芸欄といわれるような紙面はない。ただ、「新刊紹介」、「平民短歌」、「平民俳句」、「小説（翻訳）」、「新派講談」、「平民小品」、「文芸界」などを一瞥することで、日本社会党中央機関紙上の文学的内実とその動向を検討し、その成果と限界を考えてみる他にない。今掲げた全体を本稿では『平民新聞』文芸欄と総称する。

まず、文芸のジャンルからは少し逸脱するが、西川光次郎の二つの文章を取り上げてみたい。西川この時三十二歳である。第六号（一月二四日）の「論評」（署名あり）の「奥床しき人」と、第九号（一月二七日）の「通俗講話　中等階級の話」と、この二編の文章である。

「奥床しき人」は「論評」全体の一部に過ぎず、短文なのでこの部分だけは全文引用しておく。

社会主義の為めに充分尽くしたき精神あるも身に事情ありて思ふが如くならぬ人あり、此等の人々の多くは何時となく社会主義に対して次第に冷淡となるものなれど、中には熱心少しも減ぜず、美にして賢なる婦人の思ふ男に長の年月それとなく親切を尽くすが如く、それとなく社会主義の為め、若くば社会主義の為めに親切を尽くすものあり、奥床しとは斯くの如きの人を云ふものなるべし、我が社会主義運動には元より弾丸雨飛の下に立つ荒男あらざるべからず、されども亦此の奥床しき人あらざるべからず。

西川の文章には、この時革命運動の実践に身をもってたずわる人間と、その実践の現場にはたずさわり得ない負目を痛惜しながら、その現場から目をそらすまいとする一部の人間たちの、いわゆる後の表現を借りるならば、「同伴者」意識、そうした意識を持ちたずさえている人々を尊重しようとする、良質の思考がほのめいているのである。

現に、実際の運動には加われない『平民新聞』読者は全国的にかなり存在していた。読者の声を紹介し、平民社員との連携を模索する目的で設置した「読者の領分」欄に、その根拠の一斑は窺えるのである。第一五号(二月三日)の同欄には、「火の子生」の匿名で、「僕は旧平民新聞時代からの読者で社会主義の一学生である僕は遺憾ながら表面堂々と運動が出来ないが是でも十二人の同主義者を拵えた二三年の内には五十人位の味方は出来るであらう」(句読点ママ)と、投書している学生がたしかにいたのである。また、一一号(一月二〇日)にも、「僕は三田のさる学校の学生で正面の運動は出来ませんから隠れたる社会主義者として」、「役を務めたい」といった投稿者もいたのである。この二人は学生だが、他にも教師や会社員など様々な職業、様々な階層の中にも、同様に「隠れたる社会主義者」がいたのである。「隠れたる社会主義者」に甘んじざるを得ない原因は多様であろう。職業的束縛からというだけでなく、その人の個性や気質や性格に関わる胸奥の課題があって、一人精神の奥底で苦悩する個人的拘束から進みいでられぬとも考えられよう。

西川光次郎は、そうした良質の「隠れたる社会主義者」たちに、「奥床しき人」という名を与えて、評価し、さらに同行の士と見なしたのである。日刊『平民新聞』本来の目的から考えるならば、この時代未熟ではあっても存在したろう労働組合員や、すでに実践者として活躍している党員や平民社員だけの読者を想定することよりも、むしろ「隠れたる社会主義者」への目配りこそ肝要であった。

創刊号「宣言」の、「吾人は明白に吾人の目的を宣言す、平民新聞発行の目的が、天下に向つて社会主義的思想を弘通するに在ることを宣言す」と訴えた幸徳秋水の文章は、寒村によれば「まさに初陣の若武者が凛々しい勇姿」(『寒村自伝』)を彷彿させるものであった。しかし、秋水のいう「天下」に向かう視野が、以上の人たちに対する柔軟性ある説得と評価の視点を含まないならば、いたずらに「同伴者」たちを隔絶し離反させるだけである。ひいては同志的強固なサークルの中で自足しつつ孤立し、ナルシズム的自己破滅の道を急ぐことになる。その意味で、西川光次郎の「奥床しき人」は、短文で論理に委曲を尽くしたものではないにせよ、『平民新聞』紙上に現れた山口孤剣などの科学主義を装った非科学的修辞の絶叫にくらべて、よほど革命運動の切実な論題をその言説空間に的確に表現しているのである。その意味で、西川の文章は、日本近代社会主義運動の中で、最も早い時期の「同伴者」論といってもよい。そうした評価が過言であるならば、その萌芽と位置づけても構わぬ。

三　西川光次郎の「中等階級」論

さらに西川は、「奥床しきひと」において寸言的に呈出した「同伴者」意識のあり方と評価の課題を延長して、あらたに「中等階級」論として深めていったのである。「奥床しき人」を発表した三日後の第九号（一月二七日）誌上に載せた「通俗講話　中等階級の話」がそれである。「中等階級の話」の論旨は概ね次のように纏められる。これまでの中等階級は社会の柱であった。時代を導いた社会の柱たる階級であった。が、そうした旧中等階級は次第に減少して、新性質の中等階級が増えつつある。新中等階級とは、官吏、会社員、教員、店員等をいう。この人たちの知識学問は旧中等階級に劣らない。しかし時代の流れは、この中等階級に二つの方向の選択をせまっている。一方は資本家に順応する、他方は不満をいだいて社会的思想を領有して社会主義におもむく。

中等階級変質を説いて二つの方向を設定してみせた西川は、この「講話」の結語において大きな論理的矛盾に陥っているように思える。「要するに中等階級は、今後資本家を制する力も労働者を圧する力も持つことの出来ぬものである」という革命運動における中等階級宿命観を、一種の諦念に寄り添いながら説明しているのである。労働者階級と資本家階級の中間にありながら、いずれにも荷担しうる立場であり、いずれをも制圧し得ない位置という中等階級非力宿命論をそこに見いだすことが出来る。

この力なき中等階級論に、「現に米国今回の州会議員選挙に於ても中等階級の人々が如何に多く社会党の為めに尽したかが現はれて居る」という積極的で肯定的な中等階級称揚の論が接続するのである。先の「奥床しき人」に吐露した「隠れたる社会主義者」評価の視点から、力弱き中等階級論への後退線を強いられながら、さらに力強き中等階級論に接ぎ木することによって、あきらかに西川は意識的か無意識的かはおいても、自家撞着に逢着している。そしてこの「中等階級の話」の末尾に、「日本の社会党員も亦今既に其の多くは中等階級の子弟である」と書き付けることで、自己撞着の一蹴を企てているとも考えられる。

矛盾一蹴を図るべく特筆大書したかにおもえる、日本社会党員も多くは中等階級の出身である、という一句は、意に逆らって西川の論理の矛盾をますます鮮明にしている。西川が、「要するに中等階級は、今後資本家を制する力も労働者を圧する力も持つことの出来ぬものである」と書いた時、彼の脳裡をかすめたのは、日本社会党員も中等階級出身であり、己一個もまた同一地平に佇立するものである、という観念であった。そこで自己と同志の救済を急転直下に行う手段であり素材として、米国の州議会議員選挙を取り上げたのである。

明治三九年秋おこなわれた当該選挙の報は、第五号（一月二三日）の「世界の新聞」欄に「中流階級は敵なるか」という小見出しで記載されている。標題「中流階級」を、西川は「中等階級」と表現しており、訳語における言説の不定着を示している。と同時にそのことが、日本社会主義運動史上での、プチブルジョアジー問題の揺籃期でもあったことを確認しておいてよかろう。プチブルインテリゲンチャをふくめて、中等階級の革命運動への相関という古くて新しい難題は、日本における初期社会主義運動の中に既に胚胎していたのである。

四 「中等階級」論から「直接行動」論へ

「中流階級は敵なるか」なる記事は、「昨秋米国に行はわれたる州選挙の結果は、各州を通じて社会党の得票に驚く可き増加を来したる」と報じ、その原因は「所謂中流階級の所在」にあると記している。そこでは、中流階級を、「小事業家、医師、法律家、教師、音楽家の類」と規定している。西川が中等階級を、「官吏、会社員、教員、店員等」と規定しているのとは、多少の移動や落差がある。ここにもやはり、「中流階級」と「中等階級」といった語義・言説の不統一や理解の齟齬がみられて、プチブルジョアジー問題の原初的様相を呈している証左である。また、訳語や語義の不統一や中等階級規定の落差が、あるいは、「中等階級の話」と「中流階級は敵なるか」とでは筆者が違うことを証しているかも知れない。後者の記事は西川ではなかろう。

ところで、別々の『平民新聞』記者が、ほぼ同時に中等階級もしくは中流階級をめぐるアクチュアルなテーマに筆を執った事情の裏側に、少なくともこのテーマが、一人西川光次郎の個性に収斂するものではなくて、『平民新聞』を支える人たち多数にわたるものであったことが肯えよう。「中流階級は敵なるか」には、「社会党の有力なる支持者が比較的自由に独立を存する、此中流階級たりしと云ふは、中流階級を以て社会党の為に新たなる強敵なりとする一部論者の観察に対して、頗る興味ある現象と謂ふべし」とある。一部の論者は不詳だが、中流階級敵視論がすでにあらわれていて、その弁駁のために、確証として米国州議会議員選挙を取材したとも考えられる。西川光次郎の「中等階級の話」の下敷きにこの記事があって、「奥床しき人」も同一線上に連なる発言であったことは間違いない。西川自身も、「日本の社会党員も亦今既に其の多くは中等階級の子弟」であるとして、一部の中流階級敵視論からわが身と同志を防衛し救済しようと企てたのである。そして、「中等階級の子弟」救済に筆勢が赴いたとき、西川の意識の中から、中等階級非力宿命論の視座が失われることにならなかったかどうか。

すくなくとも、『平民新聞』紙に再び中等階級論が掲げられることはなかった。むしろ、日本社会主義運動は、幸徳秋水の「世界革命運動の潮流」(4)から「余が思想の変化─普通選挙に就いて─」(5)を経て、二月一七日神田区錦町、錦輝館で開かれた社会党大会において、幸徳秋水を中心とする直接行動論と田添鉄二らの議会政策論が鋭く対峙することになるのである。大勢は『平民新聞』を閲する限り、秋水の直接行動論支持にまわった若い世代、山口孤剣や山川均や大杉栄らに領導されていったように考えられる。

『寒村自伝』は、山川均がこの論争を回顧した文章を引いている。「恐らくは多くの青年の中には、革命を遂行するためではなくて自らがより革命的であることに満足するために、威勢のよい直接行動論に左袒したものが少なくないだろう」という山川の一節に、寒村は、「山川君にしてそうだとしたら、私などが『より革命的であることに満足する』多くの青年の、典型的な一人であったとしても不思議はあるまい」と続けているのである。実は事件「大逆」は心証的には既に始まっていたのだ。先に「書生気質が抜けきれない革命運動の向かう先に、自ずと青年的ラディカリズムが立ち現れる。」と書きつけたのも、「ひいては同志的強固なサークルの中で自足しつつ孤立し、ナルシズム的自己破滅の道を急ぐことになる。」と叙したのも、同一線上で論者としてはとらえているつもりである。

山川均も荒畑寒村も、ともに、「非現実的、観念的」な直接行動論に与した当時の心理心情をこのように解析しているのである。「事件『大逆』」を裾野から見つめ直すためには、極めて重要な発言である。

五　田添鉄二の警鐘

そうした若い世代の革命家たちが、「普通選挙や議会政策では社会革命は遂行されない。社会主義の目的を達するには、一に団結せる労働者の直接行動による外はない」とする秋水の驥尾に従いながら、一層尖鋭化していった状況と動向を、冷静に日本革命運動のために憂いたのが、田添鉄二であった。

田添は、第二四号（二月一四日）、第二五号（二月一五日）の『平民新聞』に、「議会政策論」（上）（下）を発表している。「社会党の運動は決して単純ではなく、一筋道でない」。「余は日本社会党が、好んで犠牲多き危道を歩まねばならぬ必要を少しも発見しない」と、痛切な思いで若きラディカリストたちに訴えたのである。それは、「非科学的思想、一種の詩的想像、一個の英雄主義」であると論難したのである。そして、しかし実際は社会党大会採決の結果、田添案はわずかに二票に過ぎなかったのである。初期日本の革命運動は、田添が一番あやうんだ、単純で、犠牲多い、危道を一筋道として選択したのである。

ちなみに、第七五号（廃刊号四月一〇日）に載せられている「社会党に関する裁判事件（目下尚ほ継続せる）」一覧表を抜粋すると次のようになる。

明治三九年三月一五日、電車値上事件（罪名　兇徒聚衆、被告人　西村光次郎、岡千代彦、山口義三、深尾韶、樋口伝、大杉栄、吉川守邦、齋藤兼次郎、半田一郎、竹内余所次郎）。同年九月二四日、

「光」号外「貧富の戦争」事件（罪名　新聞紙条例違犯、被告人　山口義三）。同年一一月二五日、「光」掲載「新兵諸君に与ふ」事件（罪名　新聞紙条例違犯、被告人　山口義三、大杉栄、大脇直寿）。四〇年二月二日、「平民新聞」記事「郡制廃止案の大勢」事件（罪名　官吏侮辱、被告人　石川三四郎）。同年二月七日、足尾騒擾事件（罪名　凶徒聚衆、被告人　西川光次郎、南助松、永岡鶴蔵、加藤栄松、林小太郎、山本利一、井守真吾、薄井礼、刀根川丈江、武田誠之助、泉安治、早瀬健次郎）。同年二月一九日、「平民新聞」記事「社会党大会」事件（罪名　新聞紙条例違犯、被告人　石川三四郎、深尾韶）。同年三月三一日、「平民新聞」記事「青年に訴ふ」事件（罪名　新聞紙条例違犯、被告人　石川三四郎、大杉栄、深尾韶）。同年三月二九日、「平民新聞」記事「父母を蹴れ」事件、（罪名　新聞紙条例違犯、被告人　石川三四郎、山口義三）。

以上が『平民新聞』廃刊号に纏められた目下継続審理中の裁判事件である。こうした異様な権力側の弾圧を、『平民新聞』サイドはどのように認識していたのだろうか。第六二号（三月三〇日）の「裁判攻め」によると、「余りに無法なる迫害」ととらえながらも、これによって社会運動は頓挫しないであろうし、かえって天下の同情が集まり「精鋭なる新手の運動者」が現れる、と書いているのである。さらに、「然り『お上』は宜しく勝手に為さんと欲する所を為せ、吾人も亦為さんと欲する所を為さん」と、強気の抵抗の姿勢を示している。ここには、田添が恐れた、「好んで犠牲多き危道」へひた走ろうとする「一筋道」に向かう理論や論理を越えた情念がある。「非科学的思想、一種の詩的想像、一個の英雄主義」心理に摑まれた疑似ロマン主義的ラディカリズムの精神構造から生まれた猪突猛進しか存在しない。田添の「運動は決して単純ではなく、一筋道ではない」、という真摯な警告はまったくかえりみられていない。

六　幸徳秋水と山口孤剣の言説空間

この疑似ロマン主義的ラディカリズムの精神構造が、先に掲げた裁判事件事例、社会党の禁止、『平民新聞』の廃刊、そして赤旗事件から、さらに大逆事件へと繋がって行く、連鎖する事態の根底に存在していた。

『平民新聞』を閲覧した限りでは、この紙上に貫かれている疑似ロマン主義的ラディカリズムは、荒削りな図式化を恐れずにいうならば、明治初年代生まれ（明治四年）の幸徳秋水のそれと、明治一〇年代生まれ（明治一六年）の山口孤剣のそれとの、共鳴合流から成立している観がある。無論、個性と個性の特殊な寄合という意味ではない。典型的個性と典型的個性とに代表された合流という意味である。

週刊『平民新聞』の「予は如何にして社会主義者となりし乎」(6)において、明治三七年幸徳秋水はこう書き記している。「境遇と読書の二つなり、境遇は土佐に生れて幼より自由平等説に心酔せし事、維新後一家親戚の家道衰ふるを見て同情に堪へざりし事、自身の学資なきことの口惜しくて運命の不公を感ぜし事、読書にては孟子、欧洲の革命史、兆民先生の三酔人経綸問答、ヘンリー・ジョージの『社会問題』及び『進歩と貧窮』、是れ予の熱心なる民主主義者となり、且つ社会問題に対し、深き興味を有するに至れる因縁なり」。秋水が、「幼より自由平等説」に心酔し、一〇年代の自由民権運動の影響を受け、その中で精神形成を遂げた事実はあまねく知られている。白柳秀湖の顰み（後述）に倣えば、秋水は孟子を抱えて民権運動に飛び込み、孟子と民権思想を抱えて社会主義運動に参じたのである。また上司小剣によれば、秋水は「昔の鋳型に新らしい理屈を溶かし込まうとする人」[7]ということになろうか。それは、孟子を抱えたまま、民権思想の発揚期に精神形成を完了し、さらに近代思想としての社会主義を同時に一個の精神に包容した前近代と近代の微妙なバランスの上に形成された、根底的には前近代的な志士仁人的精神伝統に支えられた秋水幸徳伝次郎の、疑似ロマン主義的ラディカリズム、と規定できようか。こうした精神構造の帰趨として、現象的には、「世界革命運動の潮流」から「余が思想の変化」を経て、終着点としての大逆事件に終着するのである。

「大逆事件」は、言説的にいえば、「大逆という事件」という意味であるならば、「事件『大逆』」という言説は、「事件としての大逆」という意味である。簡明にいえば、大逆事件は、起こした人間や関わった人間もしくはその渦中にいた人間の直接的「事件」であるのに対して、事件「大逆」は、その周辺にいた人間たちさらにいえば当時のこの事件に関心を持った日本人が、感じ考えた間接的「事件」としての大逆である。

さて、一方山口孤剣は、民権運動の高揚期に生まれ、すでに青年の大志を伸ばす余地が少なくなった時機に育っている。二葉亭四迷の『浮雲』の主人公内海文三が、社会的余計ものと見なされる時代が、孤剣の環境として存在していた。日露戦争期の平民社の中で、白柳秀湖によれば、山口孤剣も自分も藤村詩をしっかり抱きしめていた青年であった、という。ところで、白柳秀湖に、「藤村氏の詩及び小説と初期の社会主義運動」(8)という極めて資料価値の高い雄文があることは、筑摩版明治文学全集『明治社会主義文学集(2)』などに収録されたことでよく知られている。

これを加筆改訂した「島崎藤村氏の作品と初期の社会運動」という文章が、秀湖の史論・随筆集『歴史と人間』(9)に収録されている。ここには、初出には書かれていない重要な加筆が部分的にあるので、拙文では『歴史と人間』所収文を引用文献とする。

かやうに著者は初めから藤村氏の詩集をしつかりと抱きかかへて、平民社をめぐる人々の集りに参加したのであるが、幸徳秋水氏は元来、漢文・漢詩の趣味で固まつた人であるから時々著者等の藤村熱に軽い皮肉を浴びせかけるぐらゐなもので、別にそれを妨げようともしなかつた。

平民社の中で、著者だの、孤剣だのが抱いて居た藤村熱の分かつてくれてよい人といへば先づ堺利彦氏であつた。ところが堺氏には、その俳諧のたしなみから来たユーモレスクがあり、その頃から、ひどく情熱的なことや、感傷的なことをきらふ傾向が著しかつた。

この部分は、筑摩版明治文学全集に収められている秀湖文にはなくて、『歴史と人間』収録文には書かれている。そしてこの箇所から窺われるのは、まず第一には、山口孤剣も秀湖同様、平民社籠城中たしかに藤村熱の一役をになっていたこと、第二に、孤剣、秀湖等の藤村熱に、秋水がまったく理解を示していないことの二つの事実である。第二の、秋水がより若い世代の社会主義者たちの藤村熱を理解していないのは、少なくとも黙識心通といった心理からではなく、秋水には藤村が皆目了解できなかったと考えるのが自然である。明治四一年五月に、秋水が上司小剣に宛てた葉書に、「御無沙汰相済まぬ、毎度新聞を有難う、嘸ぞ御手数のことだらうと恐縮に堪えぬ、併しおかげで東京の文芸界の思潮とやらが善く分る、自然主義とかも大層ヤカましい理屈のあるものだね」[10]と書いている。新聞はいうまでもなく『読売新聞』で、明治四〇年末頃から、四一年五月までだけでも、紙上に、岩野泡鳴、生田長江、島村抱月らの自然主義文学論が展開されている。秋水はこれらの議論を、「大層ヤカましい理屈」とやや皮肉な口調で語っているだけである。そこにもやはり、藤村詩集を懐抱した孤剣や秀湖等に向けてと同様の「皮肉」な眼が潜んでいる。つまり秋水には、「東京の文芸界」主流は理解しかねる「理屈」でしかなかったのである。藤村詩集に心酔する孤剣、秀湖らの精神も、秋水の心情的地平外にある異質の不可思議なる心的情況であった。秀湖によると、平民社の茶話会でよく歌ったのは、『落梅集』中「寂寥」のひとふしで、佐渡の日蓮をうたった次の一節であったという。

思へばむかし北のはて
舟路侘しき佐渡が島
雲に恋しき天つ日の
光も薄く雪ふれば
毘藍の風は吹き落ちて
梵音声を驚かし
岸うつ波は波羅密の
海潮音をとどろかし
朝霜ふれば袖閉じて
衣は凍る鴛鴦の羽
夕霜ふれば現し身に
八つの寒さの寒苦鳥《ママ》
ましてや国の罪人の
安房の生れの梅陀羅が子を
ああ寂寥（さびしさ）や寂寥や
ひとり汝にあらずして
天にも地にも誰かまた

その悲みをあはれまむ

この「寂寥」の一ふしを朗詠する平民社の若い革命家たち。その心理的機微を秀湖自らはこう分析する。平民社籠城での「完全に社会から閉出された同人の深刻な孤独感、さうして完全に国家から勘当された同人の痛切な寂寥感」と、藤村詩の孤独、寂寥感とが共鳴しあう心的連繫から、「藤村氏の詩」朗吟という行為へは一つらなりであった。秀湖の言説空間にはこうした平民社時代理解の潜在意識に、社会や国家の埒外に放逐された位相からの社会参加への情熱と、その反作用としての孤独感や寂寥感が漂っている。あらかじめ国家機構の中枢から遠く隔絶されて、「現し身」を「国の罪人」と感受した地平からの、青年の孤独と寂寥をたずさえた、社会参加への可能性が、社会主義思想の理想と一致したのである。いいかえるならば、スタートラインですでに社会や国家への何らかの参画を拒まれ、社会の余計者、「国の罪人」であることを痛惜しながら、社会外に佇立すると意識した疎外者としての自己規定が、社会主義思想という社会参加と社会変革への曙光と結び付いた時に、社会外疎外者としての意識、つまり藤村詩の孤独と寂寥と、社会主義の理想が結節点を持ったのである。白柳秀湖と山口孤剣の異同については、また一個のモチィーフとなり得るが、ここでは、孤剣も秀湖と同一の時代相とその精神を以て、藤村詩を詠ったことが確認できればよい。

そして、そこに、孟子を抱えたまま自由民権運動体験を経て、社会主義から無政府主義へ尖鋭化していった秋水の精神構造と、あきらかに異質な若い革命家たちのそれとが、平民社からさらに日刊『平民新聞』につどったことを瞥見できれば、と思う。すくなくとも、幸徳秋水には、社会外疎外者としての孤独感や寂寥感は、その出立から無縁であった。むしろ、社会内変革者としての自負と矜持とを精神的支えとしていたはずである。

山口孤剣は、第五九号(三月二七日)の「論評」に「父母を蹴れ」と題して次の如く書いた。

我が来たらんとするは平和を出さんが為めに来れるに非ず、剣を出さんが為め也、人を其の父に反かせ、女を其の母に背かせ、嫁を姑に反かせんが為め也/大義親を滅す、信仰は父母よりも尊し、吾人譬へ不孝の子たるも、同胞に対して不仁たるべからず、希はくは同胞の鉄鎖を解くべく、不孝の罪名を甘受せん哉、同志島中翠湖叫んで曰く/先ず汝の父母を蹴れ、殉難者の歴史は不孝に初まる/眼ある者は見よ、弱者の鮮血は地球に波打ち、弱者の悲鳴は蒼穹に聞ゆ、吾人今にして起たざるべからず、焦頭爛額の時、豈結纓整冠の態に出づるを得んや

先に山口孤剣の文章を、科学的衣装をまとった非科学的修辞の絶叫といったが、さしずめこの一文あたりはその好個の見本といってよい。山口は、「先ず汝の父母を蹴れ、殉難者の歴史は不孝に初まる」と絶叫する。幸徳秋水は大逆事件被告人として獄に幽閉されていた時、明治四三年

一一月一〇日母・多治に宛てた手紙に、(11)「鳩鳥喚晴烟樹昏　愁聴点滴欲消魂／風々雨々家山夕七十阿嬢泣倚門」と書いていたのである。孤剣が「父母を蹴れ」と声高に叫ぶとき、秋水は切々たる孝の誠実を、「七十の阿嬢泣いて門に倚る」と詠ったのである。

明治四〇年初頭の『平民新聞』紙上は、不孝の情熱と孝の誠実を代表する孤剣と秋水というまったく異質の精神が、疑似ロマン主義的ラディカリズムの昂揚現象をかもしだし、現象としては、あるいは表層としては、同一歩調を辿ったのである。先の「裁判攻め」の厳しい弾圧を認識しながらも、両者は、社会党の禁止、『平民新聞』廃刊、赤旗事件から大逆事件への、「好んで犠牲多き危道」を「一筋道」として選択し疾駆していった。

そうした過程で、西川光次郎が提供した「日本の社会党員も亦今既に其の多くは中等階級の子弟」という、『平民新聞』記者たちの立脚地に関わる切実な課題を忘れ去っていったのである。西川自身は、明治四〇年二月四日に起った足尾銅山騒擾事件で逮捕され、筆を執る機会を失った。しかし、『平民新聞』紙上で、この西川の問題提起は再び取り上げられることなく、中途で放擲されてしまった。

七　木下尚江の激烈な負傷

西川の「中等階級」論を、痛切な自己定立と反省して、引き継いだようなかたちになったのが、すでに社会運動の戦列から退いて、伊香保山中に赴いていた木下尚江であった。

日露戦争前年の一〇月、社会主義協会主催で開かれた非戦論演説会の模様を、木下尚江は小説『墓場』(12)に描いている。筆者の自伝的小説といわれるこの作品で、主人公「僕」が演説会場において、「激烈な負傷」をその精神に受けたことが書かれている。それは、片山潜をモデルにした「幡山」の演説から、「僕」が受けた精神的「負傷」である。「幡山」が、経済上の諸論点から戦争の害悪を諄々と説いてきたところで、聴衆中の反対論者が演説の妨害を始めたのである。「幡山」はこの冷笑熱罵のただなかに立って、「両のポケットに手を挿んで、真直に突つ立つたまま、瞬きもせずに睨みつけて居たが、やがて其の毬栗頭を二三度ぶるぶると動かしたかと思ふと、大きな拳固を突出して叫んだ。／『諸君！手を出せ！／其の恐ろしい声と、奇妙な態度に反対者の騒ぎが急に静かになつた。／するとと幡山は威猛だかになつて『労働者は皆な熱心な非戦主義者である。戦争を好む者は皆な手の白い遊民である。諸君！手を出せ！』」と。この「手を出せ」という「幡山」の叫びの前に、「僕」は、「覚えず手先を両の股の下に隠くした」のである。そして、その瞬時「社会主義を主張する資格がない」自分を自覚するのである。自分は、「中等階級」的白い手の遊民たるに過ぎぬ、その立場に愕然としたのである。

ここには、西川光次郎によってもちだされた「中等階級」論の中断を遥かに越えた革命運動に相対する、「中等階級」の一人が捕らえられた「重き悪念」の言説と、その言説が表現する切実な空間がある。ただ、大正一一年に現れた有島武郎の「宣言一つ」の先駆的栄誉を担う明治四一年度の作品でありながら、革命運動の戦列から遠のいた場から書かれたために、『平民新聞』そのものの文学的深化に貢献するところはほぼなかったのである。木下尚江は、この小説『墓場』より前、三九年一〇月に『懺悔』を金尾文淵堂から上梓している。この作品でもやはり、自己と革命運動との相関を、日露戦争後の「懺悔」流行風潮の影響の中で書いている。

『平民新聞』第二五号（二月一五日）には、木下尚江の『懺悔』あたりを念頭に置いたであろう、白木子署名の「一日の懺悔（上）」が載っている。白木子が誰であるかつまびらかにしないが、冒頭に、「此頃懺悔をする事が流行するから予も亦た昨日一日の懺悔をして見る」とある。平民社社会主義運動の戦列から訣別して、一人伊香保山中で既往を追憶しながら、偽らざる己という者の真相を『懺悔』に書き付けた木下尚江を、軽妙なアイロニーで逆手にとろうとした意図が、白木子の文章からは読みとれなくもない。たとえその意図がなかったとしても、『懺悔』を一読し意識した上で書かれた冒頭文であることは間違いない。

ただ、「一日の懺悔（下）」（第二七号二月一七日）には、「懺悔なんぞ決してするもんぢやない、出来るもんぢやない、予は只だ此稿を中止した為に虚偽を書くことを免れたのを深く喜び」という結びで筆をおいている。白木子は、「懺悔」するのを途中で放棄したのである。「懺悔」という行為は、自己の虚と実のカオスを、徹頭徹尾分析し告白し尽くすところに初めて生まれる一種の言説空間である。徹底した自己解剖の行われない「懺悔」が、「懺悔」であり得ようはずがない。木下尚江の場合は、いうなれば、革命運動本体から離脱した後の、切実な自己救済を賭けたやむにやまれぬ目的であり手段でもあった「懺悔」執筆であった。己に突きつける真摯な「重き悪念」が、『懺悔』に文学作品としてのリアリティをあたえている。

白木子の「一日の懺悔」が、たとえ尚江にむけての軽妙な揶揄を目論む一文だとしても、「諸君手を出せ」という一喝の前に慄然と身を屈したごとき「重き悪念」の呪縛と対峙しながら、苦悩を経ながらの「懺悔」という唯一絶対の自己救済を賭けた表現様式の獲得でないならば、「懺悔なんぞ決してするもんぢやない、出来るもんぢやない」と、うそぶく他あるまい。白木子には、「懺悔」という表現方法選択の必然性など全くない精神的営為の軽薄さがのこされただけである。ちなみに、幸徳秋水ですら、「但だ最近数年間の著者の思想行動に関しては脈絡一貫せず稍や語つて、詳ならざるの感あるは惜む可く且つ題するに懺悔の二字を以てするは中らざるに似たり」と、『懺悔』を批評している。むしろ、「著者の思想行動に関しては脈絡一貫」しないところにこそ尚江の「重き悪念」の存在を証す表候があった。秋水という一個性には無縁の思惟思念の表現としか映らなかった所に問題の核心があったのである。秋水文は、創刊号（一月一五日）「新刊紹介」の「懺悔（木下尚江著）」である。

八　山口孤剣の短歌論と作歌

『平民新聞』全七五号を通覧すれば、この新聞で積極的に文学的活動が試みられたのは、「平民短歌」欄と「平民俳句」欄とであった。「平民短歌」欄に掲載された短歌の数は実におびただしい。そしてこのような短歌量産の下地に、西田勝氏が指摘しているプロレタリア短歌運動の先駆的現象としての「平民短歌会」があった。西田氏はおなじ「明治の社会主義文学[13]」の中で、「平民短歌会」の提唱者は山口孤剣であったと、また「詩歌の貴族臭味―平民短歌会の起りし理由」（第五号一月二三日）に簡単に触れている。先に紹介した「中流階級は敵なるか」が掲載された同じ紙上である。

山口孤剣が、「平民短歌」をいかなる文学形式あるいは文学内容において捕捉していたかを理解するのに便利な文章なので、その「詩歌の貴族臭味」の梗概をまとめておく。山口は、今日の新派歌人を、古今集から二十一代集までの血縁ととらえて、「此の青公卿共の精神的後裔」と位置づける。さらに「王朝時代の形式」と「耶蘇教口真似の内容」とが、「私通」したところに、「今日の新派歌人といふ碌でもない青瓢簞が生まれた」と断言する。「春の宵一里が程の港には船火事するも美きかな」という歌を取り上げて、「茲に至つて詩人」なぞは「吾人労働者の仇敵」であるといい、こうした「貴族」的な詩壇にむけて、「平民短歌会」は必然的にうまれた、と書く。そして「平民短歌」のありうべき規範は、「自由主義、平等主義、人類同胞主義の大詩歌」であり、具体的には「見るかげもなき農夫や職工の悲痛」を歌う「民主的傾向」だとする。孤剣のいわゆる「民主的傾向」と称する規矩にてらしてうべない得る詩人の具体例には、与謝野鉄幹、吉井勇、与謝野晶子があげられている。鉄幹については、「去年頃から、其の貴族臭味の旧衣を脱して、工場だの小便部屋だのといふ題で冷笑半分でなくして労働者の実境を真面目に歌つた詩を明星に掲載する様になつた」と。吉井勇については、「税をば五刑の外のいと重き罰と思ひね山村の人」をとりあげて「無政府主義的な詩を公にするやうになつた」といい、さらに、与謝野晶子については、「君死に玉ふこと勿れ」の詩を誦して「頼もしく思つた」と、その親しみを強調しているのである。

「詩歌の貴族臭味」で主張した山口孤剣の「平民短歌」論の中枢は、いうまでもなく素材論的発言にある。「銀燭」、「舞姫の裳」、「三の君」、「玉の簾に琴の音」といった「貴族的」素材を扱うのではなくて、「労働者の実境」、「平民の災難」、「見るかげもなき農夫や職工の悲痛」を素材として詠え、というところにある。いってみれば、素材採用の「貴族的」傾向から、「平民的」傾向への移動と革新を訴えたところにその主眼目がある。が、素材論的発言が、そのまま短歌という文学様式の全体的革命なり革新に連絡するならば、「平民短歌会」とその土壌の上に量産された『平民新聞』紙上「平民短歌」欄は、百花斉放の充足した一派として歌壇の一角に位置したにちがいあるまい。実際は、山口孤剣の短歌革新論は、「平民」的視座をささえる「我」の視座がかけている。

ここで「平民短歌」欄に載った孤剣の作歌を若干聚めておきたい。

（1）灰色の榛の木けぶる森かげを山羊つれてゆく牧の童よ（第四号、一月二二日）

(2)森かげに椰子の実つめば故郷の妹しおもほゆ水夫なる我は（同）
(3)深紅の海、島山けぶり、大き魚の、形して飛ぶ、渡青の雲よ（第八号、一月二六日）
(4)大臣らの娘の雛祭りにも欄干に泣く遊女思ふ（第四号、三月九日）
(5)麦伸びて雪解する朝利根川の渡場にかたる農夫の妻よ（第四五号、三月十日）
(6)恐ろしき罪しのぶべき革命の成るとし聞かば小女よわれは（第四六号、三月一二日）
(7)乾からびし乳に子は泣き母はしも色をひさぐを文明といふ（同）
(8)鉱穴の中に死したる坑夫の遺骸を葬ふ夕梟の啼く（同）
(9)絞台に上る佳人の面影よ一夜の嵐にちりし桜は（第四七号、三月一三日）
(10)涙をさへ叫びつゝけよ妻も子も家のやかたも救世の主義を（同）
(11)白雪に鶯来鳴くモスコーの同志の家に革命かたる（第五〇号、三月一六）
(12)孫娘は廓に売られ棹とりて竹鼻の渡爺は老いぬる（同）
(13)大洋の波と波との睦ぶごと万の国の労働者をば（第五四号、三月二一日）
(14)大洋の潮鳴る如く森林に暴風雨来るごと平民の怒りは（同）
(15)飢に泣く貧者の叫酒に荒む富者の笑聞くにえ堪えぬ（同）

これら山口孤剣の短歌は、先の「詩歌の貴族臭味」で展開した素材論として詠った「平民短歌」であることは間違いないし、その積極性はうべなえる。たしかにあくことない素材の一貫性は、それなりに評価されてしかるべきであろう。けれども、「牧の童」、「水夫」、「遊女」、「農夫の妻」、「小女」、「坑夫」、「労働者」、「平民」、「貧者」といった「他者」と、作者孤剣の「我」との峻厳たる相対関係もなければ、短歌修辞による抒情的感銘もここにはない。作者孤剣の「我」との峻厳を借用した作者の素材客体への自己没入もしくは自己陶酔なのではないか。(2)の「妹しおもほゆ水夫なる我は」で詠われる「水夫」の心情が、なんらの矛盾撞着も異和もなくまっすぐに「我」と溶けあい同一化されている。

客体と主体の全円的融合化がある。だからこそ、「白雪に鶯来鳴くモスコーの同志の家に革命かたる」ことも時空を越えて可能になる。

九　主体喪失としての「平民短歌」

そこから孤剣にかぎらず「平民短歌」諸作のおおうべくもない単調さがうまれる。

小さけれど我れ亦主義の子なるぞとおぼえし時や高き我が気よ（晩民、第四六号、三月二一日）
思はずも拳かためて我起きぬ刺客伝よむ冬の夜深く（赤熱、第四五号、三月一〇日）

この首には一見「我」が詠われているようにおもえなくはない。「高き我が気よ」あるいは

「拳かためて我起ちぬ」という「我」の高揚と激越な気性のたかぶりが率直にうたいこまれているかのようにもおもえる。けれどやはり、「我」を詠ったこれらの歌にも、「我」ではない「我」への、本性としての「我」の自己同一化、没入、陶酔がはかられているのである。「小さけれど我れ」が本性としての「我」であるとすれば、「主義の子」がとりもなおさず客体としての、「我」でない「我」なのである。「小さけれど我れ」が、「主義の子」に投入され融合することによって、「小さけれど」という詩句が無意味な修飾語となり、本性としての「我」が脈絡を失って消滅する。その主体喪失の線上に、「高き我が気」という主客融合化により生じた新たな「我」が成立しているのである。そしてその主体喪失は意識的な心理操作からうまれていないで、二首の初句に「思はずも」とかきつけられるように、無意識のうちに、「拳かためて我起ちぬ」という「我」と「刺客伝」中の他者とが同一化されている。

一〇　大塚甲山の疑義

『平民新聞』短歌欄に寄せられた夥しい詠草の単調化現象は、以上のような理由が考えられる。そこに大塚甲山の疑義がさしはさまれる必然性があった。甲山は、『平民新聞』記者でも平民社員でもなく、「特別寄書家」（第五六号、三月一三日「読者の領分」）という立場であった。「花下水辺」、「桜花百句」、「春興百句」などの題詠を主に、叙景と叙情を経と緯に独自異色の俳句を数多く寄稿していた。

軒下の藁に鶏鳴く春かな
終日背戸に鶏なく春日かな
春の日や門行く馬の鈴の声
春の日や遠き道行く人小さし
春の日や行く人もなき村の道
牛の子の耳かく春の日向かな
春の日や書斎の畳新らしき
墻に鳴く小禽を写す春日かな

第二二号（二月一二日）の「平民俳句」欄にのった甲山作歌の一例である。こうした作風を堅持して、堂々と『平民新聞』に掲げる甲山の俳人精神が、俳句、短歌をとわず『平民新聞』紙上の作歌全般に疑念を投げたのである。第四六号（三月一二日）の「平民文壇を読みて」という甲山人署名の短文がそれである。

平民新聞の和歌や俳句を読んで第一に感ずるのは其いかにもコセコセして悠揚不迫の態度

に欠けて居ることであ る《ママ》なんでもかんでも社会主義にくつつけて一首をなさんとする様実に可笑しく見える、これしかしながら諸君の主義に忠実なる結果自然に詠嘆にあらはるるものなるべきが、も少し超然としてはいかがのものにや、昔の武士は駒の轡を控へて『道もせに散る山桜』を惜み、艦上戈横へて『月明星稀』なる良夜を褒めた人道の戦士もあるときは世事の紛紜を忘れて花鳥風月を楽しむの雅懐を有たねばなるまい、平民新聞の歌句は徒に人の頭痛の種となるばかりである。（略）

大塚甲山は、ここで「平民短歌」、「平民俳句」などにおける『平民新聞』文芸全体を「なんでもかでも社会主義」にひきよせる傾向を指摘して、文学作品の作品としての相対的独自性を相殺している、と批判している。それは、傾向文学がもっとも陥りやすい、古今をとわぬ命題である。「人道の戦士」たる人たちの作品であるならば、なおさら「悠揚不迫の態度」からものされる「雅懐」を内包した作品形象でなくてはなるまい、と。

いうまでもなく甲山は、「平民文壇を読みて」一文に、『平民新聞』文芸の傾向文学特有の文学的単調化批判をたくしたのであった。孟子をかかえた幸徳秋水が、「世界革命運動の潮流」、「余が思想の変化」を経て社会党大会にいたり、藤村をかかえた山口孤剣が、秋水の直接行動論に共鳴し、社会党大会で合流する。この二つの直接行動論を支えた典型的個性と一般性によって、明治社会主義運動が「一筋道」を尖鋭化していく過程で、『平民新聞』文芸の単調化も加速度的に拍車がかけられていったはずである。無論その「一筋道」進行のプロセスで、西川光次郎の提起した、明治社会主義運動促進者たる革命家たちの立脚地であった「中等階級」論は深められぬますますがたを消した。運動戦列外からこの課題を一身にひきうけた木下尚江の存在も、ほぼ無関心をよそおった批判的対象にすぎないと考えられた。「懺悔」を試みた白木子の筆も、「懐悔」という文章形式に表現し得るだけの、革命と「我」の相関から成立したであろう主体的条件を欠落させたまま中途でなげだされた。西川、尚江、白木子に一貫していた文学的原点が放棄されたまま、『平民新聞』文芸の単調化はその延長線上に、やはり「一筋道」をたどった。だからこそ大塚甲山は、そうした『平民新聞』文芸に反措定を投じたのである。

しかし、甲山の批判にも、作用に対する反作用としての極端にむかう瑕瑾がないとはいえなかった。「なんでもかでも社会主義にくつつけ」る作品を、「悠揚不迫の態度」に欠けるもの、といいながら、具体的にはそのアンチテーゼには、「花鳥風月を楽しむの雅懐」を唯一文学的立場として提示する他なかった。『平民新聞』文芸、甲山のいわゆる「平民文壇」の側から、第一に否定すべき文学的風土の対象にあげ、攻撃した当の「花鳥風月」式文学を、甲山が唯一の拠点とするアンチテーゼでは、論争の内実がからみあわず発展すべくもないのではないか。甲山はむしろ、「これしかしながら諸君の主義に忠実なる結果自然に詠嘆にあらはるるものなるべき」とみた、この箇所に固執し、この場所で論争をいどむべきではあった。「が」という接続助詞をおくことで、確定条件の確認におわって、この肝要な箇所から、全く別の視点に飛躍してしまっている。

「主義に忠実」であり、「自然」の「詠嘆」としてつくられる平民文壇諸作の根に集中した論を展開すべきであった。この根を確定条件と定めておいて全くことなる「花鳥風月」式文学を、と訴えたとすれば、明治四〇年度の日本社会主義運動の尖鋭化という「一筋道」の単なる反動現象でしかなくなる。良心的アンチテーゼの有効性をふくまない厳迷な固執からおこる反動とみなされておわる。

一一　大塚甲山への反批判

そこで、「平民文壇を読みて」の反論は、三月二十日第五十四号紙上「甲山君に答ふ」（ひよどり署名）という数行の短文で結着してしまう。

> 革命の気を含んでるのが平民新聞の特色、此鬱結せる平民のたんか、長袖の泣言寝言と訳が違ふ、無意味の閑文字なら他新聞に沢山だ、平安朝の堕落時代にも、只一首長袖を嘲殺したのがある、百敷の大宮人は暇あれや桜かざして今日も暮しつ、当時の一平民の心裡こそ、平民短歌の宗とすべきでないか

ここで、ひよどり署名の筆者は、ただ「革命の気を含んで」、「此鬱結せる平民のたんか」こそ、

「平民短歌」の「平民短歌」たる所以なり、と言葉すくなに「甲山君」に答えた。革命の気を含む欝結した平民の短歌。これが平民新聞短歌の実際であり、これ以上でもこれ以下でもない。言葉すくなに「甲山君」に反駁したのは、この平民短歌論で甲山流短歌論を砕破し得ると信じたからではない。ここに開陳した短歌論理解以上の論旨を越えるものを、『平民新聞』短歌欄がもちあわせていなかったことが、言葉すくなの真相であった。そして反面では、甲山の「平民文壇を読みて」が、「諸君の主義に忠実なる結果自然に詠嘆にあらはるるもの」という箇所に固執することなく、その視点から一躍「花鳥風月を楽しむの雅懐」の必要性を訴えたところに、ひよどり反論がリアクションとしての単純な立場の表明におわらしめた遠因がないとはいえまい。後論争として発展も深化もないまま、甲山は甲山流の、

黄昏や梅折り来る園の人
梅活けて散りぬる梅や二三輪
如月や蓬の露に梅を踏む
貧しさは酒も買ひ得ず梅の花
見通しに紅梅咲くや医師の庭
紅梅は散りて塵置くインキ壷

といった（第五八号三月二六日）「花鳥風月を楽しむの雅懐」を厳固に墨守していった。また孤剣、ひよどり流の短歌俳句作者によっては、

夜深く革命かたる耳底に嵐叫ぶを合図とぞおもふ
恐ろしき角もはやさず牙もなく人喰ふ鬼を資本家といふ

という（同）「革命の気を含ん」だ、素材だけの短歌新生面が強調され反復される。

一二　山口孤剣の文体

こうした『平民新聞』短歌俳句の本流が、革命的素材を革命的客気でこわだかに詠う傾向におもむいたのは、やはり秋水の直接行動論を発端としているようにおもう。二月一七日神田錦輝館で開かれた社会党大会の模様を、第二八号二月一九日紙上に詳しく報じている。その中に「日本社会党大会」という記事があって、次のように秋水演説を記録している。

幸徳秋水氏　田添氏壇を降るや幸徳氏は直ちに席を蹴つて起てり其の沈痛の弁、悲壮の辞、激越の詞、一語一語の澎湃たる大洪水を伝ふる警鐘の如く高鳴りて聴者は其の同志なると反

対なるとに論なく殆ど感極まりて涙下るを禁ぜざるものの如かり

日本社会党分裂の危機に直面して、非常に重大な事態を予期しながら、なおかつ理論的究明と論争を冷静沈着におこなうべき機に、幸徳秋水の直接行動論は、この記事の筆者には、「沈痛の弁」、「悲壮の辞」、「激越の詞」という扇情的感銘としてうけいれられて、理論的共鳴は皆無といってよいのである。おそらくこの記事は、秋水や利彦といった四十歳にちかい世代の人ではなくて、若い孤剣、寒村、均など二〇歳代の人の筆になったはずである。そして、ここには、先にかかげた山口孤剣の作歌、「恐ろしき罪しのぶべき革命の成るとし聞かば小女よわれは」や、赤熱の「思はずも拳かためて我起ちぬ刺客伝よむ冬の夜深く」などにうかがえる、彼我の区別と緊張を欠いた対象との陶酔的自己同一化という精神のいとなみが存在する。秋水の理論にむけての、正統な革命理論樹立のためにはらわれる努力よりも、逸早く秋水理論という対象に憑れて、「我」を喪失した場所から叫ばれる扇情的喊声が、報道文の体裁を全くそなえない無意味な修辞で表現されている。くりかえすが、社会的責任と社会変革の使命を、道義として自覚する秋水という一典型と、出発期にすでに社会の疎外者たる鬱屈した自覚をたずさえた孤剣という一典型は、直接行動論を中心に結合して、相乗作用をおこしたのである。そうした経過の中でおこなわれた文学的作業が、革命的素材を革命的客気でこわだかに詠う方向にむかい、『平民新聞』文芸欄を単調なものにしているのである。

けれども、平民短歌俳句欄に載った夥しい作歌が、素材を、完璧なまでに、明治絶対主義社会のうちに疎んじられ抑圧される底辺の民衆とその日常に採ったその文学的革新性は評価できよう。また、「唸る爪ついでに天をつき破れ」、「飢えし子に我が大君のみめぐみを思へと教ゆ情あるかな」、「『君が代は千代に八千代』と歌ふ子の、眼凹み頬落ち、狼の如。」などの、タブーをめぐる文学的批判をあえて可能にした批判精神の営為は、『平民新聞』文芸のはたし得た成果として認むるにやぶさかでない。しかし、「今時のくだらぬ星菫歌や恋愛小説杯を読むよりかかる類（和漢名詩評釈・論者記）の方却つて志気を興奮せしめて可し」（第一九号二月八日「新刊紹介」）というような、志気高揚のための詩文芸は、そこにたとい強烈鮮明な批判的精神の発揚が表われていても、それだけでは文学作品の独自性は、革命運動のためという功利的ダイナミズムにうばいとられ、革命と文学の相対的自律と相関による独自性ある芸術作品の成立は不可能となる。

幸徳秋水の「余が思想の変化」は第一五号二月三日の「論評」に発表されている。日本社会党第二回大会直前に発表した運動方針転換に関する一文前後までは、次のような短歌が孤剣風ののと同時に紙上にあらわれていた。

概然と檄読み終へて剣取りて、柴門出づれは片破の月。（相坂生、第七号、一月二五日）

といった、博徒の心情とかわらない歌などの間に、

（1）新らしきこゝにものこそそびえたれ目には見えねど勢なれど
（2）言ふと言はぬさかひに立ちて今日も亦世の常なみの一日をわびぬ
（3）悲しきに皮を破れは血は出でぬかくて闘ふ運命かわれは
（4）運命の岸に寄せくる臆病の浪にいくたびさらわれにしか
（5）知らずある身をもやられし世の波の浮間にとりぬ手ぢからの君（秀湖に与ふ）
（6）その胸に何見てものをいい玉ふ火のちるやうに輝く瞳（孤剣に与ふ）
（7）同志とよばれくるしき胸に手をおいて功名の火を消さんとする我
（8）人の世の恋ははかなし革命の猛火の中に焼かれて死なむ

といったたぐいの短歌がはさみこまれているのである。
（1）～（6）、（8）は川浪草風なる署名がある。（1）（2）は、第八号一月二六日、（3）～（6）は、第九号一月二七日、（8）は、第一七号二月六日である。（7）の作者は狂風の署名があって、第一四号二月二日に掲げられている。（8）をのぞくと、他はすべて秋水の「余が思想の変化」以前の作である。
おもにこれらの川浪草風による短歌には、秋水の直接行動論と山口孤剣らの心情的共鳴結合の一現象として、文芸欄で創作される諸作が、一路「我」の喪失におもむく「一筋道」とは異なる、たしかな「我」にむかう眼がある。革命運動加入がもたらした自己内面に生じた苦渋にみちた、それでいていつわらぬ「我」をみすえる眼がある。「言ふ」自分と「言はぬ」自分のある「臆病」なる矛盾をたずさえた「我」をみつめて詠う良質の作歌精神がある。(7)では、献身の倫理と、功名心とが一つ心でせめぎあう「我」が、「同志」と自己同一化しない姿で、読者になげだされている。かかる作者であればこそ、「その胸に何見てものをいい玉ふ火のちるやうに輝く瞳」というう、山口孤剣の精神的中枢を射る眼も獲得できたのである。この歌は、決して「火のちるやうに輝く瞳」を憧憬する単なる孤剣礼賛歌ではないであろう。「父母を蹴れ」よりすこし後の随想に、「南総の海岸より(三)」(第六六号四月四日)と題した短文の中で、孤剣はこう書く。

暴風雨は来れり闇黒の海上を夥しき電光白雨を透し怒涛は怒涛と戦ひ狂瀾は狂瀾を搏ち悲哀の海は変じて憤怒の海となれり思へパンよパンよと泣き叫びたる巴里の貧民は怒り狂つて王宮を破壊せよと鶴嘴、棍棒を提げて一揆軍を起したるも此の海の如き変化なりしか

山口孤剣の文体は、この引用文にかぎらず、『平民新聞』にかかれたかれの数多くの論文、随想、短歌、俳句、翻訳などに一貫している。こうした文体には、孤剣の「吾人は革命!の語を聞く毎に胸は躍り神経は轟き、彼の飢えたる隊商が暗黒なる森林より一点の灯影を認めて前方に突進するの思あり」(第五六号、三月二三日「革命の友」)と書きつけた孤剣の、「我」を喪失したと

ころに成立している革命的似非ロマンティシズムが露骨にあらわれていよう。客体であるべき対象が、陶酔的自己同一化されることによってなりたった孤剣の文体は、一見勇しい。が、それは己れの精神中枢になにものをももちあわせていない反証でもある。孤剣の心の奥深くを見定めている作者には、「火のちるやうに輝く瞳」にかくされた、孤剣の心的空虚を、「その胸に何見てものをいい玉ふ」と、一見礼賛の素振りをしながら、実際は反語として「何も見ていまい」といいたいのである。

川浪草風の実名は知らない。けれども、『平民新聞』文芸の一隅にも、この作者のごとき自己内面にむかう眼をもって、革命運動と接し、その体験にささえられた位相から、文学的作業にたずさわった人がいたことは記憶してよい。

幸徳秋水の直接行動論の提唱と若きラディカリストたちの共同戦線が、以上のような文学形象を許さない環境を、『平民新聞』文芸につくりだした時、「言ふと言はぬさかひに立ちて今日も亦世の常なみの一日をわびぬ」と詠嘆した作者は、口をとざす他ない。

一三　堺利彦と原霞外の作品

ところで、『平民新聞』文芸欄で量的にも同人たちの意欲においても充実していたのは、やはり短歌、俳句欄であるが、他にも連載もので熱心に発表されたのは、堺利彦の翻訳小説「錐の穂」

と原霞外述「新派講談　舶来乞食」である。途中休載はあるが、前者は第一号から第七二号まで、後者は第一号から第五八号まで続けられた。詳しい内容紹介は割愛するが、本稿では、別々の著者によって書かれた「錐の穂」と「舶来乞食」とに奇しくも描かれた共通の作品特質についてのみ一言しておきたい。

小説「錐の穂」も講談「舶来乞食」も、ともに貴種流離譚的要素が、作品構想上大きなウェイトをしめている点で共通しているのである。両者とも、革命運動、労働運動に参加した登場人物を追う筋書である。「錐の穂」の主人公恵美原は、実名は豊田真吉という財閥の御曹子で、上流階級社会の虚偽虚飾を唾棄して、妻をすてて、「書物を友とし、思考に耽り、社会主義の伝導に一身を捧げる」生活を送る。そして粗末な身なりにやつしている姿を、「労働者でもなく、気狂でもなく、或る紳士が故あつて化けて居るのだ」と作中別の人物に説明させる。粗末な身なりと無教養をよそおう言動をうらがえせば、財閥の御曹子である、というありふれた貴種流離譚の亜流でしかないのである。また、「舶来乞食」は工場労働者のストライキなどを描くのであるが、そのストライキ指導者を裏で助言教唆する乞食老人が、素上をただしてみると、アメリカ帰りのインテリであった。「普通の乞食では無い、嘗ては社会に相当の地位を占めた人の、事故ありての零落か或は誠ある人が故意と世を強ねて」いる、とこれまた「錐の穂」の主人公豊田真吉の閲歴と類型である。さらに、この乞食老爺が門前にたたずみ悪罵をなげかける男爵柿崎家のあるじ敬一郎が、この老人にひかれてその思想的影響のもとに社会主義に覚醒してゆく青年原田小太郎の実父であることも、後に本人に知らされる、という筋書きなのである。

別々の作者が、ほぼ同時期に同紙上に連載した「錐の穂」と「船来乞食」が、ともに類型化された人物を、物語の中心に設定したことの意味は考えられてよいのではないか。身を乞食にやつすことで革命家であるインテリゲンチャの存在証明にするような、貴種流離譚の亜流的作品が二つ並行して、かなりの期間にわたって『平民新聞』に書きつがれた現象は、前半にふれた中等階級論の未成熟と放棄に帰すのではないか。

西川光次郎の「中等階級」論は中断した。片山潜の「諸君!手を出せ」という一喝に「白い手の遊民」たるにすぎないことを自覚した一知識階級人たる「重き悪念」に呪縛された木下尚江は、戦列から離脱した。そうして西川、木下によって提起された知識人と革命運動の原初的問題が、かれらの意図に反して、『平民新聞』紙上でふたたびとりあげられずなげだされたままになった。『平民新聞』は一路、秋水という孟子をかかえた社会革新家と、山口孤剣のような社会疎外者としての意識をもった藤村をかかえた若きラディカリストの共同戦線の延長線上に、田添鉄二があやぶんだ「好んで犠牲多き危道」という「一筋道」を歩んでいった。

堺利彦の「錐の穂」と、原霞外の「船来乞食」が、ともに階級的自省を内包しない単明な貴種流離譚に終始した文学現象の底流には、やはり西川、木下のなげかけていた「中等階級」論の未成熟と放棄と、「平民新聞」同人たちの無視があるように考える。

このことはまた、真の近代個人主義精神を養成できないまま、「我」を喪失した位相からものされた山口孤剣を筆頭にした平民短歌俳句の画一的素材重視の風潮と、それにともなう文学的衰弱に帰一したのである。

西川、木下の「中等階級」論を馬耳東風としたことも、大塚甲山の作歌精神としての「悠揚不迫の態度」提唱も論争点がからみあわないままおわったことも、「運命の岸に寄せくる臆病の浪にいくたびさらわれにしか」と、その「我」にむかう苦衷を詠じた川浪草風の文学営為があえなく紙上から消え去ったことも、すべて同一の根からの発端となっている。

注

（1）荒畑寒村著『寒村自伝』上下二巻、岩波書店・昭和五〇年一二月刊。
（2）荒畑寒村・向坂逸郎共著『うめ草すて石』至誠堂・昭和五七年二月刊。
（3）上司小剣著小説集『父の婚礼』新潮社・大正四年三月刊。
（4）『光』第一巻第一六号・明治三九年七月五日発行。
（5）日刊『平民新聞』第二〇号・明治四〇年三月九日発行。
（6）週刊『平民新聞』第一〇号・明治三七年一月一七日発行。
（7）上司小剣「本の行方」（雑誌『太陽』）明治四四年三月刊所収）。
（8）白柳秀湖の文章は、秋田雨雀編『島崎藤村研究』昭和九年一一月刊所収。
（9）白柳秀湖著『歴史と人間』千倉書房・昭和一〇年三月刊。

(10)『幸徳秋水全集第九巻』日本図書センター・平成六年一一月。
(11)『幸徳秋水全集第八巻』日本図書センター・平成六年一一月。
(12)木下尚江著『墓場』昭文堂・明治四一年一二月刊。
(13)西田勝著『近代文学の発掘』法政大学出版局・昭和四五年八月刊。

二　右サイドの事件「大逆」小説
——池雪蕾著『憂国志談　大逆陰謀の末路』の言説空間

一　浸潤する『大逆陰謀の末路』

池雪蕾の『大逆陰謀の末路』という小説については、夙に神崎清氏が、大逆事件関係の作品としてリストアップしている。『大逆事件記録第一巻』[1]の「編者の言葉」に、神崎氏は、

いわゆる支那浪人の池享吉が書いた『雁の祟』は、無政府主義者に攻撃を加えた国粋主義者の政治小説である。のちに『大逆陰謀の末路』と改題されたが、要するに、皇室中心主義の讃美歌であって、幸徳秋水や奥宮健之が登場してくるけれど、大逆事件の真相からはるかにとおいものであった。

と位置づけている。この神崎氏の叙述は正確で、一言半句も容喙すべき点はない。「無政府主義者に攻撃を加えた政治小説」であり、「皇室中心主義の讃美歌」であり、「大逆事件の真相からはるかにとおいもの」であったと読んだ神崎の小説読解は正しい。私の今回の小論もこの性格規定や史的位置づけを一歩もでるものではない。

ただ、「大逆事件の真相からはるかにとおい」小説が意図的につくられ、その作為がみごと成就したとするなら、私どもはその事態にこそ着目しなくてはならないのではないか。大逆事件の真実なぞ最初から無視され、都合よく利用された文学的フレーム・アップが、まさに日本昭和史の時流の中でもっとも有効に作用したとするなら。ところで、平野謙氏や神崎清氏の先駆的努力によって大逆事件の文学的反映としてリストアップされた作品は、今日では三〇を越す。そして、「《種蒔く人》以前」一文で、平野謙氏はそれら作品群を、「やはり鷗外と荷風と啄木の三人の態度」に集約できるとして、「鷗外は最もすぐれた保守主義者の立場を代表し、荷風は同情的だが傍観者的態度をくずし得ぬ文学的インテリゲンツィアの立場を代表し、啄木はそのインテリゲンツィア的な限界を身をもってうちやぶろうとした立場をよく代表するもの」であったと、みごとに定式化したのである。この鋭い作品分析から定式化された平野謙氏の意見は現在でも新鮮である。

「之は詩と云ふ者でね。有る事を無いやうに書き、無い事を有るやうに云ふ間に、自づから義理や人情を絡ませて見たり、また花鳥風月の哀れと云ふ物を加へて、其話に綾艶を付けると云ふ趣向なのよ」と、作中桂井潔の口をかりて語られる文芸観が、『大逆陰謀の末路』の筆者のいつわらざるものとするなら、『小説神髄』のレベルにすら到達していない前近代的勧善懲悪小説の域をでるものではない。だからこそ平野氏はこの小説を論外として、リストアップしたほとんどの作品に言及しながらも、『大逆陰謀の末路』(「《種蒔く人》以前」では『雁の祟』)を歯牙にもかけなかったのである。平野謙氏の文学的鑑賞眼をもってすれば無論であったろう。また、「大逆事件の文学的反映というテーマは、近代日本文学の可能と挫折の道ゆきを再検討するための好個の試金石(2)」という日本近代文学全体にかかわろうとする遠大なモティーフの前には、この作品なぞ黙殺する他なかったであろうことも、素直に納得できるのである。

神崎清氏は、大逆事件の真相からはるかにとおい作品として、平野謙氏はその芸術的価値において、ともに正当な視点から切り捨てたこの小説を、私はやはり、三〇を越える大逆事件関係の作品群の中で、もっとも社会的有効性をもった小説であるが故に、逆説的にではあるが、もっとも大衆に浸透し影響を与えたであろう小説として看過出来ないのである。

森鷗外の「沈黙の塔」、「食堂」も、永井荷風の「花火」も、石川啄木の“V NAROD SERIES”も、その意味では、文壇という小社会内でのインテリゲンチャたちの鋭角的仕事であって、社会的有効性という一点において、『大逆陰謀の末路』におよばぬのである。大衆への浸透と影響力は、鷗外も荷風も啄木も、この作者にはおよばない。それはある空間に存在する人々へのある言説の力だといってもよい。鷗外や荷風や啄木に、文学的実力ではるかにおとるこの作者の作品が、都市、農村の民衆にうけ入れられ定着したであろう事情は、昭和史の有様とかさね合わすなら肯かざるを得まい。

『大逆陰謀の末路』の「改題増版について」と題する断水楼主人池雪蕾自らのことわり書き冒頭に、「此書は一昨年の冬、『雁の祟』と題して隆文館より出版し、既に第六版の発売まで準備せられて居たのですが、不幸にして昨秋の大震災に遭ひ、其紙型原版ぐるみ既製本も続稿も悉く烏有に帰して仕まひました」とある。大正十一年冬に刊行され大正十二年九月までに、六版を重ねようとしていたとあるように、短期日の間にかなりの売れゆきであったことが窺えよう。都市や農村の民衆は、「沈黙の塔」の難解な外国語にも、「花火」の韜晦にも、ましてや行李の底にかくされた"V NAROD SERIES"にも、まったく眼をとおすことはなかった。それがどんなに大逆事件の真相に迫った白眉の文字であろうとも。むしろ悪意に満ちた社会主義思想攻撃のために、虚の事件「大逆」を文学的にフレーム・アップしたこの前近代的作品の方が、うけ入れられていった様相が、この筆者の言葉から推察されるのではないか。大逆事件の真相が行李の底に秘匿されている時に、一方では大逆事件の虚像が政治的フレーム・アップとかさなって、常識的「真実」として大衆の間に広がり定着していっていたのである。そこにこの作品のかもす文学以前の、日本近代史の悲劇的様相がうかがえるのではないか、というところに、神崎氏も平野氏も、また森山重雄氏(3)も捨てて顧みなかったこの前近代的勧善懲悪小説に着目した所以がある。

「改題増版について」にあるように、『大逆陰謀の末路』は、大正一一年に『雁の祟』のタイトルで隆文館より出版されたが、一二年の関東大震災のために、紙型原版、既製本、続稿も焼失してしまった後、大正一三年一一月五日、星文館からこのタイトルに改めて出版されたものである。そしてもともとは、『大逆陰謀の末路』は、『雁の祟』前篇であって、後篇を纏める矢先に震災にあい、筆者が断念して前篇だけで一応の結着をつけた。

『雁の祟』に多少改訂を加えて、当初前篇と考えていた部分でまとまりをつけたもので、『大逆陰謀の末路』は、これはこれで完結した小説となっている。だから、この拙論を展開するにあたっては、これをテキストとした。

二　モデルと時代の潮流

小説は、花房徹を中心とした皇室中心主義者たちの世界と、勝賀瀬止水を中心とする無政府主義者たちの世界とが、一一月三日天長節の日に、地雷火で青山ケ原観兵式場を爆破し、天皇を暗殺しようと企てる所謂大逆陰謀計画によってつながれ展開していく。

主義者の領袖・勝賀瀬止水が幸徳秋水、その「主義上の同棲者」で二五、六歳のヒステリカルな女壮士・丹野湘雨（本名　管）が管野スガ子、紀州新宮の同志・那智本刀庵が大石誠之助、関東実践労働会長・沖宮健児が奥宮健之。モデルがはっきりつかめるのは以上である。しかし、博仁舎（平民社のこと）に集い、陰謀に参画する主義者、桐島枯鉄、波久礼無極、麻巻一峰、木浦寒骨、矢高令堂、釈破蓮、蟹江荻洲、青江天風の中にも、明治社会主義者のイメージがそれとなく書きつけられている。

中には大逆事件で刑死した者以外の社会主義者の閲歴を、陰謀参加者に付与したところもある。例えば、桐島枯鉄を、独仏両派の歴史哲学家と紹介し、「されば、僕が廿二か三の時で有つたよ。其ころ僕は大阪天満の此花町で、或る知人の家に部屋借りして居たんだがね。二日僕はルーソーの民約篇を読んで」以来社会主義に接近した、と言わせている。歴史哲学家、大阪、民約篇、枯鉄をつなぎあわせると、利彦堺枯川を想起するのが自然であろう。枯川は、「天王寺の東門外に一軒の古家を借り」て住んだことがあった。[4] また、「ルーソーの民約篇」を読んだことについては、意外にも、明治三七年一月三日発行の週刊『平民新聞』[5] 第八号掲載、「予は如何にして社会主義《ママ》となりし乎」に、「予の少年の時、先づ第一に予の頭にはいつた大思想は、云ふ迄もなく論語孟子から来た儒教であつた。次には即ち民約篇や仏蘭西革命史から来た自由民権説であつた」と述懐しており、桐島枯鉄を堺枯川のイメージで描いたことは疑いない。もちろん堺枯川は事件被告とはなっていないが、それは別としても、この小説の作者池雪蕾は週刊『平民新聞』の「予は如何にして社会主義者となりし乎」一文を読んでいたことにならないか。意外にもといったのはこのことである。波久礼無極は、新式爆裂弾の発明者であり、米国で修業した経歴をもつ。爆裂弾からは、宮下太吉が、米国で修業からは、片山潜がおもいうかぶ。つまり波久礼無極は、宮下太吉と片山潜を合成した人物であるといってよかろう。

陰謀に荷担した十二名の人物中、実際には被告にならなかった堺枯川や片山潜を桐島枯鉄、波久礼無極として描いた事由は釈然としない。あるいは、『雁の祟』が上梓されたのは大正一一年冬であり、同じ年七月一五日に、結成された日本共産党に関係があるのかも知れない。日本共産党は、「一九二二年（大正一一）二月徳田球一らが極東民族大会に出席し、そこでのコミンテルンの指導と援助で堺利彦・山川均を指導者とし、暁民共産党や当時の社会主義各流派の人々を集め、コミンテルン日本支部として秘密のうちに創立され、君主制廃止のブルジョア革命を目標とした(6)」。

堺利彦はもちろん、片山潜も同年ソビエトに入り極東民族大会を組織し、日本共産党結成を指導推進したいきさつから、やはり同年結成の日本共産党に関係している。ちなみに、『片山潜自伝』もこの年にでている。いずれにしても、堺も片山も、新たな共産主義運動の組織的展開を可能にすべく日本共産党の結成に尽力した中心的人物であって、国粋主義者池雪蕾にとって当面の敵であったことは想像に難くないのである。その当面の敵を、『雁の祟』での悪質なる大逆陰謀の下手人の一人として書きつけた意図は、さらに『雁の祟』そのものの性格につながる。

大正八年四月、堺利彦、山崎今朝弥、山川均らによって雑誌『社会主義研究』が発刊され、平野謙氏によれば(7)、「日本の社会主義思想はほぼマルクス主義を中心にすえることができたのである」。あるいは、「一九一〇年の『大逆事件』以来のいわゆる『冬の時代』はここに終りをつげた」。同年労働組合が陸続と結成される。友愛会関西労働同盟会、セルロイド職工組合、大阪鉄工組合、俸給生活者同盟、大日本鉱山労働者同盟会、日本交通労働組合、など数えあげればきりがないほど、組合結成があいついだ年でもあった。平野謙氏は、つづけて「一九一七年のロシア革命の成功と一九一八年の米騒動の経験を受けて、一九一九年には組合運動が飛躍的に発展したのである。大原社会問題研究所が創立され、雑誌《改造》《解放》が創刊されたのも、一九一九年のことである。『冬の時代』は完全に終止符を打たれ、労働者運動と社会主義運動はほとんど全面的に復活しはじめた」と説明している。さらに、大正九年一二月には、日本社会主義同盟創立、一〇年アナ・ボル論争開始、一一年水平社結成、日本農民組合結成とつづき、日本労働運動、農民運動、共産主義運動の高揚発展の一ピークの象徴的出来事としての日本共産党結成につながっていたのである。

『大逆陰謀の末路』の作者池亨吉が、その巻頭に「警告」と題したアジテーション一文をかかげた裏側には、そうした時代に対する国粋主義者サイドの危機意識がひそんでいたのである。「目醒めよ、吾が愛する日本帝国の青年諸君」にはじまるこの文章は、「卿等は疾く醒め、疾く起ちて、断じて右せんか、断じて左せんか、之を古賢に質し、之を良友に諮り、以て片時も早く其恐ろしき境涯より脱出せざる可からず。而して能く其身を全うし、直ちに之を国家の祭壇に献上し、義勇以て国を護るの奉公的精神を涵養せざる可からず」という声高な絶叫的言辞にその危機感をほとばしらせている。池亨吉が、『雁の祟』に筆を執った瞬間の心理は、まさに時代が「断じて右せんか、断じて左せんか」という状況にあり、危機感のあやうい焦躁につかまれていたことは素直にうなづけるのである。この作品で、明らかに捏造に相違ないのだが、大逆陰謀荷担者のおもかげに、堺利彦や片山潜をかさねあわせた池の本意は、日本共産党結成に顕在化した共産主義運動の高揚にむけての一国粋主義者のいつわらざる危機意識の表明にあったのである。ここに『雁の祟』あるいは改題増版『大逆陰謀の末路』全体の主眼があったはずである。

三　虚相を実相に転化する小説

社会全般の赤化現象への危機意識によって書かれた作品に、明治四三年発覚の事件「大逆」が素材としてとりあげられるのは自然なことであろう。所謂刑法七三条「大逆罪」規定「天皇、太皇、太后、皇太后、皇太子、又ハ皇太孫ニ対シ危害ヲ加へ又ハ加ヘントシタル者ハ死刑ニ処ス」に従って、一二名の主義者の処刑を遂行した天皇暗殺未遂事件は、皇室を中心にすえた立憲君主制を至上の政治体制と思念する池亨吉には、いうまでもなく眼の前で展開している共産主義運動攻撃の無上の材料であった。攻撃のための手段として採用した事件「大逆」は、池一個には「真相」なぞどうでもよかった。大逆事件にまでゆきついた明治社会主義運動と、日本共産党結成までたどりついた大正共産主義運動とを、同質であるとして断罪する政治的意図が完遂できるなら、「真相」なぞ無視してよかった。そうしたイデオロギー的野望をかかえたこの小説に、「真相」をもとめようとすることは所詮無意味であろう。むしろ、虚相を真相に転化しようとした作品の機徴をこそ読むべきであるとおもう。

『大逆陰謀の末路』は、（一）乱る、雁（二）心の窓（三）三つの誓（四）黒法師（五）古錦襴の袋（六）化物屋敷（七）四文字の怪物（八）女性の影（九）地獄の迎（一〇）豹変の痕（一一）夢路の雁（一二）一刀両断生（一三）夜陰の客（一四）獅子身中の虫（一五）告別の手振（一六）義兄弟（一七）愛惜の至情（一八）皇室中心主義（一九）連環馬の突撃（二〇）会心の笑（二一）人生の辛苦（二二）二個連れの男女（二三）漁国の兆（二四）男子の覚悟（二五）友塩の誠、以上の全二五章から成っている。

いわずもがなのことだが、花房徹を中心とした皇室中心主義者の一団、桂井潔、塚原三郎、照井庄吉、菊地恭平、栗栖太郎、星沼斌は、すべて人間的で善良で申し分ない人格者として書かれている。花房徹は、桂井潔の妻美枝子の実弟で、『時事新聞』に一刀両断生のペンネームで、「支那革命の内面観」と題した鋭い評論を書いている。ところが、博仁舎に集結する社会主義者たちは、日頃朗誦する「王侯将相何ぞ種有らんや／天は自由を擁いて此政に付す／一刀両断す君王の首／日光猶ほ寒し巴里城」というルイ第一六世の末路を諷した詩の、「一刀両断」から、花房徹がそのペンネームとしたものと考え、ひそかに陰謀に勧誘すべく思慮する。中でも幸徳秋水をモデルにした作中勝賀瀬止水は、熱心にかれをわが陣営にひきいれようと努力するのである。「（一八）皇室中心主義」の章では、止水が徹を訪ね陰謀計画を吐露し参加するように説得する。けれども逆に止水は花房に、「逆賊」であり、「捨て置き難き当面の大毛虫」と罵倒され、論争するが、花房の皇室中心主義思想を論破できぬまま退散するのである。

ここで、社会主義者たちが、花房徹「一刀両断生」に親近感をもつのは、そのペンネームの由来にあるというのが作者のおもわくであっただろう。明治四一年六月一八日の赤旗事件で拘留中の一社会党員が、監房の壁に、「一刀両断天王首／落日光寒巴黎城」と落書をしたとして不敬罪にとわれた一件が、池の脳裡に焼きついており、「一刀両断生」のペンネームを花房に冠することで、社会主義者との接点を創作したのである。この花房の存在を設定することで、国粋主義陣営と社会主義陣営がからみあい、最終的に後者の陰謀が露顕して一網打尽に検挙されるというのがその梗概である。

前近代的勧善懲悪小説観に基づいて書かれた『大逆陰謀の末路』において、国粋主義一団が最大限に美化され、社会主義者一団が醜悪なるものとして描かれるのは無論であろう。「(六) 化物屋敷」の章に、芝西久保の八幡下にあるという博仁舎は、平民社を想定したものだが、その描写が徹底している。化物屋敷と呼ぶことがそもそも露骨である。「(六)」冒頭にはこう描かれている。

那時の頃よりか、芝西久保の八幡下に、誰云ふと無く、化物屋敷の異名を諷はれ、今以て其界隈の商売一統より、遮二無二におぞましがらる丶不思議の家が有る。借家と云ふ条、之ぞと思はる丶借主も見えず、主婦も居らず、更に下女はおろか、下男と名の付く影法師も居らず。唯だ、差配の店子帳には、西久保八幡下番外、二階建、上六畳二間、下八、六、三、賃五五、借家人勝賀瀬止水として、肩書に高知県平民無職と有るばかり。―声はすれど姿は見えず、ほんにお前は蓄音器の幽霊見たいなと、いつぞや、懸取りにお百度を踏まされた近所の酒屋が啾嗚つたとやら。

平民社の様子がこう書かれるのである。作者自身この後、「取り立て、扱きおろせば際限無けれど」と注釈をほどこすほど、嘲罵のための嘲罵に徹している。悪意に満ちた叙述である。だから、この「露国虚無党の元祖『バクニン』の流を汲むと云ふ、世にも物騒な秘密結社の城廓」博仁舎に寄りつどう主義者の風貌は、「身の毛も弥立つ気味悪るさ」であり、「丸目入道」、「舌出し小僧」、「毛脛の生へた背高童子」、「轆轤首」などの　「妖怪変化」なのである。

四　秋水・孤剣と池雪蕾の同質性

博仁舎の描写が徹頭徹尾戯画的であり、そこに集うメンバーは「妖怪」として描写されている。にもかかわらず、「天下に隠れ無き社会主義者の頭目」勝賀瀬止水つまり幸徳秋水に関する部分は多少ちがっている。「(九)地獄の迎」の章には、相州湯ケ原の温泉場に、「主義上の同棲者」丹野湘雨女史つまり管野スガ子と静養する秋水が描かれている。「師は寵民居士の名に高き、高江卓介翁の薫陶に待し、従つて、ルーソーに私淑して其民約論一篇を座右の箴とし、且はヘーゲルの歴史哲学に造詣深く、曳いてプルードンの理論、及びバクニンの実行等に徹して、自家独創の新生面を開き、以て我邦の現状を破壊し、更に之を建設せんとする」、「社会改造の急先鋒たらんとする者」である。高江卓介が中江兆民篤介であることはいうまでもあるまい。それにしても、部分的に誤りがないわけではないが、おおまかには幸徳秋水の人物評としては正確なのである。ましてや次のような評言は、いまでも秋水論の常套語としてしばしば書かれるのではないか。

仏英の語学は云ふに及ばず、和漢の古典経書にも精通して殆んど余す所無く、弁は土州人士の独得と許さるゝ、尻上りの語勢に、巧みに蘇張の舌勢を加味し得て軽妙を極め、文は天稟の筆鋒に絶えず唸りを生じて、忽ち平地に能く波瀾万畳《ママ》を捲き、更に天軍を招き致して能く之を叱咤する概が有る。孰れにせよ、げに非凡なる穎才の所有者は此の止水で有る。

この秋水観は、現在でもくりかえされている秋水讃美論の定式といってよい。明治社会主義者もまたこうした秋水を高く評価したのであった。たとえば、前章で紹介した日刊『平民新聞』明治四二年二月一九日発刊第二八号には、無著名ではあるが、「幸徳秋水氏、田添氏壇を降るや幸徳氏は直ちに席を蹴つて起てり其沈痛の弁、悲壮の辞、激越の調、一語一語の澎湃たる大洪水を伝ふる警鐘の如く高鳴りて聴者は其の同志なると反対なるとに論なく殆ど感極りて涙下るを禁ぜざるものの如かり」と記した秋水観は、この『大逆陰謀の末路』の如上の描き方と不思議なことにまったく同質の言説空間を共有しているのである。第一章で触れた、幸徳秋水や山口孤剣の精神構造を「疑似ロマン主義的ラディカリズム」(8)と規定した、その精神構造は池雪蕾にも共通しているのである。

あえていうなら、左翼も右翼も同じ精神を携えて歩んだところから、双方とも共に同様同質の悲劇的出来事を繰り返したのが、日本近代の歴史であった。

だからこそ、池享吉の秋水観の一端がうかがえるところであり、秋水に対する畏敬の念がなかったとはいえまい。しかし、この小説の本当の意図はそこにはない。むしろ、秋水を「非凡なる穎才の所有者」とすることで、逆にそれと論争し敗退させる国粋主義者花房徹をきわだたせる小説的効果を作者はねらったのである。花房と止水の論争にいく前に、もうすこし、湯ケ原での勝賀瀬止水をおってみたい。

小説には、止水が社会主義のリーダーであり非凡なる才能の持ち主であるとしながらも、その偉大なるイデオローグすらも、金と女と病いに動揺する様子が書きつけられている。金については、作中、「率然として意外なる人々より寄せ釆つた秘密の寄附金で」、「ざツと纏めて十二三万円」であると。事実そうした噂がないわけではなかった。神崎清氏の『実録幸徳秋水』(9)によれば、この湯ケ原行き前後、秋水が警視庁に買収されたという悪評が、同志間に広がっていたという。同著で神崎氏はその噂を知った荒畑寒村が、秋水に宛てた葉書の一部を紹介している。孫引きだが、「大兄が買収されたとか、某氏の宅で警視庁の役人と会見したとか、という噂は、小生もソチコチで、チョイチョイ聞きました。実にかげながらうらやましく、ひそかに指をクワえて見ていた次第です。現ナマがはいり次第、一つ新橋でもオゴってもらいたいものですナ」。噂でしかなかったにしても、その誤解をうむ動きが秋水身辺でなかったわけではない。友人小泉三申が秋水を救うために警視総監亀井英三郎に相談した事実は周知のとおりである。湯ケ原行き一件もやはり三申のはからいがあってのことで、噂の種はないわけではなかったのである。その風聞を『大逆陰謀の末路』の作者がいつどこで耳にしたか定かでない。あるいは湯ケ原に隠棲し、専念しようとしていた『戦国史』著述と出版計画が、三申と隆文館社長細野次郎によってすすめられたことに関連があるのだろうか。というのは、『雁の祟』の出版社が隆文館であることは先にいったとおりで、池享吉が隆文館になんらかの人的ネットワークをもっていて、そのあたりが、あるいはこの秋水買収デマの出所かも知れないと推測するのである。女は、菅野スガ子である。病いはいうまでもあるまい。

「懐中に万金の温みが有り、傍らに床しき恋の匂ひを抱く身と成つて見るとだね、論語の一言正に我を欺かずで、忽ち乱心が消え失せて仕まつた」。偉大なる社会主義領袖も、池によれば、金と女と病いで「歴々たる豹変」をとげるというのであろう。その止水の精神的動揺は、直接には参加していない天長節の日の大逆陰謀計画にも、「適当なる理由」、「大義名分」を見い出すことができないという日和見的な止水の言葉となってもれる。が、丹野湘南はそうした気弱になってゆれる止水に、「それでは実行するツて、ウソでしたの」と詰問し、「決してウソぢや無い。必らず実行する」という答を聞いて、「郎君が爾うして下さらなくツちや、私までも同志の面々に対して顔が潰れますものねえ」と安心する。そして、止水は、陰謀遂行のためには花房徹の力をかりようと決意するのである。

勝賀瀬止水が、花房を訪問するのは「(一七)愛惜の至情」の章で、この小説のクライマックスである。止水は、花房徹に大逆計画を囁き、荷担を懇請する。しかし花房は、「あア、さうかね。では、折角だが、お断り仕やう」と拒絶する。そして、「僕は之で押しも押されもせぬ熱心な皇室中心主義者なんだよ」と自らの思想的立脚点をあきらかにする。そこで止水は、「一刀両断生」のペンネームは、「一刀両断す君王の首、日光猶ほ寒し巴里城」から取ったものではないか、と詰めよる。ところが、花房徹は、この戯号は、「君側の奸を斬つて棄てたい」という意味での「一刀両断生」であって、社会主義になんの縁もないものである、という。そこから花房の長広舌がはじまり、「(一八)皇室中心主義」の章全体におよぶ。綿々と続く花房の国粋主義思想披瀝は、つまるところ「僕は全く無意識の間に日本帝国と云ふ島国へ生け落されて居つた。之れ則ち天命」であり、「天命に安んずる事を悟り」、「僕は唯だ此の庭園(日本帝国のこと)の熱心なる保護者を以て躳《キュウ》から任じ、僕の精力と僕の才能の有リッ丈けを之に打ち込む事とした」というところにつきる。もうすこし紹介すると、「天命だから」、「吾が皇室の御安泰は即ち日本国民の寧福で有る。夫れで自分は満足だ。かくて人知れず僕自身の本分を尽した後僕は唯だ天に謝し地に謝して、心長閑に我が天命を終りたい。之が即ち僕の皇室中心主義で有り、これが即ち吾が皇室に対する僕の偽りなき忠義の信念である」。これが花房徹、「一刀両断生」の思想の骨格なのである。日本に生まれたのだからという消極的拠り所が、花房徹の国粋主義思想の根であるとするなら、『基督抹殺論』の筆者幸徳秋水にとって幼児の手をひねるより易しかったであろう。しかし、作中勝賀瀬止水は、「其の議論、其の膽力、而も何よりも先づ其の体力に於て、止水は到底花房の敵ではなかつた」と書かれてしまうのである。先に「非凡なる穎才の所有者」としての止水を描いておいた目論見はここにあった。偉大なる社会主義者勝賀瀬止水ですら、国粋主義者花房徹の鋭利な論理と深遠なる思想の前では、ほとんどなすすべもない。そこに作者のこの小説執筆のおける最大の眼目があったのである。幸徳秋水像がこの池享吉にかかると以上のようであるとすれば、他の桐島枯鉄、波久礼無極らについては多言を要すまい。これらの他の社会主義者については煩雑になるので割愛する。

五　沖宮健児ことモデル・奥宮建之

ただ、最後にもう一人だけモデルのはっきりしている人物沖宮健児すなわち奥宮健之にだけは簡単にふれておこう。

巻末の「跋」に池はこう記している。

大逆事件の方では、巨魁の勝賀瀬止水を始め、執れも辞世の詩歌一つだに伝はらぬまで、念無う秘密の裡に音も立てず片づけられて仕まつたが、唯だ独り沖宮健児ばかりは、世にも奇ツ怪な噂の種を遺して往つた。一説に依れば、彼は死刑の宣告を受けた時より、其執行の当日に至るまで、殆んど口僻のやうに、—『そんな筈は無い、そんな筈は無い、』—と云ひ続けて居たそふで、愈よ絞首台上に引ツ立てらるゝ断末魔に至り、初めて愕然として往生の覚悟を仕たとやらで、いかにも恨めし相に観念の眼をねむつたと云ふ事である。が、又一説には、彼は表面屍骸と成つて監獄より送り出され、其まゝ変名変装して遠く北海道に落ち延び、今以て生き存らへて居ると云ふので有る。

『大逆陰謀の末路』には、沖宮健児すなわち奥宮健之は、スパイとして書かれている。「(十二)一刀両断生」の章で、内務大臣、外務次官、警保局長、警視庁官房主事、外務秘書、参謀本部第二部長、第三連隊司令官長、内務秘書らが、芝公園の楓葉館にあつまり、社会主義思想と支那革命について検討するが、この事の末尾に、内務秘書瀬峰が、警視庁官房主事菊地恭平に次のように語るところから明らかである。「先日来度々お談し申して置いた例の沖宮健児と云ふ男の事ですがなあ、あれは既に内務大臣が御自身で甘く丸められて、今では全く我々の薬籠中に有るのです。処で、例の陰謀事件ですな、あれが愈よ之から具体化せられると云ふ段取りに成りますと私共の方よりも、直接貴方がたのお役に立つ代物なんですから、実は大臣の御意見で私が秘密の添書を与へまして、忍びやかに御官邸へ伺はせる事に仕て置きました。多分今夜は深更にでも参上するだろうと思ひますが、どうか宜しくお願ひ申します。此上はお手ぬかり無く彼をお使ひ下さるやう。(略)」。

なお、絲屋寿雄の『増補改訂　大逆事件』[10]によれば、奥宮スパイ説を採ったのは、田中貢太郎、今村力三郎であり、否定説は堺利彦であったとある。堺は『社会主義運動史話』[11]の「四　大逆事件とその前後」で、「奥宮建之　この人の手紙なし、ただ一枚紛失した葉書に、『今回のこと、全く不思議なり、しかし今はただ宇宙の大霊にこの一身を託するのみ』という意味の一節があったと記憶する。この人、あちこちからスパイの嫌疑をかけられているが、堺は信じえない」といっている。ただ、堺が伝えた葉書の「今回のこと、全く不思議なり」がひっかかる。寝耳に水で不思議なのか、池が「跋」でふれた「そんな筈は無い」から不思議なのかすっきりしないのである。そうした解釈の振幅を許す文面を、記憶をたどりながら記録した上で、「堺は信んじえない」と断じる、その堺自身のおもいが私には分らない。「信んじえない」のならば、「全く不思議なり」の文言はないほうがいいのではないか。他に私が調べたかぎりで奥宮スパイ説に言及した文献を紹介しておこう。

渡辺順三氏編『十二人の死刑囚―大逆事件の人々―』[12]は、「奥宮はスパイだったと疑われていたことも理由のないことではないと思う」とする。スパイ説に左袒する見解とみてよかろう。また、神崎清氏は、「古い自由党壮士で失業政治家の奥宮健之が、信州爆裂弾事件のかすかな情報を隠田の行者飯野吉三郎に売りこんで失敗したのは事実であるが、彼の目的は、政府と社会主義者のあいだにわりこむ調停者の役割と、それに必要な政治資金であった。純粋な意味におけるスパイには該当しない」と、その著『革命伝説』四巻[13]には書いている。あるいは絲屋寿雄氏は、『幸徳秋水研究』[14]で、「今村力三郎弁護士などは、奥宮を当局のスパイであるとし、奥宮の行動から大逆事件が発覚したという説をなす人もあるが、著者は、以上の奥宮の行動は認めるが、奥宮によって大逆事件が発覚したという説はとらない」と微妙なニュアンスでスパイ説をとっている。

さらに、尾崎士郎氏の『大逆事件』[15]収録の小説「売られた男」は、奥宮を主人公として飯野吉三郎とのやりとりを描いたもので、作中奥宮に、「私は幸徳の同志でもなければスパイでもありません」と告白させている。スパイ否定説とみてよかろう。大逆事件直後に書かれたと考えられる内田魯庵の随筆[16]に、魯庵は、「死刑にした処で見ると爾うでは無からう」と推定し、「幸徳と結んだのは政府から取るべき金の分配に与からうといふので一種の政治的ブローカーである」と記している。

現在まで、奥宮スパイ説については定説らしきものはないが、おおむねスパイ否定説の方が多いことだけは以上で確認できようとおもう。そうした中で、『大逆陰謀の末路』の著者は、風聞である「そんな筈は無い」の奥宮健之の一言をもって、スパイ沖宮健児を小説に登場させたのである。

桐島枯鉄や波久礼無極に、アナクロニズムを承知の上で堺利彦、片山潜のおもかげをかさねたのも、幸徳秋水買収の噂をそのまま作中に事実であるかのように刻んだのも、奥宮スパイ説を一言の「そんな筈は無い」を根拠に書きつけたのも、すべて大正一一年現在における日本共産党結成にみられる共産主義運動高揚にむけての、一国粋主義者の焦操と危機意識に端を発しているのであって、「大逆事件の真相」などこの作にもとめてはならないのである。

一番肝心なことは、そうした意図のもとに書かれた『大逆陰謀の末路』という文学的フレーム・アップをめざした非文学的作品が、はじめにも言ったように、鷗外や荷風や啄木などの真相に肉薄しながら芸術的であろうとした営為よりも、はるかに大衆にうけいれられた点にある。啄木の「A LETER FROM PRSON」や、魯庵の随筆がひそかに行李の底に秘匿されていた時に、『大逆陰謀の末路』は、虚構とでっち上げの作品ではありながらも、広く深く日本民衆の血脈に浸透して定着していったのではなかったか。

「(二五) 友垣の誠」最終章に、薗原民恵という無垢な一人の小女が、「あの勝賀瀬と云ふ方なんですツてね、此の謀叛人は。私、何だか怖くツて仕やうが有りませんわ」ともらす無意識の言葉は重く暗いのである。この小女こそ日本民衆そのものの、まごうかたなき実像ではないのか。「真相」がひたかくしにかくされている間に、『大逆陰謀の末路』のモティーフは、いつしか着実に広がり浸透していった。こうした一つ一つの営為が、日本昭和史の時流をあの方角にもたらしたはずである。

また、幸徳秋水や山口孤剣に代表される、「幸徳秋水氏、田添氏壇を降るや幸徳氏は直ちに席を蹴つて起てり其沈痛の弁、悲壮の辞、激越の調、一語一語の澎湃たる大洪水を伝ふる警鐘の如く高鳴りて聴者は其の同志なると反対なるとに論なく殆ど感極りて涙下るを禁ぜざるものの如かり」といったところにみられる、『大逆陰謀の末路』の著者と同質の精神構造が、同じ言説空間の中に包摂されていたことも、あらためて確認しておきたい。

芸術的にはなんら評価しうるところのないこの非文学的小説を、無視できぬと考えた所以である。

注

(1) 神崎清編『大逆事件記録第一巻　新編獄中手記』世界文庫・昭和三九年三月刊。
(2) 平野謙「《種蒔く人》以前」(『平野謙全集』第一巻・新潮社・昭和五〇年一月刊所収)。
(3) 森山重雄著『大逆事件=文学作家論』三一書房・昭和五五年三月刊。
(4) 堺利彦「堺利彦伝」(『堺利彦全集』第六巻・法律文化社・昭和四五年一一月刊)。
(5) 「週刊平民新聞」明治文献資料刊行会・昭和三七年一〇月刊。
(6) 『日本近代史辞典』東洋経済新報社・昭和四五年五月刊。
(7) 平野謙「福本イズムと中野重治」(『平野謙全集』第五巻・新潮社・昭和五〇年八月刊所収)。
(8) 拙論「日刊『平民新聞』における『中等階級』論―幸徳秋水と山口孤剣を中心にして―」(明

治大学文学部紀要『文芸研究』第四五号昭和五六年三月刊)。
(9)神崎清著『実録幸徳秋水』読売新聞社・昭和四六年一一月刊。
(10)絲屋寿雄著『増補改訂 大逆事件』三一書房・昭和四五年四月刊。
(11)堺利彦「社会主義運動史話」(注四の全集に同じ)。
(12)渡辺順三編『十二人の死刑囚―大逆事件の人々―』新興出版社・昭和三一年一月刊。
(13)神崎清著『革命伝説4』芳賀書房・昭和四四年一二月刊。
(14)絲屋寿雄著『幸徳秋水研究』青木書店・昭和四四年八月刊。
(15)尾崎士郎著『大逆事件』雪華社・昭和三四年八月刊所収。
(16)拙論「内田魯庵と大逆事件―啄木・蘆花・修との関連において―」(明治大学文学部紀要『文芸研究』第四三号昭和五五年三月刊)。

三 『風俗画報』の事件「大逆」記事

一 山下重民の文章全文

一連の拙論の結びとして、『風俗画報』誌上に掲載された、山下重民の文章から、事件「大逆」を同時代の日本人がどう受け止めていたか、その私見を書き留めておきたい。まず、その山下重民の文章全文を紹介しておく。

◎官民共に恐懼警戒すべし

山下重民

新年特別裁判事件の決定するや。臣民中に此の如き暴挙を発生せしむるに至りしは施政其の宜しきを得ざるに原因せりとて。総理大臣、内務大臣を首め。農商務、文部の両大臣、警視総監、警保局長に至るまで。各自闕下に伏して待罪書を奉呈せしに。優渥なる聖旨を賜りしと伝ふ。固より応さに然るべき事なり。吾人臣民も亦其の同胞中より前代未聞の乱臣賊子を出したることなれば。同じく恐懼して深く謹慎の意を表し。互に警戒して再び此の如き者を出さゞることを期せざるべからず。

神武天皇即位紀元より本年に至る実に二千五百七十一年。未だ臣民として危害を至尊に加へ奉らむとせし者あらず。或は一たび皇位を覬覦せし者なきにあらずと雖も。天誅踵を旋さず。万世一系世界無比の国体にして万邦に冠絶せるは。天下億兆の普く知る所なり。鎌倉幕府以来政権は久しく武門に移りしも。皇室は安きこと富嶽の如く。未だ嘗て動かざるなり。徳元亀天正の際英雄割拠し。兵馬倥偬なりしも。一人も至尊に敵対せし者あらざりしなり。徳川民政を執ること二百六十余年。未だ嘗て此の如き兇徒を出さず。其の末年大老井伊直弼勅命を待たず専断したりといふを以て。外桜田に流血の惨を見たるにあらずや。是れ教育勅語に「我カ臣民克ク忠ニ克ク孝ニ億兆心ヲ一ニシテ世々厥美ヲ済セル」と宣明あらせられたる所以にして。歴史上明白なる事実なり。

是を以て吾人臣民は。主として世界列国に誇り居たるに。今や不祥事件を生ずるに至りしは驚嘆に堪へず。且つ列国に対して恥辱とする所なり。吾人臣民の常識を以て判断すれば。彼等の言動は全く夢だも及ばざる所にして。狂人と見るの外なし。彼等は已に国体を無視し。国家を忘却し。祖先の遺訓に背馳し。秩序を破壊せしむとしたる者なれば。帝国臣民たるの意志なき者なり。さてこそか丶る暴挙を企てたり。是れ明かに喪心して常識を失したる者にあらずして何ぞや。

今上陛下聖徳の宏大なる前古此なく。版図亦随て拡張し。臣民斉しく悦服し。共に心を一にして力を尽し以て益々維新の皇猷を恢弘し奉らむことを期せざるはなし。然るに帝国の地に生れ。帝国の米を食みて生長したる彼等にして。此の如き前代未聞の事を謀るに至りしは。特殊の事情なかるべからず。吾人臣民の感化に因りては。決して思想の此に至ることなきを信ずるなり。

果せる哉裁判文に「被告幸徳伝次郎は夙に社会主義を研究して。明治三十八年北米合衆国に遊び。深く其の地の同主義者と交り。遂に無政府共産主義を奉ずるに至る」と。其の由来する所を明記したり。是に因て之を観れば。彼等は全く外国人に鼓吹せられ。其の感化を受けて帝国臣民たるの意志を滅却したるや明かなり。嗚呼彼は国体に対する信念の鞏固ならざりしより。外国人の為めに誘惑せられたり。是れ将来の警戒に就て最も講究せざるべからざる要點なりとす。

抑々我が帝国と欧米の国体とは全く異なるより。臣民若くは人民の信念も亦随て異なり。去年中島文学博士欧米漫遊の所感を演説したる一節に云。余は欧羅巴に至り。日本国民として誠に有難く感じたることあり。欧羅巴各国にてはいかに盛にいかに富る国にても。皇室又は主権者に対する感念が日本とは全く違へり。是れ万世一系ならざるが為めならむか。兎に角両陛下に対して彼等は単に主権者なれば服従し居るという風なり云々と。殊に皇室なき共和政体の米国に至りては其の人民の意志知るべきのみ。

かゝる危険なる外国に向ひ。信念の鞏固ならざる者の渡行するに就ては注意する所なかるべからず。又外国に生れたる帝国の子弟は。本国に対する信念自から厚からずと聞く。是れ亦警省せざるべからず。徳川幕府は耶蘇教徒の反乱より深くこゝに注意し。遂に国民の渡航を禁絶したり。之が為めに幾分か国民の発展を抑圧したる所ありしも。危険の思想を杜絶し。国家の平安を維持したるの功は大なりとす。今や列国と締盟し。通交貿易を為し居れば。渡航禁止は為し得べからず。又為すべきにあらざれば。別に提警の方法を講じて予防せざるべからず。今一二の卑見を左に陳述すべし。

第一、教育法を完全にし。先づ国家に対する信念を鞏固にし。忠孝の大義を明かにする事。

第二、本邦在住者の多き外国には。特に小学校を建設し。教員を派遣し。其の子弟に本邦の教育を施す事。

第三、内外の出版書を厳重に検閲し。危険なる説を載するものは直ちに之を禁絶する事。

第四、外国渡舟航者を調査し。危険と認むる者には旅行券を交付せざる事。

第五、危険説を主張する外国人並に同一の帰朝者に対しては厳重なる処分を為す事。

第六、芝居、寄席等の提督を厳重にし。且つ神官僧侶等をして。盛に帝国思想を鼓吹せしむる事。


完全なる教育を受け。国家に対する信念鞏固にして忠孝の大義に明かなれば。縦令外国に赴き巧みに暴説を主張する者に遭遇することあるも。彼が為めに誘惑せられ。其の感化を受ることは断じてなかるべし。文部大臣が今回の不祥事件に対し。文教普からざるの致す所なりとて。責を負ふて待罪書を出したるは此が為めなり。教育勅語の御趣意にして一般に貫徹しあらむには。何ぞ此の如き兇徒を出さむや。故に今後は官民均しく恐懼謹慎し。教育陶冶の方法を講究し。外に在りては師友内に在りては父兄たる者。朝に説き夕に諭し。忠孝の大義に基き。完全なる人物を養成し。以て外国に当ることを要す。若し目下郷党に暴説を唱ふる者あれば。丁寧に之を説諭し。若し服膺せざれば衆を挙げて排斥し。大に制裁を加ふべし。是れ帝国臣民の青任なり。外国に滞在せる少年団体の教育は。外国人をして之を掌らしめては。国体の異なるより忠孝の大義を以て薫陶する能はず。他日危険に傾くの恐あれば。特に学校を設け。本邦の教員を派遣して教授せしむべし。

近来輸入の書籍には危険の説を載する者多しと聞く。宜しく検閲して其の発売を禁止若しくは没収すべし。内地に於て出版せるものも亦然り。決して風俗壊乱のものにのみ止むべからず。是れ予防の一方法たり。外国の渡航者に対しては。所轄警察署をして調査せしめ。所謂注意人物たれば。渡航免状を交付すべからず。危険をして益々危険に瀕せしむるの虞あればなり。

危険説を主張する外国人並に同一の帰朝者に対しては。厳密に探偵し。一たび其の説を発言せば。直ちに之を拘引し。外国人は放逐し。邦人は厳罰すべし。芝居、寄席等は衆人の群集する所なれば。努めて勧善懲悪の所作並に談話を為さしめ。又村夫野老に対しては所在の神官僧侶をして平易に大道を鼓吹せしめ。感化を其の子弟に及さしむべし。其の効果は必らず大ならむ。

当局者は恐懼伏奏するのみにて。今後更に其の提警を厳重にし。遏絶の実果を挙るにあらざれば。曠職の責は免るべからず。一般臣民も亦同胞中より再びかゝる兇徒を出すことなきを期し。互に警戒して匡正する所なかるべからず。否らざれば外国に対し。国体の尊厳を示すこと能はざるべし。吾人臣民一生の任は国体を衛護し。万世無窮の皇運を扶翼し奉り。忠孝の大義を尽すに在り。今の時は豈に千里眼の如き区々たる事項に熱中する時ならむや。因て卑見を陳して赤誠を表す。(以上山下重民文)

二　国民的常識と事件「大逆」意識の懸隔

右は、明治四十四年二月五日発行の雑誌『風俗画報』第四一七号に掲載された、大逆事件関係記事の論説部分である。

全体は『風俗画報』編集主幹・山下重氏が「説苑」に掲げた「官民共に恐懼警戒すべし」と題した一頁から四頁にわたる論説と「万世大成」と題した「大逆事件判決書」の一部抜粋と「減刑の恩命」ならびに「刑罪執行」の様子を伝えた二十二頁から二十六頁にわたる記事とからなる。ここでは前者、山下重民の「官民共に恐懼警戒すべし」一文について今回の拙論を纏めるに際して、私見を述べておこうと思う。

宮武外骨、西田長寿編著『明治大正言論資料20明治新聞雑誌関係者略伝[1]』、書誌研究懇話会編『「風俗画報」目次総覧[2]』巻頭の槌田満文「『風俗画報目次総覧』解説」によれば、山下重民は、安政四年生れ、和漢の学を修め、明治六年大政官に出仕、十一年大蔵省に勤務、十九年に一時官を辞すが復職、四十三年まで在職。その間、明治二十三年「門松考」を『風俗画報』に発表して以降熱心な同誌寄稿家となり、二十七年からは乙羽渡部又太郎の後を継いで、同誌の編集執筆の中心的役割をになった。典型的な明治型官僚の道を歩んだ人といってよかろう。

ただ、明治四十三年に大蔵省を退いた直後に書いたのがこの「官民共に恐懼警戒すべし」一文であるから、意識は官にあり、身は在野にあるという、正確には半官半民の立場からの発言とみた方がよい。官と民の中間に位置しながら、両者の精神への架橋を試みた一文と考えてよかろう。だから表題が「官民共に」なのである。

ところで、略伝からもうかがえるように、山下重民は、誠実に官僚として生きた人であり、同時に役所をでた「夕方から夜にかけて東陽堂で『風俗画報』の編集に従事し、帰宅は連日深更に及」ぶという、熱心な編集者であり篤実な学究でもあった。誠実な官僚として、熱心な編集者として、篤実な学究として、山下重民は、いってみれば明治の良識であり、良識をそなえた常識人であったのである。とすれば、「官民共に恐懼警戒すべし」は、この時代の官と民を代弁する常識的発語者の事件「大逆」にむけてのいつわらざる感懐を吐露した文章ということになる。

幸徳らは「前代未聞の乱臣賊子」であり、かれらによって企てられたこの「不祥事件」は、「吾人臣民の常識を以て判断すれば、彼等の言動は全く夢だも及ばざる所」であった。重民の幸徳らに対する批判は、明らかに「常識」を根拠になされている。「常識」とは、「国体」であり、「国家」であり、「祖先の遺訓」であり、「秩序」である。「彼等は己に国体を無視し、国家を忘却し、祖先の遺訓に背馳し、秩序を破壊せむとしたる者なれば、帝国臣民たるの意志なき者なり。さてこそかゝる暴挙を企てたり。是れ明らかに喪心して常識を失したる者にあらずして何ぞや」。だとすれば、「国体」「国家」「祖先の遺訓」であり「秩序」という「常識」の側には、かれらは「狂人と見る外なし」は無論なのである。しかもこの「常識」は、この時代の最も誠実で熱心で篤実な個性の属性にほかならなかった。その「常識」を属性として血肉化した個性から、事件連累者をながめれば、かれらはすべて「狂人」と映るほかあるまい。「狂人」であり「兇徒」であるかれらには、「禁絶」、「禁止」、「処分」、「制裁」、「排斥」、「没収」、「探偵」、「拘引」、「放逐」、「厳罰」、「遏絶」は自明当然の措置なのであった。「禁絶」から「遏絶」まですべて山下重民の「官民共に恐懼警戒すべし」一文の使用語彙にほかならない。たかだか四頁弱の短文論説の中に、これほどの強圧的語彙がならぶ。

要は、「遏絶」なのである。「遏絶」には一族を残らず滅ぼす意と、おしとどめて物事を制止する意とがある。重民の意図は、いうまでもなく前者にある。全滅するまで弾圧しろ、といっている。徳川幕府のキリスト教弾圧に学べ、といっている。

山下重民はまさに誠実に説いているのである。悪意や単なる中傷や、政治権力的思考によるのではなしに、心底からの叫びをあげて、全滅するまで弾圧せよ、といっているのである。第二章において、私は国粋主義者・池雪蕾の書いた右サイドの大逆事件小説『憂国志談 大逆陰謀の末路』について拙い論を展開した。この池雪蕾の小説は、悪意と中傷に満ちた、しかも社会主義無政府主義攻撃の政治的意図を内包した作品である。大正一一年現在における共産党結成にみられる共産主義運動高揚にむけての、一国粋主義者の焦躁と危機意識が、悪意ある『大逆陰謀の末路』一篇を書かせた、と指摘した。

けれども、池雪蕾の悪意や中傷は、山下重民の「官民共に恐懼警戒すべし」にはかけらもない。

誠実で正直な「常識」が、全滅するまで弾圧せよ、と心底から叫んでいる。ここには徳富蘆花が、「謀叛論」演説で絶叫した、「彼等は乱臣賊子の名をうけても、ただの賊ではない。志士である。ただの賊でも死刑はいけぬ。まして彼等は有為の志士である」、と全く同質の誠実さがある。重民と蘆花はその誠実さにおいて同質の叫びをあげた。「常識」の内実と方向性が異なっているのである。蘆花の演説にはたしかに一高生たちが万雷の拍手をおくった。しかし重民の叫びには誰れが万雷の拍手をおくったか。それはもの言わぬ「天下億兆」の、官民をとわず、まごうかたなき日本人がおくったのではなかったか。重民の発言の背後に、「天下億兆」の日本人が、「常識」の側に身を寄せた日本人が、たしかにいたはずである。

「常識」が「狂人」を圧倒する現実が、厳としてあった。その圧倒的な「常識」の支配する明治四〇年代の現実の只中で、事件「大逆」はおこったのである。だから、私どもは、「常識」が誠実であればあるだけ、それを冷静にみつめなくてはならないし、目をそらしてはならない。対権力の視座だけで事件「大逆」の真相を追うのでは、やはり明治四〇年代という「常識」の圧倒する現実を過不足なくとらえることはできまい。権力も「常識」も、「狂人」も、そして「常識」の重量を身をもって知っていたからこそ、事件の真相を行李の奥底に秘匿した啄木や魯庵などの異端も、全体の視野に入れることなくして、事件の本来の真相は浮かんでこないと考える。その意味で、「官民共に恐懼警戒すべし」のような資料を探す努力は今度とも必要であろう。

注

（1）宮武外骨・西田長寿編著『明治大正言論資料20 明治新聞雑誌関係者略伝』（みすず書房・昭和六〇年一一月刊）

（2）書誌研究懇話会編『「風俗画報」目次総覧』（龍渓書舎・昭和五五年七月刊）

終章

本稿は、かねてから書きためてきた論文を、一つのモチーフのもとに大幅に加筆改訂したものである。論旨や内実に相違はないが、この稿をもって決定稿としたい。使用した拙論を最後に列記しておく。

一、「日刊『平民新聞』における『中等階級』論―幸徳秋水と山口孤剣を中心にとして―」（明治大学文学部紀要『文芸研究』第四五号・昭和五六年三月刊）

一、「池雪蕾著『憂国志談　大逆陰謀の末路』について―右サイドの大逆事件小説―」（『明治大学教養論集』通巻一七二号昭和五九年三月刊）

一、「『風俗画報』の大逆事件記事―その紹介と若干の私見―」（『大逆事件の真実をあきらかにする会ニュース』第二五号・昭和六一年一月刊）

第三部

「大逆事件」のニューヨークへの到達……………………山泉　進

はじめに

一九一〇年、一〇年ごとに行われてきたアメリカの第一三回国勢調査によれば、ニューヨーク市の人口は四七六万六千人余り、もちろん、これはブロンクス、クウィーンズ、ブルックリン、リッチモンドという近郊地域を合わせた大ニューヨーク市の人口であり、そのうちマンハッタンには二三三万人余りの住人がいた。この一〇年の間に、比率にして三八・七％、数にして一三三万人ばかりの人口増加があった。マンタッタン島と諸近郊とは、ブルックリン橋、ウィリアムバーグ橋、クウィーンズボロ橋という大鉄橋で結ばれ、近郊での人口増加はとりわけ著しいものがあった。当時、世界一の人口を誇っていた都市はイギリスの大ロンドン市で約七四〇万人（一九〇六年統計）、ニューヨークは第二位、第三位がパリで約二八〇万人（一九〇九年統計）、第三位は東京で約二二〇万人（一九〇八年統計）であった。しかし、人口増加率から見れば、一九〇一年から一九〇九年の間の一年当りの平均増加率はロンドン一・五三％、パリが〇・四八％、ベルリン一・四四％に対して、ニューヨークは三・三二％にも昇っている。やがて第一次世界大戦後、一九二〇年代の世界一の大衆消費都市になるニューヨークは既にこの頃から準備されていたのである。一九一〇年、アメリカ全国に一万軒の映画館があり、合衆国の人口が約九千二百万人の時代に毎週一千万人が通ったといわれるし、蓄音機の改良によるレコードの普及があり、サーカスは絶頂の人気をきわめていた。

この年四月六日、横浜港を解纜して世界一周の旅行に出発した朝日新聞社主催による「第二回世界一周会」のメンバー約五〇名は同月二二日にサンフランシスコに到着、鉄道にて大陸を横断、途中シカゴに寄り恒例のナイアガラの滝を見物して、ボストンに到着、そこから汽船にてワシントンに向かい、ワシントンから北上してニューヨークに着いたのは、「大逆事件」が起きる直前の五月九日であった。この時代は船と鉄道の時代、日本からニューヨークに直行しても二〇日以上を必要とした。この一行はニューヨークにはわずか四日間しか滞在していないが、彼らが見たものは同行記者によって逐一報告され朝日新聞に掲載された。これらは、後に『欧米遊覧記』(一九一〇年一〇月)として出版された。当時の名物はなんといっても高層ビル群であった。もちろん、クライスラー・ビルやエンパイアーステート・ビルなどはもう少し時代が下らないと見られないが、それでも当時世界一を誇るビルが高さを競っていた。同行記者、西村天囚は世界一の高さであったメトロポリタン・ビルのエレベーターに乗った時の感想を次のように記している、「地下三層地上四十八層、総て五十一層楼にして、米国第一の高閣と聞くだに、物々しくも凄じからずや、今予は其の最高処に登らんとて五十仙《セント》を擲ちしに、案内用の一小冊子を与へたり、斯くて昇降機中の人と為れば、瞬く間にスル〳〵と昇る、昇る時臍《ほぞ》の辺の軽き心地す」(『東京朝日新聞』十九一〇年六月二〇日号)云々と。マディソン・スクウェアにあったメトロポリタン・ビルの高さ約二一〇メートル、それもたちどころにウールワース・ビルに追い抜かれてしまうのだから、ニューヨークはまさに高層ビルのラッシュの時代にあった。ちなみに、一九一〇年代、東洋一を誇った東京三越のビルは一一階、約五〇メートルの高さであった。

路面電車、高架鉄道、地下鉄の走る喧騒の都市ニューヨークに在住する日本人は、「大逆事件」当時、一、三〇七人。日本人名士の集まりである「日本クラブ」の会長は高峰譲吉博士、副会長はこれから登場する水野幸吉総領事であった。ニューヨークに総領事館が出来たのは、サンフランシスコに遅れること三年、一八七三(明治六)年のことで初代領事は富田鉄之助、一九〇八年三月から水野幸吉が就任していた。領事館は、あの名高いウォールストリートの六〇番地のビルのなかにあった。

本論考は、「大逆事件」がニューヨークにどのようにして到達したのかをテーマにしている。あたかも「大逆事件」が実体としてあり、主体としてニューヨークにやってきたかのような表現に、あえてしている。もちろん実際は、「大逆事件」というニュースが新聞というメディアを介して、あるいは日本の外務省の訓令が電報や信書によってニューヨークに伝えられたということに過ぎないのであるが、長い間「大逆事件」の解明という作業に従事してくると、「大逆事件」は意思をもった主体のように思えてくることがある。「大逆事件」は造られたものである。誰が、何のために、どのようにして、というようなことを考えるとなかなか複雑な様相をみせてくる。歴史的事件というものが常にそうであるように、おそらくは個人の意思をこえた何ものかの力がそこに働いている。ここでは、裁判の判決を通して「事件」として完成された「大逆事件」を考えるのではなくて、いわば製造途中の「大逆事件」を扱っている。そのため、時期としては、一九一〇年五月二五日長野県明科における職工、宮下太吉の逮捕にはじまる「大逆事件」の発端から、公判開始の決定の発表によって「大逆事件」の存在が公的に認められた同年一一月九日までを対象とすることにした。いわば、「大逆事件」が闇のなかから「事件」としてデヴューする、いやデヴューさせられる時点までを扱うことになる。そして、ここでは、誰が、何のために、ということよりも、むしろ、どのようにして製造、いや捏造されていくのかという過程に焦点を当ててみることにしたい。過程を知るためにはなるだけ同時性をもった資料で検証してみることが必要である。新聞というメディアに注目した理由の一つはそこにある。同時に、「大逆事件」そのものが、劇場性をもって作られたドラマであるという性格であるところから、ドラマが観客〈国民〉の目にどのように見せられたのかを知りたいとも考えた。他方で、当時は秘密にされた権力者たちの意思を確認できる外務省を中心とした公式文書を、現在の視線から読み解いてみることも試みた。

舞台は日本にだけに限定しなかった。私の研究テーマの一つは、「大逆事件」が及ぼした国際的な反響ということであるので、抗議運動が展開された海外の諸都市をターゲットにして、これまで資料の収集をはかってきた。ここではニューヨークに限定して、主として一般紙を素材にして「大逆事件」ニュースの伝達の様子を再現しておいた。被告たちが収監されていた東京監獄のある首都東京と、幸徳秋水らの救済を求めて国際的な抗議運動の発信地となったニューヨークを楕円形の二つの中心にして、「大逆事件」のもつ国際性と歴史的意味を考えてみたいというのが、私の意図であるが、その結論を導くにはいくつもの関門を越えなければならない。なお、序章にも記したように、一般的にいえば、戦前の刑法第七三条の大逆罪に該当する事件が大逆事件ということになるが、ここでは一九一〇年（明治四三）年に幸徳秋水を首謀者として起きた、特定の事件という意味で括弧を付して「大逆事件」と表現することとした。また、資料の引用については、なるだけ原文通りとしたが、常用漢字に改めたほか、句読点については読み易くするため引用者で適宜付した。また、明らかな間違いについても訂正したところがある。

一　「大逆事件」の発端と新聞報道

一　社会主義者の大逆罪による逮捕

「大逆事件」の発端は、信州明科における宮下太吉の逮捕にある。その経過は、長野県警察資料「社会主義者取締並爆発物製造事件捜査顛末（長野県）」[1]や予審記録「訴訟記録」（第一冊）に収録されている「巡査中村鉄二他一名報告書」「逮捕及告発書」[2]等により追跡することができる。[3]それらの資料によれば、一九一〇（明治四三）年五月一七日、明科駐在所巡査、小野寺藤彦が、明科製材所の汽罐火夫で密偵として利用していた結城三郎から、宮下太吉が小さなブリキ罐の製作を新田融に依頼したことを聞き込み、爆弾製造を嗅ぎつけたところから宮下逮捕劇がはじまっている。一九日には、新田から事情を聞き、爆弾製造の感触をえた松本警察署の中村鉄二刑事巡査は、この件を小西吉太郎松本警察署長に報告、小西署長から堀田義次郎長野県警察部長に報告された。これにより二〇日、宮下宅の捜索がおこなわれ、小鑵三個が発見された。新田は、二四個の鑵を製造したと自供し、宮下は七個が製材所にあると述べたので、残り一四個については、既に爆弾として完成し、新村忠雄の手を経て幸徳秋水方へ運搬されたものと推測されて、警視総監や神奈川県知事（刑事訴訟法第四七条により、知事は司法警察官たる権限をもっていた）に取調べ依頼がおこなわれた。警視総監からは、「鑵香油」を爆弾と誤認したのではないかとの折り返しの電報があった。この時点において、幸徳秋水が首謀者としてターゲットにされているところをみると、ともかく何かが起これば幸徳秋水による指示であるとの予断が、日常的に働いていたと考えられる。新村忠雄は、この月一五日に明科製材所の創立記念日に宮下太吉を訪問、一七日に上京、一八日には管野須賀子の入獄を見送っている。管野は、『自由思想』（第一号、二号）の編集兼発行人として新聞紙法違反にとわれ罰金計四百円の判決を受けたが、期限内に罰金を支払うことができず東京監獄に収監されることになっていた。あたかも一七日夜、東京、千駄ヶ谷の管野が世話になっていた増田勤三郎方の離れでは、管野、新村に加えて、東京、滝野川康楽園で花卉園芸に従事していた古河力作が集まり、「秋ノ実行」における「実行方法ノ役割」について協議をおこなっていた。ただし、これは「訴訟記録」に収録されている六月五日付「聞取書」（小原直検事）に記録されていることである。さて、五月二三日、小西警察署長は、長野市で開催される警察署長会議に出席途上、明科にて中村鉄二、小野寺藤彦両巡査作成の「報告書」（「訴訟記録」第一冊に収録）と小鑵一個を受取った。小西は、長野市で警察部長の指示を受けたものと推測できるが、警視総監及び道府県知事に対して、爆弾の配布に関する手配を通報した。それと同時に、明科での捜査を続行するように指示をおこなった。

五月二五日朝六時、中村、小野寺両巡査は、宮下太吉のもとで働いていた清水市太郎の取調べを行い、宮下等の天皇暗殺についての計画を聞き出した。というのも、二〇日夜、宮下は清水に暗殺計画について話をしていたという経緯があった。先の「社会主義者取締並爆発物製造事件捜査顛末（長野県）」には、「太吉ハ新村忠雄、管野スガ子等ト共謀シ、国体ヲ破壊スルノ目的ノ為ニ皇統ヲ絶ツノ手段トシテ『スガ子』放免後、機ヲ見テ之ヲ使用スルノ見込ナルコトヲ告ゲ」云々と記されている。両巡査は、早速に清水の取調べから得た情報を長野市に出張中の小西署長に報告、さらに小西署長から堀田県警部長へと報告された。堀田警察部長は、小西署長に対して検事正に報告のうえ宮下太吉の検挙に着手すべき旨を指示した。さらに、同じ警察署長会議に出席していた、新村忠雄の所轄である屋代警察署長に対して、同じく検事正と打ち合わせのうえ新村の検挙に着手すべき旨も指示している。両署長からの報告を受けた、三家重三郎長野地方裁判所検事正は、証拠物が小鑵のみでは不十分であるので、爆発物取締罰則違反の準現行犯として逮捕すべき旨の指示を与えた。この時点で爆発物取締罰則違反の準現行犯容疑としたのは、資料によれば、事件は証拠薄弱につき「皇室ニ対スル罪」や「内乱ニ関スル罪」として取り扱うことは「暫く之を見合せ」たということ、また、準現行犯としたのは、この場合、第刑事訴訟法五七条の「凶器、贓物其ノ他ノ物件ヲ携帯シ……犯人ト思料ス可キトキ」に該当するものとして取り扱うこととした、と説明されている。そして、この場合は爆弾そのものか、あるいは爆弾の原材料ということになろうが、証拠が発見され次第、屋代警察に連絡、新村忠雄の検挙に踏み切る手はずになった。なお、爆発物取締罰則は、一八八四（明治一七）年一二月二七日、太政官布告第三二号として公布された特別規則であるが、自由民権運動の激化のなか、とりわけ加波山事件において、ロシア・ナロードニキ「人民の意志」派によるアレキサンダー二世爆殺事件からの影響をうけた爆弾闘争に対する対抗法規として作成されたものである。

さて、宮下太吉について、前掲の「社会主義者取締並爆発物製造事件捜査顛末（長野県）」は次のように記録している。「小山警部等ハ出張先ナル署長ヨリ指示ニ接スルヤ、直ニ明科ニ出張シ、製材所ニ臨ミ承諾ヲ得テ捜索ヲ遂ゲタルニ、汽罐台ノ空隙内ニ襤褸ニ包ミタル『ブリキ』小罐十六個、鶏冠石粉末ト認ムベキモノ五十八匁、塩酸加里ト認ムベキモノ九十五匁及新聞紙ニ包ミタル重量アル鑵様ノモノ一個ヲ発見シ、又同工場内鍛冶工室天井裏ヨリ新聞紙ニ包ミタル爆発物合剤ト認ムベキモノ約二十五匁ヲ発見シ、小山警部ハ直ニ検証処分ヲ為シ、又製材所内並ニ太吉……信書書籍類ヲ押収シ……午後三時松本警察署ヘ引致シタリ」と。実際には、「訴訟記録」に収録されている「検証調書」によれば、明科製材所の西山忠太所長が不在であったため、技手であった丹生栄と関鉀太郎が代理人として立会い、午前一〇時から一一時まで捜索がおこなわれたとのことである。宮下太吉の逮捕については、同じく「訴訟記録」に収録されている、二六日に小山警部によって作成された「逮捕及告発調書」によれば、「五月二五日午前十二時、当署在勤巡査中村鉄二・同伊藤亀尾・同小野寺藤彦ハ、爆発物取締法違反準現行犯事件ノ被告人宮下太吉ヲ本職ノ面前ニ引致シ、左ノ逮捕及告発ノ申立ヲ為ス」と逮捕の様子が記録されている。「小山警部」というのは松本警察署の小山甚平のことであるが、警部職は「検事ノ補佐トシテ其指揮ヲ受ケ司法警察官トシテ犯罪ヲ捜査」（刑事訴訟法第四七条）することができた。この場合、「捜査」というのは、「犯罪ノ証拠及ヒ犯人ヲ検挙シ公訴ノ提起及ヒ実行ノ資料ヲ得ルヲ以テ目的」（司法警察官執務心得第二六条）とするものであり、犯人の検挙に関しては、「禁錮以上ノ刑ニ該ル可キ現行犯、準現行犯ニシテ被告人現場ニ在ルトキハ直チニ之ヲ逮捕ス可シ」（同第九九条）と決められていた。したがって、小山警部は令状なしに宮下太吉を準現行犯として逮捕することができたわけである。証拠物件である「爆発物合剤と認むべきもの約二十五匁」は、薬剤師、箕浦辰三郎により鑑定がなされ、翌二六日「爆発物」として認定された。宮下逮捕の知らせは、早速に飯野六蔵屋代警察署長に伝達され、二五日午後三時五分勾引状が作成され、新村忠雄が引致、逮捕された。また、同日午後一一時、忠雄の兄、新村善兵衛に対して、西村八重治に薬研を依頼した件で勾引状が発せられ逮捕された。宮下、新村兄弟ともに逮捕後、松本署へと押送された。

ところで、五月二五日に作成された「逮捕及告発調書」には、次のような記述がでてくる、

「右ノ状況ヲ総合シ見レハ、被告宮下太吉、管野須賀子、幸徳伝次郎、新村忠雄、新村善兵衛、新田融等密謀ノ結果、他人ニ対シ危害ヲ加ヘントスル目的ヲ以テ爰ニ爆発物ヲ製造シタルモノト認メラルヘク」云々と。「他人ニ対シ」という表現は慎重であるが、あきらかに刑法第七三条の「危害ヲ加ヘ」を意識した言い回しでもって幸徳秋水の名前が刻み込まれている。これを受けて、二六日に幸徳の勾引状が作成される場面もあったが、さすがにこれは中止された。以後、少しはしょって経過をみれば、二六日、三家検事正が上京、翌日にかけて、河村善益東京控訴院長、平沼騏一郎大審院次席検事に相談し、また松室致検事総長、河村譲三郎司法次官（岡部長職司法大臣は地方視察中）に面会して事件を報告した。検事総長は、爆発物取締罰則違反で引き続き捜査する旨の指示をし、また東京地方裁判所検事、小原直を長野に出張させた。二七日、事件は松本警察署から長野地方裁判所松本支部検事局に送られ、内藤昴検事による取調べがおこなわれた。送検にあたって付された「意見書」には、宮下、新村兄弟の三名の逮捕者に加えて、幸徳伝次郎、管野スガ子、古河力作、新田融の名前が「被告人」として掲載されている。続いて、二八日には、事件は松本支部検事局から長野地方裁判所検事局に送致された。「送致書」には、宮下太吉ほか、前掲の六名が被告として掲げられた。二九日、古河力作が東京、滝野川康楽園から連行され、午前一〇時に逮捕された。そして、三一日、宮下以下六名につき、今度は刑法第七三条の大逆罪に該当する犯罪として、裁判所構成法上の管轄である大審院へと送致されることになった。ここにおいて初めて事件が「大逆事件」としての法的構成を取ることになった。

早速、大審院においては、検事総長松室致が大審院長横田国臣に対して、裁判所構成法第五〇条第二号、刑事訴訟法第三一三条の規定により、「刑法第七三条ノ罪ヲ構成スル行為ヲ為シタルモノト思料候」旨でもって予審請求をおこなった。これを受けて、横田大審院長は、平沼騏一郎の意を汲んで、東京地方裁判所判事の潮恒太郎、河島台蔵、原田鉱一を予審判事に指名した。この「予審請求書」において初めて、幸徳秋水が被告の筆頭に掲げられ、事件は、幸徳を首謀者とする大逆の陰謀と予備行為があったものへと転倒された。こうして、五月三一日午後一〇時、幸徳秋水に対する勾引状が発せられた。実際に幸徳秋水が逮捕されたのは、「明治四十三年六月一日午前八時三十分」、「神奈川県足柄郡土肥村字門川街路」においてである。六月一日の幸徳に対する取調べは深夜に及び、二日午前二時勾留状が発せられ、二時三〇分に東京監獄に収容された。幸徳は個人房にいれられ、「他人トノ接見及書類物件ノ授受」を禁止された。取調べの結果は、「訴訟記録」に収録されているが、一日付で潮恒太郎による「第一回訊問調書」、古賀行倫検事による「第一回聴取書」が残されている。また、先に触れた新聞紙法違反で入獄中の管野須賀子に対する訊問もはじまり、同じく二日付の武富済検事による「第一回聴取書」が記録されている。

六月三日になると、事件は新しい展開をみせる。和歌山県における家宅捜索が開始された。すでに、五月三一日、潮恒太郎予審判事から新宮区裁判所判事へと、大石誠之助に対する家宅捜索嘱託電報が発信されていたが、六月一日には、検事総長によって、東京地方裁判所検事、高野兵太郎が新宮へと派遣され、その到着をまって新宮ほか、田辺の毛利柴庵、本宮の成石平四郎に対する家宅捜索がおこなわれた。取調べの結果、大石誠之助に対する大逆罪による予審請求がおこなわれるのは六月五日、六日午前零時五〇分新宮区裁判所内において大石は勾引、逮捕された。このようにして、「大逆事件」は、明科での爆弾事件から全国の社会主義者を対象とする社会主義撲滅事件へと拡大されていくことになるが、とりあえずは、事件の発端についてみておいた。

二 「爆裂弾事件」の新聞報道規制

このような「大逆事件」の発端は、どのように一般国民に対して知らされたのであろうか。もちろん、この当時のマスメディアは新聞に限られていた。戦後、当時の長野地方裁判所検事局に勤務していた和田良平から神崎清に送られた書簡によると、「製材所で白木の函を見付け、宮下を拘引すると同時に、長野県を取り巻く各県、及東京の新聞記事の指止命令を発しました」ということであった(4)。ここでは、事件の震源地である長野県を代表する新聞『信濃毎日新聞』で、報道経過をみておきたい。まず、間接的な記事としては五月二五日号(二面)に「警察署長会議」の見出し記事が掲載されている。これは、先にも言及した二四日から長野市の県会議事院において開催された警察署長会議についての記事で、署長、分署長、警部補、合わせて四一名と、警察本部より堀田警務長、石川警務課長、江藤保安課長、藤根保安課長、その他の警部が全員出席した会議であった。記事では、宮下太吉らの事件について触れているわけではないが、この会議中に、小西松本警察署長、飯尾屋代警察署長と県警本部の堀田警務長、江藤保安課長等の間で宮下らの逮捕についての打ち合わせがなされた。また、五月三〇日号（二面）には、「検事の協議会」なる見出し記事が掲げられ、次のような内容が報道されている、「長野地方裁判所管内検事協議会は一昨日より開会の筈なりしが、三家検事正其他検事等同日の警察署長会議に臨席したるため、昨日より日曜日にも拘らず開会せり」と。二七日、被告人三名の身柄が松本支部検事局から長野地裁検事局へと移され、東京から派遣された小原直と長野地裁の和田良平の両検事が訊問にあたった。記事によれば、二八日には三家検事正らは警察署長会議に出席、二九日は日曜日にもかかわらず検事協議会を開催したということであるので、当然にも、この事件に対する検事総長からの意向が伝えられ、また事件への対応についての協議がなされたということであろう。なにぶん証拠物件が少ないなかで、三〇日には清水市太郎宅で宮下所蔵の「東京方角一覧地図」「東京全図」が発見され、捜査陣を喜ばしている。

『信濃毎日新聞』に、直接的に事件に関係する記事が掲載されるのは、六月二日号である。「大々事件――幸徳の捕縛」の見出しを掲げられた記事は、幸徳秋水が湯河原の天野屋で逮捕されたことを報じているが、「本事件の内容は固より知るに由なしと雖も、或る種の社会主義的一大陰謀発見したる結果なるが如し」と記して事件内容には言及せず、ただ「其策源地は遠く東京を距たる数十里の山間にありと云ふ」と付け加えている。記事内容は、後に述べるように、前日の夕刊『やまと新聞』から採ったものである。続いて六月四日号には、一面で「幸徳秋水の艶聞」、三面で「社会主義捕縛」の見出し記事を掲げているが、前者は前日の『毎日電報』、後者も前日の『東京朝日新聞』から採られたものである。ただ、後者の記事には、「長野地方裁判所検事正より『犯罪事件に関する一切の件』掲載方禁止を達せられたり」との文章が記され、事件内容に触れることが禁じられていた状況を知ることができる。翌五日号の一面には「無政府党の陰謀」「或る大々事件の発覚、信州に過激党四十名」の見出しを掲げ、事件が長野県と関係あることを初めて報道した。事件内容は、三日午後、東京において東京地裁検事、小林芳郎が公表した事件報告を繰り返したものであるが、「爆裂弾を製造し過激なる行動を為さん」として発覚したとだけ報じて、その内容や目的については明記できないとしている。ただし、「中心地方に移る」という小見出しの個所では、東京においては取締りが厳しく運動ができないという状況のなかで、「新村隔が長野県屋代町に籍を有するを幸ひに漸次其方面に手を延ばし、今や殆んど同県下に其中心を置くと称するも不可なく、同地に約四十名の同主義者を有し、文通は元より新村は頻繁に両地間を往復して其都度秋水の許に滞留し同志の連絡を計り、常に某々方面の人々に対して暗殺云々の過激の言を弄し居たり」との記事を掲載している。「新村隔」は、もちろん新村忠雄の間違いである。また五面では、「社会主義者より無政府主義に変じたる一派の者が、去月来某所に於て業務の傍窃かに爆裂弾を製造し過激なる行動を為さんとしたる事発覚し検挙されし事件ありしも、其筋より該事件に関する一切の報道を差留められし故掲載の自由を得ざりしが、本件に関し一昨日本社編集締切後に至りて、其筋よりは共謀者四名女一名連累者二名に対し起訴したるも予審中に就き其内容は公表するを得ず、併し犯罪の目的並に嫌疑者の範囲は明確となりたれば、此以外に捜査及び起訴せらるべき者無かるべしとの旨を発表せり」と記して、報道管制について言及している。それにしても、長野県のような地方においては、報道規制は東京にくらべると、はるかに徹底していたといえよう。

この間、長野県においては厳密に秘密にされていた宮下太吉らの逮捕は、東京や大阪の新聞に掲載されていた。先の「社会主義者取締並爆発物製造事件捜査顛末（長野県）」には、「二十七日ニ至リ、東京ニ於ケル一、二ノ新聞ノ、太吉・忠雄等検挙ニ関スル記事ヲ掲載シタルヲ以テ、最早一刻モ猶予スヘカラスト思料シタルニ依リ」云々ということで、事件を松本警察署から長野地裁松本支部検事局へと急遽、送検したことが記述されていたが、一部の新聞にスクープされたのである。事件をいち早く報道したのは、東京で発行されていた『時事新報』であった。二七日号朝刊（六面）に「信濃松本二十六日発電」、つまり二六日の松本からの電報記事「社会主義者捕縛――職工に変じ陰謀を企つ、爆弾製造中を探知さる」を掲げた。内容は次のようなものである、「東筑摩郡中川手村字明科に在る長野大林区署管轄の明科製材所へ三名の社会主義者職工となりて紛れ込み居り、由々敷陰謀を企て窃かに爆裂弾を製造しつゝあること早くも其筋の探知する所となり、二十六日松本警察の手に捕はれたるが該事件は一切秘密に付せられ、裁判所・警察本部は窃かに密議を凝しつゝあり、尚右製材所長西山忠太氏は大に驚き進退伺の為め二十七日長野へ向けて出発の筈なり」と。この記事は、大阪においても、時事新報社の系列である『大阪時事新報』（七面欄外）にも掲載された。そして、おそらくは、このスクープを受けてのことであろう、二七日夕刊『やまと』（二八日付）は、「昨日今日」欄に「信州の明科製材所へ三人の社会主義者入込み爆弾製造中逮捕されしとは物騒」との短文を掲載した。大阪方面は、東京に比べて規制が緩やかだったせいか、『大阪時事新報』は、さらに五月二七日夕刊（二八日付）の第二面に「製材所に潜んで大陰謀を企つ――無頼なる社会主義者▲新聞記事差止▲関係者多し」なる見出しの記事を掲げ、朝刊記事をより詳しく報道している。少し長いが引用したい。

既報の如く信州東筑摩郡中川村明科製材所の職工と姿を変じて入込みたる極端なる社会主義者三名が、爆裂弾を製造し之を使用して戦慄すべき大陰謀を企てつゝありたる椿事に就ては其関係頗る広く且つ余りに恐るべき大陰謀なるを以て、長野地方裁判所検事局に於ては新聞記事の差止命令を発すると同時に陰密の間に活動しつゝあり、右三名の内一名は宮下太一と云ふ製材所の職工にして、一名は小野太郎吉他の一名は埴科郡屋代町にて逮捕されたり、既に発覚したる者のみにても他に三名の連累者ある模様にして名古屋市と甲府市へ向けて活動しつゝあり、此大陰謀は全国の同主義者と秘密契約を為し居りて、西川光次郎が三ヶ月の後出獄する筈なれば之を待て事を挙げんと為せるもの、由、爆裂弾は未完成の中に混入して製材所の鋸工場地下室に隠しありたり、発見の端緒は雷管を製造し居る所を他の職工に認められたる為にして、之を認めたる職工は一刻も早く密告せんとしたれど用心厳しく常に付纏はれて機会なく、且つ之を口外すれば打殺すぞと恐喝されし為め今日に及びたるものなりと云ふ、右に就き松本警察署警部補徳永勲氏は廿七日朝警視庁と打合せの為め倉皇として車上の途に就きたり（二十七日長野発電）

電報による記事の送付が、カタカナでなされるために人名などの固有名詞に間違った漢字が当てられることはしばしばあるが、ここでも、「宮下太一」（宮下太吉）、「小野太郎吉」（新村忠雄と間違ったのであろう）などの表記がなされている。「名古屋」や「甲府」の地名が出てくるのは、宮下の出身地や以前の職場のことが混同されたのであろうし、「西川光次郎」は、おそらく堺利彦と間違えられたのであろう。また「全国の同主義者と密約契約」云々や「雷管」の製造の話などは作文以外の何ものでもない。しかし、信州明科の製材所を舞台にして「爆裂弾」を製造し、三名が逮捕されたという点、新聞記事の差止命令が出されているという点については事実の報道が含まれている。もっとも、「社会主義者」、「爆裂弾」という言葉の連鎖のなかでの「大陰謀」の企てという帰結は、当時の社会心理に強くアピールしたであろうが、事件の内容についての報道が禁止されているなかでは、事件の事実そのものを歪曲させ、肥大化させて伝える効果を果したといわざるをえない。この点は、以後の「大逆事件」についての新聞報道において共通してみられる特徴でもある。

三　幸徳秋水逮捕の新聞報道

六月一日、湯河原における幸徳秋水の逮捕をいち早く報じたのは、夕刊『やまと新聞』であったことは比較的よく知られているところである。夕刊『やまと』の六月一日号（二日付）は、第四面に二段抜きで「社会主義者一網に打尽されんとす――▼幸徳秋水捕へらる！▼一類大陰謀の露顕？」という見出しを掲げた。掲載された記事は次のようなものである、「社会主義者の首領幸徳伝次郎は一日正午相州湯ケ原天野屋に於て捕縛されたり、本事件の内容に至りては固より知るに由なしと雖も或種の社会主義的大陰謀が発見せられたる結果なるが如し、其策源地は遠く東京を距る数十里の山里に在りといひ、其関係範囲に至りては頗る広大なるものありと伝ふ、果して信か、事若し明らかなるの日に達せば恐く現在の社会主義者は一網にして打尽せらるゝに至らんか、吾人は今この警報を諸子に致すの義務なるを信ず」というものであった。この記事の反響、とりわけ社会主義者にとっての反響が大きかったことについては吉川守圀の回想においてみることができる。吉川は、幸徳秋水の紹介で、やまと新聞社の編集長、松井伯軒を通じて校正部に勤務していた。六月一日、吉川は同僚の徳永保之助から便所に連れ込まれてこのニュースを知らされた。「何食はぬ顔で仕事をして、皆の隙を見て夕刊を一枚手早く懐中に入れ、近所の店へ煙草買ひに出掛けた。煙草屋の軒下に立つて夕刊を拡げてみると、なるほど徳永から言はれた通り三《ママ》段ヌキの大見出しで左の記事が載つてゐた。……同志の驚愕――、世論の騒然――。斯くして此の事件はつひに何人からも予期されぬ大逆事件へまで其の内容を進展せしめた」と。当時、やまと新聞社の社長は松下軍治で、山県有朋につながる新聞屋であるところから、特殊な情報網によりニュースを入手できたと神崎清は説明しているが、幸徳と交友関係にあり、吉川守圀をはじめ「七八名が、何れも其の経歴を秘して校正部や印刷部で働いていた」というほどの世話をし、また幸徳の湯河原行きについても援助をした松井自身の耳に入ってきた情報であったと考えるのが自然ではないであろうか。ちなみに、五月二五日（二六日付）の夕刊『やまと新聞』の「昨日今日」欄には、「▲重病で腰の立たぬ田岡嶺雲、病上がりの正岡芸陽共に湯河原に湯治す、先客の病客▲幸徳秋水と三人口ばかり悪達者が揃ふて温泉宿が物騒と心配する尾行も有ん」との短信が掲載されていた。

これらの報道に対して当局が手をこまねいていたわけではなかった。六月二日の『日本新聞』（第三面）には、「暗中の大飛躍――暗雲各県に漲る」との二段抜きの見出しを掲げた記事がある。「暗中の大飛躍起れり、之に対して之を鎮圧すべき暗中の大飛躍亦起れり」と随分ともってまわった言い回しで始っているが、重大な事件が発覚し、それを鎮圧するために当局は尽力している。ところが、報道規制がおこなわれていて、すべては「暗中」での出来事である、記事はそう表現しているのであろう。もう少し記事の内容を紹介すれば、二七日午後、「長野県に於ける某犯罪事件」に対して記事差止命令が出された。また六月一日には三重県津市において記事差止命令が出され、夕刻には東京において各警察署より電話をもってある記事についての差止命令があって、まもなく「正式の差止命令書」が伝達された。さらに警視庁からは、三重県の事件についての記事差止命令が電話によりなされた。『日本新聞』の記事は、これらの事実を繋ぎ合わせて「暗中」で何かが進行していると報道したのであろう。三重県での事件は、少なくとも長野県での事件に関係するものではないので、混乱の様子が手に取るように明らかになるのであるが、ともかく五月二七日午後、六月一日夕刻に東京において記事差止命令が出されたことは確認できる。六月一日夕刻の記事差止命令というのは、当日の夕刊『やまと新聞』記事を事前に検閲して、それに対する対抗手段として出されたものと考えて間違いないであろう。

この点に関して、石川啄木の手記「日本無政府主義者陰謀事件及び付帯現象」の六月二日の個所に次のような記述がある、「東京各新聞社、東京地方裁判所検事局より本件の犯罪に関する一切の事の記事差止命令を受く。各新聞社皆この命令によりて初めて事件の発生を知れり。命令はやがて全国の新聞社に通達せられたり(5)」と。啄木は、おそらく、一日夕刻に出された差止命令のニュースを二日に聞いて、この日のものとして記録したのであろう。明治学院大学所蔵の沖野岩三郎文書には、和歌山県新宮町において出された「掲載差止命令書」が残されている。新宮区裁判所検事々務取扱警部・金川誠之から、『サンセット』発行人・沖野ハル宛に出されたもので、日付は「明治四十三年六月二日午前二時」となっている。おそらく、一日に出された命令書が遠隔地であったために翌日未明の日時になったのであろう。「掲載差止ノ事項」としては、「宮下佐《ママ》吉、新村忠雄、新村善兵衛、神野《ママ》すが、新田融、幸徳伝次郎、古川《ママ》力作ニ関スル犯罪事件ハ予審中ニ付新聞紙ニ掲載スヘカラス」というものである。法令上の根拠は、新聞紙法第一九条「新聞紙ハ公判ニ付スル以前ニ於テ予審ノ内容其ノ他検事ノ差止メタル捜査又ハ予審中ノノ被告事件ニ関スル事項又ハ公開ヲ停メタル訴訟ノ弁論ヲ掲載スルコトヲ得ス」によっていた。検事は「捜査又ハ予審中ノノ被告事件ニ関スル事項」を掲載禁止にすることができ、これに違反すれば、編集人に対して「五百円以下ノ罰金」が科せられることになっていた（第三六条）。大石誠之助の六月三日「聴取書」には、「六月一日午後三時頃、沖野岩三郎ガ私方ニ参リ、長野県ニ爆発事件アリ、昨夜掲載禁止命令カ来タノテ、其ノ事ヲ話サフト思ツテ君ノ処ヘ来カ、外ノ話テ忘レテ帰タト申居リマシタ。其翌二日午前九時過ギ頃、沖野方ニ行キシ際、此通リ禁止命令カ来タトテ」云々の言がある。これによると五月三一日に「掲載禁止命令」が沖野のもとに届き、六月一日に沖野が大石を訪ねたが「外ノ話」で忘れ、翌二日に今度は大石が沖野を訪ねて「掲載禁止命令」を確認したということになる。幸徳秋水や新村忠雄は、大石と旧知の仲であり、彼らが逮捕されたのに「外ノ話テ忘レテ帰タ」というのも変であるが、五月三一日の禁止命令は二七日に発せられた長野県での事件についてと考えなければ辻褄が合わない。大石が訪ねた二日には、同日未明の別の禁止命令も届いていたと推測できる。

東京での六月二日にかえれば、先の『日本新聞』の記事は、差止禁止命令のことに続いて、事件に関連して次のような記事を掲げて事件が重大であることを匂わせている、「是日神奈川県に於て警察の活動あり、東京は夜に入ても某々大臣官舎、警保局、裁判所、警視庁及び某々警察署は剣の響、靴の音深更まで断えず、其門には人力車、自転車の出入頻繁を極めたり、嗚呼是れ何の事件ぞ、我社は之を報ずるの自由を有せず」と。同じ二日の朝刊、[6]『報知新聞』は第七面に一段記事「社会主義者捕縛さる」を掲げている。「長野県東筑摩郡明科村なる材木製材所職長宮下太吉、新村忠雄、新村善兵衛、新田融、古川《ママ》力造《ママ》の五名は何れも社会主義者にて或る重大事件の為廿六日夜其筋の手に逮捕せられ、又一日相州湯河原に於て幸徳伝次郎は逮捕されたり、尚ほ本事件に就きては各方面より探り得たる所あるも都合に依り一切掲載せざること事とせり」と。こうしてみると、掲載禁止命令のなかでも、『日本新聞』や『報知新聞』の範囲ならば掲載が許されたということであろうか、このあたりの限界はいまひとつ明らかではない。

　六月三日、各紙朝刊は、差止命令にもかかわらず、それぞれに工夫をこらして事件を報道した。[7]たとえば、『東京朝日新聞』は、第五面に「社会主義者捕縛――▽幸徳秋水変節の噂　▽暗殺天誅等不穏沙汰」の見出しを掲げて、幸徳秋水が湯河原の天野屋に止宿中に「一日突然逮捕せられた」という事実だけを報じた。そして、「該事件に就いて東京地方裁判所検事より『犯罪事件に関する一切の件』掲載方禁止を達せられたり」として、湯河原における幸徳秋水逮捕の模様、秋水が当局から買収されたとの噂があったこと、逮捕されている社会主義者は多数にのぼること、田岡嶺雲も同じ天野屋に滞在中で迷惑をうけていること等、事件の周辺的なことを記事にしている。『毎日電報』は、「幸徳秋水狙はる――社会主義者の艶物語」を掲載した。記事は幸徳秋水と荒畑寒村との、管野須賀子をめぐる三角関係を話題として、五月七日荒畑が短銃を携えて天野屋に押し掛けたが、幸徳と管野は東京に出かけていて留守であった、等のことを述べている。幸徳秋水逮捕については、「幸徳秋水亦た一日午後一時或事情の為め湯か原を去りぬ」とだけ言及し、明言を避けている。『万朝報』は、第一面の「東西南北」欄で、わずか二行にしかすぎないが、「曰く大陰謀、曰く爆裂弾、曰く大犯罪と警察の秘密主義却て人心を騒がす不得策」と、当局の報道規制を批判している。『日本新聞』と『東京日日新聞』は、ともに警視庁の動向に焦点をあてて報道している。とりわけ『日本新聞』は第一面のトップ記事「警視庁の会議」を掲げ、この事件に対する関心の高さを示している。「警視庁に於ては二日午前九時より第三第四連合方面会議を開き、亀井総監会長となり岡田主事、太田、小浜、栗本の各部長列席し、重大犯事件に関する件並に常務取扱上に関する件等に就き凝議し、午餐を共にし午後一時過ぎ散会せり」との短いものであるが、扱いはおおきかった。『東京日日新聞』の方は、第四面に「警視庁の低気圧――△連合方面会議」と題する記事を掲げているが、内容は『日本新聞』とまったく同じで、末尾だけが「散会したる由なり」と変っている。警視庁の記者クラブで発表されたためにこのようなことが起きたのか、あるいは通信社の配信記事でこのようなことになったのか、判断できない。

四　新聞記事掲載禁止の一部解除

六月三日、本事件についての記事掲載差止命令が部分的に解除された。夕刊『やまと新聞』（四日付）は二段抜きの見出し「記事の自由を得たり（社会主義的大陰謀の一露顕）」を掲げ、この日小林芳郎検事により発表された事件の概要について報道した。まず、この間の経緯を次のように述べている、「本社が逸早く一日夕刊を以て諸君に致せる社会主義者一網に打尽せられんとするの一大特報は、其後其筋の検束する所となり遂に其詳報を続載するの自由を有せざりしが、三日午後武東刑事課長は小林検事正の命に依り各新聞社に向て下記の発表を許せり」と。そして、発表された事件の概要は、「無政府主義者男四名女一名爆発物を製造し過激なる行動をなさんとしたる事発覚し、右五名及び其の連累者二名は起訴せられ、目下予審中なるが犯罪は明瞭なり」というものであった。付け加えて、「茲に此の恐るべき大陰謀の一露顕を諸君に語るを得たるは、尚ほ多少我が報道的債務を果せるもの、乞ふ他は即ち吾人に時を貸せ」と、多少の自慢もしている。『やまと新聞』は、夕刊紙の利をいかして他社に先駆けて、幸徳秋水の逮捕を報じ、また事件概要を報じたことは間違いない。三日の時点で、記事差止の部分的解除をおこなった理由は、前日の二日に東京から『ニューヨーク・ヘラルド』宛に打たれたハリソン電報にあると考えられるが、それについては後で触れる。なお、沖野岩三郎文書には、六月三日付の新宮区裁判所検事々務取扱警部金川誠之名による「新聞紙掲載差止命令中一部解除通知」の原本が残されている。その内容は、「曩ニ掲載方差止タル事件ニ付、左ノ事項ニ限リ其掲載方ヲ許ス」とするもので、その掲載を許された事項は、「無政府主義者男四名女壱名共謀シ爆発物ヲ製造シ過激ナル行動ヲ為サントシタルコト発覚シ、右五名及連類《ママ》者二名ニ対シ起訴セラレ、将ニ予審中ニシテ其内容ハ勿論其他ノ事項ヲ公証《ママ》スルコト能ハサルモ、已ニ犯罪行為及ヒ嫌疑者ノ犯《ママ》意明確トナリ、其以外ニ捜査及起訴セラルヘキモノナシト見込ム」というものであった。誤字が多いのは電報か電話による伝達のせいであろう。ともかく、爆弾事件が事実であることだけは当局によって認められた。

六月四日の各紙朝刊は、このニュースを流した。『日本新聞』は、「無政府主義者の検挙」という見出し記事を第一面に掲げ、相変わらずの問題関心の高さを示している。内容は、当局が発表したとおりであるが、ただ男四名、女二名、連累者五名などと数字は混乱している。『東京朝日新聞』も同様に、当局の発表した事件概要を報道している。しかし、外電や国内電報が掲載されている第二面と第七面の欄外にかけて「社会主義者の陰謀」の見出しで掲げられているので、すでに紙面構成が終了した後に急遽はめ込められたものであろう。もっとも、これも第二版のマイクロフィルムで確認しているものであるから、別の版には欄内の記事として掲載されているものがあるかもしれない。というのも、同紙の五日号の「無政府党の陰謀」と題された長文の記事には、検事正談として、「昨日東京地方裁判所小林検事正は語つて曰く」云々という表現が使用されている。検事正の発表は三日におこなわれたことを前提にすれば、「昨日」は、ここでは四日のことになってしまって日付が合わなくなる。したがって、前日に報道された記事が存在したことを窺わせることになる。『中央新聞』は四日号、第九面で「爆弾事件の真相――捕れし社会主義者」の見出し記事で連累者は三名と報道し、また『東京毎日新聞』は、第一面に「虚無党の陰謀——検挙されし者七名に及ぶ」の見出し記事で報道しているが、三日午後、東京地方裁判所古賀検事が警視庁を経て公表したものとコメントしているところが新しい。内容には、「無政府主義者廿一名」「古川力蔵」「幸徳健次郎」等の印刷ミスがある。『読売新聞』は、「第三面に虚無党の陰謀——咄々怪事件」の見出し記事を掲げている。これも活字ミスのオンパレードのような内容で、「社会主義者若しくは無政府主義者と称せられて居る幸徳伝次郎、菅《ママ》野スガ、宮下多《ママ》吉、新村忠雄、新村善平《ママ》、新田勇吉《ママ》、古川力作《ママ》」等が共謀して爆発物を製造し、「或る恐る可き将た憎む可き可激《ママ》なる行動」を密かに計画していた。本事件は東京地方裁判所において予審中であるが、「我国未曾有の大事件」であり、新聞掲載が禁止されていたところ、小林検事正が警視庁の手を経て事実のみを発表云々という内容である。『東京日日新聞』は、第五面に「戦慄すべき大陰謀——△社会主義者の爆発物密造△共謀五名連累二名の捕縛」の見出しのもとで、当局の発表に多少のコメントを加えて報道している、「『警視庁の低気圧』と題して二日亀井総監以下主事各部長会合して、或る重大事件に就き協議する処有りし旨は昨紙記載せし如くなるが、右の内容は夙に本社の精探せし処なるも、其筋の差止に依り不得止其機を待ちしに、遂に昨日地方裁判所古賀検事より範囲を限りて掲載可能の旨通知ありしを以て、左に概略其顛末を掲ぐこととせり」と。事件の概略は、ほぼ当局の発表した事実の範囲内であるが、「彼の無政府主義者一派が我国に於ては破天荒の驚く可き大陰謀」などの形容がなされていて、読者に予断を抱かせる表現になっている。『都新聞』は、第五面に「社会主義者の陰謀——極端なる無政府主義を唱へ爆裂弾を製造す、一味徒党悉く捕る」の見出しを掲げた。記事内容は、この新聞の性格からか多少小説仕立てになっていて、「社会主義者中最も過激なる幸徳秋水等の一味は、他の同類と行動を異にし飽く迄無政府主義を唱へ、同志数百人と共に機運の到来を待ちつゝあり、されど秋水は巨魁だけに監視も厳しく、且は静養の必要もありて竹馬の友たりし牟田口元学の同情に浴し、内縁の妻菅《ママ》野すがと共に相州湯河原温泉に隠れて著書三昧と見せ、実は胸中何事か期する処ろあり、一方血気の徒は恐るべき秘密結社を為し、密かに目的の貫徹に猛進せんとしつゝあるを見て風雲の機近しと微笑を禁じ得ざりしもの、如し、然るに信州に於ける秘密結社の面々は、昨年東京より応援隊を得し以来俄に活気付き、盛に爆裂弾の製造に努め居る事、遂に官辺の知る処となり、先月末同志宮下太吉」云々という具合である。「牟田口元学」は小泉策太郎あたりの間違いであろうが、この記事においても幸徳秋水を「極端なる無政府主義」の支持者であるとして、「秘密結社」を結成し、「爆裂弾の製造」をはかり、というようにストーリーをつくりあげて事件をセンセイショナルに構成している。

もうすこし、東京で発行されていた新聞紙の六月四日における報道を紹介しておきたい。『二六新報』は、第一面の下段、「爆裂弾を製造せし社会主義者捕はる」との見出しで、幸徳秋水の上半身写真とこの日の新聞のなかでは一番長い記事を掲げた。記事は、「社会主義の男四名女一名共謀し爆発物を製造し過激なる行動をなさんとしたる事発覚し、右の主犯者五名及連累者三名起訴せられて目下予審中なるが其の内容に就ては公表するの自由を有せざるを以て、茲には同主義者の首領を以て目せられつゝある秋水、幸徳伝次郎氏の近況を記するに止めん」と書き出されている。以下、幸徳はクロポトキンの名著『麺麭の略取』を翻訳したが発行禁止処分を受けたこと、管野須賀子（「菅野スガ子」と表記されている）とともに『自由思想』という雑誌を刊行したが、管野は「家庭破壊論」（これは大石誠之助の執筆した文章）その他により罰金四百円の処分を受けたこと、秋水も須賀子も病弱であるうえに毎日数名の刑事に尾行され湯河原へと都落ちしたこと、湯河原で秋水は『基督考』を起稿し、キリストはこの世に存在しない架空の人物であったことを証明しようとしたこと、その執筆中、管野は罰金を支払うことができず百日の換刑を余儀なくされ、また秋水の執筆も中断されていること等に言及する。そして、管野の入獄により、秋水も、「帰京して同女の出獄を待たんものと、過般来在京の知友に新居を探し置くやう依願せし所、適当なる家ありしより、早速荷物を纏めて帰京せんと思ひ、本月一日旅館なる天野屋を出でし侭今に行方知れず」の状態であるとのコメントを付している。この記事は幸徳秋水を「無政府主義者」とせずに「社会主義者」として報道し、さらに「氏」まで付していること、内容についても、幸徳の近くにいて事情を知っている人物からの情報が提供されていること、さらには、幸徳秋水と事件の関わりについても、「同氏は果して爆発物事件に関係せしや否や、今茲に公表するの自由を有せず」として疑問を呈している。記事の終りでは、事件のことに触れて、「爆裂弾製造の地が何れの方面にして、亦何人により製造されしかは疑問なれども、兎に角犯罪行為及嫌疑が明確となり居れる由なれば、是以外に捜査及起訴せらるべきものなき由なるが、内容に関しては遺憾ながら緘口を守らざるを得ず」として、当局の発表を一応は肯定したうえで、事実が隠されているとのニュアンスを含ませている。この記事は、当日報道された記事のなかでは異質である。

なお、『時事新報』は、この日の東京でのスクープとして、朝刊に「社会主義者の家宅捜査――或る重大事件に関し紀州新宮町の大混雑、幸徳秋水と親交あり」と題する和歌山からの「三日午後特電」を掲載している。記事を紹介すれば、「広瀬警察部長は横谷高等警察主任警部他随員一名を従へ、一日夜東牟婁郡新宮町に急行し、今朝より或る重大事件に付大石緑亭《ママ》（医師）、小倉米蔵、平石益治《ママ》、成石平四郎、天野秀吉《ママ》、西村伊作（資産家）、高木賢明《ママ》（僧侶）、沖野岩三郎（牧師）等の家宅捜査を行ひ、只今（二時半）大混雑なり、因に大石緑亭《ママ》は幸徳秋水等と親交ある社会主義者なり」との、臨場感ある内容である。検事正の発表については、翌五日号の「時事放談」欄でコメントし、「其筋に於て絶対に秘密にされた、重大事件、大陰謀なるものは、やつと少しく検事正の口から漏らされた」として、公表内容に触れたうえで、「泰平の世の中に誠に怖ろしい事である。社会の社の字を口にしても身震ひをする今の政府には、定めて浅間山鳴動以上に響いた事であらう」と皮肉っている。浅間山は前年五月に噴火したが、また一二月にも再噴火していたので、その余韻が残っていた。記事の最後では「他に連累もないと判つたからは、今少し事実を公けにして、国民の疑惑を解き、我々をも安心させるが可からう」と、当局の秘密主義を批判しているところは評価してよい。

東京での事件についての記事掲載一部解除の発表が、地方においてどのようなかたちでおこなわれたかについては、先に和歌山県新宮町の沖野岩三郎のケースでみておいたが、大阪で発行されていた『大阪朝日新聞』と『大阪毎日新聞』について少し触れておきたい。『大阪朝日新聞』は、第九面に「無政府党捕わる」の見出しで、また『大阪毎日新聞』の方も第八面に東京電話として「無政府主義者検挙――男女五名共謀連類《ママ》者三《ママ》名」の見出しで、いずれもほぼ当局の発表通りに報道した。ただ、『大阪毎日新聞』は、これとは別に第二面に「社会主義者懐柔策」の見出し記事を掲げ、「同派の宮下某の如き赤木《ママ》製材所の職工長とし其他夫々其職を授けんと内々審議中の者ありしが如き、同主義者をして不穏の計画なからしめんと苦心しつゝある様子なり」という内容を掲載している。おそらく、当局の説明の一部が何らかのかたちで紛れ込んだのであろう。後でみるように、日本政府は外国からの抗議を予測して、このような説明文を用意していたのである。幸徳秋水が逮捕された神奈川県では、『横浜貿易新報』が六月四日朝刊で「社会主義者の就縛――検事局の発表」を掲げているが、内容は誤植を含めて『東京毎日新聞』に同じである。宮下が逮捕された長野県にては、五日号で『信濃毎日新聞』が第一面に「無政府党の陰謀」等の見出し記事を掲げたが、これについては先に言及した。なお、同じ号には和歌山県における大石誠之助らの対する家宅捜査がおこなわれたことも報道している。また、幸徳秋水の郷里の高知県では、『土陽新聞』が五日号の第三面トップ記事として「大陰謀露見」の見出しで当局の発表を報道しているが、「本件の詳細は既に探知し且つ東京電報にても詳密の通信ありしに、其筋に在りて予審上発表を厳禁し来り、已むなく抽象に報じ置く事としたり、近日解禁の機を得て報する所あるへし」とのコメントを加えている。

さて、六月三日午後、各地検事局を通して通知された事件についての記事掲載禁止措置の一部解除は、三日夕刊から五日朝刊にかけて全国の新聞紙を通して報道された。その際における報道内容の特長としては、当局の要請にしたがって、もちろん予審中であることを法的な根拠として、「爆発物の製造」と「過激なる行動」が企てられたという事実は報道したものの、それが刑法第七三条の大逆罪に相当する事件であることはひたすら隠そうとした、つまり天皇暗殺を目的とする事件であることだけは厳密に秘密にさられたことを指摘することができる。しかし、記事の文言からすれば、たんなる「重大事件」「大陰謀事件」にとどまらず、夕刊『やまと』が国体との関係に触れたり、「我国に於ては破天荒の驚く可き大陰謀」（『東京日日新聞』）あるいは「或る恐る可き将た憎む可き過激なる行動」（『読売新聞』）と表現したりして、まったく特殊な事件としてのニュアンスが伝わってくるようになっている。次に指摘できることは、各紙報道のなかで、「社会主義」と「無政府主義」とが混乱し、区別が判然となされていないことである。見出しをとっても「社会主義者の陰謀」とするものもあれば「無政府党の陰謀」とするものもあった。このことは、一般の読者においてもそうであるが、記者たちにおいても両者の区別がつかない、あるいは区別の意味の重要性についての認識が浸透していなかったということを表している。当局は、すぐにこの区別の重要性に気づき、方向性を定めていくのであるが、この時点ではそこまで指導が徹底しなかったということであろう。

二 Harrison ケーブル記事の波紋と外務省

一 司法省とHarrison ケーブル記事

一九一〇（明治四三）年五月二五日、長野県明科における宮下太吉の逮捕、さらには新村忠雄・善兵衛兄弟の逮捕、そして六月一日神奈川県湯河原における幸徳秋水の逮捕へと続く「大逆事件」が、桂太郎内閣にどのように伝達され対応が検討されたかについては明確ではない。ただ、当時の大審院次席検事として、また司法省の民刑局長としていち早くこの事件への対応を検討した平沼騏一郎は、その回顧録のなかで少しだけこのことに言及している。「信州で爆弾の製造をしてゐた。三家重三郎が長野の検事正で、この爆弾製造を探知して飛んで来た。三家もひよつとするとかつがれるかも知れぬ。と云つてそのまゝにするのも本当なら大変である。それ丈けの端緒があれば取扱はねばならぬと考へた。大逆事件は検事総長の主管である。その指揮を受けねば検事は働けぬ。そこで事件をどう扱ふかと云ふ評議をした。事件が本当であれば秋水は首魁に違ひない。先ず幸徳を捕へねばならぬ。聞くと温泉地にゐると云ふ。逃げるといけぬから顔見知りの警察官を遣した。秋水は果して逃げる計画で、馬車に乗つて逃げやうとしてゐた。それを捕へた。幸徳が逃げるやうなら事件は確かである。そこで熊本、紀州、信州多方面に亘つて検事を派遣し、一味を一斉に検挙した(8)」と。このような文章を読むと、ともかくも何かあれば幸徳秋水が首謀者であるとの認識が、検察当局に日常的に存在していたことに驚かざるをえないし、「逃亡」が理由として掲げられていることには呆れるほかはない。幸徳秋水の上京が前もって予定されていたものであったことは、五月二六日付で書いた師岡千代子宛の書簡に、「上京は好ましからず候へども、一度参らねば用足らず、出京の上は直ちに小さな長屋にでも入り、自炊致さんかなど考へ居候(9)」とあることにより証明されているし、当日の様子を書き残している田岡嶺雲の『数奇伝』(玄黄社、一九一二年五月)でもあきらである。当時の司法大臣・岡部長職は、五月から六月にかけて九州各地を視察中で当分帰京する予定はなかった。平沼は、司法大臣からの問い合わせに対して、「此方は此方でする、御巡察なさつてよからう」といって上京の必要のない旨を伝えたと述べている。そして、「この事件の進行を知つてゐたのは司法大臣、内務大臣、警保局長、司法省では民刑局長の私と次官、大審院では板倉松太郎検事、地方裁判所では小林芳郎検事正、それに潮丈けで、他には誰も知らなかつた(10)」と述べて、政府や大審院のなかでもごく限られた人間にしか知らされなかったことを証言している。もちろん、桂首相へは、「毎朝六時に私邸に行つて前日の事を総て報告した」ということであるし、また「陛下には終始総理から申上げてゐた」ということであるから、首相と天皇は事件の推移を十分に知っていたということになる。このうち、内務大臣の平田東助も五月から六月にかけて、北陸から大阪経由で和歌山を視察中で、五月三一日には高野山にのぼり一泊して下山している。したがって、「大逆事件」の発端においては、内務大臣、司法大臣ともに東京にいないという状況のなかで捜査が進行したということになる。東京で刊行されていた『万歳新聞』というような娯楽本位の新聞には、五月三〇日午後一時より臨時閣議が開かれ、「対韓問題其他緊要事件につき協議せり」というような記事をみるがことができるが、司法・内務両大臣が留守の状態のなかでは、「緊要事件」として「大逆事件」のことが議題になったとは考えにくい。やはり、平沼が述べているように、一部の人間だけに情報を封じ込めたのであろう。

とはいっても、平沼は言及していないが、外務省は直接的に事件と関係をもたざるをえなかった。六月三日午前二時一〇分、外務大臣からニューヨーク総領事に宛てられた一本の暗号電報がそのきっかけとなった。電報の内容は、六月二日午後三時四〇分に、ハリソン（Harrison）名でニューヨーク・ヘラルド社に宛てて打電された外電に対する「打消方」の要請であった。ハリソンの電文は、小笠原諸島の父島に設けられた日本側の電報局を経由して（Via Bonin）、アメリカ側のグァム島にある電信局へと送られ、太平洋海底ケーブルを通してニューヨークへと送られた。その電文は次のようなものである。

Great Socialist plot against government discovered ramifications so extensive interests involved so enormous newspapers forbidden publish details known however several

notorious agitators disguised as laborers employed government factory near Matsumoto
Nagano prefecture secretly manufacturing bombs purpose killing Katsura other cabineters
ringleader Shusui Kotoku educated man excellent writer formerly staff Yorodzu arrested
Amanoya Hotel near Hakone two women among prisoners violenter than men all old
offenders Katsura special object hatred owing drastic measures against party contrast
Saionji whose downfall partially ascribed criticism provoked lenient attitude conspiracy
covers many prefectures from Ise in west Tokio east Nagano north official residences
Katsura other ministers guarded day night

電文の性格上、また経済的コストからも完成された文章になっていないため、いま意味をとって内容を紹介すれば次のようになろう。政府に対する社会主義者による大陰謀が発見された。事件は拡大の様相にあり、関係者は相当数にのぼる見込みである。新聞は公表を禁じられているが、知られている内容は次のようなものである。幾人かの名だたる煽動家が労働者になりすまして、長野県近くの官立工場に雇われ、桂首相その他の閣僚を暗殺する目的で爆弾を製造した。首謀者は幸徳秋水という、教養のある優秀な文筆家で、以前は『万朝報』の記者であった。彼は箱根近くの天野屋旅館において逮捕された。逮捕者のなかには二人の女性がいて、男以上に乱暴であるといわれている。彼らは以前から札付き者であった。社会主義者たちは桂首相を特別に憎悪の対象としているが、それは桂が彼らに対して徹底的な弾圧をおこなっているからであり、そのやり方は西園寺前首相とは対照的である。一部では西園寺内閣の崩壊は、その生ぬるい取締りに対して桂らが批判したためであったといわれている。謀議は多くの県にまたがって行われていて、西は伊勢から東は東京まで、そして北は長野にまで及んでいる。桂首相はじめ閣僚たちの官舎は、昼夜にわたって警護されている、以上のような内容である。

この電文記事においては、桂首相と閣僚たちをターゲットにした爆弾事件が発覚したことを伝えているが、天皇暗殺を目的とする大逆罪にかかわる事件であることに言及しているわけではない。二日の時点にまでもどって、先に紹介した新聞報道を検証してみれば、記事掲載差止命令が出されているなかで、五月二七日『時事新報』朝刊（『大阪時事新報』は欄外において）が「社会主義者捕縛」と題して、「明科製材所へ三名の社会主義者職工となりて紛れ込み居り、由々敷陰謀を企て窃かに爆裂弾を製造しつ、あること」云々の記事を掲げた。そして、六月一日の夕刊『やまと新聞』が幸徳秋水逮捕のニュースを流した。そして、二日には朝刊の『報知新聞』が、宮下太吉らが「或る重大事件」で逮捕されたこと、また湯河原で幸徳秋水が逮捕されたことを短い記事で報道した。また、同じ二日、『日本新聞』は「暗中の大飛躍」という見出し記事で、長野県における「某犯罪事件」により六月一日、三重県津市と東京とに記事差止命令が出された旨を掲載していた。これらのことから判断すれば、ハリソンの電文は、これらの記事を参照にしたことは考えられるが、むしろ桂首相らに対する暗殺計画として明確化している点などから判断すれば、国内の新聞紙法の範囲をこえた国外での報道として、独自に情報収集した結果の記事であるという感が強い。

二　『ニューヨーク・ヘラルド』記事と外務省

これに対する、三日午前二時過ぎに打電された、小村寿太郎外務大臣から水野幸吉ニューヨーク総領事に宛てた指示は次のようなものであった。

社会主義者ノ検挙ニ関シ誇大ナル通信貴地ニ達スル哉モ料ラレサル処、事実ハ下ノ如キ次第ニ付、万一右ノ如キ通信達シタル節ハ、之ニ依リ打消方可然御取計アリタシ、
○五月廿八日爆発物製造ノ疑アル社会主義者及通謀ノ被疑者男女七名ヲ起訴シタル事件アリ、政府ハ従来激烈ナル同主義者ニ対シテモ之ニ生計ヲ授ケテ懐柔ニ力メ居ルニモ拘ラス、遂ニ同主義者中ヨリ今回ノ事件ヲ企テタルモノヲ出セル次第ナリ、尤モ其関係ハ広キニ渉ラス他ニ連累者ト見ルヘキモノナク、目下東京裁判所ニ於テ予審ヲ為シ居レリ、右ノ外特ニ注意スヘキ事態ナシ
右在米大使ニ転電アレ

外務大臣の指示を要約すれば、東京から誇大なる内容の記事が届くかもしれないが、打ち消す方向で対処しなさいということに尽きるが、その際、参考として事件概要を付記した。外務省文書のなかにも、参照したと考えられる出所不詳の「五月二八日爆発物製造ノ疑アル社会主義者及之ト通謀ノ嫌疑アル者ヲ合セテ男六女一ヲ起訴シタル事件アリ、日本政府ハ社会政策ノ各方面ニ深キ注意ヲ払ヒ」云々の文章が収録されているが、おそらく司法省に問い合わせをしたものであろう。この説明文は、五月三一日の大逆罪による予審請求（起訴）であることを隠蔽し、二八日の宮下ら七名に対する爆発物取締罰則違反による松本支部から長野地裁への送検を「起訴」と誤魔化している。また、西園寺内閣とは違って、桂内閣による社会主義者に対する弾圧が今回の事件をひき起こしたという点については、桂内閣において懐柔に努めてきたことを指摘し、また事件が拡大するという予測については、連累者は他にいないとして不拡大の宣言を行い、事態が沈静化していることを強調している。

さて、政府はこの外電が国外からもたらされることを憂慮したのでろう、三日の午前から午後にかけて検事局を通じて、この事件についての「新聞記事掲載差止命令中一部解除通知」を公表したということになろう。午前中というのは、先には紹介しなかったが、例えば、六月四日号の『ジャパン・タイムズ』（*The Japan Times*）は、“ANARCHISM IN JAPAN”の記事において、昨日の午前中に東京地裁検事・古賀によって事件についての次のような点が公表されたとして、概要を報道しているところから知ることができる。もちろん、国内で刊行されている外国語新聞も新聞紙法の対象になったが、外国紙での報道をいち早く入手する可能性があるとして、午前中に通達したのかもしれない。

外務大臣からは、ニューヨーク総領事に宛てて、同じ三日の、一時間ほど後の午前三時二八分追いかけて次の暗号電報が打たれた。文中の「往電一八号」というのは、先の二時一〇分発の電報のことである。内容は、「往電一八号ヲ以テ申進シタル嫌疑者ハ更ニ取調ノ結果、社会主義者ノ範囲ヲ超エ無政府党主義者タルコトヲ発見セラレタルニ付、右御含アリタシ、右在米大使ニ転電アレ」というものである。先の電報で「社会主義者」と表現していたところを「無政府党主義者」と言い換えよとの指示である。おそらく、当初はハリソン電報に引きずられて「社会主義者」の陰謀と表記していたものが、「社会主義」と「無政府主義」とでは外国における評価がまったく違うものだと気がついてこのような訂正になったのであろう。この日の差止一部解除命令書には、「無政府主義者」とはっきりと記述されることになる。幸徳秋水らが「社会主義者」であるのか、あるいは「無政府主義者」であるのかは、今後の外国での抗議運動においても問題になり、またこの事件をめぐる国内の論調においても問題とされるのであるが、この時点で、日本政府は議論の流れを押えていた。この点については、国内各紙における混乱振りを指摘しておいた。

ハリソンの電報記事は、六月三日付の『ニューヨーク・ヘラルド』(*The New York Herald*)に掲載された。『ニューヨーク・ヘラルド』[11]は、外務省政務局第三課がまとめた「北米其他ニ於ケル新聞紙ニ関スル調査」(明治四四年一〇月)によれば、一八三五年に創刊された日刊紙で、発行部数は一三万部（日曜版は二四万五千部）、「好露排日の臭味」、つまりロシアに好意的で日本に対しては厳しい評価をおこなう傾向があり、「所論記事報道頗ル誇張的ナリ」と分析されている。政治的立場としては「一定ノ主義主張ナシ」とされていて民主党あるいは共和党のどちらかを支持するものではなかった。そして、読者層としては「上中下流」の全般にわたっているとされる。国内外に多数の通信員を置いていて、一九〇九年には北京に極東通信本部を新設し、極東に関する記事は他紙よりも豊富であるが、「常ニ排日迎清ノ気風ヲ鼓吹スルヲ以テ社ノ政策トナシ排日新聞ノ巨擘ナリ」と評価している。日本政府にとっては、もっとも好ましくない新聞であった。

第一面のトップ記事として掲げられた『ニューヨーク・ヘラルド』の記事の大見出しは「日本の首相に対する暗殺計画発見」（DISCOVER PLOT AGAINST JAPAN'S PRIME MINISTER）というもので、以下、「東京の内閣に対する非常に広範囲にわたる大陰謀」「桂侯爵を殺戮するために爆弾製造」「首謀者は教養ある人物で逮捕者のなかに二人の女性」等の見出しが並んでいる。記事は、「商業ケーブル社のシステムを経由してヘラルド社に送られた特別記事」として、「Tokio, Friday」発とされている。金曜日は六月三日にあたるので、二日午後三時四〇分、横浜局と記録されているハリソンの電報が、時差の関係で三日発になってしまったのか、理由はわからない。電文での不完全な文章がどのように記事にされたのか、参考のために『ニューヨーク・ヘラルド』掲載記事を紹介しておきたい。翻訳文については、先の電文紹介の繰り返しになるのでここでは必要ないであろう。

A great socialist plot against the government has been discovered. Its ramifications are so extensive and the interests involved are so enormous that the newspapers have been forbidden to publish the details.

It is known, however, that several notorious agitators, disguised as laborers employed in the government factory near Matsumoto, in Nagano Prefecture, have been secretly manufacturing bombs for the purpose of killing Marquis Katsura and other members of the Cabinet. The ringleader is Shusui Kotoku, an educated man and an excellent writer, formerly on the staff of the Yorodzu. He was arrested at the Amanoya Hotel, near Hakone.

Two women are among the prisoners and are more violent than men. All are old offenders.

Marquis Katsura was the special object of their hatred, owing to his drastic measures against the party in contrast with Mons. Saionji, whose downfall is partly ascribed to the criticism provoked by his lenient attitude.

The conspiracy covers many prefectures from Ise in the west to Tokio in the east and Nagano in the north, the official residence, Marquis Katsura and the other Ministers are guarded day and night.

『ニューヨーク・ヘラルド』に掲載されたことは、内田康哉在米全権大使から小村寿太郎外務大臣宛、六月四日午前九時五〇分着の暗号電報で知らされた。この件に関する外務大臣からのニューヨーク総領事宛の電文は、ワシントンの在米大使に転送されていたので、内田大使は事態をのみこんでいたはずである。おそらく、内田大使のもとへ水野総領事からの電報が送られ、それを大使館において電文にして本国へ送信したというのが実情であろう。内容はつぎのようなものである、「六月三日『紐育ヘラルド』ハ幸徳秋水等逮捕ニ関する東京通信ヲ公ケニセリ、右事実ノ大要本官心得迄ニ電報アリタシ、又右捕縛ハ桑港ニ於ケル社会党員ニ関係ナキヤ、伏見若宮殿下今朝紐育御着、六月二十一日桑港ヨリノ日本丸ニテ御帰朝ノ筈ノ処、同地御通過ノ儀聊心懸ニ付、永井領事へ一応模様問合セ置タルモ本邦ニ於テ右捕縛事件ニテ御聞込ミ相成タルコトアラハ本官並ニ永井へ電報アリタシ」と。内田は、『ニューヨーク・ヘラルド』に記事が掲載されたこと、そして、永井松三サンフランシスコ総領事代理に対して、サンフランシスコ在住の社会主義者とは無関係であるのか、さらには在米中の伏見宮がサンフランシスコから帰国することに影響はないのか、を問い合わせていることを外務省へと知らせ、さらに、心得までに本事件の大要、また本国において得られた情報があれば知らせてほしいと要望している。

これを受けてサンフランシスコの永井は内田大使に対して、「当地新聞ニモ同様ノ東京通信今朝掲載セラレタレハ、直ニ予テ当地方無政府党員間ニ密偵入レアル密偵ニ命シ、彼等ノ動静ヲ監視セシメツ、アリ、最近彼等ノ挙動ニハ別段該事件ニ直接ノ関係アリト認ムヘキ異変ナカリシ」と打電し、これも暗号電報でもって外務大臣に送られた。永井が「当地新聞」といっているのは、『サンフランシスコ・クロニクル』(*The San Francisco Chronicle*)のことで、その第一面中央に、「アナキストによる大暗殺計画が日本で発覚」(BIG ANARCHIST PLOT UNCOVERED IN JAPAN)、「政府に対する抗議行為――詳細は差止されている」(Demonstration Against Government - Details Are Withheld)との見出しで、六月三日東京発の「『クロニクル紙』への特別記事」として掲載されている。記事内容は、『ニューヨーク・ヘラルド』とまったく同じであるが、ただ第四パラグラフの最初の文章の途中「against the party」で切断されていて、西園寺の部分がカットされている。ちなみに、ハリソンの記事はロサンゼルスでも『ロサンゼルス・タイムズ』(*The Los Angels Times*)の六月三日号の第一面中央に「危険・陰謀者逮捕」「日本政府に対するアナキストの脅迫」「謀議は重大であり、新聞は印刷を禁止されている」「名だたる煽動家たちは偽装、新聞は詳細を報道することを禁止されている」「閣僚が標的――首謀者と女性が逮捕」、こんな見出しが並んでいて、扱いは大きい。この方は、「『タイムズ紙』への直接電報」とされ、東京からの発信も一日早く六月二日となっている。文章は、『ニューヨーク・ヘラルド』にまったく同じである。記事内容が同一であることからすれば、ハリソンから打電された電文が、ニューヨークやサンフランシスコ、あるいはロサンゼルスで新聞各紙に掲載されたことは間違いないが、その日付や記事の出所に関して、何故にこのような違いがでるのか、これについてはアメリカにおける記事配信システムを解明してはじめて答えられることであろう。なお、次のことには注意をしておかなくてはならないが、同一の記事内容といっても、ハリソン電文や『ニューヨーク・ヘラルド』においては「socialistic plot」と表現されていたものが、西海岸においては「anarchist plot」へと変えられてしまったことである。日本の外務省が追加で打電した、「社会主義者ノ範囲ヲ超エ無政府党主義者」であるとする意向が効を奏したということであろうか。

このようなニューヨーク、サンフランシスコ等における、日本での政府要人に対する爆弾による暗殺計画発覚の報道にたいして、ワシントンの日本大使館は外務省からの指示通り「打消方」の対策をおこなっている。先の『サンフランシスコ・クロニクル』(六月五日、日曜版)は、四日ワシントン発の記事として、「日本政府に対する攻撃はなかった」(NO ATTACK ON THE JAPANESE CABINET)という記事を掲げた、「日本の無政府主義者による閣僚の何人かを暗殺するという陰謀は、本日、日本大使館により否定された。日本からの電信によれば、五月二八日、七名の男女が爆弾を秘密に製造した罪によって東京近郊で逮捕され、現在公判前の予審を受けている。彼らの目的は未然に防がれ、内閣を爆破しようというような試みは今のところ何も示されていない」との内容である。同様の記事は、ニューヨークで刊行されていた日刊紙『ワールド』(*The World*)の六月五日号の「無政府主義者の話は否定された」(ANARCHIST STORY DENIED)と題された記事にもみてとれるが、わずかな単語の違いを除けば文章は同じものである。

三　伏見若宮夫妻のニューヨーク到着

伏見宮博恭、経子夫妻がニューヨークに到着したのは、六月三日午前九時であった（六月四日東京着、水野ニューヨーク総領事発外務大臣宛平電第四九号）[12]。東京からの爆弾事件の電報がニューヨークに到着する、およそ三時間ほど前になる。伏見宮は、有栖川宮、桂宮、閑院宮と並んで旧四親王家の一つであり、北朝崇光天皇の第一皇子・栄仁を祖とする。第三代貞成の第一王子・彦仁が後に後花園天皇となり、その格式を高めたとのことである。博恭はその二三代目、五〇〇年余りの家歴を有する伏見宮家の当主となるべき人物であった。二一代当主である父親の貞愛は、幕末、明治天皇の父、孝明天皇の養子に一時的ではあるがなったこともあって、明治天皇の信任も厚く、陸軍士官学校を卒業して日露戦争時に陸軍大将となり、しばしば天皇の名代として外国の式典に参列したこともあった。「大逆事件」の年、一九一〇年、貞愛は五月一四日ロンドンにおいて、エドワード七世の死去により二日遅れて開催された日英博覧会の名誉総裁として、この地に滞在していた。息子の博恭は、一八七五（明治八）年生まれ、この時三四歳、海軍兵学校を卒業後ドイツに留学し、日露戦争時には戦艦三笠で東郷平八郎と同乗したこともあった。一九〇七年、海軍大学校を卒業、一二月からはイギリスに駐在（留学）していた。一九〇九年九月、妻・経子がイギリスに向かい、一九一〇年一月より夫婦連れだって欧米各国の巡視の旅に出ていた。欧州巡視の途上、イギリス国王の死去（五月六日）というアクシデントに出会い、五月八日には急遽ロンドンに帰り、新国王・ジョージ五世に面会、弔辞を述べた。九日は新国王の宣示式、一四日は日英博覧会の開会、二〇日はウエストミンスター寺院でのエドワード七世の大葬とあわただしい日々をおくり、リヴァプール港を解纜したのが二七日、ラシタニア号で大西洋を横断してニューヨークに着いたのが六月三日であった。

この天皇一族のニューヨークへの到着は、アメリカでそれなりの注目を受けた。六月四日号のニューヨーク発行の『ワールド』紙は、「ミカドの背の高い親戚（tall cousin）が米国軍艦が最良であると言明」との見出しで、夫婦の写真付で長い記事を掲載している。また、『ニューヨーク・トリヴューン』（*The New York Tribune*）紙も夫妻の写真とともに、「プリンス伏見到着」「東郷大将の参謀将校、当地で我国の発展を視察」等の見出しで到着の様子を伝えている。『ニューヨーク・タイムズ』（*The New York Times*）紙は、写真は掲げなかったものの、こちらも長文で到着と買い物の様子などを伝えている。ここでも、「プリンスは背が高くスリムで、垂れ下がった口髭をつけ、英国仕立ての洋服を身に着け」云々と紹介されていて、背の高い日本人で、ヨーロッパ仕込みのふるまいで、一流のプラザ・ホテルのワン・フロアーを借り切って宿泊しているあたりが注目をひいたようである。『ワールド』紙では背の高さは六フィート（約一八〇センチ）ほどであり、小柄の経子は最新のパリ・スタイルの帽子をかぶっても夫の肩までも届かないほどであると紹介されている。『ニューヨーク・タイムズ』紙の見出しは、「日本の皇族がバーゲン・

ラッシュを見学」となっていて、デパートのバーゲン・セールの混雑を夫人が見学したこと、またプリンセスは五番街の宝石店で高価な買い物をしたことを伝えて身近な話題にしている。夫、博恭の方は、ニューヨーク到着後、株式取引所を見学したり、セントラル・パークをはじめとして市内観光を楽しんだり、アメリカ新聞各紙との会見にのぞんだりした。夜は、六時からの日本人クラブでの水野領事主催の晩餐会に招待された。水野は、伏見若宮夫妻のニューヨークでの三日間の滞在の世話を仰せつかっていたのである。ともかく、その夜はカジノ劇場でのオペレッタ「ミカド」を鑑賞して就寝した。

前置きが長くなったが、日本での幸徳秋水たちの逮捕のニュースは、日本の外務省と在米大使館、あるいはニューヨークやサンフランシスコをはじめとする在米各地の総領事館等との間の緊急的なやりとりとなった。すでにみたように、四日午前九時五〇分に外務省に届いた内田康哉在米大使から小村寿太郎外務大臣宛に届いた暗号電報には、「伏見若宮殿下今朝紐育御着、六月二十一日桑港ヨリノ日本丸ニテ御帰朝ノ筈、同地御通過ノ儀」に付いて、心配であるからサンフランシスコ総領事館の永井松三に対して、今回の事件がサンフランシスコ在住の日本社会主義者との関係があるのかどうかを問い合わせた旨が記されていた。内田在米大使が心配した「桑港ニ於ケル社会党員」というのは、幸徳秋水が一九〇六年六月、滞米中にオークランドにおいて結成した社会革命党のメンバーたちの活動のことで、機関紙『革命』において天皇制否定の言説を唱えていたし、一九〇七年一一月には『暗殺主義』なる印刷物を配布して、「憐れなる睦仁君足下、足下の命や旦夕にせまれり、爆裂弾は足下の周囲にありてまさに破裂せんとしつつあり、さらば足下よ」と煽動していた事件があったからである。サンフランシスコ総領事館は、巽鉄男、川崎巳之太郎などのスパイを社会主義者の間にもぐりこませ、情報を収集していた。そのことについては、先に紹介した永井の内田宛電報（本国へ転送された）にも、「予テ当地方無政府党間ニ入レアル密偵」と明記されていた。収集された情報は、別に東京帝国大学教授・高橋作衛を通して山県有朋へも報告されていた。[13] もちろんこれらの情報は、逐一、サンフランシスコ総領事館から外務大臣へと報告された。たとえば、本事件の直前でいえば、一九一〇年四月二六日（「機密」信、つまり船便での送付につき五月二一日外務省接受）永井発、外務大臣宛機密第七号「無政府党員動静ニ関シ報告ノ件」では、カリフォルニア大学バークレー校学生、臼井省三について、親族に宮内省勤務の者がいるということで個人情報が報告されている。また、五月一九日（六月二〇日外務省接受）機密第九号「無政府党員ノ消息ニ関スル報告之件」では、三〇名余りの個人別情報を知らせてきている。もっとも、爆弾事件と関係のあるような情報は含まれていない。

内田からの問い合わせを受けた外務大臣の回答は次のようなものであった、「無政府党員ノ件ハ、昨日水野ヲ通シ申送リタル通ノ事実ニシテ、直接桑港社会党員ト連累ノ関係ナキモ、平素其間ニ気脈ノ通シ居レルハ疑ナシト思考スルニ付、伏見宮殿下御通過ノ際ハ米国官憲ニ於テ十分ノ取締ヲナス様同政府ニ交渉相成リタシ」と。内容について説明すれば、まず、大使の「心得」までに要求した事件の大要や新しい情報についての件であるが、すでに外務大臣から水野幸吉宛に送った電報につきている（「昨日水野ヲ通シ申送リタル通リノ事実」）ので、それを参考にするようにと指示をした。そのうえで、日本での爆弾事件とサンフランシスコ近郊の日本人社会主義者との間に関係があるのか、もしあるとするとアメリカにおいて、とりわけ出港が予定されているサンフランシスコにおいて報復行動が伏見宮に対して予測されるのではないか、との内田の懸念については、次のような指示をおこなった。伏見宮出発の件は、サンフランシスコの社会主義者たちと日本の社会主義者たちの間に連絡がなされていることは間違いないから、アメリカ当局に警備方をお願いするように、と。また念のため、サンフランシスコ総領事代理の永井松三にも状況を理解させる必要があり、外務大臣からニューヨークに送った二通の電報と、この電報とを転電するように指示している。

以後は、サンフランシスコの永井松三総領事代理と外務大臣とのやりとりになるが、五日午前九時二五分着で外務省に到着した、永井からの電報は次のようなものであった。この電報は、もともとはワシントンの内田への回答であり、それが外務省へも転電されてきたものである。冒頭の「同主義者」というのは、内田の電報にあったサンフランシスコにおける社会主義者のことである、「同主義者植山ノ営ム旅宿ニ出入スル同主義者ニ就キ探リタルニ、今回ノ事件ハ寝耳ニ水ノ如ク現ニ止宿中ノ幸徳ノ甥モ新聞電報ニテ初メテ知リタル様子ナリ、彼等ノ一人ノ説ニ松本地方ノ陰謀ハ外国人ノ教唆タルヘシ、一昨年末渡航セル『ウィッテ』（露国人）『マッカシー』（英国人）事件ノ背後ニ在ルニアラスヤトノコトナリ、当地方同主義者動静目下探偵中」との内容である。コメントをくわえれば、電文中にある「植山」というのは植山治太郎のことで、バークレーにおいて大洋旅館、赤ペンキで塗られていたので通称レッドハウスと呼ばれていた宿泊所を営んでいた人物、「幸徳ノ甥」というのは、幸徳秋水の兄・亀治の子で幸徳幸衛のこと、秋水は渡米の際に幸衛を同行し、サンフランシスコに残して帰国していた。当時、幸衛は大洋旅館に止宿していた。その他、先に紹介した総領事館の報告書には、手塚小弥太、畝田香村などの人物も大洋旅館に滞留していたとのことである。報告によれば、今回の事件は彼らにとっては「寝耳ニ水」の出来事のようであり、幸徳幸衛も当地の新聞報道で初めて知ったようである。また、松本地方の事件については、ウィッテやマッカシーという人名をあげて彼らが関与しているような情報を提供しているが、これらの人物は「大逆事件」にはまったく登場してこない人物であるので、大洋旅館に出入りしていた誰かがデタラメをしゃべったとしか考えられない。しかし、これらの人物についても、後の電報によれば姓名が確認され、小石川区在住の外国人宣教師との関係まで聞きだされ、日本の外務省に回され、「其筋」（内務省の有松英義警保局長を通して警察）で調査された結果がサンフランシスコに送られている（七月四日外務大臣発、永井宛機密第二〇号）。まったくのガセネタであった。

六月七日外務大臣発、永井宛の機密第一四号は、「社会党員ノ動静精探方訓令ノ件」とされていて、以下の要請がおこなわれている。これまでも「貴地方面ニ於ケル本邦人社会党員ノ動静」についてては報告をうけてきたが、今回は同主義者による「容易ナラサル陰謀」が発覚せられ、今後は「一層厳密ノ注意ヲ払ハレ、殊ニ彼等カ平素本邦ニ於ケル如何ナル者トノ間ニ如何ナル気脈ヲ通シ居ルヤ」についての情報が必要であり、「御精探」、つまり詳しく探索して、絶えず報告するように、と。なお、これに関して「特ニ支出ヲ要スベキ費用」については、それなりの「詮議」をするつもりであるから申し出なさい、との保証までをも与えている。これと行き違いに八日午前一一時三二分、外務大臣宛に永井領事から届いた電報には、「当地方ノ重モナル過激党ハ幸徳ノ愈立テ事ヲ為ス場合ニハ一総理大臣位ナルモノヲ相手トスルモノニアラス、今回ノ出来事ヲ彼ハ只嫌疑ヲ受ケタル迄ニテ、近日解放サルヘシトノ大胆ナル推察ヲ下シ、激昂シ居ラサル様子ナリ」と記されていた。「重モナル過激党」というのは、おそらく岩佐作太郎周辺の人物を指しているのであろうが、幸徳秋水が立ちあがったとすると「一総理大臣」程度の人物の暗殺などを企てるわけはなく、たんなる「嫌疑」であってすぐに釈放されるであろうと、楽観的な見方をしているというのである。スパイからの情報は、その報酬のこともあって大袈裟になりがちであるが、「一総理大臣」という言い方のなかには、天皇であれば別であるが、というニュアンスを含ませているのであろう。

四　伏見宮の帰国と外務省の対応

伏見宮博恭夫妻は、この間、四、五、六日とニューヨークに滞在して、海軍鎮守府、ハドソン河底隧道、ナショナル・シティ・バンク、グラント将軍墳墓等を見物、また、ホテル・アスターで開かれた日米協会主催の歓迎会では英語でスピーチをおこなったりした（六月一〇日付水野総領事発、外務大臣宛「伏見宮若宮両殿下御来紐ノ件」公第六〇号）。本報告には、本来ならば内田大使がニューヨークまで出迎えなければならないところ、「止ヲ得サル事故」によりできなかった旨の添え書きがあるが、おそらくは、爆弾事件の対応に追われてワシントンを離れることができなかったのであろう。伏見宮は七日早朝にニューヨークを出発、フィラデルフィアに数時間立ち寄り、その夜ワシントンに到着した。ワシントンには、八、九、一〇日の三日間滞在し、国務長官のノックス、大統領のタフトらと会見して公式行事をこなした。その様子は、一〇日付内田全権大使発、外務大臣宛暗号電報（第四七号）により報告されているので、紹介しておきたい。

伏見若宮及妃両殿下、本月七日夜当地御安着、大統領付武官及第三国務次官並当地御滞在中殿下御付ヲ命セラレタル海軍大佐一名、停車場ニ御出迎ヲナシ、特ニ大統領ヨリ御用ニ供シタル自動車ニテ旅館ニ御送リ申上ケ、翌朝大統領夫人ヨリ妃殿下ニ美事ナル花ヲ贈ラレ、同日夕刻両殿下共大統領ニ御会見、次テ鄭重ナル正式晩餐会アリ、大統領ハ本邦ニ於テ両殿下共御存知申上居ラルヽ関係モアリ、御接待向極メテ懇切ナリ、尚、政府側接待トシテハ、御着ノ翌朝、国務長官及海軍大臣、両殿下ヲ御旅館ニ訪問会見アリ、序テ以テ両殿下ヨリ御答礼アリ、今九日国務長官午餐ヲ供シ、明十日海軍大臣ヨリ大統領用游船「メーフラワ」号

ニ於テ、午餐ヲ供スル筈、就テハ不取敢右大統領ノ優遇ニ対シ、陛下ヨリ御謝電ヲ発セラル、コト御配慮煩ハシタシ

天皇からアメリカ大統領に対する「謝電」の件は、早速に宮内省へ廻され次のような電文が作成された（一〇日付外務大臣発、内田大使宛暗電第七四号）、「博恭王同妃カ貴国ヲ往訪セシニ、貴政府ヨリ最鄭ナル待遇ヲ受ケタル趣ヲ聞キ、欣喜ニ堪エス、茲ニ深厚ナル謝詞ヲ致ス」と。訳文は次の通りである。

President of the United State,

Washington

Learning with great pleasure of the warmest reception accorded by the Government of the United States to Prince and Princess Hiroyasu Fushimi on the occasion of their visit to your country, I offer my heartfelt thanks to you.

Mutsuhito

なるほど、こういう場合の「御名」も「Mutsuhito」に過ぎないのかと関心しただけのことであるが、翌日に送り返された巨漢のタフト、第二七代アメリカ大統領の電文には、「To His

Imperial Majesty the Emperor」としっかりと記されている。タフト大統領は、以前に東京において伏見若宮夫妻と会ったことがあり、会見は友好的におこなわれたことであろう。当時、日本とアメリカとの間には「日米戦争」という言葉が使われることがあったように、かならずしも良好な関係が維持されていたわけではなかった。ひとつには、アメリカ西海岸での日本からの移民労働者の問題をめぐり排日運動が起きていたし、またアジアにおいては「満州」における権益をめぐって対立が続いていた。折しも、日本政府には、幕末に締結された不平等条約の撤廃（関税自主権の獲得）についての懸案があり、この年四月二〇日、内田康哉在米全権大使は国務長官ノックスに面談、改定交渉についての申し入れをおこなっていた。それに対してノックスは五月二六日、内田に対して交渉に応じる用意があることを回答した。こういう時期であったことを考慮すれば、伏見若宮夫妻の大統領や国務長官との会見もそれなりの重要性をおびていて、天皇からの謝電も儀礼以上の意味をもっていたのである。

さて、少し日にちはもどって、六月四日付の外務大臣から内田大使宛の電報で訓令されていた、伏見若宮警護に関するアメリカ政府への依頼要請はどうなったのであろうか。一一日午前六時三〇分外務省着の内田からの暗号電報には次のように報告されている。それによれば、この件について国務長官に「取締方」を依頼したところ、長官は、「無政府党ハ天下ニ公敵」であるから、「各国協同剿絶ヲ企図スベキモノ」として「快諾」をしてくれたというのである。両殿下の安全のために出来る限りの取り締まりをおこなうように関係の地方官に命令し、また日本の領事とも協議をおこない安全に遺漏のないようにし、シカゴからは「密偵」を一名列車に同乗させるという返事であった。一九〇一年のマッキンレー大統領の暗殺以来、アメリカ政府はアナキストに対して厳しい弾圧を加えてきた。とりわけ、外国人のアナキストに対しては移民法を改正し、取り締まりの強化をはかってきた。この頃の新聞をみていると、六月四日ミシガン州ジャクソンの演説会でタフト大統領は、社会主義がアメリカ国民の直面する最大問題であると述べて社会主義との対決姿勢を示したことが、紙面のトップを飾ったりしている。社会主義と無政府主義とが区別されていたことは言うまでもないことであるが、アメリカでは一九一二年にかけて、各地の選挙において社会主義者が躍進する状況があり、私有財産の擁護を唱えていたタフト政権としても、より過激な「無政府党」の取り締まりについては積極的に協力しようとしたのであろう。

六月一〇日、メイフラワー号での遊覧、ワシントンの墓への献花、夜は内田大使主催の晩餐会、一一日はアナポリス兵学校の視察、そこからボストンへと向かい、一二日着。一三日にはボストンを出発、翌一四日ナイアガラに到着、例によってナイアガラの滝を見物して、一五日はシカゴへ向け出発、翌一六日一行はシカゴに到着した。この間、おそらくは現地時間一四日（日本時間では一五日）に、伏見若宮の帰路が変更されて、サンフランシスコ港からではなくシアトル港から帰国の途に就くことになった。その理由が、内田大使からの「無政府党ニ対スル警戒」によっていることだけは確かであるが、その電報を外務省資料では確認することができないので、何か差し迫った危険があるとの情報がはいったのか、それとも安全を期しての措置であったのかは判然としない。ただ、ナイアガラに同行した水野総領事から外務大臣に宛てた六月一五日午前一一時平文四五分着の電報（第五六号）には、「御乗船ノ筈ナリシ日本丸、布哇下船客ニ『ペスト』患者発生シタル由ニ付、仮令定期ノ消毒ヲ経ルモ尚不安ヲ感スルニ因リ」、予定を変更してシカゴからシアトルに直行、一九日夜にシアトルに着き、二〇日正午に出航のミネソタ号に乗船し帰国の途に就くことに決定し、すでに「関係ノ筋」へ通知した旨が報告されている。内田大使からの連絡を受けた水野総領事は、同伴者としての責任から外務省へ変更の報告をおこなったのであろう。六月一五日午後零時四〇分着、ナイアガラの水野ニューヨーク総領事から外務大臣に宛てられた電報には、「国務省ヨリノ訓令ニ依リ『バファロ』以後、到処両殿下ニ二名ノ秘密護衛付属シ居レルガ『シカゴ』ハ中央政府特派ノ護衛付ク筈ナリ」、翌一六日午前六時二〇分着、内田大使から外務大臣宛電報、「『シカゴ』以西ハ当国政府ノ秘密探偵係長Wilkie外一名、御同伴申上ケ、尚国務省ヨリ華盛頓州知事ニ対シ、両殿下御保護方ニ付電報ニテ必要ノ照会ヲ発シタリ、尚林ヘハ右ノ含ヲ以テ精々御世話申上クル様昨日電報シ置キタリ」との内容である。「バファロ」は、もちろんニューヨーク州のバッファロー（Buffalo）のことで、ナイアガラの滝の近くの都市のこと、ここからシカゴまでは「秘密護衛」が二名つき、シカゴでは「中央政府特派ノ護衛」がつき、さらにシカゴからシアトルまでは「政府ノ秘密探偵係長」ほか一名がつくという警護であり、さらにシアトルのあるワシントン州の知事にまで保護を要請するという具合で、とてもペスト患者発生による予定変更とは思えないほどである。推測ではあるが、帰国後に予定変更についての説明を求められた際に、「無政府党」に対する安全対策上での不安というのでは格好がつかないので、たまたま起きた（と考えられる）ペスト騒動を渡りに船として帰路変更の理由にしたのではないであろうか。なお、電文中に「林」とあるは、シアトル領事代理の林久治郎のことである。

ところで、シカゴでの警備状態については、別に六月一八日付山崎馨一シカゴ領事発、外務大臣宛「伏見若宮同妃殿下市俄古御通過ニ関シ報告ノ件」（公第七六号）があるので、その物々しさをみておきたい。「華府内田大使ト当国国務省ト打合ノ結果、当国其筋ニ於テハ殿下当国御旅行中安全ヲ期スルタメ、華府ヨリ特ニ秘密探偵長（チーフ、ヲフ、シークレットサービス）『ジョン、イー、ウィルキ』（John E. Wilkie）ヲ当地ニ派シ、殿下警護ノ任ニ当ラシメタリ、同探偵ハ殿下御一行ニ先テ当地来着、当館ヲ訪問シ、本官ヨリ予テ当市警察ニ向テ、殿下当市御滞留中、一、二名ノ平服巡査ヲ付シ御警護致シ呉ルル様交渉シ置キタル次第モアリ、（中略）市警察ハ殿下当市御着ノ際ニハ、警官数名ヲ配置シ停車場内外ヲ警戒シ、御旅館ニハ二名ノ巡査ヲ派シ、旅館付密偵ト相俟ツテ、殿下ノ御警護ニ当ラシメ、御外出ノ時ニハ前記探偵長ノ下ニ二名ノ平服警官ヲ付シ、殿下ニ扈従シ奉ラシメ、殊ニ当地御出発ノ際ニハ約一小隊ノ警官ヲ派シ」云々という具合であった。こうしてシカゴを出発した汽車は、六月一九日午後一二時にシアトルに到着した（二一日付林領事代理発、外務大臣宛平電第八号）。

六月二〇日正午、伏見宮夫妻はミネソタ号にてシアトルからアメリカ本土を離れ、太平洋を横断し日本へと向かった。在米大使・内田康哉は、出発後の二一日外務大臣に宛てた報告書「伏見宮博恭王及妃殿下御渡米ノ件」（公第八四号、七月一八日外務省接受）を送り、在留中の全旅程についての記録を知らせた。この報告書のなかでは、「本邦ニテ社会主義者逮捕ノ件」があり、アメリカ政府、ならびにマサチューセッツ州、イリノイ州、カリフォルニア州の知事に「保護」を申し出たこと、その後、「日本丸船客中ペスト患者ヲ生シタル由ニテ、同船ノ出帆予定モ或ハ変更セラルヘキ憂アルニヨリ」、当初の計画を変更してシアトルから出航するにいたった経緯を述べている。当初の出発予定は日本丸にての二一日であり、わずか一日早めたにすぎなかったのであるが、私には、何としても「無政府党」による危険性のあるサンフランシスコだけは避けたかったのであろう、と憶測してみたくなる。かくして、七月四日ミネソタ号は横浜についた。(14)

三　一九一〇年九月二一日「大逆事件」報道と外務省

一　『時事新報』と『報知新聞』による報道

日本国内において、「爆弾事件」あるいは「陰謀事件」として報道されていた幸徳秋水等の社会主義者逮捕が、刑法七三条の大逆罪に該当する「大逆事件」として報道されたのは、その年九月二一日における『時事新報』と『報知新聞』記事であった。(15)もっとも、九月二一日に「大逆事件」報道がなされたのは、内務省、警視庁の厳しい言論統制下にあった首都、東京でのことで、幸徳等の逮捕が大逆罪にかかわるものであるとの噂はかなり早い時期からあったと考えられる。これは、取り調べを受けた社会主義者や関係者から捜査の様子が漏れたことなどが想定されうるのであるが、たとえば、『佐渡新聞』は七月二一日号の「東京特信」記事、「社会主義者処分」において、「過般皇室に関する罪を犯したりしと伝へられ居る社会主義者九名の公判は、特に夜間之を開廷し、傍聴は無論之を禁止し、何れも死刑の宣告を受くべし」云々と「皇室に関する罪」「死刑の宣告」と明言していた。また、国外ということでは、八月二日号の『ユマニテ』(*L'Humanité*)に掲載された、片山潜からフランス社会党員ロンゲ(Longuet)に宛てられた七月九日付書簡が知られている。"le récent complot pour faire sauter à la dynamite la plus haute autorité du Japan (le mikado)" と記述されているが、括弧内の "le mikado" が、片山自身が付したのか、あるいはロンゲが付したのかは確定できない。が、ともかく爆弾が「日本の最高権力者」へ向けられたものであることははっきりしている。(16) ともかく、国外への「大逆事件」ニュースの伝達という意味では、九月二一日号の『時事新報』記事「社会主義者裁判」と『報知新聞』の夕刊記事「大審院の特別裁判」が、その端緒になったことは間違いない。

『時事新報』の「社会主義者裁判」は、「数日前より常に開放されて何人の訪問にも応ずる大審院書記長室を密閉し、其門外に数名の門衛を置き、室内には十数名の雇書記は書類の筆写に忙殺され居るとのことなり」と捜査の進行状況を説明したうえで、その罪状については知ることができないとコメントしながらも、大審院判事末弘巌石の名前を出して、「大審院に於て審理し第一審にして終審たる特別裁判所を構成して判決」が行われることを紹介したものである。『報知新聞』の「大審院の特別裁判」は、これを受けて事件の罪状について、国内ニュースのトップ記事として三段にわたって掲載された。その内容は、この事件に対して、大審院において「臨時特別裁判部」が設置されるということであるが、そうであるならば罪状は「皇室に対する罪」か「内乱罪」しかない。すでに報道されているように獄中の管野須賀子から横山勝太郎弁護士に宛てた手紙(17)の文面中には「死刑」の言葉があるところから推測すれば、刑法第七三条の「大逆罪」か第七五条の「内乱の首魁罪」に該当するものであろうというものである。いずれも、事件内容に触れることなく、予審での有罪判決の後、裁判所構成法第五〇条第二項に規定された、大審院において「第一審ニシテ終審」としておこなわれる「特別裁判」から「大逆事件」であることを推定した。同条は、刑法第七三条と第七五条の大逆罪、第七七条から第七九条までの内乱罪、並びに皇族の犯した禁錮以上の罪に対して適応されるものであった。

翌二二日号には、『都新聞』が「社会主義者の処分」、『東京朝日新聞』が「社会主義者の公判」を掲げているが、『東京日日新聞』の「社会主義者の特別裁判」は、前日の『時事新報』や『報知新聞』記事からさらに踏み込んだ報道という意味で注目してよい。全文を紹介すれば、「二十一日午後一時頃より大審院長室に於て、横田同院長、松室検事総長、末弘大審院判事及び司法省民刑局長平沼騏一郎の四氏会合して長時間に亘り何事か秘密に凝議なし居たるが、右は曩に検挙せられたる幸徳伝次郎、菅野《ママ》須賀子其他の社会主義者に対する予審も着々進行して、不日公判に移さるゝ運に至たる結果なるべしと。因に本件は特別裁判所を構成して一審を終審とせる大審院に於て審理せらると云へば、事件が皇室に関する重大事件たるは推知さるに難からざるべし」と。ここでは、はっきりと「皇室に関する重大事件」、つまり「大逆事件」として報道されている。

ところで、この九月という時期を検証しておけば、前月からはじまっていた文学作品や社会主義関係著作に対する検閲が一段と厳しくなり「自然主義」や「社会主義」的傾向の作品や図書に対して発売禁止処分があいついだ時期にあたっている。九月三日には、『社会主義神髄』をはじめとする幸徳秋水の著作、片山潜、木下尚江、堺利彦、西川光次郎等の「社会主義」に関連する著作、冊子等五六冊が過去にさかのぼって「破壊思想」を帯びるものとして、出版法第二六条により発禁処分をうけている。また、雑誌『ホトトギス』や『新思潮』が「安寧秩序紊乱」の理由で発禁処分を受けたほか、『日本新聞』掲載の佐藤紅緑の小説「三十八年」についても九月二三日付けで処分を受けた。当局によるこれらの処置は、「大逆事件」についての捜査過程において、青年層への「破壊思想」の浸透は、日本においては貧富の格差という社会的実態にもとづくというよりも、読書経験による観念的な影響が大きいとの判断がなされた結果であった。これらの言論規制に対しては、新聞社説は概して「社会主義」思想に対する当局の過剰反応を批判する論調を掲げていた。もっとも、九月二一日の時点において捜査が一段落を迎えたというわけではなく、八月三日に松尾卯一太、新美卯一郎等、いわゆる熊本グループの五名が予審請求（起訴）をうけ、九日に坂本清馬、二八日には武田九平、岡本頴一郎、三浦安太郎ら大阪グループの三名が予審請求を受けたのに引き続いて、九月には、岡林寅松、小松丑治の神戸グループへと捜査の手が伸びて、同月二八日に岡林、小松の二名について大逆罪での予審請求がなされることになる。この間、九月一八日には横浜において田中佐市、金子新太郎が逮捕されたニュースが新聞に掲載され（最終的には「不敬罪」の適用を受けた）、また九月二日には、一九〇八（明治四一）年六月以来、赤旗事件で千葉監獄に入獄中の堺利彦が東京監獄へと移送され一応の取調べを受けた。堺利彦が東京監獄を出獄するのは、この月の二二日である。これらのことから判断すれば、九月二一日午後、捜査についてのほぼ見通しがついた時点で、大審院長室において、横田国臣大審院長を中心にして、松室致検事総長、末弘厳石大審院判事、平沼騏一郎民刑局長（大審院次席検事を兼務）が集まり、捜査の最終的な詰めと公判開始についての協議がなされたものと推測できる。しかし、それ以前『時事新報』が「特別裁判所」についての情報をスクープし、『報知新聞』が二一日の会合でそれを確認したというのが、「大逆事件」報道の経過であろう。

二　『報知新聞』記事のニューヨークへの到着

『報知新聞』によって公表された「大逆事件」報道は、ロイター電報あるいはAP電報を通して世界の代表的な新聞で報道された。たとえば、イギリスにおいては九月二二日号の『タイムズ』

（*The Times*）や『マンチェスター・ガーディアン』（*The Manchester Guardian*）に掲載されることになるし、アメリカの西海岸では同日号の『サンフランシスコ・クロニクル』が明治天皇の写真を掲げて「陰謀者たちによる日本の支配者の暗殺」（PLOTTERS SEEK DEATH OF JAPAN'S RULER）の見出しでロイター電報を伝えたし、また『サンフランシスコ・イグザミナー』（*The San Francisco Examiner*）も同文の記事を掲載した。

ここでは、抗議運動の発信地となったニューヨークにおける「大逆事件」報道について検証してみることが目的であるので、そこに焦点を合せたいのであるが、その前に当時のニューヨークにおける新聞事情をおさえておく必要があろう。

先に、外務省政務局第三課が作成した「北米其他ニ於ケル新聞紙ニ関スル調査」（明治四四年一〇月）を紹介したが、外務省による欧米各国の主たる新聞の本格的な調査が開始されたのは、西園寺内閣において、一九〇八（明治四一）年五月二九日付、林董大臣からの高平小五郎在米大使宛の訓電、「任国ニ於ケル重ナル新聞紙ノ主義、持主、主筆、系統（何ノ機関ナルカ）、及勢力等可成詳細ニ書面ヲ以テ報告アリタシ、右本大臣ノ訓令トシテ在英大使ニ転電シ更ニ同大使ヲシテ在欧各大公使ニ転電セシメラレタシ」からはじまっていると考えられる。その背景には、日露戦争後の国際情勢、とりわけ太平洋、清国（満州）における「機会均等主義」をめぐる日本とアメリカの緊張回避が外交的課題としてあり、国外における世論動向に注目せざるをえない状況があった。翌年一月二〇日付、水野幸吉ニューヨーク総領事から小村寿太郎外務大臣に宛てられた機密信「米人一名嘱託ニ関シ稟請ノ件」はその事情をよく説明している。まず冒頭に、「日米両政府外交文書ノ交換、当国与論ニ好影響ヲ与ヘ当地新聞紙ノ本邦ニ対スル論調ニモ一先ツ小康ヲ得タル次第」云々と述べて、前年一一月三〇日に交換された「高平・ルート協定」の効果を評価している。そのうえで、「健忘症」であるアメリカ国民に対しては絶えず「頭脳ヲ刺激」する必要があり、それによって「両国ノ親交」を印象づけ、また「誤解」を解いておく必要がある。「本官ニ於テ、従来対日問題ニ関シ新聞ニ真実ノ材料ヲ供給シ、又ハ本官ノ所見ヲ登載セシメテ、与論ヲシテ常軌ヲ逸セシメザルヲ期シ居候。然ルニ本官ノ地位トシテ紙上ニ充分ナル論議ヲ試ムルヲ得ス、対新聞政策上隔靴掻痒ノ感アル場合モ之有」という状況で、相当の見識あるアメリカ人を一名嘱託として雇いたいというのが書簡の内容である。ついでに言えば、大臣からは秘密ではあるが「通信機関」をニューヨークに設置する計画があり、要求には応じられないとの回答がなされている。伊藤博文のブレーンであった頭本元貞を責任者として「東洋通報社（Oriental Information Agency）」がニューヨークに設置されるのは、一九〇八年八月である。(18)

こうしてはじまったアメリカでの新聞紙調査が、政務局第三課において「米国ニ於ケル新聞紙ニ関スル調査」として小冊子（四四頁）にまとめられるのは一九〇九年二月、その改訂版「米国其他ニ於ケル新聞紙ニ関スル調査」（七四頁）が一九一〇年六月印刷、さらに改訂されたものが一九一一年一〇月版ということになる。「大逆事件」との関連でいえば、この再改訂版が時期的にはマッチするということになろうが、外交史料館所蔵のものには訂正や増補が加えられているので、それらも参照する必要がある。そのことを前提にして、ニューヨーク州で当時発行されていた新聞紙を紹介しておきたい。括弧内は「主義」として分類されているもの、発行部数、読者層、特長、反日的であるかどうか等は「備考」欄に掲載されているものから抜粋して記載した。掲載順に並べておく。

The Sun（独立）朝刊七万五千部、文芸美術ノ評論ニ長シ米国大新聞中ノ白眉タリ、朝刊ハ品位高尚ナル所アルニ反シ、夕刊ハ稍誇張的ノ嫌アリ、日本ニ対シテハ従来頗ル友好的ナリシモ、近時其好情稍冷却シタルモノ、如シ

The Evening Sun　The Sun の夕刊、一五万部、夕刊紙中ノ好新聞ニシテ愛読者多シ

The New York Times（民主党）一五万部、対日態度鮮明ナラス、上流社会ニ多数ノ読者ヲ有ス、ユダヤ人ノ資本、満州問題ニ対シ我政策ニ反対ス

New York Tribune（共和党）六万六千部、日曜版八万五千部、所論概ネ穏健ニシテ共和党金権派ノ機関ナリト目セラルモ現政府ノ政権ニ盲従スルモノニアラス、上流社会ニ多数ノ読者ヲ有ス、対日態度ハ現政府ノ方針ニ一致スルカ如シ

New York Globe and Commercial Advertiser（共和）夕刊一四万四千部、所謂黄紙ナリ

New York Herald（一定ノ主義主張ナシ）一三万部、日曜版二四万五千部、好露排日ノ臭味ヲ帯フ、所論記事報道頗ル誇張的ナリ、国内国外ニ於テ比較的多数ノ通信員ヲ有シ、上中下流ニ

多数ノ読者ヲ有ス、排日迎清ノ気風ヲ鼓吹スルヲ以テ社ノ政策トナシ排日新聞ノ巨擘ナリ

（附言、同紙ハ本年三月以後俄然従来ノ態度ヲ変シ好日的トナレリ）

The Evening Telegram　New york Heraldの夕刊、一七万五千部、黄紙ニシテ下等社会ニハ相応ニ勢力ヲ有スレトモ信用ナシ、盛ニ排日ノ筆ヲ弄ス

New York American（民主党）夕刊三〇万部、所謂「ハースト」紙ト称スルモノニシテ黄紙中ノ最黄ナルモノ、非好日的ナリ

The Evening Post（独立）二万六千部、通俗記事頗ル少ナキヲ以テ読者多カラサルモ信用厚ク、特ニ経済並ニ文芸欄ニ於ケル記事所論ハ最モ注意シ信頼スル所ナリ、日本ニ対スル態度ハ極メテ公平ナリ

The Journal of Commerce and Commercial Bulletine（独立）三万部、日本ニ対スル態度ハ友好的ナリ

The Evening Journal（民主党）夕刊、七〇万部、「ハースト」紙中ノ最大ナルモノナリ

The World（独立、民主党傾向）朝刊三四万四千部、夕刊四一万四千部、上中下流ヲ通シ多数ノ読者ヲ有シ勢力大ナリ、漸次慎重上品ナル新聞タラント努メツ、アリ、近来著シク好日的トナレリ

New York Mail（共和党）夕刊、五、六万部、黄紙

New York Press　朝刊、一〇万八千部、黄紙

以上、「大逆事件」当時、ニューヨーク州のマンハッタンで刊行されていた一四タイトルの日刊の商業紙を外務省調査によってみてきたが、もちろんこれ以外にも社会党の機関紙『ニューヨーク・コール』（*The New York Call*）や社会労働党の機関紙『ピープル』（*The People*）が刊行されていた[19]。これを参考にしながら、これらの諸新聞から「大逆事件」関係記事を摘出して、「大逆事件」がニューヨークにおいてどのように報道されたかを検証していきたい。なお、「黄紙」とあるのは、スキャンダルを読物とするイエロー・ジャーナリズムの意味である。

さて、九月二一日、日本国内において『時事新報』や『報知新聞』で報道された「大逆事件」ニュースは、ニューヨークには、どのように届いたのか。九月二一日の夕刊『ニューヨーク・イヴニング・ジャーナル』（*New York Evening Journal*　外務省調査では *The Evening Journal* のタイトルでリストアップされている新聞王ハーストの所有する新聞）は、一面の二段目に“PLOT TO KILL MIKADO”の大見出しを掲げて大きく報道した。「九月二一日東京発」で送られてきた記事の内容は、「今日の午後、臣下による睦仁皇帝暗殺計画の詳細が公表されたことによって、衝撃が走っている。事の始まりは『報知新聞』の記事にあり、現在逮捕中の陰謀者たちは、秘密の特別法廷において死刑判決を受けることが確定しているという内容のものであった。この国において、最高権力者に対して国民によって暗殺が企てられ、それが公になるなどということは歴史上初めてのことである。今日の夕方まで、厳しい検閲がしかれ、陰謀事件をにおわす事柄についてさえ公表することを禁じられていたと考えられるので、『報知新聞』は責任をもって公表したのであろう。このような新聞報道が権力者の目に触れないことなど考えられない。現在、当地では『社会主義協会』運動の活動家とみなされている多くの人物たちが収監中であり、『報知新聞』の言うように、責任ある立場の人たちによれば、皇室に対する陰謀が発見されて以来、逮捕者が続いているということである。新聞によれば、皇帝が首都郊外の士官学校を訪問するところをねらって、暗殺が実行される計画であったということである。計画は発覚し、皇帝は無事であった。陰謀者たちは直ちに逮捕された」というものである。また、同日に夕刊紙『イヴニング・ポスト』も同じ見出し“PLOT TO KILL THE MIKADO”を掲げ、同一内容の記事を掲載している。ただし、こちらの方は、加えて、これらの事実はすでに知られていたものであったとして、東京特派員からの七月八日付の記事をも掲載している。この記事は、日本における社会主義思想や運動状況について言及しているものである。社会主義は日本人のもつ忠誠心と根本的に一致しないものであり、事実、社会主義は最悪の罪と説明されており、信奉者は国家の敵であるとあからさまに宣告されている。最近、東京において社会主義者の秘密組織が発見され、重大な陰謀や爆弾製造のための工場と“red handed anarchy”のための装置が明るみに出された。陰謀計画の詳細は、当局によって秘密に付されているが、リーダーに対しては死刑が宣告されるといわれている。日本では社会主義を普及させることは不可能であり、ハワイかカリフォルニアあたりにしか運動の土壌はないと考えられている。以下には通信手段としての針文字のこと、あるいは軍隊において社会主義思想が浸透していること、下層階級においては生活費の高騰が不安定要因としてあり、その結果が運動につながるであろうことなどに言及している。

九月二二日には、東京からの電報を朝刊である『ニューヨーク・デイリー・トリヴューン』(*New York Daily Tribune*)と『ニューヨーク・タイムズ』が掲載した。『ニューヨーク・デイリー・トリヴューン』の記事は五面に掲載されたベタ記事であるが、『イヴニング・ポスト』と同じタイトル"PLOT TO KILL THE MIKADO"で、内容もまったく同じものである。ただ、サブタイトルとして「日本で報道された陰謀――多数の逮捕者」が付せられている。『ニューヨーク・タイムズ』の記事は、「日本の皇帝に対する暗殺計画」(PLOT AGAINST LIFE OF JAPAN'S EMPEROR)と題されたもので、サブタイトルには、「二千五百年にわたる歴史において初めての陰謀」「謀反人は逮捕・死刑」「ニュースは昨日まで秘密に付され、東京には衝撃が走っている」という文字が並んでいる。記事内容は、『イヴニング・ポスト』と同一文が前半に掲げられたうえに、次のようなコメントが付けられている。日本の歴史家たちが言明するように、二千五百年にわたる歴史において、日本の国民は最高権力者(sovereign)を敬愛し、皇帝(Emperor)を暗殺する計画など起こり得なかった。日本人は、西洋人からみると全く理解できない態度で、天皇(Mikado)というものを考えている。天皇は文字通り神であり、人格化された国家であり、その人格のなかには国家のあらゆる「徳」(virtue)が含まれている。日露戦争の最中、様々な機会に日本の司令官たちは勝利を報告するにあたって、その勝利が「天皇陛下のため」であると信じた。東郷海軍大将は日本海海戦での大勝利を宣告するにあたって、この同じ言葉を用いていた。そして、そのことはヨーロッパやアメリカでは大変に奇妙なことと理解された。この二、三ヶ月の間に、日本人のなかには天皇に対する古くからあった態度を捨てて、社会主義やアナーキズムの考え方を受け入れるような様々な兆候がみられるようになった。七月には東京における社会主義者の一団が爆弾を作製し、よく知られたメンバーたちが逮捕された。当局者たちを驚かせたことには、逮捕者の取り調べにおいて彼らは支配者や政府を一貫して信じていないということを表明した、というようなニュースがながされていた、と。

三 『ワールド』紙の報道と日本への還流

同じ九月二二日、『ワールド』紙は、二一日東京発の「日本での天皇暗殺計画が警察により阻止」(Japanese plot to kill mikado nipped by police) と題された、かなり長い記事を掲げている。この記事は、『ニューヨーク・タイムズ』記事、あるいはロイター電報で送られたロンドンの『タイムズ』記事とは異なる文章になっている。「日本皇帝の歴史において初めて、少なくとも事が明るみに出されたという限りではあるが、臣下が天皇(MIKADO)を暗殺しようとする計画が企てられた。大逆を企てたとされるグループは現在収監中であり、ほどなく裁判がおこなわれ、死刑に処せられるであろう。日本の法律によれば、皇帝を暗殺しようと試みただけでも死刑となるのである」、と書き出され、事件についての報道は厳しく禁じられてきたが、準政府系の新聞である『報知新聞』が東京郊外の士官学校（military school）を訪問する時をねらって、皇帝を暗殺する企てがなされたことを報道した。現在、社会主義運動のリーダーたちが逮捕されているが、日露戦争後の労働者たちによる運動が、社会主義者たちの増大につながっている。日本の発展を支えた西洋化の例として、このような事件が起こったのである。日本の王室は常に神聖なものとみなされてきたが、それは彼等を人間以上のものとみなす神道の教義の一部からきているものであり、天皇を侮辱することは神（deity）を侮辱することと見なされるのである。神の末裔である睦仁は一八六八年に将軍支配を打倒して、絶対的君主となった。その皇帝のもとで日本は近代化をはかり、若者たちを西欧諸国に留学させて、彼らが一九世紀や二〇世紀の思想や発展をもたらすことになった。今年六月初め、警察は社会主義グループのうち何人かを逮捕した。その逮捕者のなかには、政府の兵器庫で働いていたものがいて、爆弾を製造することが出来るようになった。計画は天皇と彼のまわりの何人かの高官たちを爆弾でもって暗殺するものであったといわれている。以上が、記事の内容である。

ピュリッツアーの名前とともにイエロー・ジャーナリズムとして知られていた『ワールド』紙の記事は、日本において随分な反響をよんだ。まず『大阪毎日新聞』（九月二四日号）に掲載されたニューヨークからの二二日発の来電「日本に関する怪報」を紹介すると、「日本無政府党員が或重大なる陰謀を企てたりとの報伝はり、米国民は一般に驚愕し居れり、紐育ウオールド紙は之に関し、評論を試みて曰く、斯くの如き事実は、日本における社会思想の変遷に伴ひ西洋文明の最善なる方面を採れると共に、更に其最悪なる方面の影響をも併せ受けたるを証するものなりと」と。同じ日の『大阪時事新報』夕刊も「無政府党と米国」において『ワールド』紙の記事に言及している。さらに、『東京朝日新聞』は二五日、ニューヨーク特派員の電報として「日本社会党論評」において、この『ワールド』紙に触れ、「二十一、二日両日の諸新聞は日本の社会党が容易ならざる大逆の陰謀を企て居れりとの報を載せ、中にもウオールド新聞の如きは、日本は昨日までは善良なる文明を輸入し居りしも今日は追々悪しき文明を輸入し初めたりと、論じ居れり」の記事を掲げた。(20) また、『東京日日新聞』は「近時片々」欄で、『読売新聞』は「与太録」欄で取り上げている。このように、海外での「大逆事件」報道は、事件内容の公表が禁じられていた日本の新聞においても、ニューヨーク以外からも木霊のように跳ね返ってきていた。例えば、九月二三日の『中央新聞』は、サンフランシスコからの二二日着電として、「日本に於ける社会党の容易ならざる大陰謀発見されたりとの報あり」との簡単な記事を掲げたのをはじめとして、『大阪時事新報』も同日、ほぼ同じ内容で「日本に於ける社会党の容易ならざる大陰謀発見せられ人心動揺せりとの報あり」とのニュースを掲載した。翌二四日には、『万朝報』が、「東西南北」欄に、アメリカとイギリスにおける事件報道に言及して、アメリカでの新聞報道については「日本無政府党の陰謀に驚き文明の欠点をも背負込むと冷かす御説の通り」とのコメントを付していた。

ところで、日本における九月二一日の『報知新聞』記事を受けての海外への「大逆事件」報道が、九月二二日のイギリス『マンチェスター・ガーディアン』の記事「日本皇帝」（THE EMPEROR OF JAPAN）、サブタイトル「天皇暗殺計画の嫌疑」（ALLEGED PLOT AGAINST HIS LIFE）において「ロイターの東京通信員からの昨日の電報」と説明されていること、また同日の『タイムズ』においても「日本の皇帝に対する暗殺計画の報道」（REPORTED PLOT AGAINST THE EMPEROR OF JAPAN）と題された同一記事が掲載されているところから、イギリスにはロイター電報により伝えられた判断できる。[21] 他方、アメリカでの新聞記事は、「『報知新聞』が伝えるところによると、多くの日本人が天皇暗殺計画の容疑で逮捕されている」云々ではじまるロイター電報とは、内容はともかく分量や形式において異なっている。サンフランシスコで発行されていた日系人新聞『新世界』の九月二二日号は「天皇陛下弑逆の陰謀」の見出しを掲げ、このニュースに言及しているが、ここでは「東京二十一日（連合通信員）発」とされているので、アメリカにはＡＰ（Associated Press）電によってもたらされたと解釈しておきたい。[22] なお、興味深いのは、ロイター電報にも、ＡＰ電報にも、天皇が東京郊外の「士官学校」（Military School）を訪問する機会をねらっての暗殺計画という語句が挿入されているが、この点は『報知新聞』や『時事新報』には掲載されていないところである。通信記事のニュースソースのすべてが『報知新聞』によるもののように作成されているが、通信社が独自にニュースソースをもっていたことに注目しておきたい。

　ロイター電報あるいはＡＰ電報を通して、世界の主要な新聞に掲載された「大逆事件」報道に対して、日本政府の対応は、九月二二日付（日本での受信は二三日午前一時一〇分）、加藤高明在英全権大使からの小村寿太郎外務大臣宛の電報からはじまっている。加藤の照会電報は、ロイター電報を通して「日本社会主義者一派ノ天皇陛下ノ弑逆ヲ企テタルコト発覚」したというニュースが流されているが、諸方面からの問い合わせもあり、「何等基ク所アル義」であるかどうか知らせてほしいという内容であった。これに対する外務大臣からの回答は、「事実ナルモ当局ニ於テハ厳ニ之ヲ秘シ居ル次第」であるから、了解しておいてほしいとするものであった。続いて日本時間の二四日、外務大臣から加藤高明宛に次のような事件内容を知らせる電報が打たれた。(23)

本年五月無政府党員七名ヲ逮捕シ審問ノ結果、彼等党員ハ来十一月ヲ期シ畏クモ至尊ニ対シ危害ヲ加ヘ奉ラントスルノ陰謀ヲ企テタルコト、及他ノ一面ニ於テ彼等ノ或者（幸徳伝次郎ヲ巨魁トシ）ハ全国各方面ヨリ五十名ノ決死隊ヲ募リ同上ノ目的ヲ遂ケントスルノ企アリシコト発見セラレタル為メ、前後合セテ目下廿三名ノ党員ヲ逮捕シ予審中ナリ、但シ孰レモ未タ陰謀ニ止リ実行ノ端緒ニ至ラスシテ発覚シタルモノナリ

以上、貴官ノ御含迄ニ内報ス、尤本件ニツキ針小棒大ノ通信外国ニ伝ハリ居ル由ニ付、此際明確ニ正誤ノ手段ヲ執リタキモ、何分予審中ノ事トテ精敷事実ヲ発表スルヲ得ス、依テ取敢ヘス左記ノ範囲ニ於テ正誤方然ルヘク取斗ハレタシ

左記

思慮ナキ人無政府主義ノ書籍ヲ読ミ迷信ヲ生シ恐ルヘキ犯罪ノ陰謀ヲ為シタルモ準備未タ

成ラサルニ当リ刑事ニ訴追セラル、犯罪関係ノ人員ハ予審中ニ付判然セサルモ多数ナラサル見込

在欧各大使及在米大使ヲ経テ、罫墨在南米各公使へ転電

電文中に、「予審中」云々のことが記載されているが、これは前にも言及したように新聞紙法第一七条で予審内容についての報道が禁止されていたので、このような表現になっている。また、逮捕した党員が「廿三名」であるというのも、先に触れたように神戸の岡林寅松と小松丑治が予審請求されるのは九月二八日、根岸監獄に収監中の内山愚童が皇太子暗殺計画容疑で予審請求されるのが一〇月一八日、これで「大逆事件」の被告二六名が揃うことになるのであるが、この時点で二三名が被告として逮捕されているというのも正確である。ともかく、海外における「大逆事件」報道に対する問い合わせは、在英大使にかぎらず、珍田捨巳在独大使や栗野慎一郎在仏大使からも届いていたので、欧米各国大使への指示となった。ワシントンの在米全権大使内田康哉にも、この時点で訓令が届いたことになる。

四 「大逆事件」報道の否定と『ニューヨーク・タイムズ』

『ニューヨーク・タイムズ』は、九月二四日号で、東京からの二三日付の電報、“NO PLOT

AGAINST MIKADO"、サブタイトルは「日本において当局者が否定――アナーキストの逮捕は事実」を掲載している。記事は、最近の『報知新聞』記事に対して、本日当局者による断固たる否定がなされたというもので、警察発表によると、多数のアナーキストが爆弾製造の容疑で逮捕されているが、そのリーダーは幸徳という人物であり、かつては東京で新聞記者として活動し、一時的にアメリカに在住し、西海岸において政治組織に加入したことがあるといわれている。現在は公判を待っている状態である。最近、日本国中において、ある種の政治活動を取り締るために警察が活発に動いていることは疑いのないことである、以上の内容である。外務省から欧米各大使への訓令が、「針小棒大ノ通信」に対して「正誤方」を要請するものであり、「大逆事件」であることを秘密にして、「恐ルヘキ犯罪ノ陰謀」が「準備未夕成ラサル」うちに発覚し、逮捕者が裁判を待っているという事実だけを公表するように要請するものであったが、『ニューヨーク・タイムズ』の記事は、この要請に添って書かれたものであることは間違いない。同様に、『万朝報』の九月二五日号も第一面に「外紙の誤報」という小さい記事を掲載している。まず、日本の「似而非社会主義者の行動」についての英米諸紙の「誤報」は、「意とするに足ら」ないものであるとして、外国での「大逆事件」報道が「誤報」であったことを認めている。九月二一日以降の『時事新報』や『報知新聞』などの「大逆事件」報道に対しても、内務省による取消しや否定の処置がなされたことが予想されるが、いまのところ資料的な裏づけはできない。ただ、外国における「大逆事件」報道に対しては、警察を通じての「誤報」である旨の指示があったことは推測できる。『万朝報』は、先の記事において、当局の秘密主義を批判して次のように論じている、「当局者が濫りに秘密を守らんとするが為めに、往々にして不測の禍を招くことあるは注意すべし」と。加えて、「国家に害ある運動は飽まで之を根絶せしめざる可からずと雖も、世界的運動は当局者の力を以てするも、之を制圧するは容易の事に非ざるべく、彼と此とは互ひに区別するを要し、角を矯めて牛を殺すの弊に陥るなからんことを望む」として、社会主義の世界的潮流を力で制圧することは出来ないと警告を発している。

九月二五日、日曜日の『ニューヨーク・タイムズ』は、この事件に関連して「暗殺計画に続く日本での反動」(REACTION IN JAPAN MAY FOLLOW PLOT)と題された長い記事を掲げた。記事は、ニューヨーク在住の日本人たちの反応についてコメントしたものである。天皇暗殺計画の発覚のニュースは、日本人に対してあらためて日本固有の思想や慣習への回帰をもたらすことになるであろうということを要旨としているが、まず、ペリーの来航以来、日本は植民地化をまぬがれるために、西洋の思想あるいは産業化の方法を熱心に、しかも急速にとり入れてきた。その結果が、社会主義やアナーキズムの思想までをも受け入れることになった。日本人は西欧の洋服を身につけ、アメリカ・スタイルのビルディングを建て、議会を変え、古く美しい美術を捨て西洋の美術を愛好するようになり、あげくのはてには日本の文字を捨ててローマ字を採用しようというようなことまで真剣に議論される有様であった。しかし、少数の人たちは、日本の西洋文明はたんなる見せかけであり、「進歩」と呼ばれるものがあるにせよ、日本には古い思想が依然として存在していると主張している。日本人が天皇を崇拝していることはよく知られており、西洋思想の影響を受けた天皇暗殺計画の露見は、日本人たちに対して急激な反動を呼び起こすことになろう。そして、次のようにすらいう、「この陰謀については非常に注意深く、長期にわたって口止めされてきたにもかかわらず、見せかけにせよ『報知新聞』に対して天皇暗殺計画の記事を印刷することを許したということは、そこに一定の目的、つまりは情報操作の観点という目的があったということさえ示唆している」と。つまり、この事件の背後には、急激な西欧化にたいする、支配者たちの反動の意思が働いているのであるというのである。

このように、ニューヨークでの「大逆事件」は、それなりの注目を受けて報道された。その背後にあったものが、日露戦争での勝利後、急速に国際社会へ登場した日本が、カリフォルニアにおける日本人移民問題、あるいは「満州」における経済的利権をめぐる問題などをめぐって、アメリカにとって身近な存在になってきたことがあった。しかも、天皇に対する神秘的な崇拝心をもち、それでいて西欧化に成功した日本において、権力者の暗殺計画という西欧的な出来事をどのように解釈すればよいのかという好奇心が働いていたと考えられる。さて、このような「大逆事件」報道のなかで、九月三〇日付、ワシントンの在米臨時代理大使松井慶四郎からの外務大臣宛書簡「無政府党員ノ陰謀ニ関スル新聞記事正誤方ニ関スル件」において、次のような報告が行われている。先の在英大使に打電された「正誤方」の電報は二五日に受理したが、「本件ニ関スル当国諸新聞ノ記事ハ大抵大同小異ニシテ別紙切抜ノ通ニ有之、当国一般左マデ本件ニ注意ヲ払ハザル模様」であり、「特ニ之ガ正誤ノ必要無之様被存候間、態ト其マヽニ致置候」、つまり大した記事でもなく無視したという具合である。文中の「別紙切抜」は先に紹介した『ニューヨーク・デイリー・トリヴューン』の九月二二日記事であるが、ここで紹介した『ニューヨーク・タイムズ』などのコメントの付された記事は、まったく無視されてしまっている。ワシントン大使館、あるいはニューヨーク総領事館の、このような認識の甘さがこの後の抗議運動に対してあわてふためく原因にもなっていくのであるが、それは次のステージのことである。

四　公判開始決定と「大逆事件」の公表

一　予審の終結

一九一〇年五月二五日長野県明科における宮下太吉の逮捕、六月一日における湯河原での幸徳秋水逮捕、引き続いての社会主義者たちの逮捕が、「大逆事件」として当局によって公表されるのは、同年一一月九日に二六名の被告が確定し、予審の終結が宣言され、公判開始が決定されてからである。それ以前の一〇月一八日、内山愚童の予審請求により「大逆事件」が一つのストーリーとして完成させられた。「大逆事件」は、宮下太吉等による爆弾による天皇暗殺計画、大石誠之助等の新宮グループ、松尾卯一太等の熊本グループをはじめとする「決死の士」による天皇暗殺計画（「一一月謀議」）、それに内山愚童等による皇太子暗殺計画という三つのストーリーを、幸徳秋水を首謀者にすることによって一つの事件としてフレームアップしたものであった。内山愚童の予審請求直後の一〇月二一日、検察当局は、予審中を理由にした事件内容の公表禁止が公判開始の決定により解除される事態についての対応策を策定した。検事総長から各検事正に宛てられた「通牒」は次のようなものであった。(24)

目下本院ニ繋属中ノ幸徳伝次郎外二十五名ニ対スル刑法第七十三条ノ罪ノ被告事件、不日予審終結ノ上ハ各新聞雑誌及通信ハ競テ其事件ノ内容ヲ掲載スヘク、為メニ新聞紙法第四十二条前段ニ該当スル者有之ニ至ルヤモ計ラレスト思考致候、就テハ右事件予審終結シタルトキハ本官ハ直ニ之ヲ電報スヘキニヨリ、地方長官ト協議ノ上適当ノ方法ニ依リ、速ニ管内新聞紙雑誌及通信社ノ責任者ヲ招集シテ、左記ノ警告事項ヲ懇諭セラルル様御取計有之度、此段予メ申進候也

文中において、新聞紙、雑誌、通信社の責任者を召集して「懇諭」するようにとされている「警告事項」は、事件内容を掲載する場合には、「其記事ノ程度ニ依リ新聞紙法第四十二条前段ニ該当スヘキヲ以テ、検事ハ之ヲ起訴スルコト」があるという恫喝が一つであり、他方では、「法律上ノ制裁」はともかくとして、「臣民ノ本文トシテ徳義上」この事件について公表しないではほ

しいとするお願いが一つであった。新聞紙法第四二条は、「皇室ノ尊厳ヲ冒瀆シ政体ヲ変革シ、又ハ朝憲ヲ紊乱セントスルノ事項ヲ新聞紙ニ記載シタルトキハ、発行人編輯人印刷人ヲ二年以下ノ禁錮及三百円以下ノ罰金ニ処ス」との規定であり、「前段」とは「皇室ノ尊厳ヲ冒瀆」の部分にあたっている。

このように国内において事件公表についての対応を固めるなかで、他方では、国外についての対応も検討されている。「内閣」と印刷されている「極秘」文書には、次のような事項についての取り決めが記載されている。「予審調書ハ秘密ノコト」「公判開始ノ決定ハ公ニスル積」「満州朝鮮台湾樺太ニ対シテハ検事総長通牒ト同様ノ意味ヲ内閣総理大臣ヨリ訓令スルコト」「治外法権ノ諸外国ノ領事ニ対シテハ外務省ヨリ同様ノ訓令ヲ発スルコト」「日本新聞ヲ発行スル他ノ諸港駐在ノ領事ニ対シテハ出来得ル限リ同様取締ラシムコト」「本邦在留ノ外国新聞通信員ニ対シテ外務省ニテ出来得ル限ノ手段ヲ取ルコト」「外国ニテ発行ノ日本新聞ニテ右秘密事項ヲ記載スルモノアルトキハ領事ヨリ電報ニテ其旨外務省ニ通知スルコト」の七項目である。この方針のもとで、一〇月二六日、「機密」信でもって、小村外務大臣から香港、ドイツ、ホノルル、サンフランシスコ、シアトル、ポートランド、バンクーバー、ニューヨーク、シンガポールの各大使、あるいは総領事等に次のような訓令「社会主義者幸徳伝次郎外二十五名被告事件ニ関スル件」が送られた。また、同日中国各地の大使、総領事等にも同様の指示がなされている。内容は、先の検事総長の「通牒」に重なるものであるが、近日中に予審が終結するはずであるが、公判開始の決定については公表するものの、「事件ノ内容ハ一切厳ニ之ヲ秘密トスル必要」があり、日本においては新聞紙、雑誌、通信社に対して上記のような処置が決定されている。「貴管内ニ於テ発行スル邦字新聞紙、雑誌、又ハ本邦人ノ発行スル刊行物」については、十分な取り締まりができないことではあるけれども、「出来得ル限リ」本件事件について掲載させないように尽力を願いたい。万一、「秘密ノ事項」について掲載するようなことがあったら電報にて知らせてほしい旨の訓令である。

一一月一日、原田鉱・河島台蔵・潮恒太郎の三予審判事の「意見書」と「訴訟記録」が横田国臣大審院長に提出された（刑事訴訟法第三一四条「大審院長ヨリ命ヲ受ケタル予審判事ハ予審ヲ為シタル上ニテ他ニ取調ヲ要スルコトナシト思料シタルトキハ訴訟記録ニ意見ヲ付シ大審院ニ差出ス可シ」）。当時の刑事訴訟法（第三一五条）によれば、大審院長は松室致検事総長の意見を聴いて、公判に付すかどうかを決定する手続きになっていた。外務省文書には、「意見書ノ要領」と「幸徳伝次郎外二十五名ニ対スル刑法七十三条ノ罪ノ被告事件ノ発覚原因及其検挙並予審経過ノ大要」と題された文書が含まれている。(25) これらは、「四十四年一月二十六日記録一部受」の印がおされているので、後者は処刑後に記録として送られてきたものかもしれないが、内容的には予審判事により作成されたものと考えられる。「意見書ノ要領」とされているのは、公判開始決定を受けて送付されてきたものであり、字句に対する「注釈」などが記入されているので、このような表現になっていると考えられる。「意見書」は、「以上事実ノ証拠十分ニシテ各被告ノ所為ハ何レモ刑法

第七十三条ニ該当スル犯罪ナリト思料スルヲ以テ刑事訴訟法第三百十四条ニ則リ意見ヲ付シ訴訟記録差出候也」と結ばれている。もちろん、二六名全員の有罪を主張したわけである。

このような大審院における動向は外部へも漏れ、一一月五日の『東京日日新聞』は「社会主義者の公判期」と題する記事を掲げている、「幸徳伝次郎、管野すが子等十余名の社会主義者に対する事件は、先頃来大審院末弘判事の係にて予審中なりしが、此程予審終結し孰も有罪の決定を受け、不日大審院に於て特別裁判所を構成し。院長横田国臣氏裁判長となり大審院検事兼職なる司法省民刑局長平沼騏一郎氏立会検事として公判開廷する都合なるが、弁護人は鵜沢聡明外一名なり、事件の内容は固より秘密にして知る能はざるも、皇室に対する重大事件なる事は事実にして、地方に於て検挙せられたる同党員の多くは、官吏の多数が府県出張に際し徒に官権を笠に着て人民の艱苦を顧みず豪奢を極むるに憤慨し、遂に極端なる社会主義者と変たるなりと云」と。末弘判事は予審判事ではなかったこと、横田が裁判長になることもなかったこと、鵜沢と後一人が弁護人でなかったこと、また官吏云々が事件の本質ではなかったこと等々、誤報はたくさんあるが、予審が終結し公判が開始されること、事件は「皇室に対する重大事件」であることは正しく報道されている。同じような内容の記事は同日の『二六新報』の「幸徳秋水等の公判」にもあるが、こちらには「来る二十日前後」に公判が開かれる予定であるなどと書かれている。いずれにしても、この時点において「大逆事件」についてのニュースは新聞社内において、ほぼ確実なものとして把握されていたと考えてよさそうである。

一一月六日、検事総長から検事正に対して「警告事項」を実行するように指示がなされた。この訓令についても同日付で、河村譲三郎司法次官から石井菊次郎外務次官へと送られた、「幸徳伝次郎等ニ対スル被告事件ハ本月九日午前十時、公判開始決定相成筈ニ付、同時刻ニ於テ先ニ通知シ置キタル警告ヲ実行スル様取計ヒアリタシ、但公判開始決定書ハ之ヲ新聞紙ニ掲載スルモ差支ナシ」との内容のものである。

「公判開始決定書」というのは、一一月九日付で出され、一一月九日夕刊並びに一〇日朝刊各紙に掲載された公式文書で、二六名の被告全員についての氏名、生年月日、本籍、職業等を記したうえに、「右幸徳伝次郎外二十五名が刑法第七十三条の罪に関する被告事件に付、刑事訴訟法第三百十五条に依り大審院長の命を受けたる予審判事、東京地方裁判所判事潮恒太郎、同河島台蔵、同原田鉱より差出たる訴訟記録及意見書を調査し、検事総長松室致の意見を聴き之を審案するに、本件は本院の公判に付すべきものと決定す」「大審院特別刑事部に於て」、署名捺印は、裁判長判事鶴丈一郎以下、志方鍛、鶴見守義、末弘厳石、大倉鈕蔵、常松英吉、遠藤忠次、裁判所書記田尻惟徳である。このように「公判開始決定書」は、被告人を特定し、刑法第七三条に該当する事件があったという事実の記載にすぎないもので、事件の内容については全く触れていない。しかし、これでは不十分と考えた当局者は、一一月八日検事総長において限定された事項に限り公表することとし関係機関に配布した。外務省に対しても同日付で河村司法次官から石井外務次官に宛てに届けられた。内容は次のようなものである。(26)

幸徳伝次郎外二十五名カ今回ノ大陰謀ヲ為スニ至リタル動機ヲ繹スルニ、伝次郎ハ明治三十八年十一月米国桑港ニ至リ同国ノ同主義者ト交リ遂ニ個人ノ絶対的自由ヲ理想トスル無政府共産主義ヲ信スルニ至リ同港在留ノ日本人ニ対シ其説ヲ鼓吹シ、翌三十九年五月頃社会革命党ナルモノヲ組織シ本邦ノ同主義者ト気脈ヲ通シ相呼応シテ主義ノ普及ヲ図ルノ計画ヲ為シ、同年六月帰朝シ直接行動論ヲ主張シタルニ始マルモノニシテ、同人ハ爾来現今ノ国家組織ヲ破壊シテ其理想ヲ実現セント欲シ無政府主義者ノ泰斗タルクロポトキン其他ノ著書学説ヲシテ翻訳出版シテ国内ニ頒布シ盛ニ無政府主義ノ鼓吹ニ努メ、遂ニ多数ノ同主義者ヲ得ルニ至リ其言論益々過激トナリ、明治四十年二月十七日東京神田錦輝館ニ於ケル日本社会党大会ニ於テ直接行動ヲ執ルヘキ旨ヲ公然主張スルニ至レリ、尋テ同月二十二日先キニ認許セラレタル日本社会党ハ安全秩序ニ妨害アリトシ其結社ヲ禁止セラレタリ、所謂直接行動トハ議会政策ヲ非認シ、総同盟罷業、破壊、暗殺等ノ手段ヲ以テ其目的ヲ達セントスルモノニシテ、伝次郎等ハ其初ニ当テハ秘密出版其他ノ方法ニ依リ主トシテ其思想ノ普及ヲ図リシモ、遂ニ進テ過激ナル手段ヲ執ルニ至リ、同主義者ハ其第一着手トシテ明治四十一年六月二十二日東京神田ニ於テ無政府共産革命ト大書シタル赤旗ヲ白昼公然街路ニ翻ヘシ示威運動ヲ為シ、警察官ノ制止ニ抵抗シテ争闘ヲ挑ミ、其十数名ハ処刑セラレタリ、当時郷里高知県ニ於テ無政府主義ノ著述ニ従事シ居リタル伝次郎ハ同年七月郷里ヲ出発シ、途次新宮及箱根ニ於テ同志ニ謀ルニ暴挙ヲ決行センコトヲ以テシ、八月上京シ屢々在京ノ同志ト会合シタル末、主義普及ノ最モ有力ナル手段トシテ今回ノ陰謀ヲ為スニ至リタリ、而シテ本件カ本年五月下旬長野県明科ニ於テ発覚シタル際、被告人トナリシ者ハ宮下太吉、新村忠雄、新村善兵衛、新田融、東京ニ於テ逮捕シタル古河力作、当時東京監獄ニ労役場留置中ノ管野スガ及神奈川県湯河原ニ於テ逮捕シタル伝次郎ノ七名ニ過キサリシニ、厳密ニ捜査ヲ為シタル結果、陰謀ニ参与セシ者各地ニ散在セルコト発覚シ遂ニ二十六名ノ被告人ヲ出スニ至レリ

この文章は、事件の「動機」について、幸徳秋水が「個人ノ絶対自由ヲ理想」とする「無政府共産主義」の思想を信じたこととし、それを実現するために「直接行動」に訴える「暴挙」「陰謀」を企てたことが今回の事件であると説明したに過ぎないもので、「大逆事件」の内容については一切触れていない。多少の状況的な説明だけをして誤魔化して、あくまでも国民の前から、あるいは世界のニュースから「大逆事件」を隠蔽しようという意図を窺うことができるものである。一一月九日、外務省においても「大逆事件」が公表されるに当たって、一〇月二六日の訓令を訂正して、前と同様に在独大使やニューヨークやサンフランシスコ総領事他に対して、これまた「機密」信にて新しい訓令を送付した。「本邦内ニ於テモ本件ヲ絶対ニ秘密ニスルコトハ困難」であり、「別紙事項ニ限リ公示スルコトトナシタル」ことが理由であった。「別紙事項」とは、右にみた検事総長においてまとめられた文章であった。なお、このような外務省と司法省とのやり

とりについても公判開始が公表された後ではあるが、『万朝報』（一一月一〇日号）が「在外社会主義者」と題して伝えている、「曩に幸徳秋水が欧米を遍歴の当時、在外邦人に向つて極力社会主義を鼓吹したる結果、近来布哇及び米国の太平洋岸にある邦人中、幸徳一派と気脈を通ずる社会主義者頗る多数に上れるを以て、今回内国社会主義者の撲滅と同時に、是等在外の同主義者に向つても厳重なる取締を施す事となれり、其方策に就いては両三日前司法当局者と外相との間に一切決定せられたるやに聞く」と。

二　公判開始決定の公表と『ニューヨーク・タイムズ』の報道

一一月九日午前一〇時、予定通り松室致検事総長は公判開始の決定を公表した。『読売新聞』（一一月一〇日号）の記事によれば、一〇時より都下新聞通信記者三七名に対して、また一〇時三〇分よりは都下に発行するすべての雑誌記者三百余名を大審院の食堂に集めて事件の概要を説明したということである。(27)『報知新聞』などの夕刊紙はこの日の夕方に、また日刊紙は一〇日の朝刊でこのニュースを大きく報道した。ここで、検事総長により公表された事実は、一つには「公判開始決定書」であり、今ひとつは事件「概要」（「事件の由来及経過」と呼んでいるものもある）であり、これは先に紹介した「幸徳伝次郎外二十五名カ今回ノ大陰謀ヲ為スニ至リタル動機ヲ繹スルニ」云々ではじまる文章であった。各新聞紙はこの二つの公表された文書を中心にして、被告人の人物紹介などをしながら比較的穏健に公判開始決定について報道しているが、なかには、『二六新報』（一一月一〇日号）のように、事件については「日本歴史の一大汚点」と批判し、内容を報道するのは「百の害ありて一利なき」を信じて、検事総長によって公表された文書は公表しないとしたものもあった。別に「責は宰相に在り」との見出し記事を掲載しているので、あるいは事件内容を公表しないことへの抵抗であったのかもしれない。また、『都新聞』（一一月一〇日号）には、検事総長の談として、公判開廷日は未定であり、また公判を公開するかどうかも決まっておらず、判決文を公にするかどうかについても詮議中であるとのコメントが掲載されている。なお一二月一〇日からの公判開始が決定されるのは、一一月一六日になってからである。

一九一〇年一一月九日、同年五月二五日における長野県明科における宮下太吉の逮捕以来、当局により否定され続けてきた社会主義者たちの逮捕が「大逆事件」によるものであることが、初めて公的に確認されることになった。このニュースもまた、海外へと伝達された。イギリスにおいては一一月一〇日号の『タイムズ』が、九日発のロイター電「日本皇帝に対する暗殺計画」(THE PLOT AGAINST THE EMPEROR OF JAPAN）を掲載した。「二六名の日本人が皇帝暗殺の計画に関係したとして罪にとわれている。彼らは皇帝が東京郊外の士官学校を訪問する途上をねらったのである。この事件の裁判のために設置された特別秘密法廷（special secret Court）において、二六名は有罪とみなされた。法廷は法律に規定されたもっとも厳しい罰則である死刑を求めた」という短い内容である。記事内容は、実際には予審における有罪の判定により公判が開始されるという事実を、秘密の特別裁判所において死刑判決が出されたものと誤認して報道した。他方、アメリカの西海岸、サンフランシスコでは『サンフランシスコ・クロニクル』の同じく一一月一〇日号が、東京九日発の電報として、「日本皇帝の暗殺計画者に有罪」（PLOTTERS AGAINST THE EMPEROR OF JAPAN GUILTY）の見出しでこれまた短いニュースを掲載した。「皇帝を暗殺しようとした陰謀者たちを裁くための特別法廷は、二六名に対して有罪を宣告した。そのなかには首謀者である幸徳と、唯一の女性被告である彼の妻も含まれている。法廷は、王室に対する陰謀に対して死刑を定めている刑法第七三条を適用して、極刑の判決をおこなった」との内容である。これはAP電であったと考えられる(28)。ニューヨークの新聞は、すでに九月の報道でニュースの正確さに対して懐疑的になっていたせいか、各新聞とも今回の「大逆事件」報道に関心を示していない。むしろ例外的に『ニューヨーク・タイムズ』だけが、東京からの一一月九日発の電報を報道した。この記事は通常の外電面ではなく、第五面に掲載されたところに『ニューヨーク・タイムズ』の関心の高さをみてとることが出来る。「天皇暗殺計画者に死刑」「女性一名を含む二六名に特別法廷は有罪」「『極刑』を要請」「首謀者は幸徳――西洋思想に対する反動の予感」の見出しが付され、最初にAP電が紹介され、続いてコメントが付されている。このコメントには、九月二二日掲載の記事が繰り返されていて、およそ二ヶ月前、東京の『報知新聞』は、皇帝を暗殺しようとする計画が発覚し日本には言い表すことができないほどの衝撃がはしっているとの記事を掲載した。以下、二千五百年の歴史のなかで初めての出来事であるとか、日本には厳しい検閲制度があり、当局の同意なしに発表することなどできないから、ニュースは正確であるとか、士官学校云々とか、あるいは容疑者たちは逮捕されているとか、あるいはアダチ・キンノスケという人物のコメントとかが紹介されている。文末は多少文学的に、国家というものは、繁栄と富という試練に自ら打ち勝つときにのみ、無上に讃えられるべきものである。新しい日本（New Nippon）はちょうど絹の衣装に身を纏い、金を溜め込んだ強力な征服者と対面しはじめたところである。我々は何よりも、新しい日本が西洋文明の最悪の毒牙に屈しようとしている、その速さに衝撃をうけ、驚いているのである、と結ばれている。

『ニューヨーク・タイムズ』は、さらに翌日号に「神話はその力を失いつつある」と題された論評を掲げた。政治権力者に対する暗殺計画は失敗したにもかかわらず、参加者二六名に対して死刑宣告がおこなわれるということは信じがたいことである。日本人は永い間、支配者は神の末裔であり、一般の人間とは異なる存在であるということを信じ続けていて、その考えは政治的、あるいは社会的理由からいまだに残っている。しかし、その神話は西洋の慣習や思考を受け入れることによって脅かされている。日本の保守派や反動派がこの事件の原因を、古い生活様式を捨てた結果であるとするのも理由がないわけではない。しかし、古い時代においては、皇帝の神聖さといえども、野心ある側近が権力を手に入れるために、皇帝の実際的な権力を削ぎ、頼るところのない人形におとしめるためのものではなかったのか。とりわけ神話を知り、権力よりも尊敬を好んでいる皇帝を暗殺することは、最悪のことである。このようにコメントしている。

三　抗議運動の開始と在米大使館

このように、ニューヨークに「大逆事件」のニュースが届くや否や、抗議運動を開始したのは、マザー・アース・グループの人たちであった。一九〇六年三月に創刊された月刊誌『マザー・アース』（*Mother Earth*）において、中心的に幸徳秋水らの救済と日本政府批判を展開した、H．ハヴェルは同誌一二月号に掲載した「幸徳事件」において次のように述べている。「ニューヨークにニュースが届くや否や、抗議運動が開始された。日本政府の代表者たちにインタヴューをしたが、彼らは電報記事を否定することはなかったが、この件に関しては外交上話すことができないという具合であった。抗議活動が全国的規模へと広がり、何百の手紙や電報がワシントンの日本大使館やニューヨークの日本領事館に送られてくるや、K．水野氏は社会的に著名な人物からの質問に対して仕方なく次のような返事を書いて寄こした」云々と。また、『マザー・アース』の主宰者であるエマ・ゴールドマン（Emma Goldman）は、後に書かれた彼女の自伝『私の人生を生きて』（*Living My Life*, 1931）で、このあたりの事情を次のように紹介している。一一月一〇日のAP電報によって幸徳秋水が特別法廷において有罪の宣告を受けたことを知った。その秋は、バークマンとともにニューヨーク州のオシニングで著作活動に専念する予定であった。ところが、一〇月一日には、ロサンジェルスにおいてロサンジェルス・タイムズ社爆破事件が起こり、他方で日本のアナーキストたちに差し迫った危険があるとのニュースを受取った。緊急を要する事件だけに、一〇月初めにはマンハッタンにあるマザー・アース社にあわただしく帰った。その後の抗議活動については、エマの自伝によれば次のように続く。知らせを受けた後、事柄の性質上一刻の猶予も許されないので（このあたりは予審での有罪の決定を最終的な特別法廷での死刑判決と誤解して受取っていた）、「フリー・スピーチ・リーグ」会長であるレオナルド・アボットの助けを得て、全国的な抗議運動に着手した。まず、抗議文や電報をワシントンの日本大使やニューヨークの総領事、それにアメリカの新聞各社に送った、と。(29)

エマ・ゴールドマンたちのマザー・アース・グループの人たちが、いちはやく幸徳秋水たちの救済と日本政府批判の活動に立ち上がった理由については、彼らが「フリー・スピーチ」運動に力をいれ、言論や思想の自由を擁護することを主張し続けてきたという活動歴からもあきらかなところであるが、とりわけ前年にはスペインのアナーキストで「モダン・スクール」の創設者フランシスコ・フェラー（Francisco Ferrer）の死刑判決に対する国際的な救済活動をおこなった経験もあった。加えて、幸徳秋水や大石誠之助は『マザー・アース』の購読者でもあり、この雑誌の「インターナショナル・ノーツ」欄に日本の社会主義運動が紹介されたこともあり、逆に、エマやアレクサンダー・バークマン（Alexander Berkman）の書簡が日本の社会主義新聞に掲載されることもあり、エマらにとって幸徳秋水の名前は周知のものであった。エマたちは早速に日本政府にたいする抗議電報と「アピール」（檄文）を発表した。抗議電報は、一一日付でワシントンの日本大使館に送られたもので、「我々は、人類愛と国際的連帯の名において、友人である幸徳伝次郎とその仲間たちに下された無法で不正な判決に対して強く抗議する。日本政府はスペインやロシアのように知識人にたいして野蛮に対応しているのか」との内容であり、署名人として、エマ・ゴールドマン、イポリット・ハヴェル、アレクサンダー・バークマン、サダキチ・ハルトマン、ベン・ライツマンの五名が記されている。この電報は、直ちに日本の外務省に打電され、日本時間の一二日午後一時五〇分に届けられた。「アピール」の方の内容はおおよそ次のようなものである。幸徳伝次郎等に下された死刑宣告は、特別裁判がとられたことからもわかるように証拠は全く不十分なものである。そもそも幸徳伝次郎は知的な研究に従事しており、西洋の思想を日本に普及させようとした人物であって、彼の罪状はマルクス、トルストイ、クロポトキン、バクーニンらの著作を翻訳し、彼らの思想をひろめようとしたことにある。したがって、皇帝に対する陰謀なるものは虚偽であると確信している。この事件は、この数年来日本で行われている思想の自由に対する弾圧の極致として起こったものであって、日本の社会党のリーダーである片山氏も最近、日本の自由主義者たちに対する迫害について、西洋の文明諸国に救済を訴えてきている。我々は人類愛と文明の大義のもとに精力的に行動しなければならない。緊急にワシントンの日本大使館に対して抗議をおこなってもらいたい。以上のような内容である。こちらの署名人は先の五名に、ハッチンス・ハプグッドとレオナルド・アボットの二名が加わっている。(30)

ところで、この抗議電報と「アピール」とは、アメリカ社会党の機関紙『ニューヨーク・コール』(一一月一二日号)に掲載されている。「日本の急進的思想家に死刑宣告」とのタイトルを掲げられた記事は、「最近の日本からのニュースによれば、多くの社会主義者やアナーキストが王室に対する陰謀により死刑の宣告を受け処刑されようとしている。次の電報は処刑の前に、処刑が阻止されるためにワシントンの日本大使館に送られたものである」として、先の抗議電報をまず掲載し、続けて次のような説明を加えて「アピール」を掲載している、「急進的な学者や思想家に対する、日本での略式の裁判手続き方法に対して抗議をした付属書簡(subjoined letter)が、アメリカ合衆国中の労働組合、政治グループ、文学グループ、急進派グループに回覧されている」と。この「アピール」は、アメリカ国内にとどまらず、海を越えてイギリスにわたり、ロンドンにおけるフリーダム・グループの抗議運動へと繋がっていくことになる。

さて、このような抗議運動の開始についての動向を、ワシントンの内田大使は本国に報告した。一九一〇年一一月一六日付で小村外務大臣に送られた[31]「機密」信「幸徳伝次郎処刑ニ対スル米国社会党員ノ行動ニ関スル件」は次のようなものである。

過般本邦社会党員幸徳伝次郎夫妻死刑ノ宣告ヲ受ケタル趣ノ報道当国ニ達スルヤ、Emma Goldman 外数人ノ署名ヲ以テ本使ニ対シ抗議ノ電報ヲ送付シ来リタル次第ハ本月十一日発拙電第一〇六号ヲ以テ不取敢及具報置候処、右電報署名人 Emma Goldman ハ御承知ノ通リ当国社会党員中有力且ツ著名ナル婦人ニ有之、又 Hippolite Havel, Alexander Berkman, Dr. Ben

Reitman 等ハ目下ノ処、其身分経歴等承知不致候得共、Sadakichi Hartman ト称スル者ハ同人ノ来書ニヨレハ千八百六十五年本邦長崎ニ於テ独逸領事及本邦婦人間ニ生レタル雑種児ニシテ当国発行ノ Who'who ニ拠レハ別紙甲号写ノ如キ経歴ヲ有スル人物ニ有之候、而シテ是等ノ人物ハ夙ニ本邦ニ於ケル同党員等ト気脈ヲ通シ居タルモノナルヤ不分明ニ有之候得共、別紙乙号ニヨレハ日本社会党員高山某ヨリ交渉アリタルモノト見ヘ、今回ノ報道ニ接スルト同時ニ之ニ対シ飽迄反抗ヲ試ミントスルモノ、如ク、其後本使ニ送付セル別紙乙丙号書類ニヨレハ彼等ハ別紙乙号ノ如キ檄文ヲ全国ニ於ケル労働組合其他政治及文学上ニ於ケル諸種ノ急進派ニ配布シ、又別紙丙号写ノ如キ通信ヲ同主義新聞紙ニ掲載セシメ以テ本件ノ抗議ニ関シ大ニ同主義者ノ声援ヲ藉リ、併セテ大会合ヲ催サンコトヲ企画セルモノト見ヘ、諸方ヨリ今日迄別紙丁、戊、己、庚、辛写ノ抗議ヲ本使ニ送付シ、尚ホニュー、ジャーゼー州パターソン市ノ或ル労働者ノ会合ニ於テハ同辛号附属ノ如キ決議ヲ為シタル由ニ有之候、而シテ此種ノ抗議書ハ今後尚ホ引続キ接到可致ト存候へ共、不取敢為御参考前記ノ次第爰ニ及具報候、敬具

文中の「拙本月十一日発電第一〇六号」は先に紹介したエマ・ゴールドマンらが署名した抗議電報についての報告、「日本社会党員高山某」は、Katayama を Takayama と間違えたもので、海外の社会主義者たちに日本での弾圧の様子を訴えていた片山潜のことである。

なお、抗議運動の拡大を懸念した内田大使は、「機密」信では時間がかかり過ぎると判断して、翌日、今度は暗号電報でもって状況を本国に報告した。「当国社会党員ハ檄文ヲ全国労働組合其他、政治及文学的急進派ニ伝へ、幸徳等ノ処刑ニ対スル抗議ヲ本使ニ送リ、且大会合ヲ催フスヘキコトヲ勧誘セリ、既ニ「ニュージャーセー」州「ペーターソン」市ノ或ル労働者会合ハ抗議ノ決議ヲ為シ其決議文ヲ本使ニ送レリ、又他ノ個人」云々、と続いていく(32)。内田大使は予想外に広がっていく抗議運動に当惑しながら、以後、その対処に向かわざるをえなくなる。

おわりに

マザー・アース社は、ニューヨークのロウアー・イーストサイド、一三ストリート東二一〇番地にあった。以後、ここを中心にしてニューヨークでの、そしてアメリカ各地での、さらにはイギリスにわたってロンドンでの、あるいは他のヨーロッパ諸都市での抗議運動に拡大していく。一一月二二日、マザー・アース社より一〇ブロック北、二三ストリート東四三番地にあった婦人労働組合連盟（Woman's Trade Union League）で最初の抗議集会が開かれた。ここでの決議は、総領事館に報告された文書によれば、「日本政府ハ由来外国人ノ論評ニ対シ『センシチーブ』ナルヲ以テ、在米日本大使ニ向ケ更ニ厳峻ナル抗議ヲ為スコト」「会場狭隘ナルヲ以テ当市 East Side

ニ於テ一層広大ナル会場ヲ得ルコト」、「幸徳事件ノ真実頗ル明白ヲ欠クニ依リ、東洋通報社ニ頭本ヲ訪問シテ事情ヲ聞カントシタルモ、彼モ其事実ヲ知ラサルニ依リ、更ニ紐育駐在日本総領事ヲ訪問シ之ヲ訊スコト」との三項目であった。[33] 以後、ニューヨークでの抗議活動は幸徳秋水らの処刑後にも及んでいくが、それはまた別の論考が必要であろう。[34]

東京、市ヶ谷の東京監獄に収監されていた幸徳たちに木名瀬典獄より「公判開始決定書」が交付されたのは、一一月九日の午後六時であった(「獄裡の被告」『東京朝日新聞』一一月一一日号)。公判開始の決定がなされて初めて、弁護士の選定が行われ、また外部との通信や接見も許されるという規則であったから、一〇日、幸徳秋水は六月一日の逮捕以来、はじめて故郷の母親に手紙を書いた。「今日から面会も手紙を出すことも出来るやうになりましたから差上げます、△まことに此度はトンだことで一方ならぬ御心配を相かけました、不孝のつみ何ともおわびの申やうも御座いません、何事も私のおろかなる故と御ゆるしを願ひあげます、△御からだはいかゞですか、私は先々月すこし持病の腸で煩ひましたが、此せつは全くよくなりました、あたゝかく着て、おいしくたべて、好きな本を読だり詩を作つたりして居ますから、御気遣ひないやうに願ひます、△人間のことはわかりません、又よいこともまゐりましやうからなるべくからだを大切にして御まち下さいまし」[35] 云々と。もちろん、事件のことに言及することなど許されない状況のもとでの別れの言葉であった。

注

（1）篠塚〈大岩川〉嫩「大逆事件の報告書二つ—信州グループと紀州グループ」（『鐘』第二号、一九五八年五月）で紹介されている。なお、神崎清『大逆事件』（第三巻、あゆみ出版、一九七七年三月、六七頁）では、有松英義内務省警保局長の秘書役を務めた久保三郎の秘蔵した資料として紹介されている。全文は、塩田庄兵衛・渡辺順三編『秘録 大逆事件』（下巻、春秋社、一九五九年一〇月）に掲載されている。後者では、久保三郎の名前は伏せられ、古河力作の実弟古河三樹松所蔵の写真版からとして説明され、長野県警察部から警保局に提出されたものと推測されている。『秘録 大逆事件』では、漢字ひらがな文に変換されているが、手元にある原本写真により漢字カタカナ文として引用する。

（2）「訴訟記録」は、刑事訴訟法第三一四条により予審終結後に予審判事から大審院長へ提出することが義務付けられいた記録書類で、「大逆事件」においては、一九一〇年一一月一日付で潮恒太郎予審判事によってまとめられ「意見書」「証拠物写」とともに横田国臣大審院長に提出された。もちろん、二六名の被告全員が大逆罪に該当するとの判断がなされた。全体は、「訴訟記録」十七冊、「証拠物写」九冊の分量である。「大逆事件の真実をあきらかにする会」が、再審請求の目的のため、神崎清所蔵本からガリ版復刻したのは全三巻（一九六〇年九月～一九六二年一二月）であり、「訴訟記録」原本の第七・八・九・一〇・一一・一六・一七冊の部分である。他に、弁護人であった平出修が手元に残した「訴訟記録」からの抄記があり、『秘録 大逆事件』に漢字ひらがな文に直されて、また文言に若干の変更を加えられて収録されている。抄記が作成された経緯等については上巻（七〇～七二頁）で説明されている。なお、上巻に収録されている「巡査の報告」「宮下太吉告発要旨」が、本文掲載の二つの資料に相当する。

（3）神崎清『大逆事件』（第三巻、前掲）は、当時の警察官や検事等の関係者からの聞き書きや回想を含めて、事件の「発覚」の経過を詳しく再現している。

（4）同右、一三九頁。

（5）『石川啄木全集』（第四巻、筑摩書房、一九六七年九月）二九八頁。

（6）なお、『報知新聞』は、日露戦争後、三木善八社長によっていち早く夕刊発行に踏み切り成功させていた。現在、調査しているマイクロフィルム版が、朝刊記事であるのか、前日の夕刊記事が掲載されているものか、厳密にいえば版による確認が必要となるが、そこまでは確認できない。したがって、二日の朝刊記事として紹介しているものが、地域によっては一日夕刊の可能性がある。なお、当時夕刊を発行していた新聞としては、東京では他に『中央新聞』『やまと』の二紙があり、大阪では『大阪時事新報』があった。

（7）「大逆事件」当時の日本各地の新聞紙については、一九一〇（明治四三）年一二月編纂による『新聞総攬』（日本電報通信社刊）により全容を知ることができる。例えば東京を例にとれば、『東京毎日新聞』『報知新聞』『東京日日新聞』『読売新聞』『中外商業新聞』『時事新報』『都新聞』『中央新聞』『やまと新聞』『東京朝日新聞』『日本新聞』『国民新聞』『万朝報』『二六新報』『毎夕新聞』『毎日電報』『海国日報』『東洋新聞』『万歳新聞』の一九紙が掲載されている。小野秀雄『現代新聞論』（時潮社、一九三四年一一月）には、明治末期の発行部数として、東京では『報知新聞』二〇万部、『万朝報』『国民新聞』『やまと新聞』一五万部、『東京朝日新聞』八万部、その他は三、四万部、大阪では『大阪毎日新聞』三五万部、『大阪毎日新聞』三二、三万部という数字が掲げられているが、これは参考のため。

(8)『平沼騏一郎回顧録』(学陽書房、一九五五年八月)五七～五八頁。ただし、インタヴューは一九四二年四月二一日におこなわれた。

(9)『幸徳秋水全集』(第九巻、明治文献、一九六九年一二月)五〇七～八頁。

(10)『平沼騏一郎回顧録』(前掲)五八頁。

(11) 外務省外交史料館所蔵資料「新聞紙ノ主義持主主筆系統勢力等調査方在外大公使及領事ヘノ訓令一件(米国ノ部)ノ二」(一―三―一二、二―一―一)所収。これについては後述する。

(12) 同前「伏見宮博恭王同妃殿下欧米御巡察一件」(六―四―四、四六)所収。以下に引用する外務省資料は、特にことわらないかぎり本資料による。

(13) 大原慧「高橋作衛教授宛、小池張造・巽鉄男の手紙」(『東京経済大学会誌』(六十周年記念論文集、第二九・三〇合併号、一九六〇年一〇月・大原慧『片山潜の思想と大逆事件』論創社、一九九五年一一月収録)。

(14)「「大逆事件」の発端と新聞報道」と「Harrisonケーブル記事の波紋と外務省」は、拙稿「「大逆事件」の発端と外務省文書」(『初期社会主義研究』第七号、一九九四年三月)を基本的な骨格として加筆したものである。

(15) この点についての指摘は、清水卯之助「大逆事件と啄木の認識過程」(『啄木研究』第六号、一九八一年四月）。

（16）『ユマニテ』に掲載された七月九日付の片山潜書簡は、西川正雄により紹介された（『初期社会主義運動と万国社会党』未来社、一九八五年七月）。なお、その英訳がイギリスの社会民主党（Social Democratic Party）の機関紙『ジャスティス』（*Justice*）の八月一三日号に転載されていること、日本においても、横浜で刊行されていた英字新聞『ジャパン・デイリィ・ヘラルド』（*The Japan Daily Herald*）の九月一九日号に掲載され、同月二一日号の『ジャパン・タイムズ』（*The Japan Times*）に転載されていること、また同日号の社説“Socialism of Japan”でもこの書簡に触れていること、さらに『報知新聞』は九月二二日号の「一事一言」欄で、「之れは又実に日本人としては読むに堪へない程の不穏の文字が臚列してあるに拘らず、当局は何故に見遁したのであるか、外字新聞なるが故に遠慮したのか、夫れとも全くの手落か伺ひ度いと云ふ者がある」とコメントしていること、これらについては、拙稿「「大逆事件」とイギリス社会主義新聞」（『明治大学教養論集』通巻三一一号、一九九八年三月）他で触れておいた。

（17）横山勝太郎宛の管野須賀子の書簡は、「針文字書簡」として知られているものであり、六月二一日号『時事新報』で報道され、翌日号には写真と全文が紹介された。なお、二二日号の『日本』でも詳しく報道されている。内容は、「爆弾事件ニテ／三名近日死刑ノ宣告／ヲ受クベシ」云々というものである。なお、東京朝日新聞記者、杉村楚人冠宛にも管野からの「針文字書簡」が届いていたこと、その公表について杉村から横山弁護士に対する公開質問状が『東京朝日新聞』に掲載されたことなどについては、小林康達「大逆事件針文字書簡と杉村楚人冠」（『史潮』二〇〇五年一一月号）に詳しい。
（18）東洋通報社（あるいは東洋通信社）については、拙稿「大逆事件 in New York」（『みすず』一九九一年九月号）五四頁以下参照。
（19）『ニューヨーク・コール』と『ピープル』については、拙稿「大逆事件と *The New York Call*」（『明治大学教養論集』通巻二三九号、一九九一年三月）、「大逆事件と *The People*」（同、通巻二四三号、一九九二年三月）を参照。
（20）石川啄木の「大逆事件」についての新聞記事スクラップ・ノート「日本無声主義者陰謀事件経過及び付帯現象」（前掲）には、九月二四日の記事として記載されている。
（21）この点については、九月二二日付、加藤高明在英全権大使から小村寿太郎外務大臣宛の暗号電報において、「九月二十二日当地諸新聞紙上ニ路透電報ヲ以テ日本社会主義者ノ一派天皇陛下ノ弑逆ヲ企テタルコト発覚シ目下審理中ナル旨報道セラレタル処」云々と述べられ、「路透電報」に言及しているところからも確認できる。外務省外交史料館所蔵「社会主義者幸徳伝次郎外二五名陰謀ニ関スル件」（復刻版、山泉進・荻野富士夫編・解説『「大逆事件」関係外務省往復文書』不二出版、一九九三年一月、一頁）、以下、外務省文書については本資料集によるものとする。
（22）ロイター通信は、ドイツ人ユリウス・ロイター（Julius Reuter）が一八五一年にロンドンで開設した通信社であるが、一八七一年末在インド代表のヘンリー・M・コリンズが日本に派遣され、長崎と横浜に支局を開設した。前年、ヨーロッパと上海の間に電信線が敷設され、翌年には、上海・長崎間、ウラジオストック・長崎間に海底ケーブルが敷設された。この当時、イギリスのロイター、フランスのハヴァス、ドイツのヴォルフの三大通信社が国際情報市場を分割独占していたが、極東の情報はロイターが支配することになった。アメリカでは、一八八二年シカゴにおいてUP社、一八九二年にAP社が結成されたが、主として活躍するのは第一次世界大戦後のことになる。それ以前においては、AP社がロイター通信社との間に独占的な通信交換の契約を結び、ヨーロッパへの海外情報をアメリカ国内に輸入していた。なお、太平洋の海底ケーブルは一九〇二年にサンフランシスコ・ハワイ間、翌年にハワイ・ミッドウェイ・グァム島間、一九〇五年グァム島・父島に敷設され、父島を経由して横浜へと届くようになった。太平洋岸からニューヨークにいたるアメリカ大陸横断の回線が引かれるのは一八六一年のことであるので、二〇世紀初頭には、東京からニューヨークまで太平洋を横断して回線は繋がることになった。『電通社史』（日本電報通信社、一九三八年一〇月）によれば、日本に関するニュースが日本の通信社によって打電されるようになるのは、一九〇七年八月に設立された日本電報通信社によってであり、同年に設立されたアメリカのUP通信社（United Press Association）と業務提携して以降ということである。しかし、電報料金が高額なこともあって、東京向け、ニューヨーク向け双方で月平均が二百語をでなかったといわれる。AP通信社東京支局長には、一九〇七年伊藤博文や桂太郎らとコネクションをもったジョン・ラッセル・ケネディーが就任していた。

(23)『「大逆事件」関係外務省往復文書』（前掲）二一〜二三頁。

(24) 同右、一三頁。

(25) 同右、一四〜三二頁。

（26）同右、三九〜四〇頁。

（27）ロバート・ヤングが神戸で刊行していた『ジャパン・クロニクル』（*The Japan Chronicle*）の一一月一一日号の記事“THE ACTION AGAINST SOCIALIST”には、東京の三四八の新聞社、雑誌社、通信社の代表が検事局に召喚され、事件の背景、発覚の様子、刑法第七三条の説明がなされたとある。加えて、検事総長は、事件の具体的な事実を公表することは皇室の尊厳を傷つけることになるので、活字にすることを控えるよう求めたと報道されている。また、神戸においては、赤池兵庫県警察部長が、九日朝、外国語新聞を含む、地元の報道機関代表者を県庁に招集し、東京と同様な説明をしたうえで、これ以上に詳しい事実を公表すると新聞紙法に違反し罰せられる恐れがあると警告したことが記されている。拙稿「*The Japan Chronicle*と「大逆事件」」（『明治大学教養論集』通巻三二五号、一九九九年九月）参照。

（28）Hippolyte, Havel, The Kotoku Case, *Mother Earth*, Dec. 1910, p318. ハヴェルは一一月一〇日AP電（Associated Press）を通してニューヨークに届き、イギリスにはロイター電により到達したと記している。

（29）Emma Goldman, *Living My Life*, New York (one volume ed.) 1934, p. 474.

（30）一九一〇年一一月一六日付、内田康哉在米全権大使発小村寿太郎外相宛「幸徳伝次郎処刑ニ対スル米国社会党員ノ行動ニ関スル件」の付属文書乙号には、もう一人ローズ・スッランスキーが加わり八名が署名人になっている。これは現物からタイプに起したものと考えられるが、「乙号ノ如キ檄文ヲ全国ニ於ケル労働組合、其他政治及文学上ニ於ケル諸種ノ急進派ニ配布」したものと説明されているので、賛同者の名前を徐々に加えて回覧したのであろう（『「大逆事件」関係外務省往復文書』前掲、五三頁）。同年一一月一九日付、水野総領事発内田大使宛の機密信「社会党ニ関スル件」の付属文書としても、「APPEAL」が送られ署名人につての情報が知らされている。

（31）『「大逆事件」関係外務省往復文書』（前掲）五二頁。

（32）同右、五一頁。

（33）一九一〇年一一月二三日付、水野幸吉総領事発内田康哉在米大使宛機密信「社会主義者来訪ノ件」（同右、六九頁）。

（34）運動の側からの論考としては、前掲の拙稿「大逆事件 in New York」、「大逆事件と *The New York Call*」、「大逆事件と *The People*」、あるいは「「大逆事件」とニューヨーク」（『「大逆事件」関係外務省往復文書』解説）、また在米大使館とニューヨーク総領事館の対応については「「大逆事件」抗議運動に対する在外公館の対応」（『明治大学教養論集』通巻二五七号、一九九三年三月）等を参照のこと。

（35）『幸徳秋水全集』（第九巻、明治文献、一九六九年一二月）五二二頁。

第四部

大逆事件と石川啄木……小川武敏

一 「大逆事件」初期報道と石川啄木

はじめに

本章は、一九一〇（明治四三）年の大逆事件その他の新聞報道例を日譜的に記したもの[1]である。このような作業を試みたのは、この時期の啄木が『東京朝日新聞』社の校正係であり、しかも新聞記事そのものが彼にとって思想形成に重要な〈読書〉であった、と見なさざるを得ないからにほかならない。日記その他に記された読書歴は上田博によってすでに整序され[2]、近藤典彦によって、さらにこの時期の社会主義文献の読書時期も推定されて[3]いる。しかしそれ以上に、校正係として毎日克明に読んでいたはずの新聞記事から得た影響は、大逆事件で象徴的に示されたように、より直接的なものがあったと思うべきだろう。

大逆事件報道の記録に関しては、最も早く石川啄木が「日本無政府主義者陰謀事件経過及び附帯現象」で取り組んだのをはじめ、内田魯庵・沖野岩三郎・宮武外骨らのスクラップ・ブックの存在を神崎清[4]が紹介し、さらに大原慧[5]、清水卯之助[6]等を経て、山泉進[7]・荻野富士夫に至る各研究者が蒐集した。それらの片鱗は各氏の著書あるいは論考に窺えよう。ここではそれらの労作も参看しつつ、他に啄木が影響を受けたと思われる日韓併合問題や、作品中に触れられている社会事件等に関する記事を採録し、それらに簡単な筆者のコメントや註釈を付した。

大逆事件に関してもすでに詳細な研究がなされているのはいうまでもない。ここではまず、後の報道内容の参考のため、一九一〇年初頭から新聞に報道されるまでの被告達の動向や捜査の動きを、「大逆事件判決理由書」や絲屋寿雄『増補改定大逆事件』(8)巻末の「大逆事件年表」を中心に、神崎清の『革命伝説』(9)他も参考にして簡単に記しておく。


一月一日、東京千駄ケ谷の平民社で、この秋に明治天皇の馬車を襲撃するため、爆裂弾の火薬とケースを持って上京した宮下太吉と、幸徳秋水・管野スガ・新村忠雄が、爆弾投擲の密談および練習をした、とされる。

一月三日、山口孤剣が来訪し、赤旗事件で入獄している荒畑寒村の妻管野スガと幸徳秋水が同棲しているのを非難する。

一月二六日、松本警察署長小西吉太郎が明科駐在所巡視の際、巡査小野寺藤彦から、宮下太吉が昨年一〇月ごろブリキ缶を注文したことを聞く。

二月二六日、東京控訴院は、『自由思想』第一号を安寧秩序紊乱として管野スガに罰金百四十円、秋水に七十円を科した地裁の判決を支持、控訴棄却の決定。

三月二二日、幸徳秋水・管野スガ、平民社をたたんで湯河原天野屋に赴く。

三月二八日、宮下太吉は新村忠雄へ社会主義の本を譲渡し、社会主義は止めたと称す。新村忠雄の訪問が頻繁なので警察が注目しているらしいのに用心したから、という。

四月二三日、湯河原の管野スガが宮下太吉へ書簡。罰金が払えないので実刑に服す覚悟を決めた管野スガが、幸徳秋水と別れて大逆事件を起こす決意を固めたので、もう一度爆裂弾の実験をしてくれ、と頼む。これを受けて宮下太吉は同僚の新田融に「のみとり粉を入れてイタズラする」からと、直径一インチ、長さ二インチの蓋付きブリキ缶二五個の製造を頼む。

五月八日、宮下太吉は火薬原料その他を同僚清水太市郎に預け、噂になっていた清水の妻との関係は根も葉もないと弁解した。

五月九日、管野スガの前夫荒畑寒村がピストル持参で湯河原へ乗込むが、秋水、幽月こと管野スガ、ともに不在。

五月一七日、小野寺巡査が製材所汽缶火夫結城三郎に会い、宮下太吉が新田融に多数のブリキ缶の製造を依頼したとの情報を得る。この日、新村忠雄は管野スガの入獄を見送るため上京し、管野スガに宮下太吉が清水の妻と関係している話をする。スガ激怒かつ心配する。投擲順を籤引きしてスガ・古河力作・新村忠雄・宮下太吉の順に決まる。

五月一八日、管野スガ入獄。

五月一九日、新田融が明科駅で小野寺巡査に見つかり、不審尋問を受け、ブリキ缶製造を認める。

五月二〇日、宮下太吉は下宿で小野寺巡査と中村刑事の訪問を受け、押し入れの鞄に三個のブリキ缶が入っているのを押収される。

五月二四日、長野市県会議事堂で長野県警察署長会議が開催され、松本警察署長小西吉太郎が明科製材所の宮下太吉の爆発物取締法違反容疑の情報を報告。

五月二五日、清水太市郎の案内により巡査が製材所を捜索して、鶏冠石《けいかんせき》粉末五八匁、塩酸加里《えんさんカリ》九五匁、ブリキ缶二〇個、天井裏よりやはり爆発物原料らしきものを押収。(10)警察は大事件と緊張して、宮下太吉も連行される。

五月二六日、清水太市郎を取調べ、宮下から預った箱の中身は皇室に対する迷信を打破するための爆裂弾材料が入っているという供述を得、松本警察署長は長野地方裁判所検事正に報告、検事正は大逆罪に該当する重大事件だと判断して直ちに上京し、松室致検事総長に報告。松室検事総長は爆発物取締罰則違反として捜査を命じ、東京地方裁判所の小原直検事を長野へ出張させ、小原検事は長野地方裁判所の和田良平次席検事と取調べにあたった。(11)

長野検事局取調べの結果、宮下太吉・新村忠雄・管野スガ・古河力作の四名が明治四二年一〇月、翌年の明治四三年一一月に天皇に爆弾を投げる相談をしたこと、新田融が宮下太吉の依頼によってブリキ缶を製造した事実、新村忠雄の兄新村善兵衛が忠雄の依頼により薬研《やげん》を宮下方へ送付した事実、が明るみに出、また師匠たる幸徳秋水はこれに無関係の筈はないと判断されたらしい。

※以下の記述については左の事項を留意した。

一、▨は明治四三年の各新聞紙の掲載月日を示し、第何面かの表示は原則として省いた。したがって同一紙名が並ぶのは別面の関連記事である。

一、日時や数値は、引用文中はむろん原文通りだが、それ以外のコメントや注の中では漢数字にした。

一、＊印以下は記事に対する筆者のコメントや関連事項を記したものである。

一、『』は紙名、「」内は原資料の引用、／はタイトル・副題・本文等の区切りを示す。ただし本文の改行は原則として無視したが、長文の記事は項目毎にあるいは話題毎に改行した。

一、記事冒頭の記号（◉◎▲）はそのままだが、活字横に付された〈、★・。〉等の強調符号は全て省き、有意味と思われるものは注記に回した。

一、ルビは特殊なもののみ恣意的に付し、原文の間違いと思われるものはルビ行に（ママ）と記している。

一、長文の記事、および重複する後続記事は、適宜要約した。

一、記事の配列は日付順だが、同日の記事は順不同である。

一　大逆事件の発端――一九一〇（明治四三）年五月・六月

▨五月二七日『時事新報』「◎社会主義者捕縛／（信濃松本二十六日発電）／職工に変じて陰謀を企つ／爆裂弾製造中を探知さる／東筑摩郡中川手村字明科に在る長野大林区署管轄の明科製材所へ三名の社会主義者職工となりて紛れ込み居り由々敷《ゆゆしき》陰謀を企て窃《ひそ》かに爆裂弾を製造しつゝあること早くも其筋の探知する所となり二十六日松本警察の手に捕はれたるが該件は一切秘密に附せられ裁判所警察本部は窃《ひそ》かに密議を凝《こら》しつゝあり、尚《な》ほ右製材所長西山忠太氏は大に驚き進退伺の為め二十七日長野へ向けて出発の筈なり」。

＊現在、この記事が大逆事件報道の最初の例と見られている。清水卯之助が「大逆事件と啄木の認識過程」に全文引用、『明治ニュース事典』にも同記事を現代がなで収録している。清水卯之助の言う通り、このスクープに対して『朝日新聞』他はすぐ対応せず、慎重な態度を取っていたが、新聞社同士だからむろんこの『時事新報』報道記事は知っていただろう。次に続く『信濃毎日新聞』の記事も当然これを踏まえての報道だったと思ってよいが、この日の地元の『信濃毎日新聞』には該当する内容の記事がない。

▨五月三一日＊長野地方裁判所検事局は、五月二七日逮捕の新村忠雄・新村善兵衛・宮下太吉

と二九日逮捕の古河力作に、幸徳秋水・管野スガ、新田融の七名を加え、刑法第七十三条（大逆罪）に基いて大審院検事総長へ送致した。日本大学に保存されている資料(12)からこれを確認した岩城之徳は、したがって大逆事件発生日時を法的に五月三一日であるとする。大審院は即日全員を起訴。大審院では特別権限に属する被告事件予審掛を設け、東京地方裁判所予審判事潮恒太郎を主任に、河島台蔵・原田鉱判事を補助として取調開始。幸徳秋水に対しては即日勾引状を発し翌日六月一日に執行。この時点から大逆罪としての捜査方針確定。

▨六月一日＊幸徳秋水は湯河原天野屋旅館滞在中に勾引され、潮判事に尋問されたが宮下等との陰謀は否認。幸徳秋水は三月二二日に湯河原へ来て『基督《キリスト》抹殺論』を執筆中。五月九日、管野スガの前夫荒畑寒村が憤慨して乗込むが、たまたま秋水は上京していて不在。

秋水はこの頃『通俗日本戦国史』執筆の予定もあったが、同志も不景気で資金なし。同志間には秋水が警察から金を貰って韓国旅行をするなど、変節の噂流れる。

▨六月二日＊この日より石川啄木の「日本無政府主義者陰謀事件経過及び附帯現象」が記される。それによれば「東京各新聞社、東京地方裁判所検事局より本件の犯罪に関する一切の事の記事差止命令を受く。各新聞社皆この命令によりて初めて本件の発生を知れり。命令はやがて全国の新聞社に通達されたり。」とある。つまり各新聞社は、事件が報道される前に「一切の事の記事差止命令」を受けているのであり、すると既に報道されている五月二七日付の『時事新報』報道は記者のすっぱ抜きだったことになろう。また次に見る『信濃毎日新聞』は、まさにこの当日の六月二日付で〈大々事件　幸徳の捕縛〉という報道記事を載せている。一部の新聞社の間には、どうやら早くから情報が漏れていたらしいが、いくつか疑問も残る(13)。

『信濃毎日新聞』「◎大々事件／幸徳の捕縛／社会主義者幸徳伝次郎本日正午豆州《ママ》湯ヶ原天野屋に於て捕縛されたるが本事件の内容は固《もと》より知るに由《よし》なしと雖《いへど》も或る種の社会主義的一大隠《ママ》謀発見したる結果なるが如し、其策源地は遠く東京を距る數十里の山間にありと云ふ」＊伊豆湯河原で逮捕された幸徳秋水について、第一面に七行にわたっての報道である。末尾の「其策源地は〜と云ふ」の部分だけ、漢字のみ倍角文字で強調しているのが他紙の報道と違い目を引く(14)。

『やまと新聞』「○社会主義者一網に／打盡されんとす／▼幸徳秋水捕へらる！／▼一類大陰謀の露顕？／社会主義者の首領幸徳伝次郎は一日正午相州湯ヶ原の天野屋に於て捕縛されたり本事件の内容に至りては固より知るに由なしと雖も或種の社会主義的一大陰謀が発見せられたる結果なるが如し其策源地は遠く東京を距る數十里山谷に在りといひ其関係範囲に至りては頗る広大なるものありと傳ふ果して信《ママ》か事若《も》し明かなるの日に達せば恐らく現在の社会主義者は一網にして打盡せらるゝに至らんか吾人は今この警報を諸子に致すの義務なるを信ず(15)」

『報知新聞』「社会主義者捕縛さる／長野県東筑摩郡明科村なる材木製材所職長宮下太吉、新村忠雄、新村善兵衛、新田融、古川《ママ》力作の五名は、いずれも社会主義者にて、或る重大事件のため、二十六日夜、その筋の手に逮捕せられ、また一日相州湯河原に於いて幸徳伝次郎は逮捕されたり。なほ本事件に就きては、各方面より探り得たる所あるも、都合によりいつさい掲載せざる事とせり。」(16) ＊末尾部分、〈各方面より探り得た所あるも〉と明記しているのを見れば、記者たちはかなりの情報を得ていたことが窺える。

▨六月三日＊啄木の「日本無政府主義者陰謀事件経過及び附帯現象」に「本件の犯罪に関する記事初めて諸新聞に出づ。但し主として秋水幸徳伝次郎が相州湯ヶ原の温泉宿より拘引せられたるを報ずるのみにして、犯罪の種類、内容に就いては未だ何等の記載を見ず」とある。「比較的長文の記事を掲げたる東京朝日新聞によれば」と、啄木が『東京朝日新聞』の記事を要約しているように、この日の『東京朝日新聞』が最も詳しい。記事内容は以下の通りである。秋水変節による同志間の暗殺天誅等、不穏な動向を警戒して保護のため巡査を派遣したなどの文脈は、翌日の『信濃毎日新聞』と同様かつ『大阪毎日新聞』記事とも関連し、当局が流した意図的な情報と思われる。なお、この日に前述の〈新聞紙掲載差止命令中一部解除通知〉が各社に届いている。

『東京朝日新聞』「幸徳秋水は湯河原で逮捕／社会主義者幸徳秋水は、相州足柄下郡土肥村大字湯河原温泉宿天野屋旅館に止宿中、去る一日突然逮捕せられたるが、該件に就いて東京地方裁判所検事より、『犯罪事件に関するいつさいの件』掲載方禁止を達せられたり。よつて左に犯罪事件以外、天野屋に静養中の動静、逮捕当時の顚末《てんまつ》を記すに止む。

幸徳の逮捕　同人は去る四月七、八日頃より妻女同伴、湯河原温泉天野屋に到り、静養を兼ねて基督《キリスト》伝を著述しつゝありき。五月六日、妻と共にいつたん帰京し、同月十日、単身にて再び天野屋に赴き、相変わらず専心著述に従事せるがごとくなりき。一昨一日、帰京する由を告げて、午前八時三十分、軽便鉄道に乗らんとて、同七時三十分、人力車にて旅館を出で、同停車場に向かひしが、その途中同人逮捕に向かひたる東京、横浜の両地方裁判所判、検事、並びに小田原区裁判所の名越判事の一行六名に出会し、直ちにその場に取り押へられ、いつたん湯河原巡査駐在所に伴なはれ、同所にて令状を執行され、細密なる身体検査を受けたる上、同七時十六分《ママ》の軽便鉄道にて東京へ護送されたり。

変節の噂　幸徳が湯河原滞在中は、極めて謹慎の態度なりき。同人は社会主義者として、平素その一挙一動に就き警視庁は非常の注意をなせるに拘《かゝ》はらず、先頃湯河原に来たりてよりは、その筋にても知らざるを装うものの、表面なんらの取締をなさざりしかば、同人は自から進んで旅館の主人を以つて、巡査駐在所に自己の滞在を届け出でしめたり。しかもなおその筋にてはなんらの検束をも加へざりしが、裏面に於いては十分の注意を怠らざりしならん。その後同人は政府に買収されたりとて、同志者の憤怒を買い、変節者を屠《はふ》れと激昂するものあり、暗殺、天誅、爆裂弾などと、同人に対し不穏の詰責、脅迫をさへなすものあるに至りしを以つて、警視庁より特に保護のため巡査を湯河原に派し、同人の身辺を警戒せしめつゝありき。その後同志者間の誤解も解けし様なりしを以つて、当局者も警戒を解除したり。
連累者　目下社会主義者の捕縛され居る者は大分多数なれども、事件はすべて掲載を差し止められあり。秋水の逮捕につきては、その筋は非常に秘密に附し、小田原署は勿論、湯河原駐在所の永田巡査のごときも、秋水を同所に連れ行きしにより始めて知りたるほどにて、なほ所轄小田原署に対する永田巡査の報告すら、判、検事の手を経て電送されたり。田岡嶺雲氏は静養のため、去る二十五日、幸徳の旅館天野屋に来たり、同郷の故なるを以つて時々会談したることあるなり、同人逮捕と共に種々の迷惑を蒙りたりと」。

▨六月四日『大阪毎日新聞』「社会主義者懐柔策［東京電話三日］／今春以来社会主義者の一部に不穏の計画あり、当局者は目下その調査に多忙を極めつゝある由なるが、従来当局の同主義者一派に対する取締り方針はあまりに圧迫を加ふるの批難あり…〈中略〉…当局者の言明せる所によれば、初めより高圧的手段に出ずることは決してなさず、むしろ同主義者一派にはなるべきだけ《ママ》その職業を与へて身を順境に処せしめ、その極端なる希望を自ら穏健なる方面に導かんとの懐柔手段に出でつゝありて、同派の宮下某の如き《ママ》赤木製材所の職工長とし、その他それぞれその職を授けんと内々審議中の者もありしがごとき、同主義者をして不穏の計画なからしめんと苦心しつゝある様子なり。しかして今後とても当局者の意向は、同主義者一派に対しては現在の方針を改めて、十分同主義者の心機を一転する方法を執り、高圧的手段は最後の方法として、その取締りの効果を挙ぐるに努むべしと。(17)」

『信濃毎日新聞』「◎幸徳秋水の艶聞／社会主義者の鞘當筋《さやあてすじ》／極めて真面目に一身を捧げて社会主義を唱へ居れる秋水幸徳伝次郎氏に極めて滑稽なる艶物語あり」と茶化したような筆致の冒頭書き出しで「神田錦輝館の赤旗事件にて名を知られたる管野須賀子と同棲し両人とも肺病にて同病相憐れむとぞいふべき同情からか相共に情を通じて昨今は管野自ら内縁ながら幸徳の姓を名乗るまでに熱したり」、然るに須賀子に荒畑寒村という先夫あり、「急激派の猪武者」寒村が「嫉妬の炎を燃やし機会あらば恨《うらみ》を晴らさんものをと従《つ》け狙《ねら》ひ」、短銃を携え先月七日湯ヶ原天野屋に押懸《おしか》けたものの両人用あつて上京中だったため地団駄踏んで悔しがった、という内容。また荒畑は同志の者に向って「醜《にく》むべし、幸徳秋水は我が同志が怨敵なる政府の犬となれり、斯《かか》る変節漢には須《すべから》く天誅《てんちゅう》を加へざるべからず」と公言していたとも記し、『牟婁新報』時代からの管野スガと荒畑寒村のつながりを紹介しつつ内部軋轢を暴露。(18)

『信濃毎日新聞』「◎社会主義者逮捕／幸徳秋水変節の噂／暗殺天誅等不穏沙汰／長野地方裁判所検事正より『犯罪事件に関する一切の件』掲載禁止を達せられたり」と言いつつ、幸徳秋水の湯ヶ原での逮捕状況の詳細を記し、「同人は政府に買収されたりとて同志者の憤怒を買ひ変節者を屠《はふ》れと激昂するものあり暗殺天誅爆裂弾など、同人に対し不穏の詰責脅迫をさへ為すものあるに至りしを以て」当局は警戒していた、とある。また「▲連累者」として事件の報道は全て差止められ「其筋は非常に秘密に附し」ていること、同じ湯ヶ原天野屋に田岡嶺雲が同宿し、同郷出

身の幸徳秋水と時々会談したので「種々の迷或《ママ》を蒙りたり」ともある。(19)

『読売新聞』「◎虚無党の陰謀／▽咄々《トツトツ》怪事件／社会主義若《も》しくは無政府主義と称せられ居る幸徳伝次郎、管野《すがの》スガ《ママ》、宮下太吉、新村忠雄、新村善兵衛、新田勇吉《ママ》、古川力作《ママ》等は共謀し某所に於て爆発物を製造して或る恐る可き将《は》た憎むべき過激なる行動に出でんとして陰《ひそ》かに計画しつゝ、ありしが其筋の知る処となり全部検挙せられ目下東京地方裁判所にて予審中なり実に我国未曾有の大事件にして新聞紙に掲載を差止められ居るを以て犯罪の内容を記す自由を得ず」(20)

『時事新報』「社会主義者の家宅捜索「和歌山三日午後特電」／広瀬警察部長は横谷高等警察主任警部外随員一名を従へ、一日夜、東牟婁郡新宮町に急行し、今朝より或る重大事件に付き、大石禄亭（医師）、小倉米蔵、平石益治、成石平四郎、天野秀吉、西村伊作（資産家）、高木賢明《ママ》（僧侶）、沖野岩三郎（牧師）等の家宅捜索を行ひ、唯今（二時半）大混雑中なり。因みに大石禄亭は、幸徳秋水等と親交ある社会主義者なり」＊後出する『信濃毎日新聞』記事と表現も同じである。「唯今（二時半）大混雑中」という臨場感にあふれる表現は、前後の記事を参照すればこの新聞が情報収集力に優れていたことを示している。

『東京日日新聞』にも、「○戦慄すべき大陰謀／△社会主義者の爆発物密造／△某々五名連累者二名の捕縛」という同内容の記事があるものの、おおむね他紙の記事内容を超えるものではない。

▨六月五日啄木の「日本無政府主義者陰謀事件経過及び附帯現象」には、「この日の諸新聞に

初めて本件犯罪の種類、性質に関する箇短《ママ》なる記事出で、国民をして震駭《しんがい》せしめたり」とある。（21）
以下、全文を記す。

『東京朝日新聞』「◎無謀なる犯罪／その犯罪は、秋水幸徳伝次郎、宮下太吉、新村忠雄、新村善兵衛、新田融、古川力《ママ》作、幸徳秋水内縁の妻管野スガの七名が爆裂弾を製造し、過激なる行動をなさんとせし計画発覚し、ついに逮捕されたるものにして、その内容は勿論、その目的のいかんは、今これを明記するを得ずといえども、元来幸徳一派の唱うる社会主義は、人の知るごとく最も極端なる破壊主義、無政府主義にして、往年赤旗事件のごとき暴挙を企て、その後も常に矯激なる言説を主張して快としつつあり。

秋水変節の真相　この赤旗事件は、端なくも痛く世人の同情を失し、その主義に賛せし人々すら、その過激なる主義、手段を憎みて一斉に指弾するに至り、同志の和合を欠き、加うるに警察の圧迫は日一日と厳格を加え来たるより、秋水を擁して集まれる同主義者は、ほとんど手も足も出ぬ境遇となれり。幸徳秋水の友人たる細野次郎氏等は、常に秋水の窮状を憐れみ、救済の方法を講じ居たるも、出入り毎に刑事巡査に尾行され、厳重なる検束を受くるより、何人もその累の及ばん事を恐れて、関係するを欲せざれば、細野氏等は秋水を説き、今後いっさい社会主義の運動を断念し、別に処世の途を講ずるの可なるを説きたるより、秋水もついに心動き、表面その勧告を諾せり。これ昨年初秋の頃なり。

警視庁と秋水　しかれども警視庁の検束依然たるに於いては、なんらの方法も立てがたければ、再び細野氏は警視庁に出頭して、その検束を解かん事を希望し、ついに秋水と某課長との秘密会見となり、ついにその改悛の行状顕著なるを見ば、漸次警戒を解除すべきの黙約成立せり。ここに於いて幸徳は、再び文章を以つて衣食の資を得るの途を講じ居たるが、近頃に至り更に某書肆と約し、既報のごとく病気治療の傍ら基督伝の著述を企て、湯河原に赴き居たるものなり。

怨府となる　秋水の一身は、これにて表面一段落を告げたるもののごとくなれども、秋水を中心として集まれる無頼の同主義者は、秋水に離れてはほとんど自滅の他なきより、これを以つて秋水を変節と罵りてこれを怨み、種々脅迫的の行動をなすに至れり。加うるに秋水がその正妻を去り、同主義者荒畑寒村が赤旗事件に入獄中、同人の内縁の妻管野スガを妻としたるごとき行為あり。荒畑は去る四月、出獄後これを知りて憤恨に堪えず、秋水を暗殺して己も自刃するなどと称して、不穏の挙動をなし、友人の勧告によりて辛く断念したる等の事あり。今や秋水の一身は、同主義者の怨府となり居れり。

中心、地方に移る　かく無政府主義者の一派は同志者の意向一致せず、かつ東京に於いてはその筋の警戒厳重にして、なんらの運動をもなすあたわざるより、同主義者の一人新田融が長野県屋代町に籍を有するを幸いに、漸次その方面に手を延ばし、今やほとんど同県下にその中心を置くと称するも不可なく、同地に約四十名の同主義者を有し、文通は元より、新村は頻繁に両地間を往復して、その都度秋水の許に滞留し同志の連絡を計り、常に某々方面の人々に対して暗殺云々の過激の言を弄し居たり。しかして今回の犯罪に関して、秋水もまたこれに加担せる有力なる証拠ありと云へば、彼が曩日《のうじつ》の改悛はただ表面上一時の口実にして、飽くまで執拗に主義の遂行を計り居たるを見るべし。

無政府党の現状　日本に於ける社会主義者中、判然無政府党と目すべきもの約五百名に達し居れるが、これらはその一部を除くの他はいずれも遊食の徒にて、階級打破、財産平等を叫び、ややもすれば今回のごとき陰謀を企て、常にその機の乗ずべきを窺い居たるなり。当局は、一人の無政府主義者なきを世界に誇るに至るまで、飽くまでその撲滅を期する方針なりと云ふ。

小林検事正談　右事件に関し、昨日、東京地方裁判所小林検事正は語つて曰く、『今回の陰謀は実に恐るべきものなれども、関係者はただ前記七名のみの間に限られたるものにて、他にいつさい連累者なき事件なるは、余の確信する処なり。しかれば事件の内容及びその目的は未だいつさい発表し難きも、ただ前記無政府主義者男四名、女一名、爆発物を製造し、右五名及び連累者二名は起訴せられたるの趣きのみは、本日、警視庁の手を経て発表せり』云々。」

『信濃毎日新聞』「◎無政府党の陰謀／或る大々事件の発覚／信州に過激党四十名／▲無謀なる犯罪／七名が爆裂弾を製造し過激なる行動を為さんとせし計画発見し遂に逮捕されたるものにして其内容は勿論其目的の如何は今是を明記するを得ずと雖《いへど》も元来幸徳一派の唱ふる社会主義は人の知る如く最も極端なる破壊主義無政府主義にして」と幸徳秋水の思想を大袈裟に紹介。また「小林検事正談」として関係者は七名のみ、「他に一切連累者無き事件なるは余の確信する処なり」とも。＊右記朝日記事と類似。ただ「信州に過激党四十名」というのはどのようなグループを指すのか不明（後述の記事に喚醒会関連報道があるが、このメンバーを含めてのことか。）

『信濃毎日新聞』「◎社会主義者の家宅捜索／或る重大事件に関し／紀州新宮町《にひみやまち》の大混雑」和歌山特電として新宮では大石誠之助他の「家宅捜索を行ひ唯今《二時半》大混雑中」とある。

『信濃毎日新聞』「◉無政府党の陰謀／関係者は男女五名と連累者二名」（新村義兵衛・新村忠雄）のみ、と第一面同様の内容だが、連累者として新村兄弟の名を挙げている。

『信濃毎日新聞』「◎社会主義者拘留」と題して「長野県人若葉一《はじめ》（三八《ママ》）」が静岡において拘引され、七日間の拘留中だが、取調べは「要領を得ず」、とある。＊赤羽巌穴が変名で逃げ回っていたらしい。

二面に「▲今回の社会主義者犯罪事件は取沙汰程の事でなしと有松警保局長語る」という記事もある。

『土陽新聞』「▼大陰謀露見／過日某地にて無政府主義者男四名女一名共謀し爆発物を製造し過激の行動に出でんとする一刹那厳密なる警察の為に検挙され右五名及び他連累二名逮捕され今や予審中なり」

『時事新報』「社会主義者取締り（有末《ママ》警保局長談）／今回の社会主義者犯罪事件は、事、予審中に属するを以つて、事件の内容を語ることあたはざれども、検挙せられたる被告人は僅々七名に過ぎずして、事件の範囲は極めて狭小なり、騒々しく取り沙汰するほどの事にあらず。しかして従来政府の社会主義者に対する方針とする所は、なるべく彼等に対し圧迫的威力を用ゐず、勉めて懐柔手段を用ゐて、性善の本心に立ち返らしむるを以って方針としたり…〈以下略〉」＊幸徳伝次郎は大いに改悛の情が見えたので警戒を解いていたが、当局は一杯喰わされた、しかし一挙に彼等の根絶手段を講ずるがごとき事実あらざるべし、漸次教育の普及と社会的救済事業の発達とに相俟ってその漸減を期する考えだ、という内容である。六月四日大阪毎日記事の情報と同じニュース・ソースか。

『東京日日新聞』二面にも、「○社会主義者の取締」と題して「△有松警保局長談」が掲載される。

▨六月六日『牟婁《むろ》新報』「吾社の家宅捜査／……今後も毎年一二回づゝ希望す……／去る三日午前五時二十分、平田予審判事、朝比奈警察署長、裁判所書記、巡査部長及び巡査等総数、十四五名突然吾社に出張し、過日来掲載禁止中の某重大事件に関し家宅捜索を為す旨を告げ」、午前八時二〇分に引揚げた。(22) ＊寝込みを襲われた社主の毛利柴庵は「凌辱の極《きわみ》」と言いつつ、「光栄の至りなれば今後毎年一二度づゝ遣ってお貰ひ申し度し」と逆説的抗議。

『牟婁新報』「公報▲無政府主義者の陰謀／……爆発物製造……／過日来全国各新聞社に対し其筋より掲載……〈途中不鮮明〉……製造し過激なる行動を為さんとしたる事発覚し右五名及び其連類《るい》者《ママ》二名に対し起訴せられ予審中なるが、其内容は勿論其他乃《ママ》事項は公表する事能はざるも、已に犯罪行為及び嫌疑者の所為明確となり、其以外に捜査及び起訴せらるべきものなしと認む」

「過激なる行動とは如何なる事なるか事態明了《ママ》ならずと雖も全国の検事局が一斉に決蹶《けっき》したる点より見れば其事の重大なりしや想像するに余りあり、但し事を未発に妨《ふせ》ぎ得たるは国家の為めに慶賀せざるを得ず願はくは速に事件の真相を聴取せん事を」

▨六月八日啄木「日本無政府主義者陰謀事件経過及び附帯現象」に「東京朝日新聞は、去る三日和歌山県東牟婁郡新宮町《ひがしむろごほりにひみやまち》にて、禄亭事ドクトル大石誠之助を初め同人甥西村伊作、牧師沖野岩三郎外五名家宅捜索を受け、五日大石は礼状を執行され、六日警官三名の護衛の下に東京に護送されたる旨を報ぜり」しかし「翌九日に至りて同紙の載せたる詳報は同人等の名望を否定したり」とある。＊次の記事にあるように大石・西村一族を中傷するような報道が行われたのである。

▨六月九日『東京朝日新聞』（「和歌山県で逮捕された大石等の素性、昨報に就き、なお聞く所を補記せん」、とあって次のように言う）「大石禄亭の人物　大石禄亭は同地に於ける名望家の生れにして、初め永升禄亭と号し情歌の宗匠を勤め居たるが、後米国に渡航し、非常の苦学を積みてドクトルの学位を受け、去る三十年印度に立ち寄り、伝染病の研究をなしてめでたく帰朝し、新宮町に医師を開業せり。

土地の嫌われ者　彼は米国滞在中に社会主義に感染し、帰朝後は幸徳秋水、堺枯川等と往復して、盛んに社会主義の鼓吹に従事し、好《この》める情歌を廃し、その頃よりゴルキー、トルストイのごとき露国文学を愛読し、これらの短編を翻訳して地方雑誌に投書し、また公開演説を開き、資本の合同、財産平等を唱えて主義の拡張を計り、また一方には下級の労働者に施薬し、常に社会主義を唱道するより、元来商業地として知られたる同地の人々には、非常に忌憚され居たり。しかれどもその後次第に警察の圧迫を蒙り、加うるに幸徳、堺一派のあまりに過激なる極端に走るを恐れ、自らはなるべく演説を避け、時々沖野の発行せる文学雑誌「サンセット」に寄稿して、その鬱憤を洩らし居れり。

西村伊作の素性　西村は大石の甥に当り、奈良県吉野郡北山村字桑原通称五郎兵衛と称する材木商に養子に赴き、広島中学校卒業後数年間米国、英吉利、伊太利を漫遊し、絵画を学びて帰朝し、その後はなす事もなく、家に巨万の富あるに任せ、新宮町津越てると云うを妻に貰い受け、新宮町に洋館の別荘を作り、日々贅沢なる生活をなし居れり。彼は表面極めて温厚なる人物なるが、主義拡張と奢侈のため貧窮に陥りし大石禄亭が唯一の金穴にして、同時にその筋より社会主義者の運動費の支給者として、常に注意され居るものなり。

不穏なる宗教家　同時に家宅捜索を受けたる沖野岩三郎は、日本キリスト教会に属する牧師にして、文学趣味を有し、洛陽社なる同志会を組織し、「サンセット」と称する宗教文学雑誌を発行し居り、大石とはただ私行上の交際あるのみなりと称するも、その雑誌を一読すれば危険なる革命思想の溢れ居るを見るべく、大石等の社会主義論を掲載し、暗に主義の鼓吹に勤め居たるの形跡あり。その他今回の嫌疑者の中に加えられし成石平四郎（二十八）、東京某法律大学出身にて本宮清川村に居住する天野秀吉（十八）は、新宮川小原割《ママ》商の倅にて、いずれも繁々大石の宅に出入し居り、同主義者と目せられ、平石益治（二十七）は四十三銀行和歌山支店行員にして、沖野の向こう隣に棲み日夜往来し居る者にして、これらは一応の家宅捜索を受けたるも、未だ捕縛の運びに至らず。

新宮の社会主義　その他なお同地に数名等の嫌疑者ある模様なるが、元来同地は商業地にして、材木の伐り出しによつて一攫千金の利を得たる成金党の跋扈《ばっこ》ははなはだしく、生計はなはだ華美なる地なれば、自然に資本家と労働者の懸隔ははなはだしく……〈以下略〉[23]」

『牟婁新報』「▲爆裂弾製造せし／……社会主義者捕はる……」＊他紙既出記事と同内容。

『牟婁新報』「▲大石禄亭氏拘引／……東京へ護送……／曩《さき》に家宅捜査を受けたる東牟婁郡新宮町医師大石誠之助（禄亭）氏は五日夜拘引六日警官三名附添ひ熱田航行汽船にて東京に護送されたり。尚六日朝再度の家宅捜索を行なはれたりと▲出張中の広瀬警察部長は六日出発帰庁の途に就けり」

『牟婁新報』「牟婁日誌（柴庵）／「▲八日（曇）新宮町の大石ドクトルは家宅捜索の結果東京へ護送されたさうな、ドウいふ嫌疑か知らぬが、予は同君に限って不正な事はあるまいと確信して居る、願はくは行路平安なれ」と大石誠之助にエールを送りつつ、「家宅捜索大賛成論を発表しましたぜ、今後毎年一二度づゝ、遣つて貰ふ都合には行きませんかナ、白昼公然と男らしくネエ」と警察に一矢報いている。

「家宅捜索大賛成論」六月九日（上）より社主毛利柴庵名で六月十二日（中）、六月十五日（中続）、六月二十一日（下）に至る長大論文（社説）。＊内容は『牟婁新報抄録・初期社会主義資料』（関山直太郎編著・昭和三四年十一月、吉川弘文館）に収録されているので参照されたい。

▨六月一〇日『信濃毎日新聞』「◎無政府党陰謀者禄亭／紀州新宮町《にひみやまち》の資産家／既記捕縄されたる和歌山県東牟婁郡《ひがしむろごおり》新宮町《にいみやまち》の各家《めいか》禄亭事ドクトル大石誠之助等の履歴左の如し」として、大石誠之助は「米国滞在中に社会主義熱に感染し」、新宮町でその思想を広めたので「土地の嫌はれ者」、その甥西村伊作は金にあかせた遊び人、「不穏なる宗教家沖野岩三郎」と成石平四郎その他、紀州グループの各人が紹介されている。＊前日の朝日記事とほぼ同内容。

▨六月一一日『信濃毎日新聞』「社会主義者巌穴《がんけつ》事赤羽一《あかばねはじめ》（三十六）」が変名で静岡に隠れていたが捕えられ九日に東京に護送された、という短い記事。＊これは先の若葉一の続報。これで見るとかなり詳細な情報が入っていたようだ。

▨六月一三日啄木「日本無政府主義者陰謀事件経過及び附帯現象」によれば「婦人社会主義者喚問」と題し、甲府市に在る宮下太吉の姉妹に関する記事東京朝日新聞に出づ」とある。＊『信濃毎日新聞』の次の記事に同じ内容の報道があるものの、事件とは無関係。

▨六月一四日『信濃毎日新聞』「◍婦人の社会主義者」と題して宮下太吉の実姉山本久太郎妻なかが取調べられた事、及び事件発覚以来興奮状態にあった次姉宮下きくも去る九日突然東京地方裁判所に召喚された事、を報じている。

『東京日日新聞』に「○社会主義取締／△国家社会主義は取締の要なし／当局頃日来の社会主義者検挙に関し世間或は国家社会主義者も亦《ま》た恰《あたか》も社会主義者の一種類なるが如く誤解し為めに種種の誤りたるとりざたを為す者あるが之に就き某有力者は曰く国家社会主義と社会主義とは文字に於てこそ相近似すれども性質内容共に全く別個のものにして其間天淵月鼈《てんえんげつべつ》の差あり……〈以下略〉」＊社会主義と国家社会主義との違いを述べた最も初期のものだが、「社会主義」に関しては「謂ふまでもなく破壊主義にして秩序の観念と相容れず又た従て国家組織と相容れざる主張を為す者なり」と偏見に満ちている。


▨六月一六日『時事新報』「社会主義の検挙（岡山）／児玉本件警察部長、沢崎当地方裁判所検事、藤沢保安課長等は昨日、後月郡高屋村に到り、社会主義者森近運平方の家宅捜索を行ひ、直ちに同人を拘引したるが、引き続き県下同主義者の検挙をなすはずにて、各方面に出張せり。」

『信濃毎日新聞』「◍社会主義者拘引」と題して東京板橋の火薬製造所職工佐藤某を引致した、とあるが詳細不明。

▨六月一七日『信濃毎日新聞』第二面社説で「社会主義に関する為政者の取締」を論じているが、余り重要でない。

▨六月一八日『牟婁新報』「牟婁日誌（毛利柴庵筆のコラム）」で「△十六日雨（柴）請川村蛙聖の通信に云く、「私も三日の朝寝込みへ踏込まれスグ新宮へ連れて行かれました。何んの嫌疑かさつぱりわかりません。私は人相が好く無いから人殺しの嫌疑か知らんと思ひました。新宮署へ着いてバクダン事件と聴きヤレヤレひどい目に遭ふものだと思ひました。ちよつとココで一句『雲晴れて後の気持や夏の月』はドウです。」＊請川村の蛙聖とは成石平四郎のこと。『信濃毎日新聞』には蛙声とあるが誤り。

▨六月一九日『読売新聞』一面社説で「社会主義者の取締」と題して、近日一輩不逞の徒が企てたる事件に就ては、吾輩は其内容を報道するの自由を有せず、よし自由ありとも報道すべくも非ざる事なるが、此《こ》は如何にも嘆息に余れる出来事なり」と歎きつつ、「虚無党とか無政府党とか云ふものは寸毫《すんごふ》も痕跡なきに至らしめんことを希《こひねが》はざるを得ず」と結んでいる。＊虚無党や無政府党に対して否定的だが、ことが大逆事件であることを知っているかのような書きぶりである。

▨六月二一日。啄木「日本無政府主義者陰謀事件経過及び附帯現象」（この日の記述重要。三段落に分かれているので、便宜的に各段落へ①②③を付して全文引用する）

「①　東京朝日新聞は「無政府主義者の全滅」と題し、和歌山に於ける大石、岡山に於ける森近等の捕縛を最後として、本件の検挙も一段落を告げたるものとなし、斯くて日本に於ける無政府主義者は事実上全く滅亡したるものにして、第二の宮下を出さざる限りは国民は枕を高うして眠るを得ん云々の文を掲げたり。

②　文中また今日の如き厳重なる取締の下に在りて彼等が如何にして此の如き大隠謀を企て、相互の間に連絡を取りたるかに言及し、其巧妙なる連絡法の一例として、彼等が新聞紙中の活字に符合を付して送り、受信者は其記号に従つて文字を拾ひ読みし、以て其意を汲むに及びて之を焼棄しゐたるものなるを記せり。

③　因に、本件は最初社会主義者の陰謀と称せられ、やがて東京朝日新聞、読売新聞等二三の新聞によりて、時にその本来の意味に、時に社会主義と同義に、時に社会主義中の過激なる分子てふ意味に於て無政府主義なる語用ゐらるるに至り、後検事総長の発表したる本件犯罪摘要によりて無政府共産主義の名初めて知られたりと雖も、社会主義、無政府主義の二語の全く没常識に混用せられ、乱用せられたること、延いて本件の最後に至れり。[A] 啻《ただ》に新聞紙の記事、一般士民《ママ》の話柄に於て然りしのみならず、本件裁判確定後間もなく第二十七議会に於て試みられたる一衆議院議員の質問演説中[B]、また本件を呼ぶに社会主義者云々の語を以てしたるを見る。而して其結果

として、社会主義とは啻に富豪、官権に反抗するのみならず、国家を無視し、皇室を倒さんとする恐るべき思想なりとの概念を一般民衆の間に流布せしめたるは、主として其罪無智且つ不謹慎なる新聞紙及び其記者に帰すべし。又一方より見れば、斯くの如きは以て国民の理解の程度、未だ本件の真意義を咀嚼する能はざる一証左とすべし。」

＊この後、「同年　月」と記しながら八月まで中断することになる。①の段落はこの時の検察側発表報道を記しただけである。②は管野スガの針文字ではなく、新聞紙の活字を針で刺し、続けて読めば文になる通信手段を言う。社会主義者が用いる秘密通信の一つとされていた。③「因に」以下の段落は、後に記されたもの。理由は、傍線A・Bによる。つまり社会主義・無政府主義の混用は〈本件の最後〉＝大逆事件結審に至るまで続く、というのであり、また〈第二十七議会〉はこの年年末から翌年初めにかけて開かれている。したがって、③の段落は翌年追加されたものである。ともあれ六月二一日分を境に中断している点は、問題にしていいのではないか。

『時事新報』「針文字の書簡／管野スガ子が獄中より幸徳氏の冤罪を訴ふ」とあり「白紙に針にて穴を明け「コウトクバクダンジケンニカンケイナシ」との字画を示したる一書を送りたるよし。発信人は管野スカ《ママ》とあるも監獄の検印もなくいかにして送り越し得たるかと横山氏も不審に思ひ居れりと云ふ[24]」。＊翌二二日続報で針文字書簡の実物写真まで掲載。

▨六月二二日『時事新報[25]』「◎私は近日死刑／須賀子の針文字／幸徳は何も知らぬ／前号に記

せし社会主義者管野須賀子が爆弾事件に関して幸徳秋水氏の冤を訴へる為め麴町区一番町弁護士横山勝太郎氏に宛て、送りたりといふ針文字の書簡全文左の如し

麴町区一番町　横山勝太郎様

管野須賀子

爆弾事件ニテ私外三名近日死刑ノ宣告ヲ受クヘシ

幸徳ノ為メニ何卒御弁ゴヲ願フ切ニ〳〵

六月九日

彼ハ何モシラヌノテス

但し或は他の同臭味の者が名を須賀子に假りたるに非ずやとの説もあり十一日差出しにて牛込郵便局の消印あり」

＊この書簡は六月一一日差出しの牛込郵便局消印。規定の用紙を使っておらず、獄吏の検印がなく、筆跡も分らないので真偽不明の怪文書。『時事新報』には実物写真が掲載された。神崎清は針文字通信が社会主義者の間で行われていたし、看守に受けのいい幽月の頼みをきいて秘かに投函したのではないか、と本物とみなしている。清水卯之助が記す所によると、後に報知新聞が特報した「大審院の特別裁判」（明治四三年九月二二日付夕刊＝二一日発行）の記事中針文字報道の痕跡ありという。

『信濃毎日新聞』「◎針文字の書簡／管野《すげの》スガ子《(ママ)》獄中より／幸徳の冤罪を訴ふ／社会主義者管野《すげの》

スガは曽て幸徳秋水と自由思想と題する新聞を発行し同紙上に掲載したる事項の為め罰金四百円を言渡され其納付を為さゞりしため五月十八日百日の換刑処分の執行を受け目下東京監獄に服役中なるが、如何にして幸徳等の爆弾事件を聞き知りしか先に幸徳等の弁護人をなせし事ある横山勝太郎氏の許へ白紙に針にて穴を明け『コウトク　バクダンジケンニカンケイナシ』との字畫を示したる一書を送りたる由発信人は管野スカとあるも監獄の検印もなく如何にして送り越し得たるかと横山氏は寧ろ不審に思ひ居れりと云ふ」＊全文。伝聞による記事内容だが、各新聞社にこの情報は拡がったらしい。

▨六月二八日『信濃毎日新聞』「◎戦慄すべき大陰謀／過日の爆裂弾事件は幸ひにして未然に発《あば》かれ主謀者は大抵縛に就きたるが事件の内容は実に戦慄すべき陰謀にして彼等が如何に不昧《ふまい》の徒にして我が国体と相容れられざる迷信者なるかは遠からず判明さるべしと云ふ」「元来当局者は社会主義者に対する取締法頗る寛大にして真逆《まさか》我国にてはと云ふが如く軽視し且つ主謀者は白面の書生なるより常に之を侮《あなど》るの傾きありて今日の大失態を演ずる事となりたれば以来は峻烈なる高圧手段を執る外なかるべく……〈中略〉……印刷物等を取締り以て社会主義の萌芽を断たん考案にて目下考究中なりと」＊大逆事件であることを匂わせたような記事内容であり、また思想弾圧方針を固めようとしていた当局の意図も漏らされたようだ。
『時事新報』「社会主義者拘留（上諏訪）／諏訪郡境村の社会主義は三十余名ありて、喚醒会(26)なるものを組織し、他府県同主義者と気脈を通じ、陰謀を企てしものの由にて、既に多数の取調べありしが、同会長小池伊一郎外三名は今朝、長野地方裁判所へ拘留され、なお十余名の拘留を見るならん。事件の進行に伴ない、意外の辺に連累者を出だすべき模様あり。」
『読売新聞』「◍社会党員の拘引（諏訪）／長野県諏訪郡境村に卅余名より成る寒生会《かいせいかい》（ママ）と称する社会主義者団あり常に他府県の同主義者と気脈を通じ或る陰謀を企て居たるが廿七日朝会長小池一郎《ママ》他三名長野地方裁判所に拘引せられたり尚数十名の拘引を見るべく」云々。＊後述の『信濃毎日新聞』記事参照。

▨六月二九日『読売新聞』「◍浅ましき社会党」と題して、若松市の一ノ瀬昇は原田昇三という偽名を持つ前科五犯の社会主義者だが、福田狂次らと交際していた。上京して本郷小石川付近で窃盗などを働いて荒し回っていたが捕まった、という。また「◍社会主義出版の判決」と題して、『農民の福音地主の横暴』を秘密出版した赤羽一と岡千代彦への判決を報道している。

▨六月三〇日『信濃毎日新聞』「◎社会主義者の判決／麻布区霞町二社会主義者長野県人赤羽一岡千代彦の両名に係る出版法違反事件」で二八日赤羽に懲役二ケ月罰金百円、岡千代彦は懲役二ケ月の判決が下った、とある。＊右記の記事の詳報である。
『牟婁新報』「◍爆裂弾事件の証人／……南部と東郡より二人……／南牟婁郡相野谷《おのだに》村大字阪松

泉昌寺住職峰尾節堂は、爆裂弾事件の証人として、東京地方裁判所の喚問を受け、去る二十日上京、東牟婁郡新宮町浄泉寺住職高木顕明も同事件の証人として喚問され、去る二十五日上京せり」

『東京日日新聞』第七面に「〇軍隊と社会主義」と題して「△社会主義者の続出」が報じられている。

「〇軍隊と社会主義／△社会主義者の続出／近時社会主義殊《こと》に危険なる共産、虚無、無政府と云ふが如き思想を抱けるもの、軍隊下士卒中より現る、は一大不祥事にして今に於て早く之《これ》が根本的絶滅の策を講ぜざるべからず就中《なかんづく》少壮士官中にも亦漸《またやうや》く此種の人物を見んとする傾向ありと云《いふ》に至《いたつ》ては愈〳〵《いよいよ》寒心に堪《たへ》ず思《おもふ》に之《これ》が芟除《せんじよ》の方法は最も厳正なる教育を施し軍紀風紀の振粛《しんしゆく》と相俟《あいまつ》て精神的訓化を為《なす》を要す彼の高圧的手段を採《とる》が如きは却《かえ》つて其《その》反撥心を起さしめ結果は決して良好ならざるべし兎《と》に角《かく》既に此《この》不祥事を耳にする以上寸時も油断なく此種の悪思想の駆逐に努めざるべからずと陸軍要部の某将軍は語れり」＊以上全文。事件はおさまるどころか拡大していく様子が窺える。特に軍隊への思想蔓延に当局が神経を尖らせていることは、類似する他紙の記事内容から察せられる。

二　日韓併合のことなど——一九一〇（明治四三）年七月〜九月

▨七月一日『信濃毎日新聞』「◎軍隊と社会主義／軍隊の下士卒のみならず「少壮士官中にも

亦漸く此種の人物を見んとする傾向」があり「寒心」に耐えず云々。＊右記報道と同一内容。東京日日はこの頃大阪毎日新聞社の経営なので同じ情報源か。

▨七月二日『東京朝日新聞』「◎爆弾所持の社会党／▽紀州新宮にて検挙さる」と題して次の『信濃毎日新聞』とほぼ同内容（これも成石蛙聖を蛙生と間違えており、また崎久保誓一に関しても同じような言及がある。）。

『信濃毎日新聞』「◎爆弾所持の社会党／和歌山県東牟婁郡《むろごほり》七川村成石平四郎は蛙声《あせい》（ママ）と号し去る四十年東京中央大学を卒業」して以来社会主義に接近していたが、「過日判事の家宅捜索を受けし際爆裂弾を秘蔵せるを発見され二七日自宅より拘引され二八日東京に護送されたり」＊また崎久保誠《ママ》一（誓一）も二八日に長時間の取調べを受けているとある。紀州派への捜索が強化されつつあったようだ。なお成石平四郎の号は蛙聖。紀州派の検挙は『明星』派の多い新宮を中心として行われたことでもあり、啄木にとって見過ごせなかったはずであるが、彼は何も記していない。この頃「日本人の南極探検」として白瀬中尉が八月一日東京出発の報道後、一大キャンペーンと寄付金募集を行う。

▨七月三日『信濃毎日新聞』「◎社会主義者の拘引」と題して、半田一郎は日露戦役に出征し凱旋早々東京の焼打事件に関し入監した社会主義者だが、上田へ帰郷したものの「徘徊する挙動の怪しきより」官憲に取押えられ即日検事局送りとなる。＊社会主義的思想傾向のある者はしらみ潰しに取押えていたようだ。

『牟婁新報』全文「◎社会主義鎮圧方針／社会主義者爆裂弾陰謀事件は幸にして未然に発覚し主謀者は大抵縛に就きたるも陰謀の内容は実に戦慄すべきものあり彼等が如何に不逞の徒にして我国体と相容れざる迷信者なるかは遠からず闡明《せんめい》さるべしとの事なり／元来当局者の社会主義者に対する取締法頗る寛大にしてマサカ我国はといふが如き調子にて事体《ママ》を軽視し」＊以下紙面が黒枠を塗られた上切り取られている。[27] 伝聞をそのまま書いたような内容だが、既にこれは六月二八日信濃毎日に報道されているものとほぼ同一である。

『牟婁新報』「牟婁日誌」「▲三十日（雨）昨《きの》ふの家宅捜索（六月三〇日らしい）は吾社ばかりで無く、伊藤堀内二牧師及び小守編輯長の宅まで飛んだとは、奇想天外より落つとも評さうか……〈中略〉……ドウ考へて見ても一ケ月に二回も家宅捜索をするのは少し惨酷過ぎるドウか一年に一二回とし『編輯日と節季とを除く』やうに仕て戴きたい」と苦情を呈している。

『牟婁新報』はまた「成石平四郎護送、崎久保取調」と題し、「東郡請川村の成石平四郎蛙聖氏は、去る廿七日拘引、二十八日《ママ》東京へ護送されたりと原因は不明、又新宮町の崎久保漁洋氏も新宮町警察署にて長時間取調べを受けたり。なほ本宮町方面にても二三家宅捜査をなせし由、矢張り社会主義陰謀事件に関する者ならんか」と報じている。

▨七月六日『牟婁新報』「◎家宅捜査頻々／…既に十四軒に及ぶ……／社会主義者爆裂弾事件の飛沫にて、当町及び付近にて家宅捜査を受けたるもの、去月二十九日本社の再度捜索を筆頭とし同日、本社編輯長小守重保、日本基督教会牧師伊藤貫一、聖公会牧師堀内穣の三氏、翌三十日は一二三樓森一馬氏、翌一日は下秋津村医師羽山良氏、上秋津村高木楚太郎野村良造二氏、二日は当町福路町田野栄、川嶋友吉二氏、四日は当町南新町那須孫次郎氏、及び本社社会部記者雑賀貞次郎氏、本町玉置善右衛門氏、諸氏皆家宅捜査を受け、外に実業新聞社宝井巌氏も形式的取調を受けたる由」また同日の『牟婁新報』三面には外に「◎秘密書類は艶書也……家宅捜索中乃喜劇……」などがある。＊『牟婁新報抄録・初期社会主義資料』には採録されていないものの、紀州派への捜索が極めて厳しいものであったことが窺える。

▨七月九日『信濃毎日新聞』「◎板伯《ばんぱく》の社会政策／板垣退助伯爵が桂首相を訪れ「対社会主義者及び世に不平家の現出して之を絶滅する能はざるに依り先づ社会改良の政策を地方自治体に実施し、各地方に模範村を作るを急務とする」べきだという提案を行う。

『牟婁新報』「牟婁日誌」「◎其後の家宅捜査◎大都河の家宅捜査……社会主義の飛沫か……／去る六日、周参見《すさみ》分署長は巡査二人を従へ大都河村へ出張、小河内小学校教員前田徳五郎氏を訊問し、同意を得て家宅捜索を行ひ書籍数冊を持ち去り、次いで同氏の実家をも捜索し、更に雪嶺串上繁蔵氏方に赴きたるも、同氏不在の為め一応引き上げ、翌七日更に同氏方に赴きたる…〈以下略〉」

「◎大石初子と語る／……新宮廓の美人／[redacted]（三文字伏せ字）事件の証人……／去る六日の朝九時頃、例の[redacted]（六文字伏せ字）事件とやらで蛙聖成石平四郎の証人として熊報記者崎久保誓一氏と共に當予審廷へ召喚された新宮町の人大石初子（二三）が「何だか面白い女」のようだったので会って話してみると、彼女は成石の馴染みの娼妓で、四日朝すぐ来いと連行され夜中に田辺へ到着、船酔いでぐったりしているのに警察署で訊問を受け、疲れたので横にならせてくれと頼むと巡査は留置場へ入れといったが、部長は証人だから留置場はいけない、と警察署の裏で青天井の下に仮眠した、翌朝「亀の子」という縛り方で縛られた成石が取り調べられるのを見たが「今は予審に関するを以て一も茲《ここ》に書くことなど出来ぬを遺憾とす」と記者は結んでいる[28]。

▨七月一〇日『東京朝日新聞』「◎栃木県と社会主義」と題し、其筋の命により社会主義者は勿論社会主義に関する新聞雑誌や書籍を閲読する者に至るまで詳細に取調べているが、僅々五六名の青年のみ、とある。＊大逆事件とは関係ないが社会主義者取締の激しさを窺わせる。

▨七月一五日『牟婁新報』「◎大都河の家宅捜査」「◎羽山邸捜査は誤報」の二件の報道があるも事件との関連少なかったという。

▨七月一六日＊内務省の『社会主義者沿革（第三）[29]』によれば、この日幸徳秋水は「四十一年十一月中平民社ニ於テ誠之助及卯一太ニ対シ時ヲ異ニシテ前示誠之助カ被告平四郎及高木顕明等ニ告ゲタルト同趣旨ノ談話ヲ為シ賛成ヲ求メ且決死ノ士ヲ募ル必要アリト告ゲタ」と供述したという。これに基いて予審判事は当時新聞紙法違反罪に依り監獄に服役中の松尾卯一太を東京監獄に移監し取調べ、その陳述に依って被告新見卯一郎、佐々木道元、飛松与次郎及卯一太等の家宅を捜索する必要を認めた。新たな事件拡大方針がひそかに進められていたのである。

▨七月一七日『東京朝日新聞』「◎軍隊の社会主義兵／▽幸徳秋水等と相謀る／千葉鉄道連隊第六中隊工兵飯田盛次郎（二十七）は昨年十二月一日入営以来厳格なる軍規の下にあり乍《なが》ら濫《みだ》りに社会主義を唱へて」いたが、幸徳秋水宅を捜索したところ秋水宛の盛次郎書簡数通発見され「竹内連隊長は大に驚き今回同人を重営倉三十日」に処し、「尚取調を進行中」。盛次郎は熊本生れ、熊本評論に厄介になっていた間に社会主義に染まった、という。

▨七月一八日『東京朝日新聞』「◎西川光二郎の出獄」と題し、「去る三十九年騒擾事件に連座して爾来水戸監獄にて苦役中なりし」西川光二郎が「昨朝八時満期出獄同九時帰宅せり」とある。
＊この時期、白瀬中尉南極探検関連記事連日掲載。また北海道有珠山爆発記事も数日続く。

▨七月二〇日＊熊本の松尾卯一太熊本監獄より東京監獄へ移送さる。各地への波及が本格的になる。

▨七月二三日『信濃毎日新聞』「◎社会主義者の行動」と題し、社会主義者中の過激派たる幸徳、西川、坂井《ママ》（堺）の一派、に関する説明の後、幸徳秋水について「尤も此事件に幸徳が果して関係あるや否やは頗る疑問なるが如し聞く処に拠れば幸徳は大に省みる処あり従来の行動を一変せん模様あり」とか。＊幸徳が事件に関係がないことは薄々広まっていたようだ。

▨七月三〇日＊熊本グループ家宅捜索を受け、獄中にある松尾卯一太宅よりダイナマイト発見。魚取りに使用するものだったとか。

▨七月三一日『読売新聞』「熊本地方裁判所検事局は東京地方裁判所の嘱託を受けて、二十九日より三十日朝にかけて大活動を開始し、同市に於ける社会主義者新美卯一郎、志賀連、森某、其他三名を拘引し、同時に厳格なる家宅捜索を行ひ、弁護士広瀬莞爾氏方も捜索を受け、引続き郡部に於て同主義者の検挙を行ふ可き模様なり」また「市内の名望家」と題し、「新美、志賀の諸氏は去る四十一、二年頃に、社会主義者松尾卯一太が熊本にて『熊本新聞』を発行したる時の金主、同時に社員にして、その後熱心なる無政府的社会主義者となりしが、共に同地の名望家にしてまた資産家なり。志賀はその後零落し、破廉恥罪をも犯し、昨今は同主義者間にても排斥され居る男なり…〈以下略〉」の記事と「愚童坊の新罪　なほ社会主義者に関しては、その筋に於いて新たに発見せる犯罪あるらしく、既に横浜監獄に七年の懲役にて入監せる内山愚童をも、数日前に余罪発覚という筋にてわざわざ東京地方裁判所に召喚し、目下引き続き取調べ中なり。」の記事もあり。

『東京日日新聞』「〇社会主義者引致（熊本）／昨夜より今朝に掛け社会主義者と認められたる新美卯一郎、志賀連、森某其他三名を引致し家宅捜索をなせり……」と同内容の記事。

『福岡日日新聞』「二十八日夜から東京の検事武富斉、判事富田祐太郎、熊本警察署を指揮して逮捕されたるものは元熊本評論記者新美卯一郎、志賀連外五、六名、家宅捜索をうけたるもの七、八軒に及びなほこの外郡部にも活動したる模様ありて疾風迅雷的逮捕又は捜査を行ひ、同県玉名郡豊水村松尾卯一太初め予《あらかじ》め其筋より社会主義者を以て目されたる者の多数検挙されたるやに伝へらる」

▨八月一日＊この日より『東京朝日新聞』三面に「第二回世界一周会」参加者〈告知子〉のレポートを連載するとともに、長谷川如是閑が次の記事を上中下三回（三日まで）掲載。「◉女権拡張示威運動／（上）存倫敦《ロンドン》如是閑」と題し、「二万有余の女壮士《サツフレヂエツト》が大〱的示威運動を行ふといふ場合に立ち到つた」＊おそらく偶然サフラジェット（Suffragette＝婦人参政権拡張論者による政治運動）のデモを見たのだろうが、外国の女権運動に関するかなり詳細な報道である。今井泰子が、啄木の詩篇『心の姿の研究』（三）「事ありげな春の夕暮」（明治四二年）の素材ではないか、とかつて紹介したことがある。年代錯誤的矛盾《パラクロニズム》もあるが、翌年の『青踏《ブルー・ストッキング》』との関連もあり興味深い報道。

▨八月二日＊『東京朝日新聞』三面には前日の「サッフラヂエット運動」の続きが「◎女権拡張運動（中）在論敦如是閑」として掲載。

『東京朝日新聞』「◎無政府党員の拘引／無政府党員にして青年社会主義団の主領たりし中外通信社社員佐藤庄太郎（二十四）は昨日午前八時芝南佐久間町一丁目二番地なる自宅より拘引されたりとの説あり」＊全文である。非公式のリークによるか。しかし社会主義と無政府主義の違いを明確に記す記事はこの頃珍しい。佐藤庄太郎は「社会主義者沿革」（『続・現代史資料I』松尾尊兊編・昭和五九年一〇月、みすず書房所収）に触れられているが、大逆事件とは関係がない。

『東京朝日新聞』「◎全国の腸窒扶斯《チブス》患者／本年一月より六月末迄の全国腸窒扶斯患者は九千九百廿二人、死者二千七十八人にて昨年の該病患者は五千八百八十一人、死者千三百六十三人なれば比較上本年は著るしく患者の数を増加せし訳なり其中発生患者の最も多きは東京の三千二百十一人死者四百八十人にて……〈以下略〉」＊これ以後、稀に見る豪雨が日本全土を襲い、天明以来と称せられる。伝染病も多発し、その患者数と氏名を報じる記事増加。

▨八月三日『九州日日新聞』「熊本の社会主義者数名検挙せらる」と題して七月三〇日に武富検事ら三検事と書記が「社会主義者新美卯一郎（三二）宅及び同人の別宅なる市外本庄村並《ならび》に市内寺原佐々木得茂《ママ》［母］宅その他数ヵ所の家宅捜査《ママ》に行ひしが、此日は熊本警察署より刑事及巡査数十名にて捜索を受くべき各戸を警戒し捜索に着手する以前に前記卯一郎と森某（一九）の両名を拘引し、同日家宅捜索を了へ《を》、翌卅一日は日曜日にも拘《かかは》らず熊本地方裁判所検事局員は残らず出勤して業務を執り、極めて敏速に犯罪嫌疑者の取調をなしたるが、昨日［八月二日］拘引せられたるものは前記得茂の弟佐々木某（二二）、市内蔚山町田村某（二五）にして、過日来朝憲紊乱の廉《かど》にて熊本監獄に服役中なりし松尾卯一太（三二）は去卅日東京地方裁判所に押送せられたれば、同人と幸徳一派と共に彼の爆烈《ママ》事件の連類者と目され居るならん」＊佐々木徳茂は徳母。森某とは広瀬莞爾弁護士の元書生毛利茂雄（十七）で幸徳宛過激書簡が見つかったらしい。松尾卯一太の東京転獄は廿日の間違いである。＊『東京朝日新聞』三面にサフラジェット（下）「◎女権拡張示威運動（下）在倫敦如是閑」、同じ面（文芸欄）に啄木の〝NAKIWARAI を読む〟掲載。なおこの日、平沼騏一郎は、幸徳以下一四名に追加して松尾・新美・佐々木・飛松の四人を刑法第七三条違反者とする。計一八名。

▨八月四日啄木「日本無政府主義者陰謀事件経過及び附帯現象」によれば「文部省は訓令を発して、全国図書館に於て社会主義に関する書籍を閲覧せしむる事を厳禁したり[30]」また「全国各種学校教職員若しくは学生、生徒にして社会主義の名を口にする者は、直ちに解職又は放校を為すべき旨内訓を発したりと聞く」＊後続の記事に見るように、この文部省訓令は秘密の内に全国へ流されたものである。

『東京朝日新聞』「◍発売禁止　八月一日京橋区北紺屋町トーア社発行の美人画報消夏号は風俗壊乱の為昨夜其筋より発売頒布を禁ぜられ残本は悉《ことぐ》く押収されたり」＊これで全文。新聞報道ではあまり発売禁止記事は掲載されないが、前記『社会主義者沿革（第三）』の発禁処分一覧を参照すれば、事件発生後の七月から増加し九月に至って非常識なほど激増していることがわかる。

▨八月五日『東京朝日新聞』「◍石川県水害（金沢）／一日夜より強雨の為め鹿島郡諸川増水甚だしく……〈以下略〉」＊水害記事この頃より増加し、次第に紙面全面を占めるようになる。四面には「◍群馬の増水被害」「◍茨城の増水被害」と並ぶ。五面に「◍発売禁止　本月発行の雑誌エコー第三巻第十三号は安寧秩序を害するものと認められ一昨日発売頒布禁止となる」＊これも前日の発禁報道に継ぐもの。発禁押収が増加した。

▨八月六日＊『東京朝日新聞』「女郎買の歌」無著名（啄木？）掲載。これ以外に注目すべき記事なし。

▨八月七日＊『東京朝日新聞』「◎埼玉県の伝染病▽赤痢病（3名）▽腸窒扶斯（4名）」の名前が羅列。

▨八月八日『東京朝日新聞』「◎朝鮮日々発行停止　六日京城特派員発／朝鮮日々発行を停止せられ曩《さき》に停止を命ぜられたる三新聞は六日解停さる」＊この頃より日韓併合に関する報道が次第に増加(31)していくが、まず厳しい報道規制が先になされていることは重要である。豪雨災害と日韓併合記事とで各紙の紙面は埋められる。

『東京朝日新聞』四面「群馬の豪雨／▽各地の大被害／七日午前二時頃より午後三時頃迄群馬県地方は各地共篠衝《しのつ》く許《ばか》りの豪雨あり……〈以下略〉」とかなりの長文で被害報道。ほかに「◎埼玉の出水」「◎日光の増水」の記事もあり。

▨八月九日『東京朝日新聞』「本社朝鮮特電／◎発行停止頻々／七日京城特派員発／御用外字新聞セオウル、プレスは六日発行を停止されたり」＊簡単な報道だが、前日の報道に見られるように韓国では日本と比較にならぬ激しい言論弾圧が始まっていたことを示す。

『東京朝日新聞』「◎茨城県の増水」「◎栃木県の増水」「◎埼玉県の増水」記事。五面には「◎

神奈川県の水害／▽諸川の増水」と、稀に見る水害の報道が続く。

▨八月一〇日『信濃毎日新聞』「◎文部と社会主義／全国図書館の取締／去る四日付にて文部省は各府県教育課に通牒して全国にありとある図書館より社会主義的思想を蔓延せしむべき虞《おそれ》ある内外の図書を始めとして文芸上の叙述若くは雑誌等の風俗を壊乱するが如き物を悉く抽出して厳に公衆の眼に触れしめざる事を命令せり」と思想弾圧強化命令。また「之が実行を秘密にすべき旨併せて通牒せる」とある。＊これは重要な報道である。啄木が「日本無政府主義者陰謀事件経過及び附帯現象」八月四日の項で記した情報と同じだが、「之が実行を秘密にすべき旨」を通牒したというのだから、これは公表されないまま関係機関に伝えられたのであり、したがってこの記事はスクープということになる。啄木は後にこの文部省訓令実施の経緯を知ってから八月四日付で記したと思われる。あるいは一〇日の時点で報道規制が弛んだのかもしれないが、他紙には関連記事が見当たらない。

『東京朝日新聞』「◎朝鮮日々廃刊　京城特派員発／目下停止の朝鮮日々は其儘廃刊すべしと」

＊これも短文（全文採録）ながら韓国の言論弾圧の例である。

『東京朝日新聞』「◎各地増水被害」と題して▲群馬県、栃木県、茨城県、埼玉県の水害記事が掲載。五面はほぼ全面が八日夜来の大雨で各地に増水による被害続出したという記事。これ以後数日にわたって詳細な各地の水害状況報道が続く。また「◎東海道の出水／▽記者も電信も杜絶／▽屋上に救助船を呼ぶ／八日来の大雨」「▲静岡の水災▽市内浸水二千余戸」「◎神奈川県の水害▽諸川益々増水」「◎府下諸川の増水▽江戸川筋の汽船中止」等の記事続出。

▨八月一一日『東京朝日新聞』「利根川の増水」他、水害で各地の鉄道不通など。

『東京朝日新聞』「◎稀有の水害」五面全て水害記事。「◎稀有の水害／▽交通杜絶通信不通／▽堤防決潰家屋流出／▽軍隊の出動」その他。また「◎天候は恢復すべし／▽低気圧漸く去る」

▨八月一二日『東京朝日新聞』「本社朝鮮特電◎朝鮮新聞停止／十日京城特派員発／仁川発行の朝鮮新聞又停止さる」

『東京毎日新聞』「◎排日学生巨魁捕縛（十日京城特派員発／排日留学生の巨魁明治大学生李正衡《りしやうかん》は九日夜南大門に帰着の処直に捕縛さる）」＊これ以後、韓国内で日韓併合に関する学生達の反日運動や〈憤死事件〉が多数報道されるが虚実交々(32)である。

『東京朝日新聞』四面はほとんど「◎稀有の水害」と題する被害状況の報告で埋めている。以後八月二〇日過ぎまで〈天明以来〉の水害報道満載、文芸欄連載の長塚節「土」も〈原稿未着〉により数日掲載が中断された。

▨八月一三日『東京朝日新聞』「◎低気圧又来る」＊また八月一〇日付で新聞の「配達遅延」

のおわび社告を出す。同日四・五面ほとんど水害記事。「天明以来の洪水」「未曾有の水害」などの活字が躍る。

▨八月一四日『東京朝日新聞』「◎悲惨の極▲水勢矢の如し」等々、水害記事に混って次のような報道あり。

「◎葉山海岸の首無女▽死装束を纏ふ▽三回目の犯罪」「白木綿の死装束を纏ひたる首無女の死体漂着」「◎美人惨殺さる」。＊五面に記されたものだが、この時期この種の殺人事件が多発していた。中には水害によって流された〈首無し死体〉も混じっているのだが、谷崎潤一郎の小説のモデルにもなった〈お艶殺し〉や、酒乱軍人の何人斬り、という凄惨な事件が多発している。

▨八月一五日『東京朝日新聞』「◎陰謀露見／十三日京城特派員発／十二日夜来学生及不逞の徒検挙さる、者廿七名の多きに及ぶ彼等は聞くも恐ろしき陰謀を企て居たる一味徒党へ電話に何《ママ》事か通じ居る現場を押へられたるものなれば何れも有力なる証拠あり罪状顕著なり警察の活動斯《かく》の如きに反し統監邸及統監府の活動は至つて閑静なり」＊大逆事件被告と韓国人とが通じ合っているという重要記事だが、続報はなく、ガセネタだったらしい。

▨八月一六日『東京日日新聞』「合邦と韓人」ほか、韓国併合問題に触れた内容の記事が出る。

＊この時期寺内総監が韓国併合に向けて動き出しつつあることがジャーナリストに察知されたので、日韓併合の時期が来たと判断したのだろう、各紙ともいっせいに推測記事を掲載し始める。

▨八月一八日『東京朝日新聞』「◎日韓交渉の機」寺内総監が韓国へ赴任したからと言って「既に十六日より交渉開始せりとの説は未だ信ずるに足らず二十日頃より内密に交渉開始さるべしとなり」＊推測記事。この項から日韓併合問題が最終的に煮詰まってきたと新聞人にもわかってきたらしい。この記事は表面上交渉開始を否定しているが、実は一六日に合併通告を韓国側に行ったことは事実であり、この日は韓国側の閣議で諒承されているのだが、韓国国民の反撥を怖れ日本政府はまだ伏せたままである。以後、秘密裏にこの問題を進展しようとする政府と、それを嗅ぎつけて報道する新聞との攻防が激しく、政府の言論統制が如実に示される。言論弾圧は大逆事件以後、この韓国併合問題でよりいっそう激しくなったのではないか、という想いを禁じ得ない。九月以後の国内の激しい言論弾圧をみると、韓国内での完全な言論統制を経験した政府が日本国内にも露骨に応用したのではないかと推測するのである。

『報知新聞』「寺内韓国統監は愈々《いよいよ》十六日を以て李総理と会見し韓国将来の問題に就き或る条件を提出して調印を求め、茲《ここ》に時局の進展を見る近きに迫れり、右内容に就ては、本社の確聞する所あるも今は公表の時期に非ざる以て何れ其時期に到達次第詳報す可し」と、時局を的確に纏めている。

『時事新報』「時局いよいよ切迫／京城十六日午後発」と題して「韓国側元老、大臣の往復は昨今ようやく頻繁となり、加うるに十六日朝、李総理の統監訪問及び李、趙二氏の密議等、時局の発展を測知するに足るものあり。要するに統監の対韓活動は、着任以来予定のごとく進行し、今やいよいよ第三期に入り、解決の期切迫したるものと信ぜらる。／一昨日以来、各方面の警戒いっそう厳重となれり」

▨八月一九日『東京日日新聞』「京城電報」欄に、次のような短い記事が並んだ。

「○重大文書起草／中枢院議長金充植氏は本日重大なる文書の起草に着手したりとの説あり」（十八日號）

「○陰謀者捕縛／大韓興学会の李俊長及び李昌金は不穏の企図ありたる為本日捕縛せられたり」（十八日號）

「○統監の緊急訓諭／寺内総監は昨日大久保軍司令官、榊原参謀長を官邸に召集し何事か緊急訓諭あり引続き龍山練兵場に将校を召集し榊原参謀長より重要の命令を伝えたり」（十八日號）。

「○総理以下の密議／李総理外五大臣は今朝九時より閣議を開き高度相は正午退出せしも其他の各相は今尚何事か密議中なり」（十八日號）

＊記者が重要人物に貼り付いていたのだろうか、慌ただしい様子が伝わってくる。陰謀者と思われた人物が続々逮捕（予防拘禁）されているのが注目されよう。

▨八月二〇日『東京日日新聞』「〇今尚ほ《ママ》密議／各大臣は今尚ほ内閣にて密議中なり」＊前日の続報である。

『東京朝日新聞』「◎発行停止」と題して京城特派員発記事があり、大韓民報他「韓字新聞雑誌続々発売を禁止さる」とある。＊まじかに迫った日韓併合公表に際しての予防的措置であり、以後、次々と主要新聞が発禁にあるいは押収処分に付される。次の同日釜山特派員発参照。

『東京朝日新聞』「◎内地新聞差押／十九日釜山特派員発／朝日、毎日、新報、福岡、馬関、下関等十九日朝着の新聞紙は総て桟橋にて取押へ其発売頒布を禁止されたり」＊いずれも韓国併合が間近だという推測記事が載っているか、あるいは韓国問題に言及した記事があるか、とにかく韓国民を刺激しないようにとの配慮から、国内のみならず日本からの新聞も全て差し止めた。

なお『東京朝日新聞』「◎夏目漱石氏病状／過般来《くわはんらい》伊豆修善寺菊屋本店に転地療養中なりし社員漱石氏の病状に就き重態の噂ありとて一昨日来本社に問合せ頻々たりしが念の為一昨日長与胃腸病院の森学《ママ》士と共に社員を派して見舞しめたるに同夜十一時『同氏は月初転地後数回胃部に少量の出血ありしのみ差当り激変の憂なし』と報じ来れり(33)」という記事が載る。

▨八月二一日『東京朝日新聞』「◎昨今の京城／十九日京城特派員発／警務総監部は時節柄秩序の紊乱《ぶんらん（ママ）》を防がん為め流言蜚語《るげんひご（ママ）》の根源を撲滅せんとて活動を開始し十九日其主謀者及び連累者

七名を逮捕し北部《きたべ》警察署に拘禁せり」＊間もなく調印される日を目前に迎え、韓国内の騒ぎを最小に押さえようとして、極端な弾圧を実行している。『東京日々新聞』にも同内容の記事あり。『東京朝日新聞』「◎内地新聞輸入差止／十七日の報知、大毎号外十八日の朝日、報知、大毎、都、東毎、読売、九州日日、大新、九毎、福日、馬関毎日及び十九日の福井は孰《いづ》れも治安妨害と認められ統監府令に依り韓国輸入を禁止され或ものは釜山にて全部押収されたり」＊治安妨害の名のもとに日本からのメディアは全て押収されることになった。

『東京日日新聞』「京城電報」と題して「〇七名逮捕／昨今無稽の流言を伝へたる金在純《キムジエイスン》、李高周《イコジユ》、韓錫申《ハンソクシン》等七名は本日捕縛されたり（十九日號）とある。＊『東京朝日新聞』記事内容の人名が記されている。十九日號というのは一九日発の意味。

同『東京日日新聞』「〇各大臣へ警告／各大臣等が各所に於て密議せるに対し寺内総監は協議は不可ならざるも慎重なる態度を執るべき旨を警告せり（二十日號）」＊情報漏れを警戒した措置である。＊なお『東京朝日新聞』第六面には坂本生の署名で「◎漱石先生の病気」と題して「修善寺へ転地中の夏目先生」訪問記が掲載されている。

▨八月二二日『東京朝日新聞』「文芸欄」に魚住折蘆の「自己主張の思想としての自然主義（上）」掲載。（下）は翌日。

『東京朝日新聞』「本社朝鮮特電」欄に「◎内地新聞差押／二十日京城特派員／其後十九日の北

海タイムス、小樽新聞、小樽毎夕、旭川毎日十八日の信濃日報発売頒布を禁ぜらる」＊前日までの報道を受けた韓国内の言論弾圧。小樽新聞などにまで及んでいる。

『東京朝日新聞』「◎時局の現在／十八日京城にて氷魂郎／十六日李総理の寺内統監訪問を見て素破《すは》こそとばかり之《これ》を大袈裟に観察し愈《いよいよ》統監から時局問題に関する提案をしたなどと鬼の首でも取つたやうに誠しやかに報ずるものがある。所が之《こ》れは荒唐無稽の捏造説で統監からはまだ公式の提案は愚か、非公式の内交渉すらして居ない」

『東京朝日新聞』「◎臨時枢府会議／二十二日午前十時より臨時枢密院会議を開き重要案件に付協議する由」＊全文これだけで短いが、これこそ日韓併合の最終決議だった。

▨八月二三日『大阪毎日新聞』「大事定まる」と題して二二日午前九時三〇分より桂首相以下各枢密顧問官が登院、特に陛下の臨御を奏請して「御諮詢案韓国合併の件を附議し」「満場一致原案を可決し、陛下には御機嫌麗しく直ちに入御あらせられ」た。また「韓国併有協約の内容」の主だった点も挙げている。

『東京朝日新聞』「◎韓国合併／▲寺内統監と李総理大臣との間に特《とくしゆ》種（ママ）の協約成立し去《さる》十六日李総理は之《これ》を韓国皇帝陛下に奏上せり。／▲韓国皇室の嘉納」と続く。韓国皇室は韓国併合をつつがなく「嘉納」したと去る一七日に寺内より桂首相へ電報があり、桂首相は直ちに参内して明治天皇へ伏奏、昨日二二日の臨時枢密院会議で「◎合併協約内容」として七八ヵ条を推測し、その内六ヵ条の内容を挙げている。

＊同日魚住折蘆論（下）。同じ紙面に寺内子爵と李完用《イワンヨン》の写真が掲げられている。

『東京朝日新聞』「◎大阪の社会主義狩」と題し、当局の命により各地の社会主義者が調べられているが、大阪でも〈俄に騒がしく〉なったとあり、二四日の『牟婁新報』と同じ内容。末尾の「根絶すべく或手段を用ふることとなりたるなりと」という結びも同一。〈或手段〉というのがフレーム・アップを意味するなら、拡大方針に批判的なものが敢えて洩らした情報か。原敬寄りの検事判事の可能性あり。

『信濃毎日新聞』二二日月曜日に臨時枢密院会議・臨時内閣会議が開かれて「重要問題の経過並に発表」がなされた模様とあるのみだが、寺内統監と李韓国総理との間で日韓併合の話合が大詰めを迎え、今夜にも調印、とある。推測ではあるが後の記事を見ればほぼ正確な内容。この新聞の記事はかなり確かである。

『報知新聞』「日韓併合の内容」と題して詳細な記事掲載。「日韓併合条約は既に寺内統監と李総理との間に調印を終りたるを以て二十三日別項記事の如く臨時枢密院会議の御諮詢を経たるが今其内容を漏れ聞くに」として以下七項目を挙げている。＊八月二九日に詳細な内容が発表され、それによれば八項目だが、各新聞社とも大体の内容は把握していたらしい。また明治以来大日本帝国は琉球・台湾・樺太に次いで朝鮮が加わり「漸次に膨張し来れり」と喜んでいる。

▨八月二四日『大阪毎日新聞』「合併協約通牒／韓国併有協約は既に二十二日午後、調印を了したるを以つて、我が政府は二十三日、協約の内容を各国政府に通知したる由」と列国には通告しつつも、「合併発表期」に「日韓合併発表期に就いては、ここ一両日はなほその運びに至らざるべく、たぶん二十六日以後ならんとの説あり」と公式発表はなお先送りにされた。そして明石警務総長は「警戒訓令」を出し、「暴変防止」のため「集会禁止の布令」を発した。これは「在京城耶蘇教徒中ややもすれば名を宣教に藉りて大道演説を試み、多数群衆の混乱に乗じて、取締りの警官と衝突の機会を作らんとの不埒なる目論見をなすものあるがため」である。

『信濃毎日新聞』「◎併合条約調印」とあるが、前夜調印されたというだけで詳細な内容は公表されていない。同一紙面にまた「◎韓国併合条約」とあって、公表されてはいないものの、八条にわたる内容が予測されており、後の報道とこれまた合致。韓国では騒擾の模様なく平穏、軍隊増強の必要なし、等の記述あり。

『毎日電報』に「社会主義者の陰謀」と題し、二二日に大阪で逮捕された武田九平他七名の社会主義者について、「彼等一味は韓国排日派の頭目李範允《イボンユン》・李晩栄《イマンヨン》等と気脈を通じ、日韓合併発表の日を以て、東京と京城に於て一大暴動を起こさんと企てゐたるものと噂さる」という記事が載るも、後述するように意図的なガセネタらしい。

『東京朝日新聞』「大阪でも社会主義者を検挙　大阪在留の社会主義者が、極めて危険なる陰謀を企て居ること発覚し、過般来厳重捜査中なりしが、東京地方裁判所武富検事、神戸地方裁判所小山判事は、特命を帯びて来阪、中の島花屋旅館に投宿し、大阪地方裁判所三橋、鈴木の両判事及び警察部長高野高等課長等と秘密に検挙の打ち合わせをなし、いよいよ二十二日未明、市内各署の司法主任警部をして、嫌疑者十数名を拘引せしめ、北警察署に拘禁し、同夜より翌日に引き続き取調べを行へり」とあり、岡本穎一郎外七名の氏名年齢を列挙、「百瀬晋はかつて幸徳秋水方に書生をなし居たることあり、先般より暗号通信にて同志と種々の打ち合わせをなし」云々、また「社会主義者としてはもとより重きを置くほどのもの一人もなけれど、兎に角罪状顕著なれば、両三日中にことごとく東京に向け護送さるべしという。因みに当局者は、朝鮮の排日派等には全然無関係にして、単に爆発弾事件の余波に過ぎずと言い居れり」という。複数のニュースソースからさまざまなサイドニュースがリークされていたらしい。

『牟婁新報』「◎社会主義退治／……大坂□□活動……（二文字不明）／社会主義爆弾事件以来当局者は一層同主義者の取締を厳にし之が根絶の目的を以て全国の警察に内訓を発したること一再ならず爾来《じらい》大阪警察部にても予《かね》て依り調製し居れる同主義者若くは嫌疑者名簿につき本人の挙動監視を密になし居たるが二三日前より卒《には》かに騒々しくなり各方面に対し思ひ〳〵に活動を開始せり但し今俄に同主義者を検挙すべき程の新事件発生したりといふにはあらず其の筋よりの内命により殊更《ことさら》挙動不審の者某々二三名を拘束すると同時に他の嫌疑者も根絶すべく或る手段を用ふることになりたるもののよし『大朝』は報ぜり」＊『大阪朝日新聞』記事からの転載だが、「或る手段」が大逆事件と朝鮮の〈排日派〉との強引な結合をいうのか、疑問である。

『東京朝日新聞』「夏目氏病状十九日以来引続き気分宜く経過良好付一同愁眉を開けるも尚厳重に警戒を加へ居れり」[34]

▨八月二五日『大阪毎日新聞』「韓国合併と米国の輿論」（二十三日発の華盛頓《ワシントン》特電）「米国官界に於いては、日本の韓国合併に対して毫も論評もしくは論難を加うる事なし」と報じながらも、「しかれども民間の論評は遠慮する処なくこれに反対の意見を発表し、紐育《ニューヨーク》トリビユン新聞はレパブリカン党機関新聞を代表して明らかに論じて曰く。日本の韓国合併が、永久に世界の讃賞を博するや否やはすこぶる疑はしき事なり。」「米国及びその他各国に於いて烈しき反対および非難あれども、これがため日本をして韓国を放棄せしむる事あたはざるのみならず、かえつて日本の努力はますます増加すべし」「（米国の）諸新聞紙中、或いは韓国を波蘭《ポーランド》に比しその滅亡を悲しむとともに、日本が韓国に善政を布くを認め居れるものあり」＊これ以後、諸外国の反応を気にする記事が続出する。

▨八月二六日『東京朝日新聞』「〇夏目漱石氏病状／長与胃腸病院杉本副院長は一昨日修善寺に到りて夏目氏を診察せり、同夜八時頃多量の吐血ありて一時人事不省に陥りしも杉本氏外両医師の手当に依りて覚醒し」たとある。

＊その他八月二七日『信濃毎日新聞』にも「◎夏目漱石氏危篤／伊豆修禅寺に於て静養中なり

し文士漱石夏目金之助氏の容態頗る危篤最早絶望なり」との記事が掲載されるなど、各紙で報道。

▨八月二九日啄木「日本無政府主義者陰謀事件経過及び附帯現象」によれば「韓国併合詔書の煥発と同時に、神戸に於て岡林寅松、小林丑治外二名検挙せられ、韓人と通じて事を挙げんとしたる社会主義者なりと伝へらる」＊日韓併合と神戸グループが関連して検挙されているが、この記事の詳細は未詳。『信濃毎日新聞』に言う下関から汽車に乗車した混血児三名日本人一名韓国人一名の集団が、桂首相暗殺を企てたという情報と関係あるのかも知れないが後続の情報なし。以後、安重根《アンジュングン》の甥安明根《アンミョングン》による寺内総督暗殺未遂事件等、不穏な報道が断続的に続く。

▨八月三〇日『東京朝日新聞』は「韓国併合詔書」が正式に発表されたと報道。＊前日（二九日）付で、天皇名で発表された詔書をこの日に報道した。『朝日新聞』だけでなく他紙も、まだかなり大きな韓国地図を掲載している。啄木が塗り潰した韓国地図である。
『東京日日新聞』「日韓併合の発表」と題して各項目毎に詳細な記事あり。

◍『信濃毎日新聞』「◎韓国併合発表」と大々的に。二九日付で公に発表された内容を公表。韓国併合条約、全八条も八月二二日付で寺内正毅統監と李完用韓国総理大臣の間で結ばれていたという。また「◎韓国併合詔書」第一～第四も全文掲載されている。[35] 他紙もむろん同様。

▨九月一日『東京朝日新聞』は「朝鮮特電」と題して第二面ほとんどが韓国関係記事である。ヘッドラインを挙げると以下のようになる。

「◎意外に静穏／三十日京城特派員発」

「◎警戒厳重／同上」

「◎朝鮮新聞の調子／同上」

「◎総監と大赦囚人／同上」

「◎断髪決行」（永登浦《あいだうほ》近隣の二ヶ村民が）「日本国民に成りたるを喜び全村挙《こぞ》つて本日中に断髪決行の決議を為せり」

「◎教科書の改正／従来使用し来《きた》れる学童の教科書は此際全部を改正明年四月十二日より使用の筈にて調査中なり」

『東京朝日新聞』には他面にまた「◎多量の爆薬を盗む／▽社会党陰謀の疑ひ／筑前国粕谷郡完美炭坑に於て去る廿日爆発火薬五斗（約一千封度《ぽんど》）を竊取せられたるは余りに多量なるより或は例の社会主義者の行為にあらざるやと其筋にて目下厳重犯人捜索中なるが何等手掛りなし」という記事があるも続報なし。

▨九月二日『東京朝日新聞』「◎錦山郡守《きんざんぐんしゅ》憤死／三十一日京城特派員発／全羅北道錦山《ぜんらほくどうきんざん》の郡守某は併合条約の成立を憤慨し自ら毒を仰《あふ》いで死せりと」

『東京朝日新聞』「◎合併と台湾／日韓合邦《がっぽう》は台湾の民衆殊《こと》に本島人より一種譬《たと》へ難《がた》き衷心《ちゅうしん》の喜びを以て迎へられ昨日は台北市中早朝より戸々《ここ》国旗を掲げ提燈を吊して祝意を表し全市活気に満ちたり。」

『東京朝日新聞』「◎神戸社会主義者／▽徹夜訊問と一段落／小山神戸地方裁判所検事正以下各検事は三十日徹夜して引致者を訊問し三十一日朝は例の戒厳式警戒を解けり」

▨九月三日『東京朝日新聞』「本社米国特電」欄に「◎朝鮮人団体の宣言／一日紐育《ニューヨーク》特派員発／在桑港朝鮮人《ざいそうかうてうせんじん》団体たる愛国協会員は一日夕大会を開き徹頭徹尾合邦に反対し祖国の自由と独立との為めに闘《たたか》ふべしとの宣言を発せり」

また「本社満州特電」欄には「◎合併反対建白書／一日哈爾賓《はるぴん》特派員発／当地韓人二百名は桂首相に宛《あて》たる日韓併合反対建白書を領事館に致《いた》せしも領事館は既に併合に決せし旨を諭《さと》し之《これ》を返《へん》付《ぷ》したるに韓人は不穏の体にて引取れり」＊同文芸欄に森田草平「ヒユマニテイの文学」が掲載、また長塚節「土」がずっと連載されている。

▨九月四日『東京朝日新聞』「◎又憤死／二日京城特派員発／江原道通川郡守《かうげんだうつうせんぐんしゅ》宋洵斗は又々憤慨の極《きょく》憤死せり平安北道定州にも学生三名憤死せしとの説あるも信偽《ママ》尚不明なり」＊この〈憤死〉報道、しきりに掲載されるものの真偽不明である。

また「◎桂首相に勅語／韓国併合発表の日天皇陛下は親しく首相を御前近くに召され左の意味の勅語を賜はりたり／韓国併合条約締結に関し翼賛心を盡し能く機宜を制す朕深く卿が夙夜《しゅくや》の労を嘉す」

▨九月六日。啄木「日本無政府主義者陰謀事件経過及び附帯現象」によれば「この日安寧秩序を紊乱するものとして社会主義書類五種発売を禁止せられ、且つ残本を差押へられたり。」とあり、また「爾後約半月の間、殆ど毎日数種、時に十数種の発売禁止を見、全国各書肆、古本屋、貸本屋は何れも警官の臨検を受けて、少なきは数部、多きは数十部を差押へられたり」＊社会主義に関係なく題名に社会の二字があれば昆虫社会でも刑事が訊問に来たともいう。

▨九月七日『東京朝日新聞』「◎排日韓人妄動／五日京城特派員発／……〈中略〉……浦塩《うらじお》在住の朝鮮人は露国式精鋭の銃器五百挺を買入れ豆満江を渡り京城に入らんと企てしに露国官憲の知る所となり悉《ことごと》く之《これ》を焼棄《やきす》て」たという。

『東京朝日新聞』「不穏韓人捕縛」では、「哲道教（排日派）月報社主幹李教鴻」が「書を外国領事に寄せて併合反対の意を漏らしたる」に因って「捕縛」とある。＊書簡中に不穏な表現があったというだけで捕縛されているのであり、検閲が極めて厳しかったことが窺えよう。

『東京朝日新聞』「◎矢張り静穏」先日来暴動憤死各地に起こりしが如く言うが「全く無根なり」

とある。

▨九月八日『信濃毎日新聞』「◎首相を暗殺せむとす／去る五日下関発下り列車に乗込みたる三名の混血児《あひのこ》一名の日本人及び朝鮮人の一行五名は何れも立派な紳士体を装ひ居るが言語動作に怪しき点少なからざるより」、秘密に探偵していたところ、上京して「芝区三田の桂首相を窺ひ機に乗じて桂首相を暗殺せんと企て居るものなる事を確め得たるより直ちに警視庁に向つて其旨飛電」したとか、東京「市中は水も洩さぬ警戒振りなり」という。＊この事件、どうなったのか後続記事なし。

『東京朝日新聞』では、この頃また水害記事。二百十日に颶風襲来するか否かの予測記事が多かったが、やはり襲来した。「◎関西地方大雨」とあり、七日午前二時頃より降り出した雨で「諸川増水橋梁流出」「讃岐の出水」「神戸浸水三千戸」。この年は水害が八月〜九月にかけて連日報道されている。

▨九月九日『東京朝日新聞』「◎師範生徒不穏詳報／京城特派員発」師範学校生徒黄在熙《ファンジエイヒ》外二○名が「自ら指を断ちて滴る血を以て血書し」「同盟廃学を煽動」「統監及び李完用に危害を加へん」とした、というので警察に引致された、という。

同「◎不平韓人妄動」では、「危険分子各所に潜伏し居れば警戒を緩めなば何時爆発するや図り難し」として厳重な警戒を続けていることを窺わせる。

同「◎北韓の不穏／七日城津特派員発」で、「当地市立中学校生徒一同休校せり」＊静穏無事という記事がある一方でこのような報道が続々と続いている。

同「◎盛岡洪水詳報」として、二日夜より降り続いた雨で「北上、中津、雫石三川の増水驚くばかりにて」、「よの字橋、毘沙門橋先づ落ち、尋《つい》で市内の三橋」次々流されたので、「茲《ここ》に盛岡市は南北に中断され交通全く杜絶するに至り」「濁流滔々として将に全市を蔽《おお》ひ凄じき光景を呈せり」＊一一日にも続報。特に市内を流れる中津川の氾濫によって甚大な被害を蒙ったらしい。

なお『東京朝日新聞』「来る十五日の紙上より／朝日歌壇／選者　石川啄木／の一欄を設け、投稿を募る。歌数、用紙共に制限なし。本社編輯社会部歌壇係宛の事」と第六面の五段中央に通告（広告）がある[36]。

▨九月一〇日『信濃毎日新聞』「◎社会／主義者の公判／諏訪の秘密結社十一人組＝無政府共産主義＝先輩の誘導も有る＝罪名は治安警察法違反／逮捕当時其筋にては秘密に付し置きたる県下諏訪の社会主義者十一人組の公判は昨日長野地方裁判所に開廷せり」。「首領」は「醤油造職人小池伊一郎（二五）」、「首領株」は「醤油造職人小池徳一（二五）」、計一一名。彼等は去る「四十年十月十四日」「社会主義研究及び伝道の目的にて喚醒会と称する秘密結社を組織せしが」一旦解散させられたものの、「同主義者の先輩たる山崎今朝弥、新村忠雄、半田一郎等の啓発に依り更に四十二年九月」に「農民労働者の覚醒を促さんと決し主義の研究及び伝播の目的にて農民喚醒会と題する機関雑誌を発刊せんと企て」たが、「発刊の運びに至らざる内に検挙されしものなり」とある。＊同紙にはこの諏訪秘密結社十一人組の公判に於て「事実の訊問」がなされたが、学生の傍聴者は「裁判長より本件は学生の傍聴を禁ずと退廷を命」ぜられた、という記事もある。

▨九月一二日『牟婁新報』「◎社会主義撲滅／数年前の書籍も発売禁止／曩《さき》に岡田文部次官は各地方長官に対し地方の図書館に於て社会主義文書の閲覧を禁ずるやう訓辞を発したるが内務省に於ても斯の種の文書は絶対に発売せしめざる方針なりと左の各書は何れも数年前の発行なるも安寧秩序を紊乱するものと認められ今回新に発売頒布を禁止されたり
△社会主義大意　付　社会主義書類一覧（東京府下淀橋町柏木百四番地堺利彦発行）
△通俗社会主義（同上）　△社会主義詩（同上）
△足尾銅山喇叭節（栃木県上都賀郡足尾町家吉家四十五番地永岡鶴蔵発行）
△革命家の面影（本郷区千駄木町本林町千二百三十番地山口義三発行）
又去三十六年堺枯川が萬朝報紙上に掲出せしゾラの傑作『ワーク』の抄訳小説『労働問題』は三十七年東京春陽堂より発行せしが之も今回発売禁止となれり」

▨九月一八日『牟婁新報』「◎文書禁止頻々／左記は社会主義の文書なりとて又々発売頒布を

禁止し印本を差押へらる」として以下を列挙。「△普通選挙の話（西川光二郎著）△弱者（熊谷勝著）△労働運動の変遷（石巻良夫）△革新の一鞭（佐藤梅三郎）△土地均享《ママ》八類の大権（長谷川良平）△壷中我観（小林慶）」

また「◎図書の取締愈《いよい》よ厳」として（一）社会主義（二）淫逸的記事（俗に所謂自然主義）（三）厭世的記事等、内容がこれらに該当する図書に対する取締令が出たという記事。『ホト、ギス』『新思潮』が（三）に触れて発売禁止になる。

▨九月一九日啄木「日本無政府主義者陰謀事件経過及び附帯現象」にあるように『東京朝日新聞』に左の如き記事あり。「◎社会主義者の検挙／▽神奈川県警察部の活動／神奈川県警察部は数日前より県下各警察署に命じ市郡に散在せる結社の内偵を為しつゝありしが、機愈々《いよいよ》熟したりと見え服部検事は各署に到りて密々《みつみつ》打合を為し、遂に加賀町署に命を伝へ一昨夜根岸町柏原《かしはばら》田中佐市（四十五）……」田中佐一《ママ》等は「近頃発売禁止となりたる書籍と同志間の往復書類及び横浜に於ける秘密出版物を押収され収監された」＊家宅捜索を受けた中には医学博士加藤時次郎もいる。集って読書会でもしていたら軒並検挙取調べ、という事になっていたようだ。

▨九月二〇日『信濃毎日新聞』「◎日本の社会主義」昨今の社会主義者のやり口をみれば「中等教育程度以下の青年に語学を教へ側《かたは》ら社会主義の書物を読ましめる」等巧妙なるによって「政

府は一面社会主義の新旧刊行物を取締り一面教育政策より之を根本的に掃攘する事に決定したるものにして人権を蹂躪するにあらず人権を擁護せん目的なりといふ(37)」

注

(1) この資料は一九九四(平成六)年、明治大学において催された国際啄木学会東京大会で一部を公表したものに、啄木が書き遺した日記書簡等の内容と関連する新聞報道を追加している。なお、参照した記事は各紙原文の他、明治ニュース事典編纂委員会編『明治ニュース事典Ⅷ』(一九八六年一月、毎日コミニュケーションズ出版部。これは検索しやすい新聞記事集成だが、タイトル名が変更され本文も現代かな表記となっている)、幸徳秋水全集編集委員会編『幸徳秋水全集補巻　大逆事件アルバム―幸徳秋水とその周辺―』(一九七二年四月、明治文献)、関山直太郎『初期社会主義資料・牟婁新報抄録』(一九五九年一一月、吉川弘文館)、石田文四郎編『新聞記録集成　明治・大正・昭和　大事件史』(一九六四年一一月、錦正社)等である。

(2) 上田博『啄木小説の世界』一九八〇(昭和五五)年九月、双文社。

(3) 近藤典彦『石川啄木　国家を撃つ者』(一九八九年五月、同時代社)以後の著作参照。

(4) 神崎清『革命伝説　大逆事件の人びと　3』一九六八(昭和四三)年六月、芳賀書店。大逆事件に関する総括的な研究で本書を超えるものはなく、本稿も多くをこの書に負っている。ただし内田魯庵。沖野岩三郎・宮武外骨のスクラップ帳は神崎清の手許にあるというものの筆者は未見である。

（5）大原慧「『大逆事件』の国際的影響（上下）」『思想』一九六三年九月・一九六四年一月、岩波書店。後『幸徳秋水の思想と大逆事件』一九七七年六月、青木書店。

（6）清水卯之助『石川啄木　愛とロマンと革命と』一九九〇年四月、和泉書院。

（7）山泉進・荻野富士夫　編・解説『「大逆事件」関係外務省往復文書』一九九三年一月、不二出版。また、山泉進には、「『大逆事件』抗議運動に対する在外公館の対応」（『明治大学教養論集』一九九三年三月）、「『大逆事件』の発端と外務省文書」（『初期社会主義研究』第七号、一九九四年三月）、「『大逆事件』と桑港総領事館」（『明治大学教養論集』一九九四年三月など、外国の反応を扱った論考の他に、明治大学の重点個人研究として行った「『大逆事件』とジャーナリズム」（『明治大学人文科学研究所紀要』第三六冊、一九九四年一二月、明治大学人文科学研究所）というテーマの詳細な報告がある。

（8）絲屋寿雄『増補改定　大逆事件』一九七〇年四月、三一書房。

（9）神崎清『革命伝説　大逆事件の人びと　1〜4』一九六八年六月〜一九六九年一二月、芳賀書店。

（10）この時押収された爆発物関連物証は、大逆事件記録刊行会編『大逆事件記録　第二巻　証拠物写』（一九六四年五月、世界文庫）によれば、鉄葉《ブリキ》製及び鉄製小罐（径一寸長さ二寸、あるいは径一インチ長さ二インチ）のほか、鶏冠石《けいかんせき》・調合剤・塩酸加里《えんさんカリ》である。翌四四年の「大逆事件判決書」でも「塩酸加里六分鶏冠石四分ノ割合ニ小豆大ノ礫約二十顆ヲ混シテ一鑵ニ装塡」したものを投擲したところ「爆発ノ効力甚タ大」であったとされる。しかしこれらの薬品で、しかも現在のカメラ用フィルム容器程度の小さなブリキ缶の量で、人を殺傷できるどのような爆弾を製造できたのか、今明確にしがたい。ちなみにこれらは、硝石・硫黄・炭粉を混合する古典的な黒色火薬の原料ではないし、黒色火薬だったら投擲して爆発させるための雷管や導火線のための複雑な装置が必要となろう。押収された品名のうち、金硫黄とも称され、後述する加波山事件などでも用いられた鶏冠石は、硫化砒素（同時に押収された当時の『国民百科辞典《ママ》』の化学記号ではAs_2S_2だが現在では四硫化四砒素As_4S_4と記されるのが普通）で、火薬、散弾、狼火《のろし》などに用いられるものの、爆発力はない。塩酸加里は通称塩剝《エンボツ》として知られているが、正式名は塩素酸カリウムであり、$KClO_3$という化学記号でわかるとおり、多量の酸素と不安定に結合しているため、熱や衝撃で容易に発生期の酸素を多量に放出する。黒色火薬をはじめとする爆薬に混合して爆発力強化剤として用いられるが、鶏冠石と塩剝だけで、しかも直径一インチ長さ二インチのブリキ罐に鉄の小玉を混入したとしても、確実に爆発するとは限らず、しかもこの量で対象を殺害できるほどの爆発力を有するかどうか、はなはだ疑問なのである。証拠物写の「押第一号ノ九」に〈綿火薬〉とあるが、これは押収した『国民百科辞典《ママ》』中一五四一頁の記載記事を書写したものであり、予断を持たせるための記述のようだ。そもそも硝酸・濃硫酸の混合液で植物繊維を反応させて作る綿火薬ことニトロセルロースは、その製造のため特殊な化学装置が必要であって、薬研《やげん》や鉄葉《ブリキ》罐などの原始的な器具ではどうしようもない。

（11）清水卯之助の「大逆事件と啄木の認識過程」（前記『石川啄木　愛とロマンと革命と』参照）にあるように、明治一七年に布告された「爆発物取締罰則」第一条は爆発物を使用した者と使用せしめた者（既遂）を死刑とし、第二条で使用せんとする際発覚した者（未遂）は無期徒刑または有期徒刑、と規定している。この、明治初期の法律第三十二号布告の適用例第一号は明治一七年九月の加波山事件であり、『東洋文庫79 加波山事件 民権派激挙の記録』（野島幾太郎著、林基・遠藤鎮雄編、一九六六年一一月、平凡社）によれば、鯉沼九八郎は魯国虚無党が常に用いた爆裂弾研究のため、燐寸《マッチ》の原料を吟味して「寝食を忘れ、一意専心」爆裂弾と地雷火を製造、これを武器として警察分署を爆破させ巡査を殺傷した。後に彼は「製弾の際誤《あやまり》て火を発」し「渾身爛焦《こんしんらんしょう》して完膚《かんぷ》なく、左手逆飛《ぎゃくひ》して所を知らず」という重傷を負う（『自由党史 下』岩波文庫、板垣退助監修、遠山茂樹・佐藤誠朗校訂、一九五八年一二月）が、生きていたらしい。我妻栄他編『日本政治裁判史録（明治・後）』（一九六九年二月、第一法規出版）に収録されている裁判記録によると、佐伯正門に頼んで金硫黄三十二ポンド。硫黄三貫目・ブリキ壺大小取交ぜ百二十個・鉄棒を細断した鉄丸二千五百個を入手し、これによって爆裂弾を作ったとされるものの、「爆裂弾および地雷火の説明ははばかるところありてこれを省く」（前記『東洋文庫79 加波山事件』）とあるのみで詳しい製法は載せていない。第二号は明治一八年一一月に起こった大井憲太郎・福田英子（影山英）他の大阪事件である。前記我妻栄他編『日本政治裁判史録（明治・後）』に収録されている名古屋重罪裁判所の差戻審判決文では、磯山清兵衛が「爆発物ノ薬品即チ赤燐塩酸加里金硫黄ヲ貯有」したとあるのみで、これも製法には触れていない。第三号は明治二二年一〇月一六日、外務大臣大隈重信へ来島恒喜が爆弾を投げた事件。これ以後当局の警戒は厳しくなり、日露戦争以後は特に社会主義に警戒の目を向けた。こうして見ると、単なる爆弾事件は既に明治維新以来三回なされているわけで、開闢《かいびゃく》以来とか日本建国以来という表現は、単なる爆裂弾事件以上の意味を含むというのが前記清水卯之助説である。

(12) 岩城之徳が『国際啄木学会会報』第六号（一九九六年一〇月、国際啄木学会）に掲載した長野地検の「送致書」によれば、七名の住所氏名等を列挙した後、「右七名爆発物取締罰則違反事件捜査候処本件ハ刑法第七十三條ニ該当スル犯罪ニシテ裁判所構成法第五十條第二ニ依リ貴廳ノ管轄ニ属スルモノ」として「訴訟記録並ニ証拠物件」を添え、「大審院検事総長松室致」宛に送っている。日付は五月三一日、発信人は長野地方裁判所検事正三家重三郎である。

(13) 資料Ⅰ：現在明治学院大学に保存されている〈検秘第三号　掲載差止命令書〉（事件当時牧師沖野岩三郎が紀州新宮で経営していた『サンセット』誌宛に届いたもの）は次の通りである。

掲載差止ノ事項　宮下佐［太］吉・新村定［忠］雄。新村義兵衛・神［管］野スガ・新田融・幸徳伝次郎・古河力作ニ関スル犯罪事件ハ、予審中ニ付、新聞紙ニ掲載スヘカラス。

新聞発行人又ハ其代理人氏名　サンセット新聞発行人　沖野ハル

新聞紙法第十九条ニ拠リ掲載スルコトヲ差止ム　右命令ス

明治四十三年六月二日午前二時—分

新宮区裁判所検事事務取扱警部　金川誠之

資料Ⅱ：同右〈検秘第四号　新聞紙掲載差止命令中一部解除通知〉

曩《さき》ニ掲載方差止メタル事件ニ付、左ノ事項ニ限リ其掲載方ヲ許ス

無政府主義者男四名女一名共謀し、爆発物を製造し過激なる行動をなさんとしたること発覚し、

右五名及びその連累者二名に対し起訴せられ、正に予審中にして、その内容は勿論、その他のことを公証［表］すること能はざるも、すでに犯罪の行為及嫌疑者の範囲明確となり、其れ以外に捜査及起訴せらる者なしと見込む

右通知ス

明治四十三年六月三日　新宮区裁判所検事事務取扱警部　金川誠之

資料Ⅰにあるように、この掲載差止命令書は六月二日午前二時の発行になっている。したがってこの事件そのものを報道する事が禁じられた筈なのだが、するとなぜ『信濃毎日新聞』が二日の紙面で報道できたのかが問題になろう。掲載差止命令書は沖野岩三郎が経営している『サンセツト』のような地方の小紙にまで達しているのであり、『信濃毎日新聞』に届かなかったとは思えない。可能性としては、掲載禁止命令が届く前に二日の紙面が刷り上がり、すでに発送されていたことが考えられよう。五月二七日『時事新報』記事と合わせて考えれば、各新聞杜が当局の動きを早くから察知していたので、報道が拡がる前に当局が手を打ったか。翌三日の資料Ⅱにおいてようやく一部が解除され、「無政府主義者男四名女一名共謀し、爆発物を製造し過激なる行動をなさんとしたること発覚し、右五名及びその連累者二名に対し起訴せられ、正に予審中」という情報、および「其れ以外に捜査及起訴せらる者なしと見込む」という当局の判断のみ掲載が許可された。男四名女一名計五名の爆発物取締罰則違反事件で本件が終息するという解除通知末尾の文面は、明らかに五月三一日付で発せられている長野地検の「送致書」内容と齟齬する。当局が後に事件拡大へと方針を変更したという神崎清説は、後の報道例からも疑問であり、当局は

この時〈報道〉の鎮静化を狙っていただけで、最初から事件の拡大を予定していたと思われる。
(14)この記事には、問題がいくつかある。まず、前述したように明治四三年六月二日午前二時付発行の〈掲載差止命令書〉にもかかわらず、同日付で発行されていること、および最終行「策源地は遠く東京を距たる數十里の山間にあり」云々の箇所で、漢字のみを四倍角で強調していること、である。末尾を再現してみれば、次の通りである。ただしルビは省略した。

其策源地は遠く東京を距る數十里の山間にありと云ふ

末尾部分の漢字のみタイトルと同じ大きさだから、強調表現としてかなり重要な意味を持つのではないか。本紙の記者は、策源地が地元の長野に関係するという情報を、二七日報道記事等に見られるように既に得ていたと思われる。追随する他紙の記事でも同じような表現が続くが、〈策源地が東京を離れた山間〉であるというところを特に強調したものは見当たらない。以後の報道ではしかし、事件と信濃の関連をあえて感じさせないどころか、かなり見当違いの推測記事が各紙にしばらく続き、宮下太吉の明科事件についての報道はほとんど見当たらない。
(15)幸徳秋水全集補巻『大逆事件アルバム』(前掲)ではこれを最初の報道とし、また前述したように神崎清他はこれを六月一日付発行『やまと新聞』夕刊とするが、筆者の見たものは二日付である。本文から明らかなように『信濃毎日新聞』と同じ情報源からの記事らしいが、信濃毎日は策源地云々を漢字のみ倍角文字で記しているものの、本記事はベタ組である。全文総ルビ。「今この警報を諸子に致すの義務なるを信ず」という表現に気負いが感じられ、あるいは社内で発表するかどうか問題になった記事なのかもしれない。

(16)『明治ニュース事典』にも採録されているが、この『明治ニュース事典』では、見出しがわかりやすく変更されている。この記事の場合、タイトルが「捕縛は宮下太吉ら五人、幸徳秋水も逮捕」となっているが、原紙に当たって確認した原題及び原文は以下の引用通りである。

(17) 同右。昼夜を問わぬ尾行や就職妨害など、社会主義者に対する弾圧が厳しすぎるのではないか、とはのちに国会でも問題になったほどだが、この記事はそのような批判に対する弁解であろう。かなりそらぞらしい内容である。以後、現代カナ表記の記事は『明治ニュース事典』からの引用である。

(18) 管野スガの前夫荒畑寒村が〈(幸徳秋水とスガの)両人は政府に買収された〉裏切者だから天誅を加えるべきだと憤激している話を記したもので、朝日の内容と重複する。この話はよく知られているが、この時点で誰が漏らしたのか不明である。無論警察筋からと思われるが。次の記事はこれを踏まえて記者が臆測を交えて書いたものと思われる。なおこの記事は一面、以下の記事は三面である。

(19) 同日同紙の記事は一面と三面にわたっているが、官憲からのニュース・ソースをもとにして興味本位に書き立てたもののようであり、内容的には田岡嶺雲関係記事とも他紙の報道と大差がない。

(20) 前述のように我国未曾有の大事件、という表現に注目するなら、爆裂弾を用いた重大事件は、加波山事件(明治一七年)から大隈重信暗殺未遂事件(明治二二年)に至る数事件が既に生じている以上、単なる爆裂弾事件ではないという意味が内包された文言ではないかと思われる。

(21) 震駭という表現に国民のみならず啄木本人の驚愕と衝撃が記されているようである。この時啄木は当該事件の本質を理解していたのではないか、という想いを禁じ得ない。
(22) 国立国会図書館所蔵のマイクロフィルムに納められている『牟婁新報』は保存状態があまりよくなく、記事によっては読解不能な箇所が多々あるので、適宜『牟婁新報抄録・初期社会主義資料』(前掲)に掲載されているものを参照している。
(23) これも『明治ニュース事典』より転載。明星派に属する大石らの逮捕を告げる前日の記事とこの記事によって啄木の関心は引きつけられたと思われる。
(24) 所謂針文字報道の最初である。清水卯之助の前記本にも引用されている。
(25) 管野スガの所謂〈針文字〉報道全文。『革命伝説』神崎清・第二巻や、『大逆事件アルバム』にも全文記事写真が掲載されている。
(26) 『社会主義者沿革(第三)』(一九八四年一〇月、みすず書房刊『続・現代史資料1社会主義沿革1』所収)によれば、長野県在住の小池伊一郎は明治四〇年、社会主義の伝導及び研究を目的とするため諏訪郡境村に喚醒会を組織したが翌年警察の説諭を受けて一旦解散、しかし四三年六月になってふたたび秘密結社「第二喚醒会」(のち「農民喚醒会」と改称)を組織していたとされ、関係者一四名が送検された事件の報道である。
(27) 国立国会図書館所蔵の『牟婁新報』は、奇妙な事に大逆事件関連記事のところどころに黒い墨が塗られたり、切り取られたりしており、全文を読むことが出来ない場合が多い。これが偶然なのか、何か意図的な行為なのか不明である。七月九日付けの「大石初子と語る」も参照。

（28）大石初子は大石誠之助の係累者ではなく、紀州派の容疑者が取調を受けた時の数少ない証言者である。〈亀の子〉縛りというのがどのような縛り方か不明だが、「ハッと見るなり涙がハラリと落ちました」と初子はいい、「上へ縛らずに下で縛ってやれ」と署長が言ってくれた、とあるところを見ると、かなり苛酷な取調が続けられたもののようだ。この記事も冒頭に数文字のゲタで事件の内容を直接示す語句を伏せ字にしているが、当時の新聞報道ではほとんど見られないし、この新聞でも大きな切り抜きはあるものの一文字ずつの伏せ字は少ないので、あるいは後に誰かがここだけ処置したのか。マイクロ・フィルムで見る限りかなり保存状態が悪く、前記の注にあるような黒枠内切り取りも意図的なものかどうか不明である。

（29）前記『社会主義者沿革（第三）』（前掲）参照。

（30）啄木は文部省〈訓令〉と記しているが、現在国立国会図書館に所蔵されている官報には各省告示のいずれにも記されていないので、秘かな〈内訓〉らしい。この時の「官報　第八千百三十五号」（明治四三年八月三日付）によれば、「○告示　内務省告示第百四号／明治四十三年八月一日東京市ニ於テ発行ノ新公論（第二十五年第八号）八月号ハ風俗ヲ害スルモノト認ムルヲ以テ新聞紙法第二十三条ニ依リ同年同月一日其発売頒布ヲ禁止シ之ヲ差押フ／明治四十三年八月三日内務大臣　法学博士男爵　平田東助」とある。同じく「美人画報消夏号」も風俗壊乱で同処分。次の「官報　第八千百三十六号」（明治四三年八月四日付）に、「○告示　内務省告示第百六号」として、明治四三年八月一日発行『月曜附録』創刊第二三巻一〇号は「安寧秩序ヲ紊乱スモノト認ムルヲ以テ」新聞紙法により発売禁止差押え処分に付す、とある。以後、国内紙の報道では目立たないものの、言論弾圧は厳然として進行する。

出版法や新聞紙法によって書籍は以前から取り締られていたが、この時期、大逆事件を契機によりいっそうの弾圧強化が図られた経緯は神崎清の『革命伝説3』に詳しい。略記すれば紀州派の捕縛が進んだ六月二〇日以後、山懸有朋は穂積八束から社会主義の取締の必要性を述べた書簡を受け取り（八月四日には森鷗外の上官として知られる石黒忠悳《ただのり》から同様の書簡を貰っている）、他方、平田東助内相は七月二七日付の桂首相宛て上申書「社会主義に対する愚見」で、社会主義という〈魔想〉絶滅の必要性を訴えており、これらをうけて山懸・桂両者は弾圧方針を決めたようである。松本衛士著『長野県初期社会主義運動史』（一九八七年一一月、弘隆社刊）の調査によれば、すでにはやく（本文中一九〇九年となっているが、巻末年表や文脈からして一九一〇年の誤植か）七月七日には県下の学校図書館の調査が行われ、更級郡八幡尋常小学校図書館に新村忠雄の友人寺沢保太郎寄贈による秋水著『平民主義』があり、「同舘ニ出入スル小学卒業後未タ意思志《ママ》薄弱ナル少年者ニ多ケレハ、斯ル場所ニハ其書籍ヲ備付スルハ喜フヘキ現象ニアラスト思料候条御参考マテニ内申候」と塩崎警察署は調査結果を県警に上申している。また長野県内務部長名で各学校長や図書館宛てに「図書館に関する件」という依命通牒を出した。それによれば、図書館に内務省が発売頒布を禁じた図書類があるので、これらは一般公衆の閲覧に供せざるようにしたい、という通牒であり、資料として添付されたのは、一九〇四年四月一四日から一九一〇年七月一日までの発行禁止図書目録（九九冊）である。この発行禁止書名目録は多少の異同があるものの「社会主義者沿革」に掲載されているものとほぼ同じである。

(31) この時期急に日韓併合報道が現れるのは次のような背景があった。杵淵信雄著『日韓交渉史明治の新聞にみる併合の軌跡』(一九九二年六月、彩流社)にいうように、日本の対韓政策には伊藤博文・井上馨らの「宥和派」と、山縣有朋・桂太郎首相・小村寿太郎外相らの「強硬派」とがあったが、後者が主導権を握るとともに諸外国の内諾を得るなど周到な準備を経て、この年五月陸軍大将寺内正毅《まさたけ》が第三代統監に就任した。「群を抜いて」強引で、「沈黙の猛虎という綽名《あだな》」を持っている「押しの強さとねばり気で評判」(片野次雄著『李朝滅亡』一九九四年六月、新潮社)だった陸相兼任の寺内統監は、七月二三日に着任するまでの間、海野福寿著『韓国併合』(岩波文庫、一九九五年五月)にあるように、併合準備委員会へ併合にともなう処理法案を検討させ、同時に韓国政府の反対を押し切って警察事務を強引に憲兵隊の管理下に置いた。悪名高い〈憲兵警察制度〉の実施である。前年一〇月には伊藤博文暗殺事件が起こり(犯人安重根《アンジュグン》の公判は明治四三年二月、処刑は三月)、年末には二二歳の李在明《イヂエミヨン》の総理大臣李完用《イワニヨン》暗殺未遂(明治四三年五月死刑判決)、この年の二月には順川《スンチオン》や龍岩浦《ヨンアンポ》で暴動が起こるなど、反日感情は悪化していた。「歴史的・文化的には日本よりも先進的であったという自負をもつ韓国民にたいして、日本が併合を容認させることはとうてい不可能」(江口圭一「帝国日本の東アジア支配」『岩波講座近代日本と植民地1植民地帝国日本』所収、一九九二年一一月)だったので、極めて厳しい武断政治のもとに、日本国内と比較にならない露骨な言論統制を実施した上で、八月一六日李完用首相を呼んで併合条約受諾を求めた。極秘に韓城郊外に集結させていた完全武装の軍と憲兵隊を「二十歩ごとに歩哨」に立てるという(前記片野次雄著『李朝滅亡』)厳戒態勢のもとで八月二二日に調印されたが、純宗《スンジョン》皇帝の譲位問題が絡むため二九日に発表された。この間、以下の報道に見られるように韓国内では日本の新聞でさえ全て押収され、完全な情報遮断状態に置かれた。

（32）以後の抗議自殺や反日運動に関する日本側報道は信頼できないものが多いが、韓国内でそういった行動がなかったわけではない。すでに一九〇五（明治三八）年、伊藤博文に強要されていわゆる乙巳五賊《ウルサオジョク》が締結した第二次日韓協約に抗議し、侍従武官長閔泳煥《ミンヨンファン》ら官吏他数名が〈憤死〉した例がある（朴殷植著姜徳相訳『朝鮮独立運動の血史1』一九七二年八月、平凡社刊によれば官吏六名、久保井規夫著『図説朝鮮と日本の歴史』〔一九九四年九月、明石書店刊〕によれば官吏九名と名も知れぬ漢陽《ハンヤン》の車夫、また朴永朗《パクヨンラン》・金舜根《キムスングン》・李斗範《イドウボン》編『図譜・独立血史』〔檀紀《ダンギ》四二八九年四月、大韓文化情報社刊〕には閔永煥の生涯とともに自決後に生えたという〈血竹〉の写真が掲載されている）。

一九〇七（明治四〇）年ハーグ万国平和会議に派遣された韓国皇帝高宗《コジョン》の密使の一人李儁《イジュン》は、帝国主義列強が韓国の訴えを聴かず見殺しにしたのに抗議して自殺（公式には各国委員に謝罪したことになっている）。この事件を奇貨とした伊藤博文は高宗《コジョン》皇帝を退位させ、同時に軍隊を解散させたが、侍衛隊第一連隊第一大隊長朴勝煥《パクスンファン》は解散に抗議して憤死、直属の部下および隣接する第二連隊の兵士は武装蜂起した。まもなく鎮圧されたものの、武器を持って逃れた兵士の一部は、各地のいわゆる〈義兵〉運動に加わった、という。

前記『朝鮮独立運動の血史』に詳しいように、〈義兵〉とは三国時代以来、外敵の侵入に際して蹶起する韓国の伝統的な民兵組織であり、倭寇や豊臣軍来襲に対しても激しく抵抗した。前記乙巳《ウルサ》保護条約に憤激した前議政府賛政崔益鉉《チエイクヒヨン》は、国家の元老であり著名な老儒者だったが、国に殉じることを決意して国民に檄を飛ばし挙義した。日本軍に強要された韓国兵に包囲されると、同族相殺を避け自ら縛に就いて対馬に送られ、日本の粟を食らうことを拒否して飢死した。姜在彦著『朝鮮近代史研究』（一九七〇年一〇月、日本評論社刊）にいうように、愛国的儒生や官吏の尊王抗日思想による〈投身救国の上疏運動〉が、韓国皇帝と日本軍警に対して全く無力であることが分かるのがこのころである。以後、抗議方法は憤死、義兵のみならず暗殺その他へと拡大する。

　韓国併合前後には七烈士の挙義起兵、その一人安重根《アンジユグン》の伊藤博文暗殺と続き、以後も三・一運動や李奉昌《イボンチヤン》大逆事件、あるいは朴烈《パクヨル》大逆事件等、抗日独立運動に携わった殉国烈士は枚挙にいとまがない。一九一三（大正二）年三月発行の朝鮮駐箚軍司令部編纂による『朝鮮暴徒討伐誌』によれば、一九〇九（明治四二）年、京畿道《キヨンギド》だけで〈暴徒〉の発生件数二二件、暴徒の死者六〇名強、黄海道《フアンヘド》で件数一〇件死者四二名強、と続き、最も多い全羅道《チヨンラド》では八二件八百人に近い死者、韓国全土では厖大な総数にのぼる。明治四三年度は前年秋の南韓大討伐以後、韓国駐箚軍の厳戒態勢によって〈意外に静穏〉とされるが、それでも全国の〈暴徒〉発生件数は三五件であり死者は八〇名に近い。このような韓国における抗日運動が八月後半からしきりに報道されるのであり、これこそ啄木の「我々日本の青年は未だ嘗て彼の強権に対して何等の確執をも醸《かも》した事が無い」という断言がなされた理由なのではないか。

（33）五月頃から胃病に苦しんでいた夏目漱石は、六月に長与胃腸病院で診察を受け胃潰瘍のおそれありと診断されたので入院、八月六日転地療養のため修善寺温泉へ赴いていたが、糖尿と胃潰瘍により次第に衰弱、「夢の如く生死の中ほどに日を送」り（漱石日記）、一七日吐血。一八日には大洪水騒ぎの中を、社員坂本三郎が（元社員だが水害報道で人手が足りないので漱石と親しい彼に頼んだもの）、長与病院医師森成（記事では森医学士とあるが間違い）麟造医師を伴って、一二時四〇分に新橋を出発し夜八時半漸く菊屋旅館に到着して診察した。病状は一進一退だったが朝日新聞社には問合せが殺到したのでこの記事を出したもの。

(34) しかしこの八月二四日、朝から顔色が優れなかった漱石は午後八時三〇分大量の吐血、坂本三郎は社宛てに症状激変の電報を打つ。それが各紙に伝わって危篤報道になったが、この時は取り敢えず快癒する。

(35) この時の条約内容を『東京日日新聞』に従って記せば次の通りである。「韓国併合の詔書／朕《ちん》東洋ノ平和ヲ永遠ニ維持シ帝国ノ安全ヲ将来ニ保障スルノ必要ナルヲ念《おも》ヒ又《また》常ニ韓国カ禍乱《からん》ノ淵源《えんげん》タルニ顧《かえり》ミ曩《さき》ニ朕ノ政府ヲシテ韓国政府ト協定セシメ韓国ヲ帝国ノ保護ノ下ニ置キ以テ禍源ヲ杜絶シ平和ヲ確保セシムコトヲ期セリ……〈第一段のみ、以下略〉」

「韓国冊王の詔書／朕天壌無窮ノ不基ヲ弘クシ国家非常ノ礼数ヲ備ヘント欲シ前韓国皇帝ヲ冊シテ王ト為シ昌徳宮李王ト称シ嗣後此ノ隆錫ヲ世襲シテ以テ其ノ宗祀ヲ奉セシメ皇太子及将来ノ世嗣ヲ王世子トシ……〈以下略〉」

「封公の詔／朕惟フニ李堈及李熹ハ李王ノ懿親ニシテ令聞夙ニ彰ハレ木槿域胆望タリ宜シク殊遇ヲ加錫シ其儀称ヲ豊ニスベシ、茲ニ特ニ待ツニ皇族ノ礼ヲ以テシ殿下ノ敬称ヲ用ヒシメ子孫ヲシテ此ノ栄錫ヲ世襲シ永ク寵光ヲ亨ケシム」
「大赦減税の詔／朕惟フニ統治ノ大権ニ由リ茲ニ始テ治下ヲ朝鮮ニ施クハ朕ガ蒼黎ヲ綏撫シ赤子ヲ体卹スルノ意ヲ昭示スルヨリ先ナルハナシ乃別ニ定ムル所ニ依リ朝鮮ニ於ケル旧刑所犯ノ罪囚中情状ノ憫諒スヘキ者ニ対シテ特ニ大赦ヲ行ヒ積年ノ逋租及今年ノ租税ハ之ヲ減免メン以テ朕ガ軫念スル所ヲ知悉セシム」

「併合の条約／日本皇帝陛下及韓国皇帝陛下は両国間の特殊にして親密なる関係を願ひ相互に幸福を増進し東洋の平和を永久に確保せん事を欲し此の目的を達せんが為めには韓国を日本帝国に併合するに及かざる事を確信し爰に両国間に併合条約を締結する事に決し、之が為に日本国皇帝陛下は統監子爵寺内正毅を韓国皇帝陛下は内閣総理大臣李完用を其全権委員に任命せり、依つて右全権は会同協議の上左の諸条件を協定せり

第一条、韓国皇帝陛下は韓国に関する一切の統治権を完全且つ永久に日本国皇帝陛下に譲与す

第二条、日本皇帝陛下は前条に掲げたる譲与を受諾し且つ全然韓国を日本帝国に併合する事を承認す

第三条、日本皇帝陛下は韓国皇帝陛下、太皇帝陛下、皇太子殿下並に其后妃及び後裔をして各々其位置に応じ相当なる尊称威厳及名誉を享有せしめ且つ之を保持するに充分なる歳費を供給すべきことを約す

第四条、日本皇帝陛下は前条以外の韓国皇族及び其後裔に大使各々相当の名誉及待遇を享有せしめ且つ之を保持するに必要なる資金とを供給する事を約す

第五条、日本皇帝陛下は勲功ある韓人に対して特に表彰をなすを適当なりと認めたる者に対し栄爵を授け且つ恩金を与ふべし
第六条、日本国政府は前記併合の結果として全然韓国の施政を担任し同地に施行する法規を遵守する韓人の身体及び財産に対し充分なる保護を与へ且其の福利の増進を図るべし
第七条、日本国政府は誠意忠実に新制度を尊重する韓人に対して相当の資格あるものを事情の許す限り韓国に於ける帝国の官吏に登傭すべし
第八条、本条約は日本皇帝陛下及韓国皇帝陛下の裁可を経たるものにして公布の日より之を施行す右証拠として両全権委員は本条約に記名調印するものなり

明治四十三年八月二十二日　　統監子爵　寺内　正毅
隆熙　四　年八月二十二日　　内閣総理大臣　李　完　用」

(36) 朝日新聞社の社会部長渋川玄耳より、朝日歌壇の選者になるよう要請されたのを承諾した結果の社告がこれである。全集の伝記的年譜では九月八日になっているが、筆者が参看した国会図書館所蔵の新聞では九日であり、「九月の夜の不平」を詠み出した九月八日夜と重なる。啄木の「九月の夜の不平」は、おそらくこの朝日歌壇選者に抜擢されたという報道(あるいはその感銘)を直接の契機として、それまで鬱屈していた想いを一気に詠んだものであろうが、問題はその内容がいわゆる啄木調の生活短歌とは全く赴きを異にしているのみならず、『一握の砂』にさえ採

用されていないという事実である。

（37）この日までは国内のみの報道を見てきたが、翌九月二一日以後、世界各国に大逆事件のニュースが流れ、外国新聞に抗議記事が続出することになるので、今回はとりあえずここで終わっておきたい。

二　一九一〇年九月下旬以後の大逆事件報道

（1）

本章では、海外報道が日本の幸徳事件をはじめて〈大逆事件〉として報じた経緯と、その報道が日本国内に呼び起こした反響について言及する。かつて拙稿「資料・大逆事件および日韓併合報道と石川啄木（二）」[1]のコメントや注で多少触れておいたが、海外報道の経緯について改めて整理してみたい。

大逆事件の研究史において、国内で幸徳事件が〈大逆罪〉であると広く理解されるようになったのは、海外諸紙によって、天皇の命を狙った事件が秘密裁判で裁かれるだろう、という報道が流れ、それが国内に伝わってからである、とされてきた。[2]しかし清水卯之助は、六月二一日の『時事新報』に載った〈針文字報道〉の時点で各新聞社内ではうすうす大逆罪であるという認識が広まったに違いない、[3]と推測し、近年では事件発生直後からジャーナリスト間ではすでに分かっていたのではないかとも思われている。

ともあれ、それまで日本国内では〈無政府党の陰謀〉とか、〈社会主義者陰謀事件〉、あるいは単に〈重大事件〉などというタイトルだったのが、公然と大逆罪だと報じられるようになったのは、海外報道以後であることに間違いない。その海外紙として、大原慧は[4]*New York Tribune, New York Call, London Times, Action, Jornal de Comersio, La Guerre Sosiale, L'Humanite*の紙名を挙げ、いずれもロイター通信から流された情報であることを指摘した。これらの情報は九月二一日付けでリークされたロイター通信を、同月二二・二三日に各紙が掲載したものであり、また*The Times*に"The journal Hochi Simbun states that…"とあるようにいずれも『報知新聞』の記事を情報源として明記している。おそらく九月二一日の『報知新聞』記事を読んだ日本国内の外国人記者（ロイター通信が派遣していた在日記者だと思われる）が、天皇暗殺未遂事件と解釈して送ったものであろう。しかし九月二一日付けの『報知新聞』にはこれに該当する記事が見当たらない。

現在われわれが国立国会図書館等で見ることのできる『報知新聞』マイクロフィルム版では、山泉進が指摘するとおり[5]、問題の記事らしい「大審院の特別裁判」が二二日付け第五版の紙面に載っている。ただ、現在保存されているマイクロ・フィルムは、二二日の朝刊と二一日の夕刊が二二日付けの新聞として同綴されていて紛らわしく、通信員がどの版の紙面を見たのか確認しがたい。考えられるのは、二一日の夕刊最終版に「大審院の特別裁判」が載り、改めて翌二二日に再掲載したか、あるいは二二日付けの『報知新聞』を通信員が送ったとき、時差の関係で二一日に欧米へ届いたかのいずれか、おそらく後者であろう。

（2）

まず海外紙に掲載された問題の記事を参照すると、*The Times*（いわゆるロンドンタイムズ）では次の通りである。なお、ヘッドラインの下にサブタイトルがあり、〈TOKYO Sept. 21.〉とあるが、これは〈九月二一日東京発〉のニュースであることを断っているのであり、ロンドンタイムズの発行日は二二日である。

「REPORTED PLOT AGAINST THE EMPEROR OF JAPAN

TOKYO Sept. 21.

The journal Hochi Simbun states that a number of Japanese have been arrested on a charge of conspiracy against the life of the Emperor and will be tried by a special secret Court. This is the first time in the history of the country that the Sovereign has been known to have been conspired against by his own subjects. It is understood, says the journal, that the most rigorous censorship prevails to prevent the publication of anything about the plot till this evening.

The Emperor was to have been assassinated while visiting the Military School just outside the capital.

The fact that there are now in gaol several of the most active spirits of the Allied Socialist movement makes the assertions of the Hochi Shimbun plausible.」

海外各紙の報道は、多少の表現の違いと情報内容の異同があるものの、ほぼ右と同内容の情報源に基づいたものである。大原慧は各紙の要点を総合して次の三項目にまとめた。

（1）天皇暗殺の計画が、天皇が秋期陸軍大演習に行幸するのを機会におこなわれようとしたが発覚し、未遂に終わった。

（2）陰謀者たちはすでに逮捕され、特別の裁判所で秘密裁判にかけられることとなった。

（3）通信は、検閲に妨げられ、詳細な報告を送ることができない。

外国紙の報道は右の三項目の他にも、統治者が臣民に命を狙われるのは日本史上最初であること、今夕ようやく発表されたこと、などが共通しているので、筆者は情報素を七項目と考えている。(6)

たとえば筆者が参照した九月二一日付の *The Continental News* では「本日着電」のニュースとしてほぼ同内容を報道し、この計画は発覚して直ちに逮捕されたとある。『「大逆事件」関係外務省往復文書』(7)に収録された在伯（ブラジル）臨時代理公使野田良治からの機密文書によれば、同日付のブラジルの商業紙でも「本日警察ノ手ニテ逮捕セラレタルコト」が報じられたらしい。つまり海外にリークされた記事では、つい最近の陰謀が発覚して直ちに逮捕された、というものであり、五月発覚の事件とは別件と思われていたのである。前記 *The Continental News* が翌日に訂正記事を出し、そこに「逮捕は数ヶ月前」とあることからもそれはうかがえよう。

ニューヨークタイムズはヘッドラインとサブタイトルだけで数行を占め、全部で一〇段に及ぶ長文記事で、ロンドンタイムズよりはるかに詳細な解説を付している。(8) 日本に対する関心の深浅が米英で異なっていることを如実に示しているが、情報内容はほぼ同一であり、コメントとして、某歴史学者が天皇の生命に対する陰謀は二千五百年の日本の歴史にないと語ったこと、日本人が今でも文字通りミカドを神と信じているのは日露戦争時から欧米で評判になっていたこと、などが記されている。最後に、七月の爆弾事件（六月の幸徳事件報道を指す）の首謀者が獄中にありながら統治者を批判し続け、今回の事件はあたかもそれに応じて起きた別事件であるかのように伝えている。

（3）
この時の日本の新聞を見ると、二一日の『時事新報』に「社会主義者裁判」が載り、見出しには「被告数十人」と強調、常に開放されていた大審院書記長室が密閉され、十数名の雇書記は書類の筆写に忙殺されている、と急に慌ただしくなった大審院の雰囲気を伝え、最後に「被告等の罪科は之を知るに由なきも大審院判事末広嚴石氏其予審を為し大審院に於て審理し第一審にして終審したる《ママ》特別裁判所を構成して判決すべし」と結んでいる。この記事は、被告数十人といい、末尾で〈第一審にして終審〉と推測するなど、事件が尋常のものではないことを示すとともに、後述するように〈大逆罪〉か〈内乱罪〉であることを示唆した最初の記事と見てよい(9)。しかし記事内容は大審院周辺の動きが中心で、ロイター通信員の流したソースと合致するところがない。

そして翌二二日の『報知新聞』に、ロイター電のソース元と見られる問題の記事が掲載された。「大審院の特別裁判／社会主義者の審理」という見出しで、「幸徳秋水菅野《(ママ)》すが子等の社会主義者に対する検挙は今尚各地に於て継続せられ其那辺に底《いた(ママ)》りて終結するや殆んど予知す可からざる範囲に拡張せられ居るが然らば果たして其罪状は何ぞ」と、冒頭にまだ社会主義者に対する捜索が各地で継続されていること、そしてその罪状は何か、と疑問を提起している。

続いて「裁判所の動き方」が慌ただしく、「更に頃日《けいじつ》来驚く可き活動」がなされており、「我大審院の歴史に珍しき臨時特別裁判部」が組織され、「一審にて終審確定となる審判方法を秘密に開始せらる、準備中」と、主要な漢字を拡大文字で強調しながら重要な事実をリークしている。この記事に書かれている内容だけでは罪状がいくつかの可能性を持ち、その中のどれを特定しているのか明確ではないが、本文の中の重要語句を数倍角に拡大したり傍点で強調することによって書き手のメッセージを伝達する方法を採っている。それを具体的に確認するため、最上段から三段にわたる長文記事の中間部分をできるだけ原文に近く再現してみよう。

▲一審で終審　此特別裁判とは何ぞや司法根原の法律たる裁判所構成法第五十条に基づける

もの是なり同条に大審院は左の事項に付裁判権を有すと規定し第一に普通一二審を得たる即ち控訴上告の場合を定めたる後其第二に

　第一審にて終審とするものとして刑法第七十三条、第七十五条及第七十七条乃至第七十九条の罪並に皇族に関したる罪にして禁錮以上の刑に処すべき者の予審及裁判

と定めあり而して其刑法第七十三条どは何ぞ吁《あゝ》、是れ畏れ多くも刑法第二編第一章皇室に對する罪にして

　天皇、大皇太后、皇太后、皇后、皇太子又は皇太孫に対し危害を加へ又は加へんとしたる者は死刑に処す

の法文是也《これなり》又同第七十五条は皇族に対する右同様の危害罪にして死刑無期徒刑たるもの次の第七十七条は内乱に対する罪にして

　政府を転覆し又は邦土を僭竊《せんせつ》し其他朝憲《てうけん》を紊乱《びんらん》することを目的として暴動を為したる者其未遂罪を罰するの規定にして首魁《しゆくわい》は死刑無期刑其他は無期以下七十八条七十九条同罪にして内乱の予備陰謀十年以下の刑たる者是也

▲二者其一か　吾人は現在検挙さられ（ママ）つゝある社会主義者連は如上《じよじやう》の罪質中孰《いづ》れに起訴せられあるやを知らず又掲記するの自由を有せざれど被告菅野（ママ）すが子が先に某弁護士に宛て密書を以て余等近日死刑に処さる可し云々を申送れる如き其訊問の内容を以てするも尚死罪該当の前記皇室に対する重罪犯か第二の内乱の首魁罪かの二者一に在らざる可らざるを推知せら

る、に足れり豈《あに》怖れても恐れざる可けんや

一九〇八年に改定施行された刑法内容についてはすでに多くの言及があり、本誌(『平出修研究』)第七号に掲載された平出洸の「幸徳事件をめぐる法制史的諸問題」では明治初期以来の刑法成立史と、複雑な予審法や裁判所構成法が論じられているので参照して頂きたい。要するにこの記事は、六月の管野スガの針文字報道に〈余等近日死刑に処さる可し〉とある情報を踏まえ、第一審で終審し上告起訴ができないまま死刑宣告がなされるのは、裁判所構成法第五十条によると「刑法第七十三条、第七十五条及第七十七条乃至第七十九条の罪並に皇族に関したる罪にして禁錮以上の刑に処すべき者の予審及裁判」であり、その三ヵ条はそれぞれ

第七十三条　天皇、太皇太后、皇太后、皇后、皇太子又ハ皇太孫ニ対シ危害ヲ加ヘ又ハ加ヘントシタル者ハ死刑ニ処ス

第七十五条　皇族ニ対シ危害ヲ加ヘタル者ハ死刑ニ処シ危害ヲ加ヘントシタル者ハ無期懲役ニ処ス

第七十七条　政府ヲ転覆シ又ハ邦土ヲ僭竊シ其他朝憲ヲ紊乱スルコトヲ目的トシテ暴動ヲ為シタル者ハ内乱ノ罪ト為シ左ノ区別ニ従テ処断ス

一　首魁ハ死刑又ハ無期禁錮ニ処ス

二　〈以下略〉

と規定されていることを指摘している。第七三条と七五条が近代におけるいわゆる〈大逆罪〉[10]であり、第七七条は内乱罪であるから、記者はそのどちらかであろうといいつつ、皇室に対する罪を数倍角文字や傍点で強調して見せた。これを読んだロイター通信員が事件を〈大逆罪〉と判断したのはむりもない。日韓併合直後にもかかわらず、内乱罪や外患誘致罪がほとんど考慮されなかったのは、強力な国家権力による日本の国内統制が安定していたことや、韓国併合が周到な準備のもとになされたのをある程度正確に感じていたからであろう。

だがこの『報知新聞』記事からは②③が読みとれるだけで、検閲が厳しくて詳細は今夕まで公表を妨げられていた、天皇は陸軍学校訪問時を狙われた、逮捕は陰謀直後あるいは本日である、などの情報は引き出せない。たぶん通信員は他の情報を加味して判断したのだろうが、とくにこの時期に陰謀事件が発覚し、その直後に逮捕されたというニュアンスをこめて送信したのはなぜなのか。

（4）

九月二五日の『信濃毎日新聞』に見逃せない奇妙な記事が載っている。この新聞は地方紙だが、「抵抗の新聞人」として知られる桐生悠々が主筆に迎えられたばかりであり、情報量も豊富かつ正確である。その二面最下段にコラムがあり、「◎二三子」のタイトルのもとに、たとえば「社会主義を蛇のやうに心得て居るのは桂内閣の口伝的政策だ、否桂内閣と云ふよりも山県系統内閣と云《いつ》た方が可い▲社会主義と云ふもの、正体と其利害如何の問題は別にしてだ近世の思潮は社会主義でなければ説明の出来ぬ点が多い（ママ）て社会主義は現に各国の政治経済道徳に体現して居るではないか此事実を知らないで無暗に之を抑圧しやうとすると何時かは堤防が切れて大水害を被《か》ぶるのは見て来たやうなものだ」などと、社会主義に対してもいちおうの理解を示している。

同欄の続きに「▲在英の和田彦[11]先生を狼狽させた外電は数日前、東京の二三新聞紙上に幸徳秋水外数名の裁判があるとの記事と、横浜に於ける二三の無頼漢が社会主義運動の嫌疑で検挙されたのを事情に通ぜざる外国通信員が、一大珍事の爆発したものと推定し、ドエライ誇大の通信をした為めだ」という。「毎度ながら外国通信員の茶番には呆れけへる」と結んでいるのを見ると、このような誤報がしばしばあったらしい。

「二三子」の筆者は不明だが、べらんめえ調の文体が『一握の砂』序文を書いた藪野椋十に非常によく似ている。彼は九月二六日の同紙にも「◎椋《もく》十翁《をう》から」と題する「悠々盟兄」宛書簡を寄せており、「大変ぢやらう、だから大変ぢやと云ふておいたのぢや、俺はチブスに取つつかれてから、長野と云ふ字を見た丈でもう〳〵ぞくぞくする〈中略〉寒いところでは毛の育ちが好いから貴公の頭も生へるに違ひない」と、同じような文体で長野に赴任した盟友桐生悠々の身を案じている。同紙にはほかにこのような文体は見当たらないので、椋十の寄稿である可能性は高い。とすれば中央の『東京朝日新聞』には掲載できない情報を、反骨精神の持ち主である桐生悠々を信頼してリークしたのではないか。

外国報道の大逆事件情報源を、神奈川の社会主義者逮捕記事との混同だとする根拠はたしかにあり得る。神奈川の社会主義者逮捕事件は、内容が不明のまま各紙に九月の十五・六日に掲載された。数日後の九月一九日に詳細をまとめた報知記事を引用すれば次のようなものだ。

「社会主義者の大検挙／去十五日以来横浜地方裁判所の松山予審判事並に服部検事は書記を従へ腕車に乗りて四方に奔走し大活動を為せるを見て世人は藤沢に於ける五人殺し[12]犯人の捜査ならんと予想し居たりしが何ぞ知らん右は横浜市に於ける社会主義者の大検挙にして前記判検事の活動ありたる傍壮年気鋭の平塚神奈川県警務長は今井高等主任警部同山口警部を連れて出動し判検事に応援して神奈川、根岸、山下町の各方面に居住せる社会主義者の家宅を捜査し十七日までに十数名を検挙して厳重に取調を為したる結果同夜首謀者二名に対し令状を執行して横浜監獄に送り残余の者に対しては引続き取調中なるが右事件に関しては当局者は口を噤みて一言をも語らず」

同日の『東京朝日新聞』にも「社会主義者の検挙／△神奈川県警察署の活動」が載り、同署は「数日前より市郡に散在せる結社の内偵」をひそかに続けていたが、「昨十八日日曜日にも拘わらず警察部は今井警部、山口警部補等出勤して加賀町署と協力し活動せるも其内容は一切秘密に付し居れり」という。各紙の報道が〈社会主義者の大検挙〉とか、〈一切秘密〉などの思わせぶりな表現をとったため、誰しも重大事件だという印象を受けただろう。

翌二〇日、『報知新聞』に「粉砕されたる横浜の社会主義者」が続報として載り、根岸曙会会長田中佐市方にいた領袖吉田只次夫妻他が検挙の状況を語って、横浜市に社会主義者と名乗る者は十数名いて静穏に活動していたが、当局は豊富な資金を海外同志からの送金だと見て尾行するので、「早速検挙あるならんとは予想し居たる故今回検挙に会ひたりとて左程驚かざりし」と淡々と述べている。しかし本文は二段にわたる長文で、「社会主義者として注目され居る者は神奈川県下を通じて現在廿余名あり其他準社会主義者と称する者は三四十名に達せるもの、如し」といい、中学校教員をしている「紅一点」の女性被疑者の存在まで報じられた。これでは幸徳事件と混同されるのもむりがないだろう。

当時の新聞には「横浜事件」と呼ぶものもあり、戦時中の有名な「横浜事件」と紛らわしいので、ここでは〈横浜曙会事件〉と記しておくが、前記引用文にもあるように「当局者」は事件内容に関して「口を噤みて一言をも語ら」なかったので詳細は不明だった。しかし後に内務省警保局が作成した『社会主義者沿革（三）』[13]の「田中佐市、金子信太郎及杉山正三ニ関スル事件」が、この事件を要領よくまとめている。

それによれば、神奈川県在住田中佐市は、一九〇八年の赤旗事件で大杉栄・荒畑寒村らが逮捕された直後、内山愚童が密かに印刷郵送した「入獄記念無政府共産」を受け取り、これを他に配布した容疑で一九一〇年九月一五日に家宅捜索を受け、同時に金子信太郎、大和田忠太郎、加藤時次郎、吉田只次、高畑巳三郎等五名も同印刷物配布の疑いがあるとして居宅を襲われた。

その結果、田中佐市と金子信太郎の二人が伊勢佐木町や中村町通りで通行人に配布したことが判明したので、同月一七日〈不敬罪〉として拘留状を発せられ、一一月二一日横浜地方裁判所においていずれも懲役五年の判決を受けた。両名はただちに控訴したが一二月二七日東京控訴院で棄却され、翌年一月一七日千葉監獄へ移送された、というものである。

曙会は前記の『社会主義者沿革（一）』ですでに警保局の注視するグループとして監視され、『社会主義者沿革（二）』では大和田・金子・吉田・田中が「引続キ曙会ノ維持ニ努メ田中佐市之カ会長トナリ東京ノ同志ト気脈ヲ通シ時々演説会ヲ開催シ普通選挙ノ必要ヲ説キ或ハ労働問題ヲ論セリ」と記されている。「時々演説会」を開催し、この時代の劣悪な労働者雇用状態や普通選挙の必要性を論じていただけで当局の監視が続けられていたのであり、この時代の警察官の張り込みや尾行がいかに緻密であったかが窺えよう。

会員は比較的裕福な階層が多かったので、それが「豊富な資金を海外同志からの送金だと見て尾行」され、幸徳事件連累者と見なされたと言うより、主義者撲滅の狙いで捜査の手がのびたのである。神奈川には「社会主義ヲ賛シ過激ノ運動ヲ為ス」有名な福田狂二がおり、横浜銃砲兵隊に入営したものの軍隊内で主義を広めては脱営逃走を繰り返すので、当局も持て余していた。これら〈不穏の徒〉をいっせいに黙らせるのが当局の狙いであり、そのため秘匿しつつ重大事件と思わせるような情報を漏らしたのだろうが、実質はたんに不穏な内容のチラシを撒いただけの不敬事件にすぎない。

この事件捜査が秘密裏に行われ、内容が秘匿されたのは、配布された内山愚童の「入獄記念無政府共産」というパンフレットが激烈な内容だったからにほかならない。〈曙会事件〉(14)関係の生存者と接した神崎清の言うように「今まで誰も手をつけようとしなかった天皇制の問題」を扱い、「なぜにおまいは、貧乏する。ワケをしらずば、きかしやうか。天子金もち、大地主。人の血をすう、ダニがおる。(15)」とラッパ節調の歌を載せ、さらに

「小作米を地主へ。ださなくても宜しい」
「政府に税金をださなくても宜しい」
「今の政府を亡ぼして、天子のなき自由国に、する」

などと主張している。かなり過激な無政府主義の主張であり、徒党を組んでこの思想を実行しようとしたら国家転覆罪に該当するところだった。まして、「今の政フや親玉たる天子といふのは諸君が、小学校の教師《ママ》などより、ダマサレテ、おるやうな、神の子でも何でもないのである」と、天皇の祖先の侵略行為に触れており、当時の社会においては公表するわけにいかない言説に満ちていた。内山愚童の処遇は最後まで当局者も迷ったようだが、結局このパンフのおかげで幸

徳秋水事件被告と見なされて刑死することになる。

九月一九・二〇日の〈横浜曙会事件〉記事が、あたかも神奈川における大量の社会主義者検挙であるかのように扱われ、その内容もいっさい秘密とされて報じられた直後に、続けて「大審院の特別裁判」で〈皇室に対する罪〉を強調して掲載したのだから、特に『報知新聞』を読んでいた者ならこれらを一続きの事件報道と即断するのは自然な流れであろう。

（5）

発信側の誤解や、受信者の即断などが混在しているものの、このロイター通信による情報は世界中に張り巡らされたばかりの無線電信によって瞬時に各国へ伝わった。そのため各国の大公使館からの問い合わせが外務省に殺到し、小村外務大臣は二四日付で、「取敢ヘス左記ノ範囲」で各国の新聞社に正誤を申し入れるよう極秘文書を発信した。その内容は「思慮ナキ人無政府主義ノ書籍ヲ読ミ速信ヲ生シ恐ルヘキ犯罪ノ陰謀ヲ為シタルモ準備未ダ成ラサルニ当リ刑事ニ訴追セラル犯罪関係者ノ人員ハ予審中ニ付判然セサルモ多数ナラサル見込」というものである（詳細なやりとりは前記『「大逆事件」関係外務省往復文書』に詳しい）。

幸徳事件が外国に報じられたのはこの時が最初ではない。六月の段階でアメリカの *The New York Herald* や、ロンドンの *Times* および *The Japan Weekly Chronicle* などがかなり詳しく報じているのである。管野スガの〈針文字〉まで含まれた海外での報道だったが、その時期には外務省がやはり素早く訂正記事を流したせいもあってか、各国はあまり反応しなかった。

九月のロイター電が世界の耳目をそばだたせた理由は、八月末に日本が韓国を植民地化したばかりであったのと、ミカド暗殺未遂という衝撃的な内容だったことに集約されよう。日本政府は周到な準備を重ねて韓国を併合し、各国からの批判もほとんどなかったので安心していたときである。ここで内政統治の不備を根拠に〈三国干渉〉のような列強の介入が再現するのを何より怖れたのは想像に難くない。

したがって海外報道が当局の大逆事件拡大方針にブレーキをかけたのではないか、という推測は容易になされるのだが、事実は一〇月まで東京市内をはじめ群馬の前橋、茨城の下館などで社会主義者の〈大検挙〉が続いているので、まだ紆余曲折があるようだ。ただ前記の『社会主義者沿革（三）』には、幸徳秋水や新村忠雄の所持していた名簿に掲載されていたり、社会主義関係の書籍類を持っていたりして当局が注目していた要注意人物は、北海道の六十五名をはじめ栃木二〇名、福島一九名など、東日本全域に存在していたにもかかわらず、大逆事件関係者の捜索が群馬・東京・茨城の〈利根川ライン〉で止まり、東北各県に及ばなかったことなど、ロイター電とその後に続く各国社会主義者らの抗議運動と無関係ではないだろう。

啄木について言えば、「時代閉塞の現状」が掲載されずに意気消沈していたところへ、『東京朝日新聞』の歌壇選者になる話が持ち上がったころである。九月九日の同紙面に「来る十五日の紙上より／朝日歌壇　選者　石川啄木／の一欄を設け、投稿を募る。歌数、用紙共に制限なし。本社編輯社会部歌壇係宛の事。」という予告が載り、その同じ日の夜に、〈九月の夜の不平〉初稿を詠んだ。同月下旬には念願の歌集刊行を思い立ち、その編集に没頭することになる。その間、「日本無政府主義者陰謀事件経過及び附帯現象」には九月一九日・二三日・二四日・一〇月五日の記事が掲載されているものの、一九日以後は手書きではなく切り抜き記事のスクラップになる。

こういう重要な事件報道を横目で見ながら、啄木は出版話のまとまった『一握の砂』編集に全力を注がざるをえない。しかし彼の念頭には常にこの事件の影がわだかまっていたのであり、それは歌集編纂後ただちにさまざまな形で現れて来る。

注

（1）明治大学文学部紀要『文芸研究』第七八号、一九九七年九月。なお引用文の「／」（スラッシュ記号）は新聞記事等の改行を示す。

（2）大原慧は『幸徳秋水の思想と大逆事件』（一九七七年五月、青木書店）で国際的反響を詳細にたどり、九月二一日付けの海外記事を紹介した。

（3）清水卯之助「大逆事件と啄木の認識過程」『啄木研究』第六号、洋々社、一九八〇年一〇月。

（4）前記注（2）参照。

（5）山泉進・荻野富士夫編『「大逆事件」関係外務省往復文書』（一九九三年一月、不二出版）の「解説（1）」。また山泉進が言うように、事件そのものは早くから海外でも報じられており、八月の時点で片山潜は大逆罪であることを海外の社会主義者へ通報していたらしい。前記の拙稿「資料・大逆事件および日韓併合報道と石川啄木（二）」で記したように六月の段階でロンドンの、*The Times* や *The Japan Weekly Chronicle* 等に、管野スガの針文字報道を含めたかなり詳しい報道がなされていた。

（6）筆者は前記注（1）の「資料・大逆事件および日韓併合報道と石川啄木（二）」で、情報素を、①九月二一日の報知記事によればと断っており、②多数の日本人（社会党）が天皇の生命に対する陰謀により逮捕され、③被告は秘密裁判にかけられるだろう、④こういう犯罪は日本歴史上最初の例であり、⑤検閲が厳しいので詳細は今夕まで公表を妨げられていた、⑥天皇は陸軍学校訪問時を狙われた、と分割し、逮捕は本日であるという *The Continental News* や、ブラジルの *Jornal de Comersio* の報道も含めれば、七項目になると記した。このうち後述する二一日の報知記事で確認できるのは②③のみであり、④⑤⑥⑦は別紙からの情報や在日記者の知識に基づくものと思われる。

（7）前記注（5）に記した外務省文書には、代理公使によって二種の記事の切り抜きと、それを訳した文書が添えられている。

（8）九月二二日付 *The New York Times* の記事は、"PLOT AGAINST LIFE OF JAPAN'S EMPEROR／First Such Conspiracy in the 2,500 Years of the Country's History/TRAITORS CAUGHT; TO DIE／News Was Kept Secret Until Yesterday and Has Created a Sensation in Tokio".と題し、次のように記されている。ロンドンタイムズと同系統の新聞でありながら、このニューヨークタイムズの方がはるかに

詳細で生々しい。日本に対する英米両国の関心の相違が現れているのだろう。

「TOKIO, Sept. 21. A sensation was created by the publication this afternoon of the alleged details of a plot among some of his own subjects to assassinate Emperor Mutsuhito./The startling story appeared in the Hochi Shimbun, which states that the plotters, who are now under arrest, will certainly be sentenced to death after trials before a special secret court./This is the first time in the history of the country that the life of the sovereign has been plotted against by his own people and the fact has been known./It is undestood that a most rigorous censorship prevented the publication of so much as a hint of the conspiracy until this evening, when the Hochi Shimbun assumed responsibility for the alarming announcement./The paper's assertions have apparent authority. There are now in jail in this city a number of persons who are alleged to be active in the "Allied Socialist" movement, and those who may be considered responsible state, as does the Hochi, that the arrestes followed the discovery of a conspiracy against the throne./According to the paper the assassins planned to accomplish their end while the Emperor was visiting the Military School just outside the capital./The Plot was discovered in time to protect his Majesty and the plotters ware seized at once...... 〈中略〉 ......In all the 2,500-year-old history of Japan, so it is declared with pride by Japanese historians, the reverence of the people for their sovereign has been such that there has never been a plot against the life of an Emperor./The Japanese regard the Mikado in a manner which, to an Occidental, is impossible of appreciation. He is looked upon literally as a god, as the state personified, as containing in his person all the "virtue" of the nation. At various times in the course of the war between Ruusia and Japan,

Japanese commanders, in reporting victories, placed the credit for them on the "virtues of the Emperor." Admiral Togo used this expression in annoucing his great victory in the battle of the Sea of Japan, and it caused a good deal of curious comment in Europe and America./Within the last few months there have been various indications that some of the Japanese are abandoning their ancient attitude towoard the Mikado and are becoming imbued with Socialistic and Anarchistic ideas. In July it was reported that a band of Anarchists in Tokio had been manufacturing bombs. It was added that every known member of the band had been arrested, and that, to the amazement of the authorities, when the prisoners were examined they continued to declare their disbelief in rulers and government. It was reported that the leaders were to be sent to prison for life.」

後半はコメントであり、天皇の生命に対する陰謀は二千五百年の歴史にない、というのは某歴史学者〈穂積陳重か？〉の言らしい。また、欧米人にとって信じられないことだが、日本人は文字どおりミカドを神とみなしており、国民の全ての美徳が彼に体現されていると信じている、という日本人の心情を紹介し、日露戦争時の日本海海戦（欧米では対馬沖海戦と言うのが普通だが日本風の呼び方をしているところをみれば知日派の言らしい）で勝利を得た東郷元帥（当時司令長官）が、しばしば勝利は、"virtues of the Emperor" のおかげだと言ったことに対して、欧米では多くの奇妙なコメントがなされた、とある。合理性を無視した天皇制神話を信じる日本人への違和感が示されている。最後に七月の〈爆弾事件〉首謀者が獄中にありながら統治者と政府への不信を言明し続けたのに政府も驚いているとある。

(9) この記事は、「社会主義者裁判／被告数十人に上る／書類の筆写に忙殺／社会主義者幸徳伝次郎氏の湯河原に逮捕されたる以来其筋に於ては全国に渉り同主義者の検挙に勉め今は其被告となりたるもの数十人にも上りたりとの事なるが爾来松室検事総長主となりて夜に至る迄事務を採ることも少なからず」など、主として大審院のあわただしい動きを報じており、おそらく大審院係りの記者による取材であろう。

(10) 唐律に基づく養老律令は、『令義解』『令集解』や江戸時代の石原正昭『律逸』等によってかなり正確に再現されているが、それによると古代律令の〈大逆罪〉とは、「謀《はかル》レ毀《こぼタムト》二山陵《せんりやう》及宮闕《くうくゑつ》ヲ一」という内容で、現行法では二年以下の墳墓発掘罪にすぎない。

(11) 「和田彦先生」というのは五月一四日から一〇月二九日までロンドンで開催された日英博覧会開催の責任者として渡英した和田彦次郎（翌年農商務省次官として勲一等瑞宝章受章）のことか。当時、滞英大使も驚いて外務省に機密発電で情報を問い合わせているが、和田氏も驚愕して日本国内に問い合わせたのだろう。

(12) 藤沢五人殺しは九月九日に発生したばかりで、一〇日付『読売新聞』に「◎一家五人惨殺／▽藤沢町の大惨劇／▽第二の鬼権事件／▽犯人縛に就かず」とあるように、夫婦と二人の娘、および女中が惨殺された事件である。「▲被害者の一族」は「▲鬼寅と綽名」される「却々の吝嗇家にて近所交際も悪るく只溜める事のみに腐心」してきた人物で、金満家にもかかわらず「猶も溜める気にて一昨年頃より高利貸を始め非道の限を尽し」ていたとか。『読売新聞』では「◎一家五人惨殺／▽藤沢町の大惨劇／▽第二の鬼権事件／▽犯人縛に就かず／九日午前十時頃、相州藤沢町字東横須賀五五〇所在横浜市山本町一の一乾物商兼金貸業鈴木寅吉（四四）の別荘にて主人寅吉及び同人母ヤス（八十）妻カネ（四六）三女ユキ（十四）四女チヨ（八つ）の五人が何者かに惨殺され居るを発見せり」「▲被害者の一族／▲鬼寅と綽名さる」「寅吉は性来却々の吝嗇家にて近所交際も悪るく只溜める事のみに腐心」してきた金満家だが、「猶も溜める気にて一昨年頃より高利貸を始め非道の限を尽し鬼寅の綽名を取りたり」など被害者が非難され、「▲酷い葬式」と参加者のいない葬式まで報じられた。その後は親戚たちの遺産分取りの醜態も報道されている。

(13)『社会主義者沿革（三）』は一九一一年秋に極秘の政府内部情報が配布されたらしいが、現在松尾尊兊編『続・現代史資料Ⅰ社会主義沿革1』（一九八四年一〇月、みすず書房）に収録されているのでこれに拠った。

(14) 神崎清『革命伝説』第二巻、一九六八年三月、芳賀書店。

(15) 内山愚童の「入獄記念無政府共産」本文は柏木隆法『大逆事件と内山愚童』（一九七九年一月、JCA出版）の巻末資料編に拠った。前記神崎清の『革命伝説』中で引用されているテクストが精確なようであるが、全文を解読して収録しているのは柏木隆法著書なので、孫引きを避けて前者に拠った。細部の句読点や仮名遣い等にかなり異同があるものの、大筋では変わらない。

三　時代閉塞の隠喩——犯罪の年・一九一〇年

1

「時代閉塞の現状」は、一九一〇年八月二二・二三日の『東京朝日新聞』紙上へ発表された魚住折蘆「自己主張の思想としての自然主義」(上・下)に触発され、その数日後に書かれた、と冒頭に明言している。そのためもあって、樗牛以後、自然主義をめぐる思想史的主題を中心にして論じられる場合が多いが、実はタイトル通り時代閉塞の状況そのものを扱っているのであり、想像以上に〈現状〉へ密着している。いわば思想的な〈表層の論理〉と、状況認識の指摘を通じた〈深層の危機感〉との二重構造になっているのである(1)。

一九一〇年には大逆事件と日韓併合という国家的事件が発生しただけでなく、ハレー彗星が出現し、天明以来の大洪水が日本列島を襲う、という〈天変地異〉も生じた。飛行機や飛行船が実用化されつつある科学の時代であったとともに、霊の感応や千里眼という非合理な現象が大まじめに論じられた時代でもあった。そして、あまり知られていないことだが、後述するように市井では空前の量の犯罪事件が発生した年なのである。

そういう時期に啄木は「時代閉塞の現状」その他の、発表不能な〈批評〉を書き継ぎ、歌集

『一握の砂』の編集を続けた。いわば啄木の文学活動が頂点にさしかかった時でありながら、同時に半ば発言を封じられた〈晩年〉のはじまりでもあった。ここでは〈時代〉の〈現状〉に大きな関心を持ちつつ書いた「時代閉塞の現状」から透けて見える〈時代〉の一部を検討しながら、翌年以後寡黙な晩年を迎えざるをえなかった啄木について述べてみたい。

2

まず「時代閉塞の現状」執筆の動機となった折蘆論文が発表された八月一三・二三日という日付を問題にしてみれば、二二日は、天皇も出席した臨時枢密院会議が開かれ、韓国合併を満場一致で決定した日でもある。『東京朝日新聞』には、「本社朝鮮特電」欄の「◎内地新聞差押」とならんで、「◎臨時枢府会議／二十二日午前十時より臨時枢密院会議を開き重要案件に付協議す」とあるが、前から事態を予測していた各新聞もこの「御前会議」を報じている。

翌二三日には『大阪毎日新聞』に「◎大事定まる」、『東京毎日新聞』に「◎韓国合併」、などが掲載され、合併協約内容も伝聞形式ながらほぼ正確にリークされ始める。そして三〇日、各新聞は公表された「韓国併合詔書」を大々的に掲載した。この韓国併合をめぐる最終決定時期が「時代閉塞の現状」に色濃く影を落としているのはいうまでもない。

「時代閉塞の現状」第一章で、自己主張的傾向と自己否定的傾向の共棲が、両者共通の怨敵たるオオソリテイ——国家への対抗手段としてとられた政略結婚であるとする折蘆論に対し、啄木は、「我々日本の青年は未だ嘗《かつ》て彼の強権に対して何等の確執をも醸《かも》した事が無い」と批判した。そして「強権」に対して確執を醸しさえしないのは、我々の理解が不徹底な状態にあるからで、それは「我々の今日及び今日までの境遇が彼の強権を敵とし得る境遇の不幸よりも更に一層不幸なもの」であることを示している、と述べている（傍線筆者）。

韜晦した表現なのでつい読み過ごしがちだが、ここで言う「彼の強権を敵とし得る境遇」とは、日本に植民地化されようとしている韓国の〈現状〉を指していると読むべきだろう。つまりわれわれの不徹底な認識状態は、強権を敵として認識することができる韓国人民の置かれた境遇よりさらに不幸である、と批判しているのであり、そこから第二章にかけての日本青年批判が引き出されてくる。

日本の女子が男子の奴隷として規定、訓練され、それに抗弁する理由を知らずにいるごとく、青年も国家について全く父兄の手に一任したままだ、という第一章の結びをうけて、第二章では〈日本人特有の或論理〉に触れている。〈或論理〉とは、国家は強大でなければならぬ、「但し我々だけはそれにお手傳するのは御免だ！」という、比較的教養ある青年の〈愛国心〉であり、実業界に志す一部の青年に見られるように、「国家は帝国主義で以て日に増し強大になつて行く。誠に結構な事だ。だから我々もよろしくその真似をしなければならぬ」という、国家に対する無批判な受容を指している。いずれも理性を眠らせたままの、エゴイスティックな現実主義である点で共通し、この発想は前年の「きれぎれに心に浮んだ感じと感想」で言う、困難な問題に直面すると解決を避けて回避する態度を「日本人に最も特有の卑怯」と指摘した考えに基づいていよう。

そしてこの、〈自己主張の思想とデターミニスチック思想〉の「奇なる結合」の結果が自然主義である、という折蘆論への批判形式は、表層の論理であり、「正義だの、人道だのといふ事にはお構ひなしに一生懸命儲けなければならぬ」と考える日本の若者たちに対するいらだちは深層の心情にほかならない。「時代閉塞の現状」本文から離れるが、この心情は「九月の夜の不平」(2)の〈何となく顔がさもしき邦人《くにびと》の首府《しゆふ》の大空を秋の風吹く〉や、それを基にして変形させた〈邦人の顔たへがたく卑しげに／目にうつる日なり／家にこもらむ〉などの歌を参照すると、より明白になるだろう。

〈邦人の……〉の歌は、最初七月二十七日朝、〈邦人の心あまりに明るきを思ふとき我のなどか楽しまず〉だったが、九月九日夜に〈何となく顔が卑しき邦人の首府の大空に秋の風吹く〉と改めて歌われ、『創作』に発表した「九月の夜の不平」では〈顔がさもしき邦人の〉と変わった。最後に歌集収録時に〈邦人の顔たへがたく卑しげに／目にうつる日なり／家にこもらむ〉となる。

七月末の歌〈邦人の心あまりに明るきを……〉は、おそらく幸徳事件のような重大事件の発生に対して無関心な邦人への違和感を歌ったのであろうが、九月以後は、〈顔が卑しき〉、〈顔がさもしき〉、〈顔たへがたく卑しげに〉、と次第に激化した表現になっているのが興味深い。いうまでもなくこれは露骨な植民地獲得に対する邦人の無批判な歓迎ぶりを念頭に置いたものであり、七月末の邦人に対する漠然とした不安が、八・九月になって明確になったことにより、批判が激化したと見てよい。

この時期、天皇制はむろん、幸徳事件の疑わしさやその報道に対する世人の批判はほとんど見られなかったが、同様に植民地獲得に対する批判も言説空間の表面に現れてこない。世界的規模で行われている露骨な侵略主義に対する批判の目はもっとあってしかるべきだったと思われるが、日本の置かれた国際的状況や国内の厳しい言論統制によって誰も公言できなかった、と一応は説明できるものの、それにしても、と思わざるをえないほどである。しかし啄木は明らかに植民地獲得を過剰なまでに〈悪〉として認識していたのであり、前記の歌を含む「九月の夜の不平」がそれを明白に語っている。

『創作』誌上に発表された「九月の夜の不平」中に、秋および秋風の語[3]が用いられた歌群がある。いま仮に〈秋風連作〉と名付けて見るなら、全三四首の冒頭歌は〈秋の風今日よりは彼のふやけたる男に口を利かじと思ふ〉であり、二首目が〈大海のその片隅につらなれる島々の上を秋の風吹く〉であり、最後の歌が〈明治四十三年の秋わが心ことに真面目になりて悲しも〉である。これらは「九月の夜の不平」において歌われた歌群の〈時・場所〉を限定する枠組み歌であると解すべきであろう。池田功が指摘するように、日本列島における明治四十三年の秋、と、〈秋〉の場所的・時間的指示がさりげなくしかし意識的に明示されているのであり、その日本人たちは〈たへがたく卑し〉き顔をしていると感じられたのである。したがってこれら〈秋風〉の歌はいずれも韓国併合を明確に批判する心情を全体のモチーフとして持っていたことを暗示している。よく知られた〈地図の上朝鮮国にくろ〴〵と墨を塗りつゝ秋風を聴く〉でも、独立した一首だけでは解釈に制限があるが、これを字数に制限のある短歌形式のためと見るべきではない。批評を封じられた者が意図的に採った老獪な方法なのであり、このような韜晦した方法を用いなくては表現できない状況における連作だったのだ。これらは発言を封じられた表現者にのこされたわずかな手段だったというべきだろう。これらによっても「時代閉塞の現状」執筆時から九月にかけて、日韓併合問題が啄木の批評意識のほとんどを占めていたことをうかがわせる。「時代閉塞の現状」は大逆事件に反応して書かれたとかつてしばしば言われたが、実は大逆事件を直接匂わせるような言及は周到に避けられ、日韓併合問題が深層部における中心主題として背面から顔を覗かせているのである。

「時代閉塞の現状」本文に帰れば、第四章に言うように、自己主張の欲求のみが残された現状で、「比較的教養ある」青年でさえ「理想喪失の悲しむべき状態」に陥り、強烈な自己主張の欲求を持て余したまま方向も出口も失っているのであり、すでに就職難がはじまっていわゆる〈遊民〉階級が増加していることとならんで、「貧民と賣淫婦との急激なる増加」、そして「今日我邦に於て、其法律の規定してゐる罪人の数が驚くべき勢ひを以て増して来た結果、遂に見す〳〵其国法の適用を一部に於て中止せねばならなくなってゐる事実(4)」、いわば、理想のみならず法と倫理も欠如した時代状況を指摘している。

そして最も急進的なものは、「彼等の入れられてゐる箱の最も板の薄い処、若くは空隙（現代社会組織の欠陥）に向つて全く盲目的に突進してゐる」と言うのだが、かつて今井泰子は〈最も板の薄い処〉を天皇制と解した。[5]だが、多くの批判者の言うとおり文脈上これは「女郎買、淫売買、乃至野合、姦通の記録」へつながっているし、〈現代社会組織の欠陥〉の露呈を意味すると解すべきであり、これらも深層の主題にほかならない。

最後に時代閉塞の状況に宣戦し、明日の考察の必要を述べる。それは時代に対する組織的考察であり、最終章に述べるように「一切の空想を峻拒して、其処に残る唯一の真実」すなわち「必要」を発見しなければならぬと結ぶ。この「必要」に関しても中野重治は「必然」[6]と読み、国崎望久太郎は「自我の全面的解放」[7]とした。近年、近藤典彦はクロポトキンを踏まえた「社会革命」[8]だとする魅力的な解を示したが、しかしこのテクストではその具体的内容は示されないまま、〈「今日」を研究して、其処に我々自身にとつての「明日」の必要を発見しなければならぬ〉といい、「私の文学に求むる所は批評である」という断言で閉じられている。

3

「時代閉塞の現状」を統合する主題は、今日の研究とその批判による明日の考察だった。では

〈今日〉はどのような状態で推移していたか。おそらく彼自身も予測しなかった方向へと向かっていた。

冒頭に述べたように、一九一〇年は犯罪の年でもあった。夏になるまでにも、芸者お梅が情夫を殺害した柏木事件や、首なし女性の全裸死体が深川に漂着した事件など、世間を騒がせる事件がなかったわけではない。しかし、この年の夏を過ぎる頃から東京市内は強盗・窃盗事件が急増して異常な都市空間となる。一〇月になるとその跳梁が社会問題化して大きく報じられるようになる。

たとえば一〇月八日『讀賣新聞』に「◎強盗跋扈《ばっこ》す」と題して、「凶器強盗の物騒沙汰頻々」、「△女中を脅す強盗」などが載り、「露店の為に生ずる混雑をさへ取締るを面倒がる警察力にては強盗も馬鹿にして一夜の中に二軒も三軒も荒し廻るも無理ならぬ」と警察を批判した。警察が社会主義者狩りと言論弾圧に狂奔して市内警備に手が回らなかった状況を暗に示している。

一〇月九日には『国民新聞』が「千束町の四人斬《ぎり》」を報じ、それに並べて「◎何ぜ強盗は流行るか」、「新刑法の実施にも基因せるが如し」と記している。同日の『讀賣新聞』は、「◎恐ろしい東京／△血を見ざる日無し」として、「△浅草三人斬」「△出刃を突付る」「△強盗自殺す」「△全市に非常線」などの記事を並べた。凶悪な強盗・窃盗が連日どころか一夜に何件も生じているのであり、「昨今強盗の被害頻々として東京市は殆ど無警察の情態《（ママ）》にあり」と報じられるまでになる。

一〇月一〇日にも『讀賣新聞』に「◎強窃盗頻々《がうせつたうひんぴん》」「△三人組強盗」「△落付《おちつき》払ふた強盗」が載り、一三日には『東京日日新聞』に「〇強盗が入った時／△家婦は如何にす可きか」というアンケート記事まで掲載され、「▲何でも遣つて了ふ」「▲後で取戻す」「▲信仰に依る外なし」などの回答例が挙げられている。一七日には再び非常線が張られたものの、『讀賣新聞』によれば非常線に掛かったのは、「旦那と手が切り度いばつかりに毎夜丑の刻参りを為て居る芸者」や、一六の少女と男との〈怪しき二人連〉などだけで成果は芳しくなかった。強窃盗の跋扈はこれ以後も続き、一一月には、後に谷崎潤一郎が「お艶殺し」の素材とした三菱原殺人事件や柏木一家四人殴殺事件などが続発する。

　年末になると、ようやく当局もこの異常事態に対応する意思を固めたらしい。一二月一八日の『時事新報』に「◎警察署増置／廿四署が八十三署となる／従来の分支署を廃合す」とあるように、警察署の増設が実施された。『讀賣新聞』でも〈殺人事件等大事故の頻々たる〉故に「◎警察署の大増設」がなされた、と報じている。一二月は一〇日に大逆事件の公判が始まり、社会主義者捜索はすでに一段落していた時期である。

　当時東京市内には各区に本署が置かれ、必要に応じて警視総監が分署・支署を設置していたが、支署は署長を置かずに巡査部長がその区域内の派出所を指揮した。その他、郡部にも本署、分署があり水上警察署もあって、本署は総計二四署だった。そのうち、市内と郡部に設置された警察分支署を、明治四三年内務省告示第一四一号を以て、一斉に警察署に昇格させたので、警察署は合計八三署に激増した。異常な増設と言っていいが、犯罪事件の激増がこの〈警察署大増設〉を産んだのである。なおこの時の警察署増設は、『警視庁史明治編』[9]によれば、交番での勤務中いっさい腰掛けを禁じるなどの厳しい改正勤務制度とともに実施されたが、わずか三年後の一九一三（大正二）年に廃止され、市内の警察署は三九署に減少してしまう。

この時期の犯罪の増加の理由として、一〇月九日の『国民新聞』が「新刑法の実施にも基因せるが如し」というように、一九〇八（明治四一）年に監獄法および改正刑法が実施され、指紋法が導入されるとともに累犯加重主義がとられたことにより、職業的窃盗犯が再逮捕による量刑増加を恐れて凶悪化したと、各紙は指摘した。また、前年まで〈仕立て屋銀次〉こと富田銀蔵がスリおよび掻っ払い集団の親分として君臨し、警察と癒着して特別に貴重な盗品は密かに持ち主の手に返還していた。先に引用した『読売新聞』のアンケートで「▲後で取戻す」という回答例は、これを意味している。その彼が明治四二年六月二三日に逮捕され、卓越した後継者を持たなかったスリ集団は分裂して手軽な強窃盗に走ったとも言われている[10]。

しかし、言うまでもなく犯罪増加の原因は、警官の大多数が社会主義者狩りと言論取締りに動員されていたことに大きな理由があった。啄木が「日本無政府主義者隠謀事件経過及び附帯現象」九月二三日付けで記すように「其筋の大検挙は、東京、横浜、長野、神戸、和歌山其他全国各地に亘りて着々進行」していたのである。九月三〇日には『報知新聞』に「〇水戸の社会主義者大検挙」、一〇月二日には『東京朝日新聞』に茨城県下館実業新聞社に対する「◎社会主義取締」、一〇月五日は『東京日日新聞』「〇社会主義大検挙／△引続き市内各所に及ばん」、一〇月六日『時事新報』「◎社会主義者拘禁／検挙者既に七十名」、「東京市中に居住せる社会主義者を始めとして各地に散在せる同主義者を根絶せしめんと当局者は全力を傾注して」いる、等の記事が載っている。

　九月二一・二二日に海外紙で日本における〈大逆の陰謀〉が報道され、国内でも幸徳事件が大逆罪だという認識が広まった、とされているが、国内では西日本から次第に北上して群馬・東京・茨城での〈大検挙〉が続いていたのである。これらの捜索活動が市内警備の弛緩をもたらし、前記のように「露店の為に生ずる混雑をさへ取締るを面倒がる」事態を招いたといってよい。一〇月中旬になって捜査はようやく一段落し、容疑者も二六名に絞られた。事件の捜索が長野から始まり、関西、九州と伸びて群馬・東京・水戸の関東地方で打ち切られ、東北地方がまったく対象にならなかったのは不思議なのだが、あるいは海外紙の報道と、それに伴う各国大使館からの問い合わせに理由があったのかもしれぬ。ともあれ一一月九日、幸徳事件の第一回公判が一二月一〇日に開かれると公表されたのである。

啄木はこの一〇月中、あるいは一一月に入ってからも『一握の砂』編集に没頭していたが、一二月五・六日頃「無題・幸徳等所謂……」という短文を書いた。むろん発表の可能性はなかったので、「為政者の圧迫斯《かく》の如きに於ては其の趨《はし》る所果して何処ぞ」と書いて中断している。「所謂今度の事」「時代閉塞の現状」「無題・幸徳等所謂……」は、弾圧とその結果を問題にしているところが共通するが、すべて公表できなかった。その後に「歌のいろ〳〵」を一二月一〇日から二〇日まで『東京朝日新聞』に連載する。ここで彼は、短歌選者の感想文の形をとりながら、各章にさりげなく時評めいた言辞を滑り込ませるという手法を用いている。たとえば「歴史を尊重するは好い。然しその尊重を逆に将来に向つてまで維持しやうと」する「保守的な概念」を批判しているが、これは「無題・幸徳等所謂……」で「在来の道徳に抵触するものは一切禁遏《きんあつ》せんとするが如きは無謀も甚だし」と同趣旨であり、激した口調を和らげて綴ったものである。つまり歌論の形をとってさりげなく啄木の言う〈批評〉を挿入させているのである。

このとき、警察署の大増設が一二月一八日に決定され、「歌のいろ〳〵」連載は二〇日に終わり、そして二一日付けで宮崎郁雨宛書簡が書かれる。この書簡のなかで「歌を論ずるに托して現代の社会組織、政治組織、家族制度、教育制度、その他」を論じたい、とつづる。日付の流れを見るだけでも示唆的なのだが、要するに警備体制があらためて増強され、直接的な時事批評が不可能であると最終的に判断した啄木が、次善の策として翌一九一一年の雑誌『樹木と果実』発刊を計画したのである。この雑誌は一月二二日の平出修宛書簡にあるように、短歌雑誌を装いながら「一院主義、普通選挙主義、国際平和主義」など〈時代進展の思想〉を密かに伝えようとするものだった。この雑誌で啄木が用いるはずだった形式こそ、「歌のいろ〳〵」でこころみた手法(11)にほかならない。

しかし『樹木と果実』発刊挫折後の啄木は、死後『悲しき玩具』に収録されたような短歌だけが定期的に発表されるものの、彼が文学に求めた〈批評〉はすべて発表できないままである。一種の〈記録文学(12)〉を目指す一方、『呼子と口笛』のような詩篇も遺されており、氷山の一角をたどるように追尋することはわずかに可能だが、一九一二年四月の死亡時までに自由な発表が許されていたなら、彼がどのような形式で何を書こうとしたかは、実のところブラックボックスのままなのである。

日本の〈現状〉は、国家的規模での大逆事件や植民地獲得をもたらしたが、その後市内では享楽主義と犯罪とが蔓延した。上下こぞっての犯罪時代であり、都市は無警察状態に近い治安の悪化を指摘されながら、内乱状態にはならず、革命の萌芽も見出すことができない。ほぼ三年間の〈警察署大増設時代〉(いわゆる冬の時代と重なる)によって、無警察状態からそれまで以上の警察国家となり、それによって現状に対する批判は封じられ、治安も抑圧によって一応回復に向かう。その中で啄木は孤立し、「緩慢な方法」をとる「時機を待つ人」、にならざるをえないまま病没するのである。

注

（1）国際啄木学会編『石川啄木事典』（おうふう、二〇〇一年九月）の「評論」で、近藤典彦は、「所謂今度の事」の形式では新聞に掲載されないと悟った啄木が、折蘆批判・自然主義論を〈装〉って第四・五章の主題を展開する「苦心の論理」を見るべきだと指摘した。本論は〈時代閉塞の現状および強権＝国家の告発〉という主題と「苦心の論理」について同意するのだが、全章にわたって表層の論理と深層の主題とが交錯していると思われるので、深層の主題を通じて〈時代閉塞の現状〉を見直したものである。

（2）「九月の夜の不平」は九月九日の夜に創られ、一〇月一日『創作』に掲載された。

（3）池田功「石川啄木における朝鮮」（明治大学文学部紀要『文芸研究』第六七号、一九九二年二月）は、「九月の夜の不平」中の「秋」「秋風」「秋の風」が創作時の〈秋〉であることを指摘し、亡国への憐憫を読み取っている。

（4）微罪不検挙の例として、前年、タバコ栽培業者が上納すべき自分の畑のタバコ葉を用いて服用したとして訴えられ話題になっていた。大審院はこの年一〇月一一日、刑法で罰すべき程度のものではないという理由で犯罪不成立の判決を下した。

（5）『日本近代文学大系23 石川啄木集』（一九六九年一二月一〇日、角川書店）「時代閉塞の現状」頭注および補注参照。

（6）「啄木に関する断片」『驢馬』一九二六年一一月。

（7）『啄木論序説』法律文化社、一九六〇年五月。

(8) 前記近藤典彦「評論」『石川啄木事典』おうふう、二〇〇一年九月二五日。

(9) 警視庁史編纂委員会編『警視庁史明治編』(非売品) 一九五九年一月一日。これによれば警察署増設は、第二三回帝国議会に提出された警視庁廃止決議案に反対する原内務大臣の改善実践と「人口の膨張」との二つの理由による、としている。だが、同時に勤務規律が厳密なうえ、警察道場での撃剣の稽古、それに「両陛下其他皇族方の行幸啓の際は社会主義者取締の為張番に立たざる可からず」という状態だったので、「其疲労は殆ど言語に絶し……中略……巡査拝命後三、四箇月にて既に何れも激烈なる神経衰弱に罹り居れり」と、社会主義者取締を特別にあげて激務ぶりを紹介している。

(10) 小泉輝三郎著『明治犯罪史正談』(批評社、一九九七年三月一〇日) によれば、「この時は独り仕立屋ばかりではない。湯島の吉でも、べつ甲勝でも、凡そその社会の親分という親分、子分という子分、網にかゝる程の大スリ小スリ、根こそぎ検挙した」大検挙だった。富田銀蔵自身はスリではなかったが、妻の父がスリの大本締めだったので後継者として選ばれた。江戸時代からの伝統で盗賊集団は裏社会で組織化され、テキヤおよび香具師組織同様、縄張り内でのスリ行為の認可を下し、スリ取った金品なども彼のもとへ報告されている。むろんスリたちは掠め取った金品の一部を上納していたので、警察はこの犯罪者集団の親分を黙認し、犯罪者の聞き込みに利用したり、特別に貴重な盗品の返還を依頼したりしていた。銀次の逮捕時は彼だけでなく各地において大小の盗賊集団が検挙され、残された賊たちが手軽な押し込み強盗や空巣狙いと化し、顔を見られたら殺すという凶悪犯となったという。

（11）『樹木と果実』発行前後についての詳細は拙稿「『樹木と果実』発行と「歌のいろ〳〵」について」（『論究』第一二号、文芸理論研究会編、一九九七年三月）参照。
（12）上田博・田口道昭『啄木評論の世界』（世界思想社、一九九一年五月一〇日）第六章「持続する志」は、一九一二年一月以後の未発表原稿を〈記録文学〉と捉えている。

四　大逆事件と啄木短歌

一　「大逆事件」初期報道と啄木の作品活動中断の意味

はじめに

啄木は一九一〇（明治四三）年初夏の大逆事件報道に衝撃を受け、その直後から克明に新聞報道のメモをとり始め、「日本無政府主義者陰謀事件経過及び附帯現象」にまとめた。(1)また翌（明治四四）年初頭に平出修から秘かに借覧した法廷資料を書写して、「'V NAROD' SERIES A LETTER FROM PRISON」(2)を書き、幸徳秋水陳弁書に注釈を加えるなど、近代日本の思想史に残る重要な資料を秘かに残すことになる。

また啄木文学の代表的な評論「時代閉塞の現状」をはじめ、断片「所謂今度の事」(3)や「平信」など、大逆事件に関連する多くの草稿あるいはノート、日記書簡等を書き遺したものの、いずれも当時の厳しい言論弾圧のもとでは発表することができないまま、のちに遺稿集として、あるいは戦後になってようやく公表され、世に衝撃を与えたことはひろく知られていよう。(4)

しかし、大逆事件といっても、少なくとも初夏の初期報道から秋九月までは厳しい報道規制により、大逆罪すなわち天皇及び皇族に対して危害を加えようとした大罪である、との内容は一切秘密にされたまま、ただ某重大事件、社会主義者の陰謀事件、虚無党の陰謀、などの見出しが躍るだけだった。すると啄木は、最初大逆事件初期報道の何に驚愕し、どのような認識を得て、この事件に関心を持ったのか。そもそも啄木を含めて同時代人がこの事件を大逆罪だと認識したのはいつなのか、などの疑問は必ずしも共通の了解事項として解明されているとは言い難い。

今一つ、大逆事件報道開始後の六月中旬から七月末にかけて、啄木はそれまで連日のように朝日・毎日両新聞に発表していた短歌をはじめ、執筆中だった小説原稿『我等の一団と彼』や、大逆事件報道メモ「日本無政府主義者陰謀事件経過及び附帯現象」採録中断なども含めて、一～二ケ月の短期間にせよ、いっさいの執筆活動を停止したことはあまり問題になっていない。しかも執筆再開後の作品は、「明治四十三年作歌ノート」(「九月の夜の不平」中の歌を含む)や評論「時代閉塞の現状」のように、それまでの作品とは、明らかに次元を画する内容となっているのである。本論では啄木における大逆事件報道の衝撃とともに、彼の執筆中断時期をめぐるこれらの問題を扱いたい。(5)

（1）啄木の創作中断時期

啄木短歌が一変し、いわゆる〈生活派〉と称される啄木調短歌が詠み出されるのは、一九一〇（明治四三）年三月初旬からである。[6] これらの歌は、『東京朝日新聞』と『東京毎日新聞』に数首[7]ずつ掲載されはじめた。むろん前年暮から年頭にかけての評論群に示されるような文学観の変化が、短歌に反映した結果であることは言うまでもない。

彼自身も、それまでの花鳥風月や優雅な歌題的素材を詠む歌とは異なる、身近な日常生活に即した内容の歌が、短歌史に類を見ない〈自分の歌〉であるとの確かな手応えを感じたのだろう。歌集『仕事の後』出版を四月四日に計画し、[8]二百五十五首の歌を一一日に編集し終えて一二日に春陽堂を訪れたものの、数日後に断られている。『仕事の後』という題名に、彼の短歌観が窺われるこの歌集は、したがって陽の目を見ぬまま一時篋底に秘されることになった。

その後、五月中は五日、七日、八日、九日、一三日、一六日、一七日、二一日、二二日、と数日おきに短歌を朝日・毎日両新聞に発表している。それらの歌は『東京朝日新聞』の「手帳の中より」のように、折口信夫の言う〈ただごと歌〉＝生活派短歌である。そして五月二二日の『東京毎日新聞』と五月二六日の『東京朝日新聞』以後、しばらく空白を置いて六月一三日と一八日に『東京毎日新聞』へ「梅雨の頃」と「やゝありて」を発表した後、短歌創作は完全に中断する。六月一日には『学生』に短歌を、『新小説』には「硝子窓」をそれぞれ発表するが、これらはいずれもかなり前に執筆したものであって、この時期に書いたものではない。

この間、六月一三日の岩崎正宛書簡によれば、五月下旬から『我等の一団と彼』を書き始めたとあり、一三日の時点で六〇枚ほど書き上げ、もう三〇枚は書けそうだ、と言う。短歌が五月二六日以後六月一三日まで二〇日余り創られていないのは、おそらくこの小説執筆のためだろう。(9)したがって『我等の一団と彼』は本人の言うとおり五月下旬、作歌時と掲載時に数日のズレがあるので、二〇日それも二五日前後に書き始められたのは間違いないようだ。

「日本無政府主義者陰謀事件経過及び附帯現象」は翌年初頭にまとめられた、とされているが、(10)最初のメモは初期報道直後のようである。すなわち六月二日の記事差止命令直後から、最初手書きで綴られ、続けて三・五・八・一三・二一日と各新聞報道が記されるが、六月二一日の記事の後、「同年　月」と日付を入れるタイトルを付けただけの空白頁が一枚半あるものの七月中の報道の記載はなく、八月四日、全国図書館に対して社会主義文献閲覧禁止を告げる文部省訓令記事から再開されている。以後、後述するように手書き部分は減って、切り抜き記事を貼り付けたスクラップ中心となる。

またこの中断後、七月一五日になって「明治四十三年作歌ノート」を新たに作成しようと決意し、「九月の夜の不平」に含まれるような社会詠風の短歌を詠み始める。啄木は文学観や認識の変化を自覚すると、必ずと言っていいほど新たな出版や作品集をもくろんだ。与謝野鉄幹に示唆されて歌作を中断し、詩集『あこがれ』に含まれる浪漫主義詩を創りだしたのに始まり、自然主義へ親近感を覚えると夥しい小説草稿を遺し、妻の家出を切っ掛けに多くの評論と詩篇『心の姿の研究』を書き、啄木調短歌確立の手応えを感じると歌集『仕事の後』出版を企図し、詩における新境地をつかむと詩集『呼子と口笛』を企てる、というように。この「明治四十三年作歌ノート」もおそらく例外ではあるまい。なお、七月一〇日に「我が最近の興味」を発表するが、これも五月四日に書いたものである。

外部へ創作を発表するのは七月二八日の『東京朝日新聞』「手帳の中より」五首以後であり、八月四日の『東京朝日新聞』には〈耳掻けばいと心地よし耳を掻くクロポトキンの書《ふみ》を読みつつ〉、七日には〈赤紙の表紙手擦れし国禁の書読みふけり夏の夜を寝ず〉や〈ことさらに燈火を消してまぢ〳〵と革命の日を思ひ続くる〉等の、当時としてはきわめて危険な歌が含まれる。以後、八月は一一・一四・一五・一六日と続き、少しの中断をはさんで、三一日の『東京毎日新聞』に載せた「なにもかも」とコンスタントに歌を発表している。八月一六日から三一日までの中断時期は、九月一日の『ムラサキ』に発表する「知己の娘」や、後の遺稿集で陽の目を見る「時代閉塞の現状」執筆に費やされたのだろう。

つまり啄木が外部へ発表した作品で言えば、六月一日から極端に数が減り、六月一八日から七月二八日まで、一ケ月余も完全に中断されているのであり、「明治四十三年作歌ノート」を作りはじめた日を創作再開と見ても、七月一五日まで約一ケ月間、以前のペースで発表するのが八月初旬だとすれば、二ケ月前後の間、啄木の創作活動は激減することになる。前年暮以来、評論や詩歌、また小説および戯曲草稿と、おそらく彼の生涯中もっとも旺盛な創作意欲を見せていた時期にもかかわらず、ここに奇妙な空白の時があり、そして啄木は変るのである。

(2)「大逆事件」初期報道

まず大逆事件の初期報道を一瞥してみよう。五月二七日の『時事新報』に「社会主義者捕縛職工に変じて陰謀を企つ　爆裂弾製造中を探知さる」と題して、「長野大林区署管轄の明科製材所へ三名の社会主義者職工となりて紛れ込み居り由々敷《ゆゆしき》陰謀を企て窃《ひそ》かに爆裂弾を製造しつゝあること早くも其筋の探知する所となり二十六日松本警察の手に捕はれ」た、という内容の記事が出た。

〈二六日松本発〉と記すこの記事は、清水卯之助が指摘するように、(11)現在のところ最も早い大逆事件報道例のようだ。他紙を参看してもこれ以前の報道は見付からず、しかも地元の『信濃毎日新聞』にも載らぬスクープである。清水卯之助は「大逆事件と啄木の認識過程」で、「このすばやい報道に対し、啄木の勤める東京朝日は慎重に事件の成行きを見守る態度をとっていたが、啄木は仕事上この記事に目を通していたと思う」としているが、可能性としてはありえよう。

一方、岩城之徳は日大図書館に所蔵されている大逆事件資料を閲《けみ》し、検事和田良平と小原直が、明科製材所の宮下太吉の自白を得て、本件が明治天皇暗殺計画未遂事件であると判断し、長野地検はこれを受けて本件を「刑法第七十三条（大逆罪）ノ罪被告事件」として三一日に大審院検事総長へ送致したことを明らかにした(12)。これによって、大逆事件発生は法的に明治四三年五月三一日とみなすべきであり、「この事件が早くから大逆事件であることは新聞社の知るところとなり、以後の記事や取扱いや思想に関する論文の掲載にはきわめて慎重となりこの事件の新聞社への波及を防いだ(13)」と見ている。これらの調査を経て、事件報道は当初早い時期に大逆罪であることが分っていたのではないかという推測が可能になる。

六月二日に本事件の「掲載差止命令」が各新聞社に届き、同時に啄木の「日本無政府主義者陰謀事件経過及び附帯現象」も記述され始めるのだが、この前後の新聞報道や当局の動きはさまざまな問題を含んでいるので、しばらく事件報道をながめてみたい。

この二日の「掲載差止命令」と翌三日の「新聞紙掲載差止命令中一部解除通知」は、各地方裁判所検事局より各地の新聞社宛てに届くのだが、二日の「掲載差止命令」によれば、本件は「予審中ニ付キ、新聞紙ニ掲載スヘカラス(14)」と、本件に関するいっさいの報道そのものを禁じている。しかも日付は明治四十三年六月二日午前二時となっている。

しかし二日の『信濃毎日新聞』は、すでに「大々事件幸徳の捕縛」と題し「社会主義者幸徳伝次郎本日正午豆州〈ママ〉湯ケ原天野屋に於て捕縛されたるが本事件の内容は固《もと》より知るに由《よし》なしと雖《いへど》も或《あ》る種の社会主義的一大陰謀発見したる結果なるが如し」と簡単ながら幸徳秋水の逮捕を報じていた。しかも本文末尾に続けて「其策源地は遠く東京を距る數十里の山間にありと云ふ」（傍点筆者）と記す。それも傍点部分の漢字のみを、記事のタイトル（見出し）と同じ倍角文字に拡大して強調しているのである。おそらくこれは、事件発生源となった地元信州の新聞に対する当局側の、秘かな示唆あるいは情報サービスだったかもしれない。そう考えなくては、この『信濃毎日新聞』がこの部分だけを倍角文字で強調している理由が理解できないのである。

かつて『大逆事件アルバム』[15]等で、大逆事件報道の最初の例とされていた、同日の『やまと新聞』にも同じ内容の記事があり、それには「本事件の内容に至りては固《もと》より知るに由《よし》なしと雖《いへど》も或種の社会主義的一大陰謀が発見せられたる結果なるが如し其策源地は遠く東京を距る数十里山谷に在り」という記事が載っている。前記の『信濃毎日新聞』記事内容と表現まで非常に類似しており、おそらく同一のニュース・ソースから仕入れた情報だろうが、末尾の「其策源地は」云々の箇所はむろん小文字のままである。

ところが、六月二日『報知新聞』の「社会主義者捕縛さる」によれば、明科村製材所の職工宮下太吉他は「或る重大事件のため、二十六日夜、その筋の手に逮捕せられ、また一日相州湯河原に於いて幸徳伝次郎は逮捕されたり。なお本事件に就きては、各方面より探り得たる所あるも、都合によりいっさい掲載せざる事とせり」（傍点筆者）とある。

これら六月二日の各新聞と当局の動向をみると、掲載差止命令が出る以前に数種の新聞は事件の報道を開始し、その報道を察知して、当局側は急遽「掲載差止命令」を出したようだ。しかし二日午前二時に通達した差止命令は、それ以前に印刷へ回されていた新聞に間に合わなかったので、そのまま発行されたものらしい。また『報知新聞』の「各方面より探り得たる所あるも」という書き方を見れば、新聞社の一部ではかなり多くの情報をキャッチしていたようだ。岩城之徳の調査通り、五月三一日付けで本件が刑法第七十三条に関わるものとされていたのなら、噂としてその情報が六月二日までの間に流れなかったはずはない。

　しかしその情報は、事件を正確に大逆罪だと認識していたとはとうてい思えないふしもある。というのも、三日の記事解除通知を受けて、本件を報道する各新聞記事内容を見ると、その内容と事実の間に開きがありすぎるからである。六月三日の「新聞紙掲載差止命令中一部解除通知」を受けて、四日付けの各新聞はいっせいに本件の報道を開始するものの、『東京朝日新聞』や『信濃毎日新聞』その他の報道内容は、こぼれネタやサイド・ニュースをつなぎあわせて無理に捏造したものとしか思えない記事が続出する。

　たとえば六月四日、『大阪毎日新聞』は「社会主義者懐柔策」と題して「従来当局の同主義者一派に対する取締り方針はあまりに圧迫を加うるの批難」があったことを指摘、当局者の言明として「初めより高圧的手段に出ずることは決してなさず、むしろ同主義者一派にはなるべき《〈ママ〉》だけその職業を与えて身を順境に処せしめ、その極端なる希望を自ら穏健なる方面に導かんとの懐柔手段に出でつゝありて、同派の宮下某の如き赤木《〈ママ〉》製材所の職工長とし、その他それぞれその職を授けんと内々審議中の者もありしがごとき、同主義者をして不穏の計画なからしめんと苦心しつつある様子なり」という記事を載せた。

刑事の尾行に悩まされ、就職も思うに任せなかったほど追い詰められていた同主義者が、苦し紛れに起こした事件だと言う批判は、後の第二十七議会においても質問の対象とされたように、[16]よく知られていた事実だったのであり、それに対して当局者側は、あたかも宮下太吉を正業に就かせるため製材所に世話したような情報を流したのだろう。

同六月四日、前出の『信濃毎日新聞』は一面に「幸徳秋水の艶聞／社会主義者の鞘当筋《さやあてすじ》」と題して「極めて真面目に一身を捧げて社会主義を唱へ居れる秋水幸徳伝次郎氏に極めて滑稽なる艶物語あり」と茶化したような筆致で次のような記事を載せた。

幸徳秋水・管野須賀子とも肺病で「同病相憐れみ」、情を通じて昨今は管野自ら内縁ながら幸徳の姓を名乗るまでに熱した。然るに赤旗事件で入獄していた、須賀子の先夫荒畑寒村という「急激派の猪武者」が、出獄後「嫉妬の炎を燃やし機会あらば恨を晴らさんものをと従《つ》け狙《ねら》ひ」、短銃を携えて先月七日湯ケ原天野屋に押しかけたものの両人上京中だったため地団駄踏んで悔しがった、という内容である。荒畑は同志の者に向かって「醜《にく》むべし、幸徳秋水は我が同志が怨敵なる政府の犬となれかり、斯《かか》る変節漢には須《すべか》らく天誅《てんちゅう》を加へざるべからず」と公言していた、という。[17]

同日同新聞の三面には「社会主義者逮捕　幸徳秋水変節の噂／暗殺天誅等不穏沙汰」と題して、本件は「掲載禁止を達せられたり」と断りつつ、幸徳秋水の湯ケ原での逮捕状況の詳細を記し、[18]「同人は政府に買収されたりとて同志者の憤怒を買ひ変節者を屠れと激昂するものあり暗殺天誅爆裂弾など、同人に対し不穏の詰責脅迫をさへ爲すものあるに至りしを以て」当局は警戒していた、とある。

これらの報道を見ると、当局は本件を新聞記者に公表するにあたり、まず社会主義者に対する強引な弾圧を否定した。次に社会主義者達の間で、首魁幸徳秋水変節の噂や情痴的三角関係のもつれがあったことを漏らし、あたかも当局は良心的に彼等へ就職の世話をするなど善導しつつある時、秋水変節の噂に激昂した同主義者間の内紛が生じたので、保護するため警戒していたと言わんばかりの情報をリークしたのであろう。こういうこぼれネタやサイド・ニュースを組み合わせて創作したらしい各新聞社の記事内容が、『信濃毎日新聞』に類似したものになったのは無理もない。

事実、各新聞社もほとんどがそれに沿った推測記事を載せた。啄木の「日本無政府主義者陰謀事件経過及び附帯現象」にあるように、六月五日の諸新聞に「初めて本件犯罪の種類、性質に関する箇短〈ママ〉なる記事出で、国民をして震駭《しんがい》せしめた」のだが、その『東京朝日新聞』五日付けの記事も「無謀なる犯罪」と題して、赤旗事件いらいの警視庁の懐柔策や、秋水変節の噂、および無政府主義の現状など、詳細ではあるが『信濃毎日新聞』とほぼ同内容の記事を載せているのである。

ところが同六月五日『信濃毎日新聞』には、「紀州新宮町の大混雑」と題して、大石誠之助他の家宅捜査が行われ、「唯今《二時半》大混雑中」という臨場感あふれる記事が載った。他にも土佐の『土陽新聞』に「大陰謀露見」、『時事新報』に「社会主義者取締」等の記事があり、六日には捜索を受けた『牟婁新報』に「吾社の家宅捜査」と題して「今後も毎年一二回づ、希望す」という逆説的内容の社説が載る。

啄木の「日本無政府主義者陰謀事件経過及び附帯現象」では、八日付けの報道として新宮の大石誠之助・西村伊作・沖野岩三郎等の家宅捜索に触れている。筆者は啄木がこの事件の初期報道に衝撃を受けた理由は、事件内容を具体的に知る以前に、この紀州派の検挙があったからではないか、とかつて推測した。[19] というのも大石誠之助や沖野岩三郎は『明星』派の社友で、啄木も以前からその名前を知っていたのであり、これら知友の連坐報道にまず驚愕したと思われるのである。これは今でも変らないが、むろんまだ事件を大逆罪だと認識し得た明確な痕跡は見当たらない。

(3)「日本無政府主義者陰謀事件経過及び附帯現象」の問題

ここで「日本無政府主義者陰謀事件経過及び附帯現象」に関する問題を眺めたい。筑摩版啄木全集の岩城之徳解題にあるように、これは啄木が原稿用紙へ日録風に記した未発表文献であり、戦後になってようやく公表された。前半は手書きで六月二日から諸新聞の報道内容をつづっているが、先述のように六月二一日以後の空白頁を隔てて八月四日に再開され、九月以降はスクラップに著者啄木のコメントを加えた形になっている。またこの資料が発表される経緯についても前記解題に詳しい。

　啄木日記明治四四年一月二三日には「幸徳事件関係記録の整理に一日を費やす」とあり、また翌二四日管野スガを除く被告の死刑執行日の夜「幸徳事件の経過を書き記すために十二時まで働いた。これは後々への記念のためである」とあるので、この二三・二四の両日に執筆されたものとするのが通説である。だが、コピィ機もないこの時代に、前年明治四三年六月二日以後の新聞記事を、手書きを含めわずか二日できわめて正確にまとめること[20]は困難であろう。おそらく事件報道当初から大逆事件に注目し、各紙報道記事を採録していたに違いない。四四年一月末の日記記述は、この両日に最終的にまとめあげた、という意味にほかなるまい。

　前述のように、この「日本無政府主義者陰謀事件経過及び附帯現象」は明治四三年六月二日以後、三日、五日、八日、一三日、二一日と記された後、〈同年　月〉と日時のみ記して空白頁があり、八月四日から再開されている。その間に事件関係の報道がなされていなかったわけではなく、各紙に連続して多くの記事が載っていた。しかも、六月二一日前後の各紙の報道記事中には、注目すべき内容のものがある。

　すでに六月一九日の『読売新聞』社説「社会主義者の取締」には、「吾輩は其内容を報道するの自由を有せず、よし自由ありとも報道すべくも非ざる事なるが、此《こ》は如何にも嘆息に余れる出来事なり」（傍点筆者）とあり、傍点部分を見れば、口にするさえ憚られる重大事件であることを強調していることが窺えよう。しかし、これより奇妙かつ重要な報道が、六月二一日と二二日

てふ意味に於て無政府主義なる語用ゐらるるに至り、後検事総長の発表したる本件犯罪摘要によりて無政府共産主義の名初めて知られたりと雖も、社会主義、無政府主義の二語の全く没常識に混用せられ、乱用せられたること、延いて本件の最後に至れり。啻《ただ》に新聞紙の記事、一般士民の話柄に於て然りしのみならず、本件裁判確定後間もなく第二十七議会に於て試みられたる一衆議院議員の質問演説中、また本件を呼ぶに社会主義者云々の語を以てしたるを見る。而して其結果として、社会主義とは啻に富豪、官権に反抗するのみならず、国家を無視し、皇室を倒さんとする恐るべき思想なりとの概念を一般民衆の間に流布せしめたるは、主として其罪無智且つ不謹慎なる新聞紙及び其記者に帰すべし。又一方より見れば、斯くの如きは以て国民の理解の程度、未だ本件の真意義を咀嚼する能はざる一証左とすべし。

第一段落①は、和歌山の大石誠之助や岡山の森近運平らの捕縛で、事件が終焉しつつあることを示す内容である。この、六月二一日付けで「日本無政府主義者陰謀事件経過及び附帯現象」がいったん中断しているのは、多良学がいうように[22]、啄木が捜査の終わりを感じたからと思えぬこともないが、後述するような理由でこの解は採らない。第二段落②は被告達相互の連絡方法例を紹介しているが、これは全く別の研究会グループが、たんなる研究会であってさえ自由な連絡がままならなかったので、考えあぐねた結果の通信法を大逆事件被告に結び付けた例らしい。

問題は第三段落の内容である。冒頭「因《ちなみ》に、本件は最初社会主義者の陰謀と称せられ」にはじまるこの段落は、社会主義と無政府主義の区別が「没常識に混用せられ、乱用せられたること、延いて本件の最後に至れり」と、強く批判しているのだが、「本件の最後に至れり」という表現で、これが大逆事件の判決以後に書かれたものであることを示唆している。それは次の文で、「啻《ただ》に新聞紙の記事、一般士民の話柄に於て然りしのみならず、また本件を呼ぶに社会主義者云々の語を以てした」とあることで、より明白である。第二十七議会は明治四三年末から翌四四年初めにかけて開かれたのであり、(23)しかも衆議院議員の質問演説は「本件裁判確定後間もなく」であることから、この部分が書かれたのは大逆事件結審以後であることが確認される。

つまりこの第三段落は、明らかに翌年の明治四四年初頭、事件の判決後に書かれたものであって、しかも啄木自身社会主義と無政府共産主義の区別を明確に認識した後の記述であることは疑えない。したがって、六月二一日の記事中、第一・第二段落までが事件報道時の六月に書き写され、第三段落から以後が、翌年になって付け加えた部分であり、おそらく日記にあるように一月二三・二四両日にまとめたものだろう。

しかも、この六月二一日という日付が、前述した管野須賀子の〈針文字報道〉のあった日なのであり、これが偶然とはとうてい思えない。前記の多良学は「所謂今度の事」執筆時期をめぐる論考において、事件終息を感じて「日本無政府主義者陰謀事件経過及び附帯現象」を中断したのであり、大逆事件の認識は「時代閉塞の現状」以前にありえない、とするが、筆者は逆にこの日大逆罪を確認したからこそ、その衝撃がメモ採録を中断させた理由であると思わざるをえない（根拠は後にも触れる）。

この後〈同年　月〉と日付のみ記して一頁以上の空白があり、八月四日から再び記事採録が始まるが、この間の中断時期に彼は事件を再考し、社会主義と無政府主義との相異その他、重要な認識を得たのである。また『我等の一団と彼』は前述したように、六月一三日付けの岩崎宛書翰で、すでに六〇枚ほど書いている最中であることを報告しているが、その擱筆時期もおそらくこの六月二一日前後だったのではないか。唐突な終わりかたからしても、この小説は心境の変化によってとりあえずいったん終わらせた可能性が強い。

八月四日、「文部省は訓令を発して、全国図書館に於て社会主義に関する書籍を閲覧せしむる事を厳禁したり」という記事から再び「日本無政府主義者陰謀事件経過及び附帯現象」は継続される。しばらくおいて八月二九日に韓国併合詔書の煥発、九月六日は「安寧秩序を紊乱するものとして社会主義書類五種発売を禁止せられ、且つ残本を差押へられたり。爾後約半月の間、殆ど毎日数種、時に十数種の発売禁止を見、全国各書肆、古本屋、貸本屋は何れも警官の臨検を受け」たと続いている。中断以後の報道記事抜粋が、当局の厳しい思想統制や発売禁止に集中しているのも、このころ啄木の関心が社会主義や無政府主義関係の書籍の探索にあったことを意味しているのではないか。そして九月一九日以後、手書きから各新聞の切抜き記事主体となるのも、これ以後切り抜いて保存していたスクラップを一月末に纏めたことを窺わせる。

むろん、啄木の中断時期に、各新聞の事件報道が減少していたわけではない。『朝日新聞』だけでも多良学が指摘するように六月二五日・二九日・七月二日・一七日・八月二日の記事があり、他紙でも前記『信濃毎日新聞』に「我が国体と相容れ」ない「戦慄すべき大陰謀」だとする記事が載った六月二八日には、『時事新報』に諏訪郡境村の社会主義者による喚醒会への手入れを報じる「社会主義者勾留」、『読売新聞』に同内容の「社会主義者の勾引」が載り、翌二九日『読売新聞』には社会主義者と〈交際していた〉窃盗犯「浅ましき社会党」、三〇日『信濃毎日新聞』に長野県人赤羽一（巌穴）の出版違反法に対する「社会主義者の判決」、『牟婁新報』に「爆裂弾事件の証人」と題して紀州グループの峰尾節堂・高木顕明らの喚問、七月一日には『信濃毎日新聞』に軍人に主義が蔓延しているという「軍隊と社会主義」、二日『信濃毎日新聞』には成石平四郎や崎久保誓一ら紀州グループの「爆弾所持」記事、などが連続的に報道されている。特に啄木に取って最も関心があったはずの紀州派への手入れは、七月六日『牟婁新報』の「家宅捜査頻々」など次々と報道されているし、軍隊の赤化という〈由々敷《ゆゆしき》〉問題は『朝日新聞』でも取り上げている。これらの報道を見れば、事件が終息しつつあったと啄木が判断したとは思いがたい。

「日本無政府主義者陰謀事件経過及び附帯現象」再録開始の八月四日前後は、七月三一日に『読売新聞』と『福岡日々新聞』へ、八月三日は『九州日々新聞』へ、それぞれ熊本派への捜索の手が伸びた記事が報じられる。また啄木も記録しているように各紙に思想弾圧記事が増え、八月一〇日水曜日『信濃毎日新聞』第一面に「文部と社会主義　全国図書館の取締」と題して、「文部省は各府県教育課に通牒して全国にありとある図書館より社会主義的思想を蔓延せしむべき虞《おそれ》ある内外の図書を始めとして文芸上の叙述若くは雑誌等の風俗を壊乱するが如き物を悉く抽出して厳に公衆の眼に触れしめざる事を命令せり」と詳しい内容を告げている。

しかしこの年八月一〇日頃から関東各地に未曽有の降雨があり、各地に大きな被害をもたらした。八月中旬はその詳細な被害状況や死者名が各新聞の紙面を埋めつくし、また八月下旬には日韓併合問題が大々的に扱われたこともあって、大逆事件に関する報道は激減することになる。新聞報道を見るかぎり、啄木がメモを再開してからかえって大逆事件報道は減っているのである。

（4）『明治四十三年作歌ノート』

啄木が短歌の創作や「日本無政府主義者陰謀事件経過及び附帯現象」をはじめ、あらゆる執筆活動を中断していた間の思想的変貌は最も興味深い主題であろう。「所謂今度の事」や「時代閉塞の現状」などを論じるにあたって間接的に多くの見解が出されているものの、直接この中断時期を問題にした論考は少ない。そのため大逆事件による啄木の思想的変化のプロセスについてはいろいろ論じられているものの定説はない。

筆者の考えでは、中断時期における思想的変化を最もよく暗示しているのが、中断後最初に書き始めた『明治四十三年作歌ノート』であると思われる。これは七月一五日夜から一〇月一三日までの短歌が記されており、歌数百二十八首、明治四十一年歌稿ノート『暇ナ時』などに較べれば決して多い数ではないが、かつての啄木短歌とはまったく異なる歌が多数含まれている。まず、冒頭三日間の作歌を眺めてみよう。便宜上、歌の上に番号を付しておく。

七月十五日夜

1　夏の町かしらあらはに過ぎ去れるあとなし人をふりかへる哉
2　垢づける首うち低れて道ばたの石に腰かけし男もあるかな
3　かゝること喜ぶべきか泣くべきか貧しき人の上のみ思ふ

七月二十六日夜

4　公園のベンチに二度ばかり見かけし男この頃見えず
5　何時なりしかかの大川の遊船に舞ひし女を思ひ出でたり
6　故もなく海が見たくて海に来ぬ心傷みてたへがたき日に
7　忘られぬ顔なりしかな今日街に捕吏にひかれて笑める男は
8　人ありて電車の中に唾吐きぬそれにも心傷まんとしき
9　はたらけど〳〵猶我がくらし楽にならざりぢつと手を見る
10　耳かけばいと心地よし耳をかくクロポトキンの書をよみつゝ

11　何すれば此処に我ありや時にかく打驚きて室を眺むる
12　とある日に酒をのみたくてならぬ如く今日我切に金を欲りせり
13　大いなる水晶の玉を一つほしそれに対ひて物を思はむ

七月二十七日朝
14　邦人の心あまりに明るきを思ふとき我のなどか楽しまず
15　朝夕の電車の中の色々の顔にも日頃うみにけるから
16　新しきサラドの皿の酢のかをり心に沁みてかなしき夕
17　赤紙の表紙手ずれし国禁の書よみふけり秋の夜〈妻といも〉を寝ず
18　ことさらに燈火を消してまぢ〳〵と革命の日を思ひつゞくる

冒頭三首はこの作歌ノートの作成を思い立った夜に記された歌である。第1首目の〈夏の町かしらあらはに過ぎ去れるあとなし人をふりかへる哉〉は何を歌ったものであろうか。〈あとなし人〉という表現の解釈に、筆者は以前から疑問を持っていたのだが、〈あと〉は後、つまり過去やうしろの意のみならず、後がない＝未来がないという意味にも用いられる。とすればこれは、追い詰められて〈先のない人〉すなわち間もなく刑を宣告されて処断される罪人であり、〈かしらあらはに過ぎ去れるあとなし人〉とは、坊主頭（？）の囚人が護送される姿にほかなるまい。

永井荷風が大逆事件被告達の護送車を見た時と同じような状況に出会い、思わず振返ってじっとみつめた時の状況なのである。

第2首〈垢づける首うち低れて道ばたの石に腰かけし男もあるかな〉の歌も、第4首〈公園のベンチに二度ばかり見かけし男この頃見えず〉や、第5首〈忘られぬ顔なりしかな今日街に捕吏にひかれて笑める男は〉などを参照すれば、官憲に追われて逃げ惑い、ついに捕縛された囚人たちのイメージを感じさせよう。第3首〈か、ること喜ぶべきか泣くべきか貧しき人の上のみ思ふ〉も、自らの窮乏生活と貧しき人々の身の上を重ね合わせ、貧のよってくる所以を思っていたのだろう。この第3首の〈か、ること〉に関して碓田のぼるは大逆事件を指していると見ているが、(24)この指示語は必ずしも〈大逆事件〉ではあるまい。むしろ啄木が自己の関心を、貧富の差という社会問題へ向けざるをえない心境を意味しているだけだろう。

七月二六日夜の第9首〈はたらけど／＼猶我が生活《くらし》楽にならざりぢつと手を見る〉、および第10首〈耳かけばいと心地よし耳をかくクロポトキンの書をよみつゝ〉は、この時期の啄木の心境をよく示している。この日かれは禁じられた書を読みつつ、眠られぬまま物思いに耽けっていたのだろう、翌日の朝には第14首〈邦人の心あまりに明るきを思ふとき我のなどか楽しまず〉、と覚醒したものの焦燥と孤立感を歌った後に、第17首〈赤紙の表紙手ずれし国禁の書よみふけり〈妻といも〉秋の夜を寝ず〉や、第18首〈ことさらに燈火を消してまぢ／＼と革命の日を思ひつゞくる〉を詠んでいる。

こういった歌は啄木の中断期間中の過ごし方とともに、それによって得た歌風をも示している。いわば社会問題と批判精神を短歌的抒情に盛り込んだ歌であり、短歌に思想と批評を導入する方法を摑んだと思ったのである。この自覚と手応えを意識したからこそ『明治四十三年創作ノート』を新たに作ったものにほかなるまい。啄木は、この年初頭にたどりついた生活派調短歌に続いて第二の変化を遂げたのであり、もし順当に発展すれば、この創作ノートは『仕事の後』に続き『一握の砂』に先立つ〈歌集〉として結実していたかもしれぬ。その〈歌集〉の内容こそ、九月に発表される「九月の夜の不平」にほかならないと思われるのだが、しかしそうは事が運ばなかった。八月から九月にかけて、啄木にはもう一度転機が訪れたらしいのである。

たとえば、中断後に再び新聞へ発表しはじめた歌群を眺めてみよう。『朝日新聞』へは七月二八日から「手帳の中より」を再開し、作歌ノート中の二六日作歌中第1～5（本稿の4～8）首を多少推敲して載せた。次ぎの八月四日の掲載分五首は、七月二六日作歌中の後半の歌であり、次の二首を含む。

はたらけどはたらけど猶《なほ》我が生活《くらし》楽にならざりぢつと手を見る
耳搔《か》けばいと心地よし耳を搔くクロポトキンの書《ふみ》を読みつゝ

八月七日の〈手帳の中より〉全歌五首のうち、四首は、大逆事件との関連を感じさせるものである。

邦人《くにびと》の心あまりに明るきを思ふ時我々のなどか楽《たのし》まず
朝夕の電車の中の色々の顔にも日頃倦《う》みにけるかな
新しきサラドの皿の酢《す》のかをり心に沁みてかなしき夕
赤紙の表紙手擦《てず》れし国禁の書読《ふみ》みふけり夏の夜を寝ず
ことさらに燈火《あかり》を消してまぢ〲と革命の日を思ひ続くる

そもそもこの時期、このような歌を新聞に掲載するのが、いかに危険であったかは想像に難くあるまい。発表する方も掲載する側も余程の覚悟がなくては活字にできなかったと思われる。推し量ってみれば、彼にはこのような思想詠によって、自分の得た認識を社会に伝えようとする意図があったとしか思えない。しかし、あるいは新聞社側からの指摘ないし注意があったのか（そう考える方が自然だが）、次回の八月一一日の〈手帳の中より〉からは著しく異なる歌群、すなわち、

朝まだきやつと間に合ひし初秋《はつあき》の旅出の汽車の堅き麵麭《ぱん》かな

故郷《ふるさと》に入りて先づ心傷むかな道広くなり橋も新し
故郷《ふるさと》の停車場路《ていしやばみち》の川ばたの胡桃《くるみ》の下の紅き日傘かな
故郷《ふるさと》の夜《よ》のさびしさよ死人《しびと》焼く煙を重く霧の包める
霧深き好摩《かうま》の原の停車場《ていしやば》の朝の虫こそすずるなりけれ

などにはじまる望郷歌が綴られる。『一握の砂』の〈煙〉に含まれる渋民望郷歌は、主としてこのころから歌われ始めた。以後も新聞には回想歌と生活歌しか発表されない。むろん当時の厳しい言論統制によって、思想詠の発表が危険なことを、彼も感じない訳にはいかなかったろう。「所謂今度の事」掲載拒否もこのころのことだと思われるが、評論が掲載を拒否されただけではない。当時の報道を見れば、「日本無政府主義者陰謀事件経過及び附帯現象」八月四日に記された文部省の全国図書館取締訓令に次いで、九月六日の項に「殆ど毎日数種、時に十数種の発売禁止を見」、全国の書肆は「何れも警官の臨検を受けて、少なきは数部、多きは数十部を差押へられたり」とあるように、極端な弾圧が施されたのである。八月中は大雨と日韓併合記事の陰に隠れて目立たなかったが取締が弛んだわけではなく、九月になっても各紙に躍る「文書禁止頻々」とか「文書禁止猛烈」、あるいは「数年前の書籍も発売禁止」などというタイトルで、その一端が窺えよう。

こういう状況下にあって啄木は「時代閉塞の現状」を『朝日新聞』に掲載しようとした。この批評も後に触れるようにかなり譲歩し、後退した立脚地から書いたと思われるのだが、拒否される。八・九月の時点での思想弾圧は、とうてい自由な意見発表が許される状況ではないことを彼に認識させた。たとえ「九月の夜の不平」の歌群のように思想詩と生活詠とをランダムに並べたとしても検閲の目は見過ごすまい、と思われたのだ。

一〇月に彼は念願の歌集刊行契約を東雲堂と結ぶ。この時、啄木は新たに拓いた境地を示す思想詠を、殆ど全てと言ってよいほど切り捨てた。収録するにしてもたとえば、〈ことさらに燈火《あかり》を消してまぢ〳〵と革命の日を思ひ続くる〉を、『一握の砂』中では〈ことさらに燈火《ともしび》を消《け》して／まぢまぢと思《おも》ひてゐしは／わけもなきこと〉と変更したように、原意をまったく止めない姿に改変した。かわりに、この中断期以後と歌集編纂時に詠んだ夥しい望郷歌・回想歌を載せた。故郷渋民と北海道時代の歌の大部分は、この時期に創られたものである。

明らかに、ここにも一つの変化があったとしか思えない。その変化とはほかでもない、短歌による思想的詠出を諦め、短歌は生活あるいは回想に基づいた短歌的叙情の表出にのみ限定し、思想的内容は評論その他で行う、という各ジャンルの〈棲み分け〉だった。一種の見切りを付けたのだろう。そうして彼は、これ以後最晩年の『悲しき玩具』に至るまで、短歌では身の回りの些事しか歌わない。そして〈冬の時代〉が終わるまで、「時期を待つ人」という悲しき境遇に甘んじることになる。

甘んじてはいるものの諦めたわけではない。翌年、土岐哀果と発行する準備を進めた『樹木と果実』は、次の時代に対する啄木の野心を我々に感じさせる。歌誌のように見えて、実は次の時代に、変革の呼び掛けに呼応して立上がる若者を育てようという目的の雑誌である。樹木を育成し、実り豊かな果実を期待したのであり、『呼子と口笛』もその一環にほかなるまい。

注

（1）筑摩書房版『石川啄木全集』第四巻評論（昭和五五年三月）に収録されている「日本無政府主義者陰謀事件経過及び附帯現象」は、同全集第六巻日記Ⅱ（昭和五三年六月）収録の「明治四十四年当用日記」一月二十三日の項に「幸徳事件関係記録の整理に一日を費やす」、翌二十四日に「夜、幸徳事件の経過を書き記すために十二時まで働いた。これは後々への記念のためである」という記述から、この両日の間に最終的な追加修正がなされたものであることは疑えない。しかし後述するように新聞報道のメモを取り始めたのは大逆事件発生直後からであり、最終的に現行のような形を整えたのが明治四四年一月二三・二四両日である、という可能性も強い。

（2）「'V NAROD' SERIES A LETTER FROM PRIZON」は、明治四三年一二月一八日、幸徳秋水が東京監獄監房中で書き終えた陳弁書を、平出修から秘かに借り受けた啄木が手書きで筆写し、EDITOR'S NOTES に詳細な啄木自身の注釈と、クロポトキンの自伝「MEMOIRS OF A REVOLUTIONIST」の一節を付したもの。啄木日記によれば明治四四年一月四日「夜、幸徳の陳弁書を写す」、翌五日「幸徳の陳弁書を写し了る」とあるので、筆写したのはこの両日だろう。また冒頭に明治四四年五月、と日時を明記して、これは幸徳秋水が担当弁護人に獄中から寄せたものである事、西川光二郎から借りた平民新聞の綴込みを参照した事、などが記されているところから、明治四四年五月に追加修正したと見られている。本稿のタイトルは「'V NAROD' SERIES」とあるので、この幸徳秋水陳弁書のみならず、シリーズ形式でほかの資料を逐次追加していく予定だったことが窺われよう。

（3）「所謂今度の事」の執筆年月日の確定も、従来問題になっており、多良学他の優れた考察がある。本論続稿でも数ヵ所において執筆日時と内容についての推測を述べる予定である。

（4）例えば石母田正、小田切進、平野謙その他、時の知識人がこぞって啄木を注目しているのが、その衝撃の大きさを示すだろう。

（5）この時期の啄木については、多良学は八月まで大逆事件を知らなかったと見て「所謂今度の事」を論じている（「啄木の思想変遷―明治四十三年の『所謂今度の事』の執筆時期について―」『国文学特集・石川啄木―文学と思想』昭和五〇年一〇月、学燈社）が、清水卯之助は六月末の管野須賀子の〈針文字〉書翰以後、新聞社内部では大逆罪と認識したとし（「大逆事件と啄木の認識過程」『啄木研究』第六号、昭和五五年一〇月、洋々社）、碓田のぼるも後述の岩城之徳の調査等を受けて六月末認識説を支持し、『明治四十三年作歌ノート』を、「深く思いを決したように、一冊の新しいノートを準備した」と見ている（『石川啄木と「大逆事件」』平成二年一〇月、新日本出版社）。このように大逆事件認識に関してはいくつかの論考があり、碓田のぼるは『明治四十三年作歌ノート』との関連に触れて作歌ノート冒頭3首目の〈か丶ること〉は大逆事件を意味しているのではないかとしているものの、啄木のこの時期の中断と以後の変化についてのまとまった論は見当たらない。

(6)前年一〇月、妻の家出事件に衝撃を受けた啄木は、過去の生活態度を改め、遅まきながら真摯に生活と文学に取り組む決意を固めた。その決意表明が「弓町より」以下、浪漫主義・芸術至上主義を否定し自然主義を部分的に受け入れつつ批判する評論群となる。それらの評論が「きれぎれに心に浮んだ感じと回想」で一段落ついた後、歌い出されるのがいわゆる啄木調短歌＝生活派短歌に他ならない。

(7)『東京朝日新聞』では、明治四二年一一月四日の伊藤博文追悼歌が初出だが、啄木調短歌が定期的に掲載され始めるのは翌明治四三年三月一八日「曇れる日の歌一～八」からである。以後「眠る前の歌一～一二」「手帳の中より一～十四」他を五首ずつ断続的に発表する。『東京毎日新聞』にも明治四三年三月一〇日以後五首ずつきれぎれに発表している。

(8)歌集『仕事の後』については啄木日記明治四三年四月一一・一二日に記載。この歌集に集録される予定だった歌群に関しては、かつて藤沢全が『啄木哀果とその時代』(昭和五八年一月、桜楓社)において考察を加えているのが参考になる。

(9)筑摩版全集に集録されている岩崎正宛書簡では、一三日現在で原信用紙六〇枚とあり、これが主人公高橋の評価の転回点に該当する。筆者はかつて『我等の一団と彼』執筆中に大逆事件報道を知り、その影響が作中人物高橋に対する主人公の評価に影響を及ぼしたのではないかと見た(拙著『石川啄木』平成元年九月、武蔵野書房)。ただ執筆開始時期と擱筆時期を明確に定めなかったが、執筆開始時期は五月二二日以後、また後述するように擱筆時期は六月二〇日前後であろう。ちょうど一ケ月間、この作品に取り組んでいたことになる。
(10)「日本無政府主義者陰謀事件経過及び附帯現象」の執筆時期に関しては、啄木日記一月二三日「幸徳事件関係記録の整理に一日を費やす」、二四日「夜、幸徳事件の経過を書き記すために十二時まで働いた」という記述があるので、この両日で現在の形にまとめたのは疑えない。しかし、記録そのものは六月初め、初期大逆事件報道直後から取り始められたのではないかと思われる。この記録が最初手書きで書かれていることからもそれは推測されよう。九月以降スクラップに変るのは、報道管制がゆるみ、各紙に長文記事が多くなったのと、啄木自身『一握の砂』編集等で多忙のため、切り貼りしつつ部分的に注釈を施したものと思われる。
(11) 清水卯之助「大逆事件と啄木の認識過程」『啄木研究6　特集啄木と大逆事件』昭和五五年一〇月、洋々社。
(12) 岩城之徳「石川啄木と大逆事件―真相を示す十九枚の検事調書―」『国文学　生誕百年石川啄木特集』昭和五九年六月、学燈社。
(13)「東京大会記念講演　啄木明治四十三年の転機―妻の家出事件と大逆事件―」岩城之徳『国際啄木学会会報　第六号』平成六年一〇月国際啄木学会。収録された本講演よれば送致書は「宮下太吉以下七名爆発物取締罰則違反事件捜査候処本件ハ刑法第七十三条ニ該当スル犯罪ニシテ裁判所構成法第五十条第二ニ依リ貴庁ノ管轄ニ属スルモノト思料候」云々とある。
(14) 和歌山の新宮から『明星』派に属する大石誠之助他数名の事件連累者を出したことはよくしられているが、明治学院大学図書館には当時新宮で『サンセット』を発行していた牧師沖野岩三郎（発行名義人は妻ハル）宛に届いた掲載差止命令書と一部解除通知が所蔵されているので、以下に全文を記す。

資料Ⅰ：検秘第三号　掲載差止命令書（沖野ハル宛）

掲載差止ノ事項　宮下佐［太］吉・新村《ニイムラ》定［忠］雄・新村善兵衛・神［菅］野スガ・新田融・幸徳伝次郎・古河力作ニ関スル犯罪事件ハ、予審中ニ付、新聞紙ニ掲載スヘカラス。

新聞紙法第十九条ニ拠リ掲載スルコトヲ差止ム　右命令ス

明治四十三年六月二日午前二時一分

新宮区裁判所検事事務取扱警部　金川誠之

資料Ⅱ：検秘第四号　新聞紙掲載差止命令中一部解除通知

曩《さき》ニ掲載方差止メタル事件ニ付、左ノ事項ニ限リ其掲載方ヲ許ス

無政府主義者男四名女一名共謀し、爆発物を製造し過激なる行動をなさんとしたること発覚し、右五名及びその連累者二名に対し起訴せられ、正に予審中にして、その内容は勿論、その他のことを公証［表］すること能はざるも、すでに犯罪の行為及嫌疑者の範囲明確となり、其れ以外に捜査及起訴せらる者なしと見込む。

右通知ス

明治四十三年六月三日

新宮区裁判所検事事務取扱警部　金川誠之

（15）『幸徳秋水全集　補巻　大逆事件アルバム―幸徳秋水とその周辺―』幸徳秋水全集編集委員会編。昭和四七年四月、明治文献。

（16）明治四四年一月二七日の『東京毎日新聞』記事に、第二十七議会予算委員会で大逆事件被告の弁護を担当した花井卓蔵が「事件暴発の原因は彼等の主義、観察より来たるにあらず、警察の圧迫、裁判所の迫害等が最もその近因をなすの跡あるを認む」と発言し、翌日同新聞の報道でも島田三郎が、赤旗事件により政府の迫害を憤った被告たちが「身の不幸を喞ちてついに大罪を犯すべき決心をなしたるがごときことも、判決文の示す所なり」と指摘したことを報じている。事件前の政府の弾圧に関しては社会主義者の諸種文献に繰り返し述べられている。

（17）『新版寒村自伝上巻』（昭和四〇年一月、筑摩書房）によれば、彼は赤旗事件で他の被告と千葉監獄に繋がれている間に幸徳と管野の話を聞き、出獄してからピストルを持って湯河原に赴いたとある。

（18）『荊逆星霜史』（昭和一一年一一月、不二屋書房）の著者吉川守圀が伝えるように、小泉三申らが警視庁幹部と秋水を会わせて融和策を講じ、秋水は警察へ降伏するとの一札を入れて湯河原へ遁走した、などの風説が流れた。山口孤剣・赤羽一、それに荒畑寒村たちもそういった噂に踊らされていたようだ。

（19）拙著『石川啄木』（前掲）

(20) 全集解題にあるとおり、これは原稿用紙に綴ってたばねた、かなり分厚い資料であり、手書き部分の文字数を考えてもとうてい二～三日で書ける分量ではない。
(21) 清水卯之助「大逆事件と啄木の認識過程」(前掲)
(22) 多良学「啄木の思想変遷—明治四十三年の『所謂今度の事』の執筆時期について—」(前掲)
(23) 第二十七帝国議会は明治四三年一二月二〇日を以て召集され、開院式は二三日、閉院式が翌明治四四年三月二二日である。注16にあるように予算委員会での質疑で当局の迫害を指摘した発言が見られるが、社会主義と無政府主義を混同した発言が誰であるか主要紙を調べたが今のところ不明。現在遺されている各新聞記事は字句を修整した最終版だからだろうか。
(24) 碓田のぼる著『石川啄木と「大逆事件」』(前掲)

二　一九一〇(明治四三)年夏の啄木短歌

はじめに

本節では前節の「「大逆事件」初期報道と啄木の作品活動中断の意味」の訂正をかねつつ、同年夏から秋にかけて作られた啄木短歌を扱いたい。というのも、『明治四十三年歌稿ノート』冒頭歌解釈に関する右記拙論に対し、書簡等で思いがけない錯誤を指摘して頂いたのみならず、他にいくつか示唆を受けたものがあり(1)、また『国際啄木学会東京支部会会報』第四号掲載論末尾の注に記した[2]ように、今少し詳論したい箇所があったからである。

　前回でも引用したが、理解を深めるため今一度『明治四十三年歌稿ノート』と朝日新聞掲載歌を対比させせながら眺めたい。これらの歌は一九一〇（明治四三）年六〜七月の執筆活動中断時期を経て、再び創作活動が開始された直後、言い換えれば〈大逆事件報道〉の洗礼を受けた直後に作られた歌と、その中から選ばれて新聞に発表された歌である。

　まず『明治四十三年歌稿ノート』冒頭から八月八日までの歌を作歌順に記しておく。八月八日以後は同月二六日まで二〇日近い〈第二の中断時期〉があるのだが、これは後にまわす。なお、前回通り便宜的に通し番号を付した。表記は、〈　〉内が抹消および訂正跡であることを含めて、筑摩版新全集[3]にしたがう。

（1）『明治四十三年歌稿ノート』

七月十五日夜

1　夏の町かしらあらはに過ぎ去れるあとなし人をふりかへる哉
2　垢づける首うち低れて道ばたの石に腰かけし男もあるかな
3　かゝること喜ぶべきか泣くべきか貧しき人の上のみ思ふ

七月二十六日夜

4 公園の隅のベンチに二度ばかり見かけし男この頃見えず

5 何時なりしかかの大川の遊船に舞ひし女を思ひ出でたり

6 故もなく海が見たくて海に来ぬ心傷みてたへがたき日に

7 忘られぬ顔なりしかな今日街に捕吏にひかれて笑める男は

8 人ありて電車の中に唾吐きぬそれにも心傷まんとしき

9 はたらけど〳〵猶我が生活《くらし》楽にならざりぢつと手を見る

10 耳かけばいと心地よし耳をかくクロポトキンの書をよみつゝ

11 何すれば此処に我ありや時にかく打驚きて室を眺むる

12 とある日に酒をのみたくてならぬ如く今日我切に金を欲りせり

13 大いなる水晶の玉を一つほしそれに対ひて物を思はむ

七月二十七日

14 邦人の心あまりに明るきを思ふとき我のなどか楽しまず

15 朝夕の電車の中の色々の顔にも日頃うみにけるかな

16 新しきサラドの皿の酢のかをり心に沁みてかなしき夕

17 赤紙の表紙手ずれし国禁の書よみふけり秋の夜〈妻といも〉を寝ず

18 ことさらに燈火を消してまぢ〳〵と革命の日を思ひつゞくる

八月三日夜―四日夜

19 ほそ〳〵とそこらこゝらに虫のなく昼の野に来てよむ手紙かな
20 故郷の停車場路の川ばたの胡桃の下の紅き傘かな
21 その《〈故郷の〉》昔小学校の柾屋根に我投げし毬いかにかなりなむ《〈なりつらむ〉》
22 故郷に入りて先づ心傷むかな、道広くなり橋も新らし
23 朝まだきやつと間に合ひし初秋の旅出の汽車の堅きパンかな
24 わかれをれば妹いとしも赤き緒の下駄などほしとわめく子なりし
25 故郷の夜のさびしさよ死人やく煙を重くきりの包める
26 霧深き好摩の原の停車場の朝の虫こそすゞろなりけれ
27 わかれ来てあかり小暗き夜の汽車の窓に弄ぶ青林檎かな
28 ふとみればとある林の停車場の時計とまれり雨の夜の汽車
29 平らなる海につかれてそむけたる目をかき乱す赤き帯かな
30 事もなくかつ快く肥えてゆくわがこの頃のものたらぬかな《〈かなしかりけれ〉》
31 木のみうる店に日をへてしなびたる木の実の如き心をうとむ
32 かくすべき事なしかくもかくすべき事なきが日頃さびしくなりぬ
33 夜おそく戸をくりをれば白きもの庭を走れり犬にやあらむ

34 たつまきの中にまかれし心地して都の町に足の動かず
35 ダイナモの重き唸りの心地よさよあはれこの如く物を言〈は〉はまし
36 時ありて猫のまねなどして笑ふ〈みせる友をこの頃哀れと思ふ〉三十路の友の酒のめば泣く
37 一隊の兵を見送りてかなしかり何ぞかれ等の愁ひなげなる
38 新しき背広など着て旅をせんしかく今年も思ひすぎたる
39 新しき心求めて名〈み〉もしらぬ町など今日もさまよひて来ぬ
40 ふと思ふ故郷にゐて日毎きゝし雀をすでに三年きかざり
41 何がなしに息きれるまで駈け出してみたくなりたり草原などを
42 かにかくに女は悲し汝ゆゑに今日また我の物思ひする
以下仕事の後に採録せず[4]

八月八日昼
43 白き〈海の霧わる、如くに〉蓮沼に咲く如く悲しみが酔ひの間にはつきりと浮く
44 何もかも行末の事見ゆる如きこの悲しみは拭ひあへずも

（2）『東京朝日新聞』掲載歌

一方、『東京朝日新聞』に五首ずつ掲載されていた〈手帳の中より〉[5]は、五月二六日以後中断

されていたが、七月二八日から再び掲載されはじめ、八月一六日をもって一応終了する。その後一度だけ一〇月一九日に〈新しき手帳より〉五首が発表され、〈手帳より〉シリーズの続編を発表する予定だったようだが、これは一回だけで終わった。以後、翌年の明治四四年一月八日の〈このごろ〉八首を最後に、啄木短歌は『東京朝日新聞』に発表されない。また『東京毎日新聞』にはこの間掲載歌がなく、八月三一日の〈何もかも〉を最後に全く掲載されないので本稿からは省いておく。

○七月二八日〈手帳の中より〉（中断後第一回目）
公園の隅のベンチに二度ばかり見かけし男この頃見えず
何時《いつ》なりしか彼の大川の遊船《いうせん》に舞ひし女を思ひ出でたり
故もなく海が見たくて海に来ぬ心傷《いた》みて堪《た》へがたき日に
忘られぬ顔なりしかな今日街に捕吏《ほり》に曳かれて笑《え》める男は
人ありて電車の中に唾《つば》吐きぬそれにも心傷まむとしき

○八月四日〈手帳の中より〉（中断後第二回目）
はたらけど働けど猶《なほ》我が生活《くらし》楽にならざりぢつと手を見る
耳搔《か》けばいと心地よし耳を搔くクロポトキンの書《ふみ》を読みつゝ

何《なん》すれば此処《ここ》に我ありや時に斯《か》く打驚きて家《へや》を眺むる
とある日に酒を飲みたくてならぬ如く今日我切《せち》に金を欲《ほり》せり
大いなる水晶の玉を一つ欲しそれに対《むか》ひて物を思はむ

○八月七日〈手帳の中より〉（中断後第三回目）

邦人《くにびと》の心あまりに明るきを思ふ時我のなどか楽《たのし》まず
朝夕の電車の中の色々の顔にも日頃倦《う》みにけるかな
新しきサラドの皿の酢《す》のかをり心に沁みてかなしき夕
赤紙の表紙手擦《てず》れし国禁の書《ふみ》読みふけり夏の夜を寝ず
ことさらに燈火《あかり》を消してまぢ〳〵と革命の日を思ひ続くる

○八月一一日〈手帳の中より〉（中断後第四回目）

朝まだきやつと間に合ひし初秋《はつあき》の旅出の汽車の堅き麵麭《ぱん》かな
故郷《ふるさと》に入りて先づ心傷むかな道広くなり橋も新し
故郷《ふるさと》の停車場路《ていしやばみち》の川ばたの胡桃《くるみ》の下の紅き日傘かな
故郷《ふるさと》の夜《よ》のさびしさよ死人《しびと》焼く煙を重く霧の包める
霧深き好摩《かうま》の原の停車場《ていしやば》の朝の虫こそすずろなりけれ

○八月一四日〈手帳の中より〉（中断後第五回目）
ふと思ふ故郷《ふるさと》にゐて日毎聴きし雀をすでに三年《みとせ》聴かざり
その昔小学校の柾屋根《まさやね》に我が投げし毬《まり》いかにかなりけむ
新しき心もとめて名も知らぬ街など今日もさまよひて来ぬ
一隊の兵を見送りて悲しかり何《なん》ぞ彼等の愁《うれ》ひ無げなる
何がなしに息切れるまで駈け出してみたくなりたり草原《くさはら》などを

○八月一五日〈手帳の中より〉（中断後第六回目）
別れ来て燈火《あかり》小暗《おぐら》き夜《よ》の汽車の窓に弄《もてあそ》ぶ青林檎《あおりんご》かな
新しき背広など着て旅をせむしかく今年も思ひ過ごせる
時ありて猫の真似などして笑ふ友を此頃哀れと思ふ
ふと見ればとある林の停車場《ていしゃば》の時計とまれり雨の夜の汽車
木《こ》の実売る店に日を経てしなびたる木の実の如き心をうとむ

○八月一六日〈手帳の中より〉（中断後第七回目）
ほそ〳〵と其処《そこ》ら此処《ここ》らに虫の鳴く昼の野に来て読む手紙かな

別れ居《を》れば妹《いもと》いとしも赤き緒の下駄など欲《ほ》しと喚《わめ》く子なりし
夜《よる》おそく戸を繰り居れば白きもの庭を走れり犬にやあらむ
平らなる海につかれてそむけたる目をかき乱す赤き帯かな
ダイナモの重き唸りの心地よさよあはれこの如く物を言はまし

これらの『東京朝日新聞』掲載歌は、いずれも『明治四十三年歌稿ノート』中の本稿引用部分の原歌を基にし、語句やルビの付加修正を経て整序されている。作歌時と発表時、それに歌集収録時のテキストの差異を対比することによって、修正意図を段階的に探ることもできるが、とりあえず原歌と初出歌を一瞥すれば、主題と歌調を統一する意図で分かりやすく並べかえたものであることは明らかである。

（3）『明治四十三年歌稿ノート』冒頭三日の歌

『明治四十三年歌稿ノート』は大逆事件報道後、新しく作られた歌稿ノートであり、特に最初の七月一五・二六・二七日の三日間に作られた首は、大逆事件報道後の衝撃をなまなましく伝える歌を含んでいる。

その冒頭の歌〈1夏の町かしらあらはに過ぎ去れるあとなし人をふりかへる哉〉について、前節で私は次のように解釈した。

「〈あとなし人〉という表現の解釈に、筆者は以前から疑問を持っていたのだが、〈あと〉は後、つまり過去やうしろの意のみならず、後がない＝未来がないという意味にも用いられる。とすればこれは、追い詰められて〈先のない人〉すなわち間もなく刑を宣言されて処断される罪人であり、〈かしらあらはに過ぎ去れるあとなし人〉とは、坊主頭（?）の囚人が護送される姿にほかなるまい。永井荷風が大逆事件被告達の護送車を見た時と同じような状況に出会い、思わず振返ってじっとみつめた時の状況[6]」なのではないか、と。

坊主頭に（?）と疑問符を付けたのは、〈1〉の歌でわざわざ「かしらあらはに」と表現している点に拘泥していたからである。というのも、各種の文献によれば、この時期の罪人[7]は出廷時や市中の移動時に腰縄を打たれ、顔を隠すための編傘などを被せられて引き回されていたらしいので、頭を剃られた姿をあらわに見せていたのか、それとも顔を隠すための編笠をはずされていたのか、いまひとつ解釈に迷っていたからにほかならない。

ところが、太田登氏より「〈あとなし人〉は本来的に跡無し人で無宿者放浪者という意味にて、〈垢づける首〉との付合いで考るべきで大逆事件とは無関係でしょう[8]」との書簡による御指摘を頂いた。驚いて辞書を引いてみると、さすがに近年の小型版国語辞典からは省かれているようだが、中型の広辞林には〈跡無し人〉として「所も定めないで流れあるく人。放浪者[9]」とあり、広辞苑にも「所定めず流浪する人。放浪者[10]」と、同様の語意が記されている。

かつて〈病犬〉と書いて〈やまいぬ〉と読ませるルビが支部会で問題になった時、念のため辞書を引いてみたところ、「悪癖のある犬。また狂犬」[11]とあったのに一驚したことがあったが、〈跡無し人〉も、われわれ、いや筆者が知らなかっただけで、当時日常的に使われていた語彙だったらしい。しかも『一握の砂』中の〈手套を脱ぐ時〉には、

若《も》しあらば煙草《たばこ》恵《めぐ》めと
寄《よ》りて来《く》る
あとなし人《びと》と深夜《しんや》に語《かた》る

という歌があり、〈あとなし人〉が住所不定の放浪者を意味することを啄木が知っていて用いた語であることは疑問の余地がない。

その太田氏の御指摘は、①〈1跡無し人〉は放浪者の意味であること、また②〈2垢づける首〉との付合いで考えるべきで、そして③大逆事件とは無関係、という三点である。①②に関して、『明治四十三年歌稿ノート』冒頭七月一五日の三首、すなわち

1　夏の町かしらあらはに過ぎ去れるあとなし人をふりかへる哉
2　垢づける首うち低れて道ばたの石に腰かけし男もあるかな
3　かゝること喜ぶべきか泣くべきか貧しき人の上のみ思ふ

を並べ、あらためて見直せば、〈1夏の町かしらあらはに〉の歌は、通りすがりの浮浪者を振り返って凝視した時の第一印象を、あるいはそういった光景を想定して詠んだものにほかならず、次の〈2垢づける首〉は、道端に腰掛けてうなだれている〈1〉同様の浮浪者を、時間的にそれほど隔たりのない時期に再び見た時の印象が、深かったものとして歌ったのだろう。〈2〉の〈男もあるかな〉の〈も〉(傍点筆者)は、〈1〉と〈2〉の歌が、読み手に連続して受け取られることを想定して作られたことを証している。

また〈3かゝること喜ぶべきか泣くべきか貧しき人の上のみ思ふ〉は、〈かゝること〉つまり先行する〈1〉〈2〉の歌を踏まえた上で、〈貧しき人〉の身の上ばかり気にする自己を、〈喜ぶべきか泣くべきか〉と歌ってまとめたもの、となろう。

こうして見ると『明治四十三年歌稿ノート』冒頭3首中〈1〉〈2〉は太田氏が②で言うように〈付合《つけあ》い〉で考えるべきであり、〈3〉も含めて〈貧しき人〉の身の上を思って詠んだ(あるいは、そう読者に受け取られることを意図した)連歌的な作歌であることは疑えない。

前回の拙考ではこの連作3首を、大逆事件直後に改めて作られた歌稿ノートなので、〈1夏の町〉は囚人の護送を見送った時の感慨、〈2垢づける〉は、路傍に打ち萎れてしゃがむ男に、追われる犯罪者のイメージを感じたものと解釈した。思い込みによる解釈が危険であることは重々承知しながら、迂濶にもそのように思い込んでしまったのである。

ただ、前述したように〈1夏の町〉の歌の、「かしらあらはに」（傍点筆者）という一句が、まだ少々気掛かりである。なぜ、ことさら〈かしらあらはに過ぎ去れる〉という修飾語を〈あとなし人〉に付けたのか。当時の浮浪者が常時帽子を被り、顔を隠していたわけではあるまい。当局の言論弾圧に対して、この時期すでにかなり神経質だったと思われる啄木が、慎重な表現上の防御壁《バリアー》を張りながら、〈4公園の隅のベンチに〉や〈7忘られぬ顔なりしかな〉と続けて〈捕吏〉に追われる罪人のイメージを読者に伝えようと意図した連作ではないのか、という推測も禁じ得ない。

〈1〉〈2〉〈3〉が貧しき浮浪者を素材にした連作であるとしても、太田氏がいうように③「大逆事件とは無関係」であるかどうかは疑問と思われる。というのも、大逆事件初期報道直後の創作中断時期に、啄木が社会主義および無政府主義に関する書物を読み耽ったことは、〈10耳かけばいと心地よし耳をかくクロポトキンの書をよみつゝ〉や〈17赤紙の表紙手ずれし国禁の書よみふけり秋の夜《〈妻といも〉》を寝ず〉、あるいは〈18ことさらに燈火を消してまぢ〳〵と革命の日を思ひつゞくる〉などに照して明らかである。

『明治四十三年歌稿ノート』冒頭が〈貧しき人〉連作で始まっているということは、単純に大逆事件報道の衝撃を受けて歌作を再開したのではなく、社会主義や無政府主義の本格的な理解が深まり、啄木自身もその深まりを感じたからこそ、新たな歌境を創造できると思って心機一転、新しい歌稿ノート作成を思い立ったものだと、前節で筆者は解した。[12] またクロポトキンの『麵麭の略取』を読んだ時期は、近藤典彦氏の考察[13]通り前年一〇月末からこの年二月までの間であることがほぼ確実である。

つまり〈貧しき人〉の生ずる社会構造にまで認識が到達していたことを意味しているのであり、啄木の思想的認識は、我々が思っていたより深まっていたと判断すべきではないか。そう考えないと、〈3か丶ること喜ぶべきか泣くべきか〉や、その後の歌稿ノート掲載歌、および「時代閉塞の現状」執筆の説明がつかない。例えば〈3か丶ること喜ぶべきか〉の歌において、貧しき人を見て涙するのはまず当然であろう。しかし〈喜ぶべきか〉を先に置いているのは、自分の世界観が広がり、新たな認識によって〈貧しき人〉を見ることができるようになった〈喜び〉を意味しているからではないか、と思われる。

また、次の七月二六日の〈4公園の隅のベンチに二度ばかり見かけし男この頃見えず〉は、〈1〉〈2〉に続いて〈あとなし人〉すなわち浮浪者の姿を見かけないことに対する気遣いを歌ったものである。公園のベンチで見たうらぶれた人物が、父に似ていたので衝撃を受けるという断片が前年の詩稿〈無題　昼は落葉をのせ……〉にあり、この歌の表面に現れていない内的イメージを我々に感じさせよう。

昼は落葉をのせ、
夜は露をのせる

公園の片隅の破れた腰掛。

家出して行方のしれぬ我が父に
後ろ姿のよく似た物乞を町に見た時、
初めて私は此処に来た。(14)

行雲流水、現世への未練を断ち、去就定かならぬ修行を眼目とする禅僧とはいえ、家出を繰り返す父の行く末を案じる心情が〈浮浪者〉のイメージと重なって理解されているだけでなく、その〈浮浪者〉と〈公園〉も密着したイメージの連鎖によって繋がれている。のみならず後ろ姿が父によく似た〈物乞〉(=あとなし人)を見たとき「初めて私は此処に来た」、とある通り、〈あとなし人〉は父の行く末だけでなく、おそらく自分達とも無関係ではないという、我が身にかかわる問題として認識されていたことをうかがわせよう。

そして〈5何時なりしか〉〈6故もなく〉(15)の次、〈7忘られぬ顔なりしかな今日街に捕吏にひかれて笑める男は〉の歌こそ、実はこの時期の啄木の心情を最もよくあらわしていよう。これは単に、ふてぶてしい犯罪者の姿を詠んだもののようだが、一連の歌内容のつながりを見れば、思想的信念を持っている犯罪者が何ら恥じることなく捕吏にひかれていく姿、すなわち確信犯の余裕ある態度に感銘を受けて歌ったものに違いあるまい。

前述のように、啄木はクロポトキンの著作その他によって、貧民の生じざるを得ない社会構成を理解していただけでなく、その上〈法〉というものが、一面では強者あるいは富有者の利益を巧妙に保護するための機構であることにも気付いていたのではないか。〈国禁の書〉に読み耽っているのをみれば、〈悪法も法なり（Dura lex sed lex）〉という法諺《ほうげん》に示される遵法思想は既に否定されていよう。のみならず、「時代閉塞の現状」や「九月の夜の不平」のような社会批評（詠）を見れば、国家機構に対する抵抗権や革命権をさえ肯定する認識に近づいていたと思われるのである。(16)

〈8人ありて電車の中に唾吐きぬ〉の歌は、前年からこの年の春にかけ、例えば「弓町より」で永井荷風を批判しつつ、文学は「現在の日本を了解してゐるところの日本人に依て歌はれた詩」でなくてはならぬと言い、また「待合の女将《おかみ》」だと罵倒される上流階級らしい夫人を描きつつ「日本人の国民的性格」を問題にした「我が最近の興味」、それに九月九日詠の「何となく顔が卑しき《〈いやしく見ゆる〉》邦人の首府の《〈歩める街に〉》大空に秋の風吹く《〈けり〉》」などに見られるように、しばしば言及されている日本の国民性への否定的関心が基調になって歌われたものである。両脚を地面《じべた》につけた上で〈現在の日本〉を了解し、さらに〈将来の日本〉を考察しようとする態度は、前年からいささかも揺いでいない。

〈9はたらけど〉と〈10耳かけば〉の歌は、前述したようにこの時期無政府主義及び社会主義文献を読み耽ったことを詠んだものであり、〈11何すれば此処に我ありや〉は、時代に先駆けて現実を洞察したものの、思想においてのみ先進的で、現実においては何事もなしえぬ自己の態度に（痛切に）気付いた歌だろう。〈13大いなる水晶の玉〉にむかって〈物を思はむ〉は、透明な水晶の玉という修辞的表現で、濁りなき公平な理解者を想定し、その前で自分の理解が正しいかどうかを確認したい、という意味か。

〈12とある日に酒をのみたくてならぬ如く今日我切に金を欲りせり〉は、啄木思想の根源にあるモチーフを如実に示していよう。卑俗な次元ではあるが啄木にとって、いくら働いても暮しが楽にならないのは〈9はたらけど〉の歌のように、現在の日本社会が理不尽なものだという認識があり、また九月九日の歌の〈何事も金々といひて笑ひけり〉や〈わが抱く思想は全て金なきに因する如し〉のように、自分の発想の根源が経済的問題に起因することを自分でもよく認識していたのである。つまり、前年から晩年にかけての啄木最大の大主題《メインテーマ》は、「我々の将来の満足！」（「きれぎれに心に浮んだ感じと回想」）や、「安楽《ウエルビーイング》を要求するのは人間の権利である」（「田園の思慕」）という、人間の根源的要求に基づく思想的課題であったことが理解できよう。

七月二七日朝の作歌〈14邦人の心あまりに明るきを〉は、日本の国民性に思いを馳せていた啄木が、大逆事件という重大事件に対し、一般庶民が何らの危惧も抱いていないのを見て心楽しまなかった想いを詠んだものであり、〈15朝夕の電車の中の〉も、そういった日本人の政治的無自覚性を嘆いたものである。〈16新しきサラドの皿の酢のかをり〉をかなしく思う心境は、何事もなく過ぎ去る日常性に安住していることに対し、自分を含めた現況をいらだたしく思いつつ歌ったものだろう。

〈17赤紙の表紙手ずれし国禁の書〉を読み耽り、初稿で〈妻といも〉寝ず、とあるのは、彼なりに愛していた妻と寝るどころではなかった日々を歌い、その後で修正して〈秋の夜を寝ず〉としたもの。〈18ことさらに燈火を消してまぢ〳〵と革命の日を思ひつゞくる〉を読めば、この時期の啄木の関心が、不合理な国家制度を何とかしたい想いに駆られ、前述のように国家権力への抵抗権・革命権をすでに当然のこととして想定しているとしか思えない。これらの権利は、政府が国憲に違背するならば「日本人民ハ之ニ従ハザルコトヲ得」や、「之ヲ覆滅シテ新政府ヲ建設スルコトヲ得」(17)など、自由民権期の植木枝盛の私擬憲法案にわずかに見られる思想であり、この時代としては極めて稀な認識にほかならない。

(4) 八月三日夜—四日夜の望郷歌

問題はしかし次の八月三日夜から四日夜にかけての歌が、それまでの数日間の歌稿ノートの歌と、全く異なった歌調である〈渋民望郷歌〉によって占められることだろう。生活派短歌と並んで、我々によく知られる故郷渋民回想歌であるが、なぜこの時突然歌い出されなければならなかったのか、に関し、前記東京支部会会報第四号(18)では『朝日新聞』掲載歌を中心にして、八月一〇日の文部省訓令公表後なので一一日の望郷歌を発表せざるをえなかったと記した。しかし歌稿ノートに見るかぎり秘密裏に訓令が通達された八月四日の直前に望郷歌は作られているのである。

今、これら八月三～四日の歌群をたどると、三日冒頭の歌は〈19ほそ〳〵とそこらこゝらに虫のなく昼の野に来てよむ手紙かな〉であり、それ以後〈20故郷の停車場路の〉など望郷歌が続く。これをみれば、故郷から来た書簡によって突然望郷の念が募ったもののようだが、該当する手紙は見当たらない。これら三～四日歌群の最後に〈42かにかくに女は悲し汝ゆゑに今日また我の物思ひする〉があるところから、その書簡は女性について、それもおそらく後述するように、不幸な女性の死亡通知だったらしいが、不明である。

20 21 22 23 25 26と作られた帰郷幻想は、深層心理的にみれば、〈38新しき背広など着て旅をせんしかく今年も思いすぎたる〉や〈39新しき心求めて名も知らぬ〉のように、彷徨願望あるいは逃避願望があったからだろうが、現実逃避的帰郷幻想に耽ったのは、おそらくこの前後の厳しい言論統制に無力感を抱いたからと思われる。社会主義のみならず、少しでも危険と思われた書籍を全て国民の目に触れさすまいとした文部省の訓令が出されたのが先に触れたように八月四日だが、新聞社に勤務していた啄木であれば、訓令が発せられる前から言論弾圧の兆しを感じていただろう。すでに七月一〇日の『東京朝日新聞』には「社会主義は勿論社会主義に関する新聞雑誌や書籍を閲読する者に至るまで詳細に取り調べてゐる」という記事が載っているのであり、事件に関する言及など思いもよらぬ状況だった。突然の事件発生と、それに対する言論封鎖の予感が、啄木をして〈34たつまきの中にまかれし心地して都の町に足の動かず〉という感慨を抱かせ、過去の回想へ赴かせたのだろう。

八月八日作歌は〈43白き蓮沼に咲く如く《〈海の霧わる、如くに〉》悲しみが酔ひの間にはつきりと浮く〉と〈44何もかも行末の事見ゆる如きこの悲しみは拭ひあへずも〉である。おそらく八月上旬の啄木の心情がこれらの歌にこめられているとみてよい。とくに〈44何もかも行末の事見ゆる〉という感慨は、歌稿ノート冒頭三首が貧しさから始まっていることをみるなら、貧しい自分の境遇が容易に変化しないだろうと言う予測を立てていたことがわかるだろう。

同八月八日に、わずか2首を作ってから八月二六日まで、二〇日近く作歌は中断された。『東京朝日新聞』には一一日の帰郷歌の後に一四日、一五日、一六日と続け様に発表されるが、これらは歌稿ノートの八月八日までに作られた[19]ものである。この二〇日近い第二の歌作中断期に発表あるいは執筆されたものは、次の三～四篇に過ぎない。


八月三日「"NAKIWARAI"を読む」『東京朝日新聞』。

八月四日～九月五日「紙上の塵」（四回）『東京毎日新聞』。

八月六日「女郎買の歌」『東京朝日新聞』。（ただしこれは啄木筆であるかどうか、充分な文献批判を経ていない）。

「時代閉塞の現状」（八月二二・二三日の魚住折蘆評論「自己主弱の思想としての自然主義」に触発されて書かれたものであり、二六日夜の歌作再開前後に仕上がったものと思われる）。

「紙上の塵」は比較的軽い文だが、しかしその（一）冒頭に「（芝居道近頃の景気の事）」として、「見すぼらしい舞台へ見すぼらしい役者が出て来て、何《ど》れも此《こ》れも梅毒掻《かさか》きみたいな声で何か言つてゐたつけ。吉原何人斬とでも言ふんだろうね。オワイ屋に紋付を着せた様な大尽《だいじん》や図無《づな》しの足袋《たび》でも穿きそうな花魁《おいらん》が立廻りをやるんだ」[20]と、啄木には珍しく芝居を論じ、しかも思い切った罵倒を繰り広げている。

この芝居評は、「所謂今度の事」で〈赤旗事件〉に言及した箇所とおそらく無関係ではあるまい。「所謂今度の事」では、無政府主義という語が日本人の耳に直接響いた最初の例として往年の〈赤旗事件〉を挙げ、「芸題だけを日本字で書いた、そして其白《せりふ》の全く未知の国語で話される芝居の様なもので……〈中略〉……『吉原何人斬』とか言ふものよりも、猶一層上手《うわて》な、残酷な舞台面を持ってるらしく思はれた」と述べている。〈吉原何人斬〉という語が「紙上の塵」と共通しており、また首無事件や五人殺しなど、〈残酷な〉殺人事件についても触れている。

そして、「舞台の上の人物が何の積りで、何の為にそんな事をするのかは少しも解することが出来ずに、唯其科《しぐさ》の荒々しく、自分等の習慣に戻ってゐるのを見て驚いたのである」と続くのだが、戯曲草稿は遺しているものの、芝居に関してはこの二篇しか言及していない上、〈吉原何人斬〉の語句が共通しているのを見れば、「紙上の塵」と「所謂今度の事」とが、ほぼ同時期にかつ同じような心情のもとで書かれたと見ていいだろう。

念のために記せば、「紙上の塵」第一回〈芝居道近頃の景気の事〉は八月四日に発表されたものである。したがって「所謂今度の事」の執筆時期も、八月四日前後、しかもあまり間を隔てない頃ではないかと推測される。この二篇で特に〈吉原何人斬〉の語を用いているのは、〈残酷な〉殺人を伴うイメージが通底しているからだろうし、「紙上の塵」で芝居を思い切り罵倒しているのも、大逆事件が実はみえすいた当局の三文芝居であることを、暗に罵る気持ちが根底にあったからではないか。

「紙上の塵」（一）「所謂今度の事」の前後関係は確定できないが、いずれにせよ両者はほぼ同時期に書かれ、東京大会シンポジウムで山泉進氏が発言したように、大逆事件が当局の演出による三文芝居であることを、観客としてのみならず演出者の眼で見通す視点も身に付けていたと思われるのである。

また「紙上の塵」後半は、日本人の性格として「深い問題や大きい問題は従頭《てんで》解りつこはない」と極め付けている者を批判し、さらに「どんな真面目な問題に逢着《ぶつか》つても結末《しまひ》には『何《ど》うでも可《い》い』にして了ふ様な精神上の怠け者」への言及が見られる。こういう国民性への批判は前年以来の啄木批評のサブ・テーマだったし、「時代閉塞の現状」の主題とも重なることは言うまでもない。

そして再開される八月二六日夜の歌は、「所謂今度の事」も「時代閉塞の現状」も発表できない現状だったからこそ、再び〈45壁ごしに若き女の泣くをきく旅の宿り〉や〈46それとなく故郷《くに》のことなど語り出で〉などの望郷歌となった。八月二八日作歌13首でも同じ心情を歌っているのだが、少し後戻りしていくつかの疑問点を眺めよう。

八月三〜四日の望郷歌の最後に「以下仕事の後に採録せず」というメモがあることは先述した。〈以下〉とあるとおり、以後の歌を指していよう。しかし八月二六日と二八日の歌は『仕事の後』改名『一握の砂』の歌調に背反するものではなく、現にいくつか収録されている。〈以下……採録せず〉というメモに該当するのは、九月九日夜の歌群にほかならない。啄木が、七月一五日に思い立って作った『明治四十三年歌稿ノート』は、『仕事の後』とは全く異なる、社会批判と思想詠を集めた、日本の過去に例のない歌集を企図したものと筆者は推測した[21]のだが、おそらくその中に含めるために残しておくべき歌だと判断したからにほかなるまい。

今ひとつ疑問なのは、『一握の砂』に収録されなかった歌の中に、八月二八日夜の歌後半の、〈かなしきは夏子にしあれや夏子夏子その生涯《〈一生〉》の記憶にしあれや〉と、〈今日逢ひし電車《〈町の〉》の女のどれも〳〵夏子の如き心地せらるゝ〉がある。これは八月四日の歌の最後に〈42かにかくに女は悲し汝ゆゑに〉と呼応し、望郷歌が女性の悲境も契機となって歌われた可能性を強めるが、〈夏子〉なる女性がいかなる生涯を送ったのか不明である。

続く九月九日夜の39首は、周知のとおり突如、再び社会思想詠に戻った。『明治四十三年歌稿ノート』中の七月一五日から二七日までの社会詠は大逆事件に触発されて作られたことが濃厚だが、九月九日に突然また時代評的な社会思想詠が歌われたのは、むろん八月末に報道された日韓併合が直接の契機となったものに違いあるまい。八月二二日に臨時の枢密院会議と内閣会議が開かれ、また寺内統監と李韓国総理との相談も秘かになされ、調印もこの夜に行われた。八月三〇日に二二日付けで条約が締結されたことが大々的に公表され、以後九月上旬にかけて詳細な条約文と解説が載るが、既に二二日の秘かな調印は二三日に報道されていたのであり、偶然にも二二・二三日に『東京朝日新聞』へ発表された折蘆の「自己主張の思想としての自然主義（上・下）」と重なる。[22]

これも偶然ではなく、「時代閉塞の現状」執筆の契機に、韓国併合問題がなにほどか影を落としているのではないか。とすれば「時代閉塞の現状」は表面的に魚住折蘆論を契機にして書かれたように見えながら、実は根底に帝国主義的〈強権〉の強引な内外政策実行への危機感と批判を内包しているのではないかと思われるのだが、これに関しては今しばらく措く。

少なくとも九月九日夜の歌群は、冒頭第一首目にあるように〈何となく頭の中に水盛れる器ある如しぢつとしてゐる〉、すなわち大逆事件に続く日韓併合報道の衝撃を沈思黙考している状態であり、第三首に詠むごとく〈いらだてる心〉をなだめながらも、第四首〈わつと泣き出す子供〉のように噴出したものにほかなるまい。この時期の極端な言論弾圧を鑑みて、韓国問題に直接言及したものは第八首の〈地図の上朝鮮国に黒々と……〉の歌しか遺していないが、第九首〈明治四十三年の秋……〉や、第三十八首秋の風われら明治の青年の危機をかなしむ……〉、第三十九首〈時代閉塞の現状をいかにせむ秋に入りて〉のように、〈秋〉という語を数回繰り返しているのは、これらの歌も「時代閉塞の現状」も、特に日韓問題をその根底にひそめて書いたものであることを暗に示そうとしているのではあるまいか。

注

（1）具体的な内容は後述本論の各所で触れるが、まず最初に拙考への御高評を数多く賜ったことに感謝しておきたい（なお第四部四章一節と本論（二節）の初出については注（6）に掲載）。

（2）拙論「「所謂今度の事」の執筆時期と同時期の短歌について」。『国際啄木学会東京支部会会報』第四号、平成七年一一月二五日発行。

（3）『石川啄木全集』第一巻、昭和五三年五月二五日、筑摩書房刊行。なお、通し番号は『明治四十三年歌稿ノート』記載歌のみに筆者が記したものであり、新聞発表歌には付していない。

（4）同右収録『明治四十三年歌稿ノート』八月四日の終わりに、この〈以下仕事の後に採録せず〉というメモが記されている。にもかかわらず、以後の八月八日・二六日・二八日の作歌は、仕事の後を改名した歌集『一握の砂』にかなり収録されている。これ以前の歌もむろん採録されているので、〈以上〉の間違いとは思われない。

（5）『東京朝日新聞』に掲載された〈手帳の中より〉シリーズ中、五月中に発表されたのは七回三五首。いわゆる啄木調生活派短歌が多く、旅の歌や北海道回想歌も含む。羇旅歌はほとんど北海道時代のものだが、この時の羇旅歌および北海道回想歌が、中断後八月三日以後の渋民望帰と帰郷幻想へ啄木を導いたのだろう。なお九月以降、朝日毎日両紙上から啄木短歌は激減する。

（6）本書第四部四章一節参照（なお、一節は当初「大逆事件初期報道と啄木の作品活動中断の意味について―大逆事件と石川啄木（一）」と題して明治大学文学部紀要『文芸研究』第七四号（一九九五年九月）に、また本節は「一九一〇（明治四三）年夏の啄木短歌―大逆事件と石川啄木（二）」と題して同じく『文芸研究』第七五号（一九九六年二月）にそれぞれ掲載された）。

（7）例えば『報知新聞』明治四三年一二月一〇日「入廷する被告たち」という記事中、袋めいた深い傘を被せられ、腰縄手錠（手縄）付きの絵が挿絵として載っている。最も分かりやすい例だろう。

（8）太田登氏の一一月二四日付書簡（傍点をふくめ原文のまま）。私的な書簡を内容を引用する失礼は重々承知しているが、拙考にとって大変重要な御指摘だったので、脚本人に諒承を得て記す次第である。

（9）『広辞林』三省堂刊。大正一四年九月初版、本稿では昭和三六年三月版を参照した。

（10）『広辞苑』岩波書店刊。昭和三〇年五月初版本、本稿では昭和五五年九月版を参照した。

（11）同右、広辞林では〈狂犬〉とあるのみ。

（12）前記注（6）に同じ。

（13）近藤典彦著『国家を撃つ者』平成一年五月、同時代社。

（14）石川啄木新全集第二巻（昭和五四年六月、筑摩書房刊）収録の『詩稿より』中に収録されている「無題〈昼は落葉をのせ、……〉」参照。これらはもと『暗い穴の中へ外七篇及び詩稿』と題する原稿用紙綴じ込み遺稿であり、執筆時期は個々の断片に即して判断しなければならないが、

「無題〈昼は……〉」は、父一禎が上京する明治四二年一二月直前の秋と思われる。
(15)〈5何時なりしかかの大川の遊船に〉と〈6故もなく海が見たくて〉の2首は、塩浦氏の御意見によれば、これも大逆事件に関連する歌ではないか、とのことであるが、その根拠はまだ確認していない。
(16)むろんこの時期の啄木が明確にこういう認識に到達していたわけではないだろうが、以後の啄木側の資料を見れば、国法および〈この島国の子供騙《だま》しの迷信と、底の見え透いた偽善〉(「平信(与岡山君書)」明治四四年一一月稿。子供騙しの迷信とは天皇制神話であろう)に対する、否定的視座はすでに構築されていたようである。
(17)植木枝盛著「東洋大日本国国憲案」(岩波文庫『植木枝盛選集』家永三郎編、昭和四八年七月)参照。その第七十条は「政府国憲ニ違背スルトキハ日本人民ハ之ニ従ハザルコトヲ得」、第七十二条が「政府恣ニ国憲ニ背ニ擅ニ人民ノ自由権利ヲ残害シ建国ノ旨趣ヲ妨クルトキハ日本国民ハ之ヲ覆滅シテ新政府ヲ建設スルコトヲ得」とあり、第七十条がいわゆる抵抗権、第七十二条が革命権に他ならない。
(18)前記注(2)参照。
(19)八月中に発表されたのは「"NAKIWARAI"を読む」「紙上の塵」「女郎買の歌」及び『東京毎日新聞』掲載歌の「何もかも」であり、確実に執筆されたはずなのは「時代閉塞の現状」である。このうち「女郎買の歌」はおそらく啄木筆であろうと思われるものの確証がなく、「何もかも」は三一日に以前の歌を発表したものである。①「"NAKIWARAI"を読む」は三日発表(土岐哀果より贈られて四月中には読んでいたと思われる歌集書評)、②「紙上の塵」前半は四・七日発表、③「女郎買の歌」は六日発表だから、①③は八月八日以前に書き終えていたのであり、八月四・七・一四・九月五日発表の②も、半ばは既に八日以前に書かれている。つまり八月八日から二六日までの時期に書かれた可能性があるのは、「時代閉塞の現状」と「紙上の塵」後半のみ、ということになる。

(20) 啄木新全集第四巻参照。啄木は絵画展についてしばしば言及しているものの、芝居評は極めて少ない。にもかかわらず、この時期「紙上の塵」と「所謂今度の事」で、舞台を話題にしている。山泉進氏も関心を抱かれたのだろう、平成六年一〇月の国際啄木学会東京大会シンポジウムで、「首なき女の屍体」や「五人殺し」事件報道を紹介された。筆者も首都圏で「首無裸体女性死体」(明治四三年五月七日『朝日新聞』)や「酒乱軍人八人切り」(明治四三年六月一一日『信濃毎日』)などの事件があったという報道記事を見ているので、この頃特にこういう事件が多発したらしい。谷崎潤一郎の小説のモデルになった〈お艶殺し〉事件もこの年である。

(21) 平成六年一〇月国際啄木学会東京大会シンポジウムにおける拙考発表及び前記注(6)参照。

(22) 八月二三日『信濃毎日新聞』第一面に、前日の二二日、臨新枢密院会議と臨時内閣会議が開かれ、「重要問題の経過並に発表」がなされた「模様」とあり、続けて寺内総監と李韓国総理との間で日韓併合の問題が大詰めを迎え「今夜にも調印か」と推測している。直後の各紙報道を見れば二二日付けで韓国併合及び条約全八条が締結されており、この新聞が正確な情報網を有していたことをうかがわせる。

⑦男と生まれ男と交り／負けてをり／かるがゆゑにや秋が身に沁む
⑧わが抱く思想はすべて／金なきに因するごとし／秋の風吹く
⑨くだらない小説を書きてよろこべる／男憐れなり／初秋の風
⑩秋の風／今日よりは彼のふやけたる男に／口を利かじと思ふ
⑪はても見えぬ／真直の街をあゆむごとき／こころを今日は持ちえたるかな（一〇月一三日作）
⑫何事も思ふことなく／いそがしく／暮らせし一日を忘れじと思ふ（歌集初出）
⑬何事も金金とわらひ／すこし経て／またも俄かに水平つのり来
⑭誰そ我に／ピストルにても撃てよかし／伊藤のごとく死にて見せなむ
⑮やとばかり／桂首相に手とられし夢みて覚めぬ／秋の夜の二時

連続したこれら一群の歌を、いくつかの主題に分類することも可能だろう。まず第一に、①⑤⑥のような女に関する屈折した心情を歌ったものがあり、第二に、女への心情が反転して〈弱き男〉への自虐と批判を詠んだもの（⑦⑨⑩あるいは⑭⑮も含めてもよい）、第三に、第一・第二の情動とも共通するが、怒りと焦燥を持て余す歌（②③④等）、第四に〈秋〉を歌ったもの（これが最も多く⑥⑦⑧⑨⑩⑮の六首）、その他である。むろん男女への批判やいらだちには怒りと焦燥が通底し、〈秋〉の歌には金や仕事もからんでおり、末尾二首のように伊藤博文や桂太郎を詠んだ問題歌もある。詩において反復表現が強調表現の一種であるとするなら、〈秋〉の語は全体に通底するトーンを示すだろう。

作者の配列によって生じる意味上の流れを問題にしてみれば、①にあるように、〈放たれし女のごときかなしみを〉感じた〈よわき男〉のいらだちが、②〈庭石に／はたと時計を〉なげうつ昔の怒りを呼び起こしたが、そのような激怒も③〈あくる日は／さほどにもなきを〉さびしがる心情へと鎮静し、④〈いざいざ／すこし呿呻《あくび》などせむ〉とみずから慰めるにいたる。やや落ち着いた心で冷静に見るなら、⑤〈わがいひつけに背かじと心を砕く〉いじらしい女は、おそらく日本の家族制の犠牲になりながら、それに気付かぬ、あるいは気付いても何事もなし得ない存在であることに思い至り、⑥〈ふがひなき／わが日の本の女等〉をののしることになる、という情景が読み手に伝わって来よう。

しかし①〈放たれしおんなのごときかなしみ〉は、表現上譬喩的な修飾語であり、かなしみを感じる主体は〈よわき男〉にほかならない。したがって女への哀れみも罵倒も、裏返せば敗北する〈よわき男〉への自虐的焦燥感なのであり、①〜⑦までの歌調は表裏一体として捉えるべきだろう。そのような怒りも焦燥も原因は主として金すなわち経済問題にあると認識し、現状を改めようとする意識が次第に湧いてきて、揺れながら強まって行くのが⑧〜⑬である。後述するように、⑭⑮もその意志の強まりとともに歌われたものであると思ってよい。

これら一群の歌を配列順によって読み取ると以上のような解釈が可能であろう。いかなる歌人もおそらく歌集編纂時に歌の配列に心を砕くのが当然であり、ここでも配列によるイメージの連鎖を考えるべきだろうが、短期間に編纂された歌集出版時の事情を考慮するなら、作者が全体の構成上の配列に周到な準備を行なった時間的余裕はあまりなかったと思われるし、(3) また歌集各部において配列意識に強弱があるのも否定できない。とくに今問題にしている歌群は、前述したように〈九月九日夜〉に詠まれた中から、社会批判をこめた思想的な歌を省いてその一部をまとめたものであるだけに、一気に詠んだ連作時の心情はばらばらに分断され、ほとんど痕跡をとどめていない。短歌を作歌主体と切り離して解釈する方法も妥当だが、筆者の関心は今啄木の思想史的問題に向けられているので、ここに作歌時のみならず通時的な語意形成および同時代の周辺資料も参照する。

(2)〈放たれし女〉

〈我を愛する歌〉末尾一五首の最初に置かれた①「放たれし女のごときかなしみを／よわき男の／感ずる日なり」(4) は、続く怒りやいらだち、敗北感などの歌情を導き出す引き金としての位置を占めるものとして敢えて置かれたようだ。この歌は、『一握の砂』編纂中の一〇月一三日に作られたものである。したがって、歌集編纂時にこの〈放たれし女〉の歌を創り、その後で〈九月九日夜〉作歌中の関連する詩情の歌を並べたものか、あるいは逆に後続の歌群を導くためにこの歌を詠んだのか、いずれにせよこの〈放たれし女〉に続けて〈我を愛する歌〉末尾に、〈九月九日夜〉作歌中の歌群が十数首並ぶのである。

この歌の上の句の〈放たれし女〉は、かつて文字どおり素朴に〈解放された自由な女〉と解されていた。だが自由な女というだけの解釈だと、〈弱きおとこ〉の感じる〈かなしみ〉にかかる比喩として今一つなじまない。しかし岩城之徳が「放つ」の本義である「追放スル」の意に取って「放逐されて寄るべない女」(5)すなわち「離婚された女」(6)という魅力的な解釈を提出して以来、おおかたの評者は今井泰子も含めてこれに従っている。(7)たしかに「放つ」には「引き離す・追放する・遠ざける・束縛を解く・自由にする」等の意味があるが、啄木が習作時から用いた〈放つ〉の語例（わずか七首しかない）を参照すると、次のような特色がある。これも便宜上通し番号を付して挙げてみよう。

1　汗おぼゆ。津軽の瀬戸の速潮を山に放たば青嵐せむ。（明治四〇年五月一一日、丁未日記初出、『暇ナ時』収録）

2　野にとべる鳥のごとくに放たれて思はむといふよしとしてきく（明治四一年九月一四日〜一五日作歌、『暇ナ時』収録）

3　時すでに熟せりとして天日にまづ第一の矢を放ちける（明治四一年八月二九日作歌、『暇ナ時』収録）

4　夏の野は青海に似たり大鯨持て来て放て追ひて遊ばむ（明治四一年八月二九日作歌、『暇ナ時』収録）

5　放たれし女のごときかなしみを／よわき男の／感ずる日なり（明治四三年一〇月一三日作歌、『一握の砂』収録）

6　放たれし女のごときかなしみを弱き男もこの日今知る（明治四三年一〇月『スバル』発表）

7　放たれし女のごとく、／わが妻の振舞ふ日なり。／ダリヤを見入る。（明治四五年六月二〇日？『悲しき玩具』収録）

日記および歌稿ノート『暇ナ時』に含まれる1～4までの歌は、歌集に収録されていないが、いずれも譬喩歌あるいは空想歌である。1〈汗おぼゆ〉の歌は、初夏の汗ばむ頃、津軽の瀬戸に流れる速い潮を山に放つならば、爽やかな青嵐となって涼しいだろうに、という意味であり、4〈夏の野は〉も、夏の野原を青い海原に譬え、そこへ大鯨を放って戯れよう、という壮大な内容である。どちらも〈放つ〉は〈解放する〉〈自由にする〉という、のびやかな意味しか持っていない。2〈野にとべる鳥のごとくに放たれて〉、という歌の〈放つ〉が最も典型的であり、野に飛ぶ鳥のように自由な考え方をしたい、という人の言を、とらわれない思考の自由を願うものとして肯定しているのである。3の歌は、時既に熟したとして、世に出るための第一歩を踏み出そうと言う高らかな自恃の念を歌ったものとすれば、〈矢を放ちけり〉も、高く飛翔する想いをこめたものであるのはいうまでもない。すなわち、啄木が用いた〈放つ〉には、〈遠ざける〉〈追放する〉というマイナスのイメージは感じられないのである。

しかし歌集に収録されている5・6・7の歌の〈放つ〉は別のニュアンスを帯びている（ただし6は5と同一歌と見ておく）。いずれも〈放たれし女〉と受け身で用いられているのが共通しており、日本語における受動態が主として被害・困惑を示すものとすれば、1〜4と5〜6の間に意味上の差異が認められよう。この違いは語法による相違とともに、当時の用語例を参照する必要があるようだ。

たとえば白柳秀湖が明治四一年五月に発表した「放たれたる少女を想ふ[8]」という一文を見ると、一八八一（明治一四）年三月一三日、女学生を蛇蝎より嫌っていたアレクサンダーⅡ世がペテルスブルクで暗殺されたことに触れ、「当時露西亜の社会に於ける女学生は、青年男子のそれよりも遥かに急進的であつた」「婦人が家族制度の犠牲に供せられて、久しく其の個性を蹂躙されて居《をつ》たのは単に家族本位の日本に於てのみではなかつた。当時露西亜の女学生は、早くも自然科学や哲学の影響を受けて、強い〳〵個人意識に悶えていた」という状況を説明し、次のように続ける。

　此頃物を包んだ古新聞をひろげて見て、初めて平塚はる子の記事に驚かされた。自分は青草の上に汗ばんで、静かに暗遷黙移《あんせんもくい》する時代の急潮をたどつた……〈中略〉……噫《あゝ》放たれたる少女《おとめ》よ、御身はもはや花咲き鳥歌ふ春の野を捨てゝ、あらしの叫ぶ大空に翅《か》けのぼつたのだ。歓楽に酔ひ盡して、行く春を惜む鶯の悲哀（ママ）のよりも、群集《むれ》を離れて只ひとり翔《かけ》る荒鷲の恐ろしい瞳光《どうくわう》に更に深刻の寂寥《さびしさ》と、憂愁とが潜んで居る。群集を離れる悲哀《かなしみ》を悲しみながらも、竟《つひ》に自ら群集に遠ざかるといふ矛盾に陥らねばならぬ世に『知識』ほどつらいものは無い。

やや感傷的な美文調のこの文は、いわゆる〈煤煙事件〉の森田草平と平塚明子との駆落ち事件、およびそれを小説化した『煤煙』を読んだ時の感想を述べたものにほかならない。この例で分かるように、当時既に〈放たれた〉という語が〈放たれる少女《おとめ》〉として用いられていたのであり、それは主として煤煙事件の平塚明子に冠する形容語（むろん自然主義を標榜する放埒な女への社会的蔑称としても）であった。花咲き鳥歌う春の野を捨てて、嵐が吹き荒び恐ろしい荒鷲もいる大空に翔けのぼった女を修飾するこの語は、したがって単に解放されて自由になったというだけでなく、「深刻の寂寥《さびしさ》と、憂愁」を含んだ意味となっており、それが〈放たれたる〉という受動表現で示された理由だろう。啄木も当時のこの用例に基いて歌ったものにほかなるまい。

したがって〈放たれし女〉は、単に解放された自由な女や、放逐あるいは離婚された寄るべき女ではなく、自由になりはしたものの、なすべき目標も見出せず、見出せてもそれに立向かう孤独な行為に対し、不安と憂愁に襲われている女、という意味に修正すべきであろう。しかもこの〈かなしみ〉を〈よわき男〉が同一化して感じているのであり、〈我を愛する歌〉末尾の女を詠んだ歌が女に対する一方的な憐憫や哀れみではないのはいうまでもない。

〈我を愛する歌〉末尾の⑤⑥に、同じく〈女〉のイメージを歌ったものが並ぶ。⑤は「女あり／わがいひつけに背かじと心を砕く／見ればかなしも」である。この〈女〉は〈家〉に縛られ、夫に従属している存在であり、けなげに夫のいいつけに背くまいと心を砕いている。自由を与えられて途方に暮れる〈放たれし女〉とは対極にあるものの、言うまでもなく彼女も幸せとは程遠い存在である。〈心を砕く〉という表現から、読者は、おどおどと常に気を遣う妻の姿を思い浮かべざるをえないだろう。

しかも〈見ればかなしも〉と続く下の句は、前述したように〈女〉の境遇と同一化した心情的共感を抱いていた作者であるなら、当然、そのような存在に置かれている女に対する無意識のうしろめたさがあったことを示している。すでに啄木は『ローマ字日記』や『我等の一団と彼』で、日本の家族制度について観念的にはかなりの理解を示している。とくに大逆事件報道の直前まで書いていた『我等の一団と彼』には、次のように注目すべき記述がある。(9)

今は昔と違つて、未亡人の再婚を誰も咎《とが》める者は無いからな。それから何だ、何方《どつち》か一人が夫婦関係を継続する意志を失つた際には、我々はそれを引止める何の理由を有たん。……今に女が、私共が夫の飯を食ふのはハウスキイピングの努力に対する当然の報酬ですなんて言ふやうになつて見給へ。育児は社会全体の責任で、親の責任ぢや無いとか、何とか、まだ、まだ色々言はせると言ひさうな事が有るよ。我々男は、口では婦人の覚醒とか、何とか言ふけれども、誰だつてそんなに成ることを希望してゐやせんよ。

逆説的な表現ながら、女が「ハウスキイピングの努力に対する当然の報酬」を要求し、「育児は社会全体の責任」であるという言説は、当然女性によって言われるであろう意見を先取りしたものであり、明治期としては非常に珍しい。後年、英米をはじめ日本でも〈家事労働論争〉がおこり、有用で不可欠な労働でありながらも市場における交換価値がない故に報酬を認められず、しかも主として女性の肩にのみ負わされる性的役割分担の矛盾が指摘されたのは周知の事実であり、今なお持ち越された問題にほかならない。啄木がどのような思考経路で共同育児制や家事労働有償論に思い至ったのか、今にわかに断言できないが、想起されるのはこの時期の婦人参政権運動である。

一九世紀末から二〇世紀初頭において、婦人参政権運動者が英米で激しいデモを行なっており、特に英国では一九〇三年にパンカースト夫人とその娘が運動の主導権を握っていらい、請願運動を中心とする〈貴夫人方式《レディズライク・メソッド》〉から過激な〈戦闘的方式《ミリタント・メソッド》〉をとって定期的に街頭へ進出し、あるいは閣僚へ詰め寄り、首相の馬車を破壊し、街路の家の窓ガラスを割るという実力行使に出ていた。啄木はすでに一九〇八（明治四一）年一月釧路で「婦人参政権論者の一団は隊を組んで首相邸を襲ひ、屋内に闖入せむとし」たという倫敦《ロンドン》発の記事を引用して愛国婦人会で演説を試みている。またちょうどこの一九一〇（明治四三）年、『我等の一団と彼』をおそらく書き終わり、大逆事件報道に瞠目していた六月一八日には、倫敦にいた長谷川如是閑が〈女壮士の大行列〉を目撃して東京朝日に記事を送っている。

しかしこれらの報道は例外なく〈婦人連の暴行〉とか〈婦人参政権論者の大乱暴〉と題してスキャンダラスな内容を報じるのみであり、女権運動としての詳細な内容は伝えられていない。ちなみに国政における婦人参政権が獲得されたのは、はやく一八九三（明治二六）年ニュージーランドが最初だが、(10)主として北欧スカンディナヴィア諸国でこの運動の成果が上がった。森口繁治の『婦人参政権論』によれば(11)は、フィンランドでは一九〇六年、ノルウェーでは一九〇七年に、女性の国会議員選挙権を認め、スエーデンではこの一九一〇年に女性が上院議員になる道も開かれた。また北欧各国では男女共学制をはじめ夫婦財産制に関する特別規定も成立するなど、社会保障制度に関しては先進的だった。啄木がこれらスカンディナヴィア各国の制度を具体的に知っていたかどうかは不明であるが、しかし婦人参政権運動《サフラジエット》に対する関心があったのは、前年秋に創った詩「事ありげな春の夕暮」で〈政庁に押寄せる女壮士のさけび声〉と綴り、この年末から翌年初めにかけて複数の知人に〈一院主義・国際平和・普通選挙〉と並んで〈婦人解放〉を扱う雑誌を出したい(12)と書いていることでも証される。

新聞報道から得た知識とともに、大逆事件報道開始と同時に読み始めたらしい平民社関係の資料による示唆もあったのではないかと思われる。例えば『平民新聞』に執筆し『家庭雑誌』を発行していた堺利彦は、しばしば婦人問題や家庭問題を論じていたが、一九〇三（明治三六）年九月二日発行の『家庭雑誌』に翻案小説『百年後の新世界』(13)を載せていた。西暦二千年を舞台にした夢物語であるが、そこで主人公は、「生活については、妻も夫に依頼する事はなく、子も親に依頼する事はないのです。子は成長してから親の為に働くのではなく、国民の為に働くのであるから、国民の公費を以て之を養ふのは当然の事」である、という説明を受けている。これらの断片的な知識により、啄木は『我等の一団と彼』の高橋の見解を記述したものらしい。

狷介でニヒルな登場人物高橋は、さいわい「日本の女の大多数は、まだ明らかに自分等の状態を意識してはゐない」ので助かっている、といい、〈尻にしかれる〉ふりをする、という卑怯な男の〈戦略〉を語るのだが、通俗的な男の身勝手な発話として語られるものの、理解の度合いが低レベルに止まっているわけではない。家事労働論や社会育児説が〈孫の時代〉に現れるだろうことを予測しつつ、「だから早く何とかしなくちゃならんのだが、困ることには我々にはまだ、何の条項を何う修正すれば可いのか解らん」という模索の状態にあったのであり、しかも、女性の無自覚を利用して現状維持をはかる男のエゴイズムを自覚した上での発話である。⑤〈女あり〉の歌を作る直前にこのような小説を書いていた作者は、〈わがいひつけに背かじと心を砕く〉女たちの姿と、そのように仕向けている男の身勝手に気付かぬはずはない。

⑤「女あり／わがいひつけに」の歌の次に、⑥「ふがひなき／わが日の本の女等を／秋雨の夜にののしりかな」があるが、これはいうまでもなく不当な待遇を受けている日本女性たちが、どうして不合理な制度に立向かわないのか、という非難をこめた歌である。しかしここでの〈女〉

の語は、〈男〉と置換可能な互換性を持っているのであり、必ずしも女のみへの一方的な非難ではない。

(3) 離れゆく女達

この時期は、啄木短歌における〈女〉への作歌態度が、顕著な変化を見せた時期でもあった。もともと啄木は、女、とくに少女《おとめ》が大好きである。どれほど好きか、底が知れない。習作時からの〈女〉に関する歌(老母あるいは娘、また老若を問わず一般の女性、さらに親愛感を示す〈子〉を用いた歌もふくめて)を選び出せば、あまりの多さに手が付けられない。それらをまとめて、取り敢えず結論だけいえば、渋民時代から明治四一年までの歌における〈女〉の歌群は、予想されるように『明星』派的な空想的ロマン主義的恋愛の対象として、あるいは空想の想いを訴える対象として想定した女性への頌歌《オード》を歌ったものが大部分である。『明星』派的歌風を濃厚に示す習作時の歌群中、発表されたものの中から特徴的な歌を挙げてみよう。

あきの夜のそゞろの夢よおばしまにうすむらさきのもすその女神　『爾伎多麻』明治三四年九月号

犠卓に蒼火ささげて陰府の国妖女夜すがら罪の髪梳く　『明星』明治三六年一一月

笑わざる女等あまた来て弾けどわが風琴は鳴らむともせず　『明星』明治四一年七月

無事にゐて倦むを知らざる少女子は早くも我に倦まれけるかな　『明星』明治四一年七月
我いまだおのが子を食ふ牛を見ずまた見ず我を愛でぬ女を　『明星』明治四一年七月
飢ゑし犬皆来て吠えよ此処にゐて肉をあたへぬ若き女に　『明星』明治四一年七月
一すぢの黒髪をもて南北にわれをひくなり女と女　『明星』明治四一年八月
わが少女鞦韆に乗りひもすがら動きてあれや捉へがたかり　『明星』明治四一年一〇月

これらが『明星』派の影響を受けた修辞法により、観念の世界での少女との交流を歌ったものであるのはいうまでもあるまい。最初の二首は単なる修辞的な技巧歌だが、のこりの歌は〈少女〉の〈我〉に対する関心を当然のこととする自意識が主題の奥に伏流している。多くの少女たちを自己の性的関心の対象として眺め、〈我を愛でぬ女〉を見たことがないとまで公言する自信と思い上がりは大変なものである。それはこの時期の作歌ノートに歌われた歌群に至っては、よりいっそう顕著な特色となる。

らうがはし我をとりまき争ひぬ歌ふことなき少女子の群　『暇ナ時』明治四一年六月二四日
少女子を狩りにゆかむと立つ時にかならず見たる小さき鏡よ　『暇ナ時』明治四一年六月
二五日
日の本の女ことごと我がものの様に思へる若人を見ぬ　『暇ナ時』明治四一年八月二九日

（『明治四十一年作歌ノート』にもあり）

吝むべきものにことかき口づけを吝む女はおとしめてよし　『明治四十二年作歌手帳』明治四二年一月

公表しなかった草稿だけにより作者の本音が歌われているのだろうが、それにしても自分を取り巻いて騒ぐ少女たちを想定し、また少女たちを〈狩り〉に行くとき鏡の前に立つナルシズムをみれば、〈日の本の女ことごと我がものの様に思へる若者〉とは自分のことだと思っていたのかもしれぬ。〈口づけを吝む女〉を貶めるのは、『明星』明治四一年七月発表の〈飢ゑし犬皆来て吠えよ此処にゐて肉をあたへぬ若き女に〉と同じく、身勝手な欲望充足願望を歌ったものにほかなるまい。さすがに理性がはたらいて作歌手帳からも削除した歌〈君に告ぐ敢てまた世の女に告ぐ我は男の権利もて恋ふ〉（明治四二年作歌手帳）は、その本心を思わず詠んでしまったものだろう。むろん若い男が女を恋うのは正常な生物的欲求であり、作者もそれを無意識あるいは意識的なモチーフとして詠んだのであり、それは彼の作歌衝動のエネルギーであり、本能的欲望を短歌に〈昇華〉したと言ってもむろんよい。だが、この時期の〈女〉を詠んだ歌群は、『春潮』（明治四一年一〇月）に載せた〈深きこと我をみつむる少女子の黒き瞳に如くものぞなき〉のような、多少は穏やかでしみじみした情緒を漂わせる少数の歌を除いて、恋文めいた菅原芳子宛書簡内に綴る〈死ぬといふことを怖れぬ男をば恋せぬものかやまと少女は〉のように、大部分はむきだしの願望と欲望が露出したものであることに驚かざるを得ない。
しかし明治四三年に入ると、〈女〉を歌った歌の内容は、それまでと一変する。まず、『一握の砂』で、渋民時代や北海道時代の女性が多数歌われるのは周知のとおりだが、これらはいずれも過去の回想であり、したがって目前に存在する女たちではない。また多くは歌集編纂時に一挙に詠まれたものであることも知られていよう。これらのいわゆる〈回想歌〉群の女の歌を除けば、明治四三年になって歌われた〈女〉の姿は、思いがけず極めて少数なのであり、しかもその〈女〉たちと作歌主体との関係は、かつての啄木短歌と比べるべくもないほど遠ざかっている。先に引いた『明治四十三年歌稿ノート』中の〈放たれし女〉〈女あり〉など三首は省いたが、それを参看しても濃密な関係がなくなっていることが窺えよう。

にぎはしき若き女の集会の／こゑ聴き倦みて／さびしくなりたり　『一握の砂』、初出は東京毎日、明治四三年三月一〇日（以下同）

何処やらに／若き女の死ぬごとき悩ましさあり／春の霙降る　『一握の砂』東京毎日、明治四三年三月二八日

白き皿／拭きては棚に重ねゐる／酒場の隅のかなしき女　『一握の砂』東京朝日、明治四三年五月五日

目を病める／若き女の倚りかかる／窓にしめやかに春の雨降る　『一握の砂』東京朝日、明

治四三年五月二一日

何時なりしか／かの大川の遊船に／舞ひし女をおもひ出にけり　『一握の砂』（七月二六日作歌）

壁ごしに／若き女の泣くをきく／旅の宿屋の秋の蚊帳かな　『一握の砂』（八月二六日作歌）

わが泣くを少女等きかば／病犬の／月に吠ゆるに似たりといふらむ　『一握の砂』編纂時

ひややかに罎のならべる棚の前／歯せせる女を／かなしとも見き　『一握の砂』（同右）

春の街／見よげに書ける女名の／門札などを読みありくかな　『一握の砂』（同右）

出しぬけの女の笑ひ／見に沁みき／厨に酒の凍る真夜中　『一握の砂』編纂時、後『スバル』明治四三年一一月

渋民時代の娘たちや、北海道時代の小奴・橘智恵子らに寄せる哀切な親しみにくらべ、『一握の砂』編集当時のみならず、一九一〇年になってから歌われた女たちが、作歌主体といかに隔たった存在となっているか、一読して明らかであろう。作者があれほど意識していた〈少女〉たちも、作者の悲痛な慟哭を病犬の遠吠えとしか思わない。身近に聴く女の声は、すでに作者の存在を念頭に置かず、各自の喜怒哀楽を発散するだけである。作者の興味を引くのは、例えば〈見よげに書ける女名〉の表札であり、通りすがりの〈女の集会〉の嬌声であり、場末の飲屋で虚無的にはたらく女たちの姿である。彼女らはいずれも作者には何の関心も示さず、心情的な触合いは

全くないと言ってよい。〈何処やらに／若き女の死ぬごとき〉、あるいは〈壁ごしに／若き女の泣くをきく〉のように、それらの女たちは、作者と遠く隔たったところに存在する女性である。作者と〈女〉たちは、かつての〈観念による親密性〉や〈関係性〉が全く切断され、作者に一顧も与えない存在、隔てられた存在なのである。

明治四四年になると、さらに一般的な〈女〉との距離は遠ざかる。歌集に収録されなかった歌に、次のようなものがあるが、これもゆきずりの女を歌ったものか、あるいは回想の女をふと思い出しただけに過ぎない。

つと暗き小路を出て、／街燈を見上げし女／下谷の女　『秀才文壇』明治四四年一月

茨島の松のなみ木の街道を我と行きし少女やすく暮せり　『学生』明治四四年六月

そして『悲しき玩具』にいたると、〈女〉の語を用いた歌が、わずか二首しか収録されていないのに一驚する。当時の啄木にとって、〈女〉という存在が、これほど遠いものになっていたのである。

引越しの朝の足もとに落ちてゐぬ、／女の写真！／忘れゐし写真！　『悲しき玩具』

放たれし女のごとく、／わが妻の振舞ふ日なり。／ダリヤを見入る。　『悲しき玩具』

繰り返していえば、『悲しき玩具』には、わずかこの2首しか載っていない。最初の歌は引越しの時に昔の女性の写真が見つかった、という、よくありがちな日常的感慨を歌ったものだが、この歌でも対象である〈女〉の存在はすでに記憶のそとに置かれている。〈放たれし女のごとく〉は、『一握の砂』の類似歌のように〈妻〉を修飾した比喩語にすぎない。いずれも〈女〉の語に、かつてのような重い意味、親しい味わいはまったく感じられないのが理解できよう。

むろん『悲しき玩具』中に〈女性〉を歌った歌がないのではない。しかしそれらは〈妻〉であり〈母〉であり〈妹〉であり作者の〈子＝娘〉であり〈看護婦〉である。総じて『悲しき玩具』に歌われる〈女〉たちは、社会的にその〈位置〉を与えられ、その役割と特質が明確にされている存在である。いわばこの時期に至ってようやく現実の〈女〉の実体が、作歌の視野に入ってきたといえようか。ほかにもあるいは〈初恋人〉や〈あの人〉〈牧場のお嫁さん〉、また古日記の〈Yといふ符牒〉が女であれば〈Y〉、などが詠まれているが、それらはすでに作者主体とは現実の関係を立ち切られた遠くかすかなつながりによるのみか、あるいは記憶のかなたに存在する追憶の対象に過ぎない。

（4）〈怒る男〉と〈怒らぬ女〉

ふたたび〈我を愛する歌〉末尾にもどろう。啄木短歌における女性との関係がこのような変化を見せていたのを念頭に置いてみれば、①⑤⑥などの〈女〉たちとの間に（妻に対してさえ）批判的な視点が導入されたのも不思議ではない。過去の回想に揺曳する女たちの記憶はともかく、現実の女はすでに作者との親密な交流を有する存在ではなく、それだけに現実の〈女〉の姿が彼女らを取り巻く制度や環境とともに目に入ってきたのである。肉眼で見た当時の女たちは時代閉塞の状況に黙従するのみで、いまだ自覚しないしむろん行動も取り得ないのは、男＝自己と同じである。そのやり場のない怒りが屈折して歌われるのであり、①〈放たれし女〉と、⑤〈女あり〉および⑥〈ふがひなき〉の間に、②「庭石に／はたと時計をなげうてる／昔のわれの怒りいとしも」、③「顔あかめ／怒りしことが／あくる日は／さほどにもなきをさびしがるかな」、④「いらだてる心よ汝はかなしかり／いざいざ／すこし呿呻《あくび》などせむ」があるのも示唆的であろう。

〈庭石に／はたと時計をなげうてる〉の②の歌において、下の句が〈昔のわれ〉となっているところから、作者の少年時代の体験だろうと表面的な解釈を下しそうになるが、おそらくそうではあるまい。明治期の時計は、置時計にしても掛け時計にしてもかなりの重量で、しかも高価な装飾兼生活必需品であり、いかに作者啄木が我儘であったとしても投げ捨てるのは不自然である。懐中時計はこの時期の少年が持つべきものではなく、腕時計などはまだ一般的なものではない。ちなみに一九〇八（明治四一）年六月二四日午前中に作られ、『暇ナ時』に記されている「わが父は何に怒るや大いなる清磁の壜を石上に撃つ」[14]があるので、この歌を変形したものだろうが、問題は〈昔のわれの怒りいとしも〉とある下の句であり、この歌は今井泰子が言うように、「周囲を全く顧慮せずにその場で即座に激しく怒りをぶつけたかつての自分」(15)を強調するための虚構歌であろう。

次の③「顔あかめ／怒りしことが／あくる日は／さほどにもなきをさびしがるかな」は、明らかに有意味な内容を関係付けて並べた歌である。直截に〈怒り〉へ身を任せたころを壊かしみ、反面、激怒しても翌日はその怒りがさほどではなくなっていることに悲しみを感じている。この前後の歌群は、おそらく〈怒り〉を基調として歌われたものであり、そのエネルギーの持続不能な現状に対する悲哀と焦燥とが表層に揺曳する。

ところで啄木の〈怒り〉の歌には、かなり顕著な特色がある。怒・憤を表現した歌の中で、作歌時と発表時、および歌集収録時に添削修正を施したものを同一歌とみなせば、以下の二〇数首であり、作歌日時順に並べてみよう。なおルビ行の〔　〕内は筆者の注記、〈　〉内は修正箇所を示す。歌全体を〈　〉で括ったものは削除歌である。

この怒とかんすべなした《〔ママ》われ男《たわけを?〕》の群にやと投《〔なぐ?〕》一くわいの火を　明治四〇年五月〜七月作歌、

苜蓿社短歌競詠草稿

われ時に君を殺して国外に遁げなむとしき《〈遁げむとまでに無事をいかれり〉》無事をいかりて　明治四四年七月一日戊申日記

わが父は何に怒るや大いなる清磁の壜を石上に撃つ　『暇ナ時』明治四一年六月二四日

我れ父の怒りをうけて声高く父を罵り泣ける日思ふ　『暇ナ時』明治四一年六月二五日

やや老いて父の怒らずなりし頃我れわが君を思ひそめてき　『暇ナ時』明治四一年六月二五日

鼻少し曲がれる人と髪赤き人に恋はれて泣きて怒りぬ　『暇ナ時』明治四一年六月二五日

怒る時必ず一つ鉢を割り九百九十九割りて死なまし　『暇ナ時』明治四一年七月一六日後『一握の砂』

天駆ける鳥を仰ぎて大木を切らむと怒る故は知らねど　『暇ナ時』明治四一年七月二二日

たへがたき怒りおぼえてわれ額に青き筋立て先ず君を蹴る　『暇ナ時』明治四一年七月二二日

すでに三日つづけて何か怒りたる父我が枕蹴ると夢に来　『暇ナ時』明治四一年七月二三日後『明星』八月

故もなく怒りをおぼゆかかること漸く多し怒り死なむぞ　『暇ナ時』明治四一年八月二九日

わがひがの下むくくせが憤ろしこの頃にくき男ににたれば　明治四十二年作歌手帳

〈歌作る田作る同じことといえば農夫も怒り歌人もいかる〉（削除歌）　明治四十二年作歌手帳

よく怒る人にてありしわが父の／日ごろ怒らず／怒れと思ふ　明治四三年三月、東京朝日新聞初出『一握の砂』

瓦斯の火を半時ばかりながめたり怒り少しく和らげるかな　明治四三年四月七日、東京朝日

新聞

死ね死ねと己れを怒り／もだしたる／心の底の暗きむなしさ　明治四三年四月二四日、東京毎日新聞『一握の砂』

泣きさわぐ幼児とそれに怒りたる母とを見るは悲しき事かな　明治四三年四月二五日、東京毎日新聞

いらだてる心よ汝はかなしかりいざ〳〵少し呿呻などせむ　明治四三年九月九日『一握の砂』

庭石に／はたと時計をなげうてる／昔のわれの怒りいとしも　明治四三年九月九日『一握の砂』

顔あかめ怒りしことが／あくる日は／さほどにもなきをさびしがるかな　明治四三年九月九日『一握の砂』

怒れども心の底になほ怒らぬところありてさびしき　明治四三年九月九日

解けがたき、／不和の間に身を処して、ひとりかなしく今日も怒れり。　明治四四年八月二一日『詩歌』後『悲しき玩具』

茶まで断ちて、／わが平癒を祈りたまふ／母の今日また何か怒れる。　明治四四年八月二一日『詩歌』後『悲しき玩具』

これらの〈怒り〉〈憤り〉の語句を用いた例をながめると、〈怒り〉の理由について多くを語らないことに気付かざるをえない。〈鼻少し曲れる人と髪赤き人に恋はれて〉のヘナブリ歌、〈歌作る田作る同じことといへば〉の削除歌、〈この頃にくき男ににたれば〉、など少数の例外はあるものの、〈泣きさわぐ幼児〉や〈解けがたき不和〉を詠んだ歌も幼児がなぜ泣きさわぐのか、どのような不和に悩んでいるのか、の具体的内容には触れられない。かえって〈何か怒りたる〉、〈故は知らねど〉、〈何に怒るや〉、〈故もなく〉と、敢えて原因を説明せず、発作的な怒りの心情を中心に形象化しているのである。

しかも〈怒り〉の主体および対象が、〈自己〉と〈家族〉に限定されている。怒るのは父母を除けば作者自身である。〈社会〉に向けた怒りは、少なくとも明示的には現れていないし、〈他者〉の怒りも歌われていない。そして父母の怒りの対象は、作者と子供、それにおそらく嫁に向けられていよう。つまり啄木における〈怒り〉は、自分自身に対する、あるいは家庭内における精神の緊張である、と言ってよい。

しかもこれらの中で、妻の怒りが一首も詠まれていないことにも気付かないわけにはいかないだろう。啄木の歌には、老母をのぞいて〈女の怒り〉を詠んだ歌はほとんどないのが特徴的である。少なくとも〈妻〉の怒った歌がないということは、啄木が伏せたか、妻が怒らなかったのどちらかであろう。啄木が伏せたとすれば、身内の恥を詠むに忍びないという気持ちがあったからだろうが、しかしそれなら明治時代の男として、父母の怒る姿をこそまず隠そうとするはずである。身内の恥は公にしないという儒教的倫理とは明らかに反する父の激怒をしばしば詠んでいるのである。妻の怒りのみを歌わなかったという理由はあるまい。

とすれば、〈わがいひつけに背かじと心を砕く〉の歌にあるように、作者の妻は意に沿うよう心を砕いて怒らなかったのである。妻が怒らなかったのは、ひたすら忍従したか、夫や家族を無視しようと努めたか、おそらく前者が多くの比重を占め、後者も晩年少なからぬ比重を占めていたと思われるが、どちらにせよ、怒りを発することのない人生とはすでに人間の生ではあるまい。想うだけでも慄然とする家畜の生である。〈わがいひつけに背かじ〉と心を砕く女の、うなだれた姿のうしろにはこのような現実が貼り付いている。

こうして怒るのは男たちだけ、となる。怒りは作者にとって、一種の生のエネルギーであったようだ。〈われ時に君を殺して国外に遁げなむとしき無事をいかりて〉の歌は、〈遁げむとまでに無事をいかれり〉という下の句を修正しながら、どこにも発表されなかった。しかしこれがよく啄木の心情を示していよう。怒りもしない安穏無事な生活は、〈君〉（おそらく相手＝妻か？）を殺して国外への逃亡を謀るほど耐え難かったのである。そして怒ると〈鉢を割り〉、〈先ず君を蹴る〉、と手近なものに当たり散らす。

だが本論で論じている時期はほとんど全て、自分に対する怒りである。しかもそのような〈怒り〉のエネルギーは、父同様作者も年齢とともに鎮静していったようで、これも啄木の女性に対する態度の変化と対応するのはいうまでもない。また右に並べた〈怒り〉の歌群にあって、初期の歌は発作的な怒りの心情を歌っているものの、明治四三年以後は、例えば父に〈怒れ〉と願い、自分の怒りは抑制し、たまさか怒ってもその裏に自意識が顔を覗かせる。

『悲しき玩具』に至っては、怒りの歌はわずか二首のみにすぎない。いずれも自ら発した怒りではなく、家庭の不和に悩む夫の歎きであり、ともに怒りよりもそれを包む悲しみが強調されている。それまでの歌群では、上の句で怒りの激発とそれに伴う行為が歌われる場合が多いが、この二首は怒りの語が最終句に置かれているのも、怒りの原因を客観的に叙述できるようになったことを示す形式上の特色ではないか[16]という指摘も成り立つだろう。

しかし〈昔のわれの怒りいとしも〉と過去の激情を懐かしむ作者は、怒りが重要なエネルギーであることを十分に意識していたようだ。〈九月九日夜〉に作った〈怒りの歌〉では、いらだちと怒りを抑えようとしつつも、怒りが持続しないことを歎き、かつての怒りを懐かしむのである。その底流には明らかに現状に対する暗い怒りが揺曳していることは疑えない。それはこれらの歌を作った時を見れば容易に推測できよう。

（5）〈秋の怒り〉――九月九日夜の作歌群

啄木が九月九日夜に作った三九首の歌を次に挙げてみる。ここでも通し番号を付けておいた。このうち、下部括弧内に注記したとおり一六首は『一握の砂』に採録されなかった（ただし32〈しんとして眠れる夜〉の歌を、歌集末尾にある〈皮膚がみな耳にてありき／しんとして眠れる街の／重き靴音〉の原型と見なすなら、不採録歌は一五首になる)。しばしば指摘されるように、歌集から排除された歌に注目すべき内容が多い。なおルビ行の〈 〉内は修正箇所を示す。

〈我を愛する歌〉末尾の一五首でも〈秋〉の語が最も多く遣われていた。それは九月九日作歌群でも変らず、34の歌に詠まれた〈秋水〉の〈秋〉を除いても一七回、33の歌の訂正前の原歌を含めるなら一八回用いられている。三九首のちょうど半数の歌に〈秋〉が含まれているのであり、しかもわざわざ第三章には〈秋風のこころよさに〉と題する部立まであるのに、そこに含めなかったのは、作歌時の〈秋〉に特別の意味があったからにほかなるまい。

1 何となく頭の中に水盛れる器ある如しぢつとしてゐる（歌集に収録せず）
2 ふるさとの床屋の鏡わが顔と麦の畑をうつせし鏡（同右）
3 いらだてる心よ汝はかなしかりいざ〱少し欠伸《あくび》などせむ
4 叱られてわつと泣き出す子供心その心になりてみたきかな
5 顔あかめ怒りしことが《〈も〉》翌日はさほどにもなきをさびしがるかな
6 何事も金々といひて笑ひけり不平のかぎりぶちまけし後
7 誰そ我にピストルにても打てよかし伊藤の如く死にて見せなむ
8 地図の上朝鮮国に黒々と墨をぬりつゝ秋風を聞く（同右）
9 明治四十三年の秋わが心ことに真面目になりて悲しも（同右）

10 売ることをさしとめられし本の著書に道にて会へる秋の朝かな（同右）

11 何となく顔が卑しき《いやしく見ゆる》邦人の首府の大空を《歩める街に》秋の風吹く《けり》（同右）

12 秋風の来るごとくに来りたる我の疑惑は人ししらなく（同右）

13 ふがひなき我が日の本の女らを秋雨の夜にのゝしりかな

14 庭石に時計をはたと擲てる昔の我のなつかしきかな

15 怒れども心の底の底になほ怒らぬところありてさびしき（同右）

16 家に入りて我壁に対す壁語らずしづかに壁を撫でゝ悲しむ《も》（同右）

17 女あり我がいひつけに背かじと心を《を何事も守らむを》砕く見ればかなしき

18 手も足も出ずと呟きて手も足も投げ出して寝る男の顔かな（同右）

19 今日よりは我も酒など呷らむと思へる日より秋風が吹く

20 大海のその片隅に《の》つらなれる島々の上に秋風の吹く

21 下らなき小説をかきてよろこべる男憐れなり初秋の風

22 秋の風今日よりは彼のふやけたる男に口を利かじと思ふ

23 男と生れ男と交り負けておりかるが故にや秋が身にしむ

24 マチすれば二尺許りの明るさの中をよぎれる白き蛾のあり

25 その昔秀才の名の高かりし友牢にあり秋の風吹く

26 いつも来るこの酒店のかなしさよ夕日赤々と酒にさし入る

27　わが友は今日も母なき子を負ひてかの城跡をさまよへるかな
28　この日頃ひそかに胸にやどりたる悔あり我を笑はしめざり
29　公園のとある木かげの捨椅子に思ひあまりて身をよせしかな
30　公園のかなしみよ君の嫁ぎてよりすでに七月来しこともなし
31　やとばかり桂首相に手とられしゆめみてさめぬ秋の夜の二時
32　しんとして眠れる夜《朝》の大道をわが足音を気にしつゝ《なつかし》ゆく　（同右）（修正歌らしきものあり）
33　実務にはやくたゝざるうた人と我見る人に金かりにけり《を訪へる秋の夜》
34　今おもへばげに彼もまた秋水の一味なりしと思ふふしもあり　（同右）
35　常日頃好みて言ひし革命の語をつゝしみて秋に入れりけり　（同右）
36　この世よりのがれむと思ふ企てに遊蕩の名を与へられしかな　（同右）
37　わが抱く思想はすべて金なきに因するごとし秋の風ふく
38　秋の風われら明治の青年の危機をかなしむ顔なでゝ《我が顔に》吹く　（同右）
39　時代閉塞の現状をいかにせむ秋に入りてことにかく思ふかな　（同右）

参考のため確認しておけば、八月二二日には東京朝日新聞に魚住折蘆の「自己主張の思想としての自然主義（上）」が載り、啄木はこの論に触発されてただちに「時代閉塞の現状」を書いたものの、発表できなかった。二二日はまた韓国併合条約がひそかに締結された日でもある。併合が国内に公表されるのは二九日（報道は三〇日）だが、この前後、各新聞は韓国併合の動きを追っており、八月二二日の当日には東京朝日新聞が「二十二日臨時枢密院会議を開き重要案件に付協議する由」との噂を載せ、翌二三日には東京朝日に「寺内統監と李総理大臣との間に特種《ママ》の協約成立」「韓国皇室の嘉納」等、大阪毎日新聞に「大事定まる」と題する長文記事等が載り、報知新聞は「今其内容を漏れ聞くに」と断りながら「日韓併合の内容」八条中七ヶ条を列挙している。いずれも情報源は明らかにされないが比較的正確な報道である。

二四日になると韓国併合の事実は半ば公になり大阪毎日は「我が政府は二十三日、協約の内容を各国政府に通知したる由」と、国内より先に外国政府に通知されたことを報じ、二五日以後は「韓国合併と米国の輿論」など、列強の思惑を気にする記事が続く。二九日に啄木の「日本無政府主義者陰謀事件経過及び附帯現象」も記すように、天皇による韓国併合詔書が公表され、翌三〇日各紙の紙面は韓国地図とともに併合記事で埋めつくされた。啄木が8の歌で塗り潰したのは、池田功がいうとおり(17)『東京朝日新聞』に掲載された地図であろう。

こうして八月後半から九月初めにかけては、韓国併合記事で各紙は覆われた感がある。関連して韓国内での内地新聞差押えが伝えられ、また抗議のための〈憤死〉事件や〈断指の誓〉も頻々と報じられる。「日本無政府主義者陰謀事件経過及び附帯現象」で啄木は、韓国併合詔書煥発と同時に神戸で「韓人と通じて事を挙げんとしたる社会主義者」逮捕が報じられたこと、および九月になってからの全国各書肆での危険思想書押収を記している。

そして九月九日になると、韓国内の「◎師範生徒不穏詳報」や「◎不平韓人妄動」を伝える朝日紙面に、「来る十五日の紙上より朝日歌壇選者石川啄木の一欄を設け、投稿を募る、歌数、用紙共に制限なし。本社編輯社会部歌壇係り宛の事」という広告が掲載されるのである。

しばらく中断していた作歌活動を、この日の夜に再開したのは、まず朝日歌壇選者となった啄木の心躍りが直接の契機となったものにほかなるまい。しかし歌の主題はいうまでもなくこの時期の「時代閉塞の現状」を歎くものである。作歌順に眺めてみると、1〈何となく頭の中に水盛れる〉の歌が、現状を考えて言いたいことが満ち満ちている啄木の心情を示しており、これが呼び水になって以下の歌が詠まれたものと思われる。その〈ぢつとしてゐる〉自己像が、2〈ふるさとの床屋〉で鏡の前に座った時の記憶を思い起こさせたのであり、また16の壁面して黙する歌、18〈手も足も出ず〉と呟く歌もどうように沈黙する以外なすすべのない状況を示している。3〜5は13・14とともに表現と行動のエネルギーが堰き止められ、発散不能の抑圧状態にあることを示していると思われる。

第八首以後の名歌の〈秋〉の語についてもはや多言は要しまい。〈秋の声まづいち早く耳に入る／かかる姓持つ／かなしむべかり〉と歌ったように季節感に敏感だった啄木であり、六月の大逆事件より日韓併合の影響が大きいと見てよいだろう。とくに九月になってから思想書の発禁が急激に厳しくなったので直接的な表現を避けたのだろうが、9〈明治四十三年の秋わが心ことに

〇日まで啄木宅へ滞在したのが呼び水となったのだろう。光子との会話で渋民の光景が目に浮かび、あたかも故郷への旅がなされたかのような心情が湧出したらしいのだが、問題は回想歌のような抒情的詠嘆と社会詠のような思想的時代批判がほぼ同時に歌われ、しかもその後短歌では前者と日常詠のみに限定した自己規定がどうしてなされたのか、である。むろん短歌表現に限界を感じたことによる一種の〈棲み分け〉を自ら課したらしいし、当時の熾烈な検閲も考慮したとはいえ、このような割り切り方がはたして可能だったのかどうか、小説もいっさい執筆しようとしなかったことも含めて未だ論じるべき問題は多い。

注

（1）『明治四十三年歌稿ノート』は明治四三年七月一五日から一〇月一三日までの作歌が記されている。歌を作った日は七月は一五・二六・二七日、八月は三・四・八・二六・二八日、そして九月九日と一〇月一三日であり、正味一〇日に過ぎない。このうち、七月の作歌中に〈赤紙の表紙手ずれし国禁の書よみふけり秋の夜も寝ず〉〈ことさらに燈火を消してまぢ〳〵と革命の日を思ひつゞくる〉等の歌がある。いわゆる〈生活派〉短歌とは明らかに異なる、これら社会批判をこめた思想的な歌を、本論では〈社会詠〉と総称しておくが、このような歌調の歌集を作る目的もあって『明治四十三年歌稿ノート』は改めて準備されたのではないか、というのが筆者の見解である。社会詠はこの後、本文中で引用する九月九日に作歌されるが、それ以後は詠まない。なお、啄木の引用は全て筑摩版の全集による。

（2）周知のように思想的な社会詠は全てと言っていいほど削除されているし、〈ことさらに燈火を消してまぢ〳〵と革命の日を思ひつゞくる〉などは、〈ことさらに燈火を消して／まぢまぢと思ひてゐしは／わけもなきこと〉と修正して『一握の砂』に採録された。理由としてはむろん当時の厳重な言論統制が第一に挙げられるだろうが、この時期以後の啄木の文学における目的意識と現実の作歌活動との乖離を見れば、自己の文学活動を硬質な社会評論と日常的な生活短歌とに意図的に分離する覚悟を決めたと判断するのが最も妥当であろう。

（3）啄木全集解題にあるように、啄木が東雲堂と歌集出版の契約を結ぶのは一〇月一〇日であり、最初東雲堂へ渡した原稿は八月四日までに作られた歌約四〇〇首だったが、その後大幅に取捨あるいは追加して一〇月末の最終稿では五五一首となった。校正刷りに次々と追加していき、最後に一〇月二八日長男真一の死亡時に八首を載せた、という経過を見るなら、配列を極端に動かせる可能性はあまりないだろう。むろん部分的には歌集冒頭の砂の歌連作のように意図的な配列はあるが、渋民および北海道回想歌は主として思い浮かぶ順に作歌したものであり、歌の配列よりも頭の中での空想における虚構世界が先にあり、その空想の観念連合があたかも配列したかのような効果を発揮した、と見る視点も必要なのではないか。しかしここでは『一握の砂』全体の構成には触れず、一五首に関する問題だけを取り扱う。

（4）『明治四十三年歌稿ノート』にある一〇月一三日の制作時の歌は『一握の砂』収録と同じ内容だが一行書き、同年一二月の『スバル』では、下の句が〈弱き男もこの日今知る〉と変っている。

（5）岩城之徳著『近代文学註釈大系石川啄木』一九六六年一一月、有精堂。

(6) 岩城之徳著『啄木歌集全歌評釈』一九八五年三月、筑摩書房。
(7) 今井泰子『日本近代文学大系23 石川啄木』一九六九年一二月、角川書店。
(8) 白柳秀湖「放たれし少女を想ふ」一九〇八(明治四一)年五月三日『読売新聞』七面。数段にわたる長文記事で、老いた世代と若い青年男女の思想的断絶を問題にしており、啄木の基本思考に近い。
(9) 明治四三年六月一三日付岩崎正宛書簡によれば、『我等の一団と彼』は五月下旬から既に六〇枚ほど書いており、まだ三〇余枚書けそうだとある。一方、六月初めに大逆事件が報道されはじめ、啄木は「日本無政府主義者陰謀事件経過及び附帯現象」を六月二日から採録した。『我等の一団と彼』が何時擱筆されたかは不明だが、おそらく六月半ば以後であり、それから翌七月の『明治四十三年歌稿ノート』が作成されるのである。したがって『我等の一団と彼』執筆時の思想と『明治四十三年歌稿ノート』製作時の心情とは遠く隔たったものではない。
(10)『婦人参政関係資料集』一九八六年一一月、財団法人市川房枝記念会発行。これによれば二番目に一九〇二年オーストラリア、以下一九一三年フィンランド、一九一三年ノルウェー、一九一五年デンマークと続く。しかしこれは国会議員選挙権獲得状況を示しただけであり、実際にはそれ以前に各地方自治体議員としての選挙権及び被選挙権を次々と獲得し、それによって推薦による上院議員となる道も開けたのである。
(11) 森口繁治著『近代婦人問題名著集』(社会問題編 第一一巻 婦人参政権論)一九八三年五月、日本図書センター。

(12) 明治四三年一二月二一日宮崎郁雨宛書簡に「社会組織、政治組織、家族制度、教育制度、その他百般」について論じたい、と書いたのをはじめ、翌明治四四年一月二二日平出修宛書簡、二月六日大島経男宛書簡などで新雑誌『樹木と果実』への抱負を繰り返し語っている。この件に関しては本紙前号(二『樹木と果実』と「歌のいろ〳〵」について」『論究』第十二号、一九九七年三月)に書いたので参照されたい。

(13) アメリカのベラミーが書いた未来記 *LOOKING BACKWARD* を、堺利彦が『百年後の新世界』として抄訳し、一九〇三(明治三六)年九月二日発行『家庭雑誌』に掲載したもの。百十三年後(西暦二千年となっている)の世界で、恋人の曾孫と出会った主人公が、その一家から未来社会の仕組を聞く、という夢物語である。『家庭雑誌』は堺利彦が明治三六年に創刊し、大杉栄の最初の妻堀保子も後に編集した。初期は小市民的な家庭論が主だったが、ところどころ明治期の婦人論として見過せぬ言説がある。

(14) 一九〇八(明治四一)年六月二四日午前中に作られ、『暇ナ時』に記載、『明星』にも掲載されているが歌集未収録。

(15) 前記、角川版『日本近代文学大系28 啄木集』頭注参照。

(16) 一九九七(平成九)年一月十五日に催された国際啄木学会東京支部会に出席された碓田のぼる氏の御意見である。感情語が冒頭に来るのは、強く印象に焼き付いた場合の表現であるのではないか、という意味の指摘であり、たしかにそうではないかと思われる。

(17) 池田功「『朝鮮国』の歌の黒塗りについて」『国際啄木学会東京支部会会報』第二号、一九九九二年四月。
(18) この時の〈秋〉の歌に韓国併合の影響があることは、既に池田功「石川啄木における朝鮮」(『明治大学文学部紀要文芸研究』一九九二年二月)や岩城之徳「日韓交流時代の石川啄木と松本清張」(『国際啄木学会会報』第七号一九九五年八月)が指摘しており、筆者も前記一九九七年一月一五日の東京支部会で触れたが、しかし啄木自身が〈地図の上朝鮮国に黒々と〉以外に全く韓国について直接言及していないのは気になるところである。
(19) 前記注(6)参照。
(20) 同注(7)頭注参照。
(21) 同注(18)池田論文参照。
(22) この問題に関しては拙稿「韓国併合報道と『時代閉塞の現状』」『国際啄木学会東京支部会会報』第五号、一九九七年一月に記しておいた。
(23) 前記注(6)参照。
(24) 同注(7)補注参照。
(25) 拙稿「大逆事件と石川啄木(一)」『明治大学文学部紀要』第七十四号(本書第四部四章一節として収録)、一九九五年九月、および「『所謂今度の事』の執筆時期と同時期の短歌について」『国際啄木学会東京支部会会報』第四号、一九九五年一一月参照。

あとがき

「大逆事件」から九六年が過ぎた。九六年の時間をさかのぼれば、一九一一（明治四三）年一月一八日、大審院において明治天皇にたいする暗殺謀議により幸徳秋水ら二四名に死刑の判決が下された。そして、ほぼ一週間後に半数の一二名が東京監獄において絞首刑に処せられた。それから、やがて一世紀を迎えることになる。いまでは、処刑された一二名の名前を記憶しているひとは稀となっている。

こころみに、百年の半分の五〇年をとってみよう。「大逆事件」五〇年は、一九六一（昭和三六）年にあたる。この年、死刑判決を受け、翌日恩赦により無期懲役に減刑され、足掛け二五年にわたる獄中生活に耐え抜いた坂本清馬と処刑された森近運平の妹、栄子による再審請求がなされた。前年の一九六〇年二月、再審請求を支援する市民団体、「大逆事件の真実をあきらかにする会」が結成されている。「大逆事件は生きている」、その結成「趣意書」の冒頭にこの言葉がおかれている。続けて次のようにいう、「非公開の暗黒裁判が、幸徳秋水ら一二名を絞首台に立たせ、坂本清馬ら一二名を無期懲役に送りこんでから、半世紀の歳月がながれた。歴史の回り舞台は、この旧刑法第七三条（皇室危害罪）の被害者をわれわれの前にふたたび押し出してきたのである」と。「趣意書」はさらにいう、「大逆事件がフレーム・アップ（でっちあげ）といわれるのは、判・検事が架空の共同謀議をつくりあげていたからである。強制的な自白によつて、暗殺計画と無関係な人たちまで処刑されたが、証拠らしい証拠はなにもなかつた。まつたくひどい残酷物語であつた。再審請求とは、この大逆事件の真相をひろく伝えて、ギセイ者の記憶をあたらしく復活させることである。うしなわれた生命はとりかえせないにしても、基本人権の立場から、まちがつた裁判で傷つけられた名誉と利益を回復することである」。その再審請求は、大審院による死刑判決から五〇年目の一九六一年一月一八日、東京高等裁判所に提出された。そして、一九六五年一月審理終結、同年一二月一〇日東京高裁は請求棄却を決定した。弁護団は直ちに最高裁判所へ特別抗告をおこなった。最高裁では、翌年小法廷から大法廷へと審理が移され、一九六七年七月五日大法廷において特別抗告の棄却の決定がなされた。つまり、再審請求は認められなかった。以来、「大逆事件」は法律的には依然として有罪であることが確定したままなのである。

それから、やがて五〇年を迎えようとしている。一九八三年、再審請求の主任弁護人であり、「大逆事件の真実をあきらかにする会」の事務局長をつとめた森長英三郎が亡くなった年、私が大原慧から事務局長を引き継ぐことになった。生前、森長は私に、再審請求を続けることは「新しい証拠」の発見ということでも、また請求人にかかる負担の面においても困難がともなうこと、むしろ裁判所を通しての法的な無罪の獲得ということよりも、市民的な復権運動をおこなうことの必要性についての話をしてくれた。そのために、二六名の被告たちが何を考えていたのか、どのような行動をおこなったのか、そのことを検証することの重要性を説き、以後、『幸徳秋水全集』や『大石誠之助全集』にかかわり、大石誠之助や内山愚童の伝記を刊行した。このような動向は、森近運平や管野須賀子の全集刊行へと繋がっていった。

他方では、名誉回復にむけての運動もおこり、一九九三年二月曹洞宗宗議会において内山愚童についての名誉回復決議がおこなわれたのをはじめとして、一九九三年四月には真宗大谷派が高木顕明の「擯斥」処分を取り消し、また同年九月臨済宗妙心寺派の統務局会議が峯尾節堂にたいしても同様な決定をおこなった。他方、一九九五年二月、中村市（現四万十市）において秋水研究会が発足し、二〇〇〇年三月には「幸徳秋水を顕彰する会」を結成、幸徳秋水の復権にむけての運動を開始し、二〇世紀の最後の一二月、中村市議会において幸徳秋水についての顕彰決議が満場一致で可決された。新宮市においては、二〇〇〇年六月、新宮市、真宗大谷派、熊野大学の三団体共催による「人権と文化、新宮フォーラム二〇〇〇」が開かれ市民的復権運動が盛り上がりをみせ、二〇〇一年九月市長提案による「新宮グループ」六名についての名誉回復宣言が市議会において全会一致でなされた。さらに、二〇〇四年一一月和歌山県本宮町議会は、成石勘三郎・平四郎兄弟を含む「新宮グループ」六名についての名誉回復と顕彰決議をおこなった。こうして「大逆事件」をめぐる動向は、森長英三郎の予見した方向へと確実に進んできた。「大逆事件の真実をあきらかにする会」は、このような全国における復権運動のネットワークの中心的役割を果している。そして、会報である『ニュース』は、本年で四六号を数え、各地での運動報告や関係文献の紹介を掲載している。「大逆事件」は、いま依然として「生きている」のである。

本書は、もともと明治大学人文科学研究所「総合研究」の報告書として刊行されたものである。いま、その普及本を刊行するにあたって新しい「あとがき」を付している。本書の意図するところは、すでに「序説」において述べているが、「大逆事件」についての全体像を概説するために編集されているものではない。むしろ、無罪論あるいは無実論をこえた、「大逆事件」についての新しい評価をおこなおうとする一つの試みとして理解していただければ幸いである。むろん、タイトルとして付したように、私たちが出発点としたところは「言説」であった。そのことは、他方に「緘黙」を意識してのことであった。その「緘黙」は、後に紹介するように若き弁護士、平出修の遺した言葉であった。

平出は一八七八年、新潟県に生まれた。一九〇一年妻をともなって上京、明治法律学校に入学、一九〇三年に優秀な成績で卒業、その年の判検事試験に合格した。平出が明治法律学校に入学したのは二四歳、それなりの社会経験を経ての入学ということもあってか、二年生のときに『新派和歌評論』、三年生のときには『法律上の結婚』を刊行している。後者には、岸本辰雄校長自らが序文を書いている。このように平出は在学中から文学と法律という「二筋の道」を歩むことになった。「大逆事件」においては、『明星』や『スバル』の仲間であった与謝野寛（鉄幹）の依頼により、「新宮グループ」と呼ばれる被告のうち高木顕明と崎久保誓一を私選で担当した。平出修の弁論要旨は「手控」として残されている。その弁論の先は、平沼騏一郎大審院次席検事らにより展開された、事件の動機を被告らの「信念」にあるとした見解に向けられている。平沼らは、被告らは「無政府主義者」であり、「無政府主義者」であるがゆえに「国家組織」を破壊する動機があると主張する。平出はいう、「無政府主義」と呼ばれている思想にも、時代や人物によって違いがあり、一律に「破壊」と結びつけることは間違っている。そもそも思想は時代変遷のなかで捉える必要があり、「新思想」というものは、つねに「在来思想」に対しては「危険」であり、「破壊」的にみえるものである。そのいずれかが生き残っていくのかは、どちらの思想が「人間本然の性情」に合致しているかによって決定されるものである。それを外部から「圧抑」しようとしても「徒労」に終わるものである。高木と崎久保の弁護人として平出は、そもそも被告たちに「無政府主義」という信念があったかといえば、彼等の言動のどこにもそのような証拠は見当たらないではないか。したがって、有罪とする論拠は成り立たない、こう平出は主張したのである。管野須賀子は、この平出の弁論について、一月九日の平出宛の獄中からの書簡で、「力ある御論、殊に私の耳には千万言の法律論にもまして嬉しき思想論を承はり、余りの嬉しさに仮監に帰りて直ちに没交渉の看守お人に御噂致し候程にて候」と感謝の念を述べている。平出は、また「訴訟記録」に記載されている文字を離れて事件の本質を見ることの重要性を「後に書す」(『定本平出修集』春秋社、一九六五年六月)に書き残し、「本件犯罪は宮下太吉、管野スガ、新村忠雄の三人により企画せられ、稍実行の姿を形成して居る丈けであつて、終始此三人者と行動して居た古河力作の心事は既に頗る曖昧であつた」と断言している。そして、幸徳秋水については、「彼は死を期して法廷に立ち、自らの為に弁疏の辞を加へざりし為、直接彼の口より何物をも聞くを得なかつたとは云へ、彼の衷心大に諒とすべきものがある」として、同情を示している。

一九一一年一月一八日、大審院における幸徳秋水ら二四名に対する死刑判決直後に書かれた「後に書す」において、平出修は「司法権の威厳は全く地に落ちてしまつたのである」と弾劾する一方で、「余は国家権力に服従せねばならぬ。法律秩序に強制されねばならぬ」ともいう。そのうえで、「記録された文字」の外にある「真実」を発見する必要性を説き、自分はその「真実の発見者」であると主張して次のようにいう、「大審院判官諸公は遂に余の発見せし真実を明確に看取するを得なかつたのである。彼等は国家の権力行使の機関として判決を下し、事実を確定した、けれどもそれは彼等の認定した事実に過ぎないのである、之が為に絶対の真実は或は誤り伝へられて、世間に発表せられずに了るとしても。其為に真実は決して存在を失ふものではないのである、余は此点に於て真実の発見者である。此発見は千古不磨である、余は今の処では之れ丈けの事に満足して緘黙を守らねばならぬ」と。平出の「緘黙」から、九六年が経過し、「大逆事件」もやがて百年を迎えることになる。私自身は、「大逆事件」については有罪、無罪論をこえた歴史的評価の必要な時期にきていると思っている。それは平出が裁判を通じて「発見」した「真実」という以上に、近代日本のなかで「大逆事件」は何であったのかという歴史的問いであり、解答でなければならない。本書は、「誤り伝へられ」た言説のなかから、そのような「真実」を発見する試みの一つにすぎないが、一九一四年三月、三五歳の若さで亡くなった平出修の「緘黙」にどれほど拮抗できているであろうかと考えれば、依然として忸怩たるものがある。

本書出版については、明治大学人文科学研究所にお世話になったことはもちろんであるが、また長年の友人である論創社社主、森下紀夫氏のご助力をいただいた。また、校正においては初期社会主義研究会の志村正昭氏からのご支援をいただいた。いずれも感謝申上げたい。

山泉 進

二〇〇七年八月

〔執筆者紹介〕

山泉　進（やまいずみ・すすむ）
1947年、高知県生まれ。明治大学法学部教授
編著書・解題　『社会主義事始』（社会評論社、1990）、『「大逆事件」関係外務省往復文書』（不二出版、1993）、『社会主義の誕生』（論創社、2001）、『幸徳秋水』（論創社、2002）、『安部磯雄』（論創社、2003）、『平民社の時代』（論創社、2003）、『帝国主義』（幸徳秋水著、岩波文庫、2004）、他。

佐藤嗣男（さとう・つぐお）
1943年、宮城県生まれ。明治大学商学部教授
著書　『芥川龍之介』（おうふう、2001）、他。

吉田悦志（よしだ・えつし）
1949年、岡山県生まれ。明治大学政経学部教授
共著　『平野謙研究』（明治書院、1987）、他。

小川武敏（おがわ・たけとし）
1942年、長崎県生まれ。明治大学文学部教授
著書　『石川啄木』（武蔵野書房、1989）、他。

〔新装版〕
大逆事件の言説空間〔明治大学人文科学研究所叢書〕

2007年９月20日　初版第１刷印刷
2007年９月25日　初版第１刷発行

編著者　山泉　進
発行人　森下紀夫
発行所　論　創　社
〒101-0051
東京都千代田区神田神保町2-23　北井ビル2F
振替口座　00160-1-155266　電話03（3264）5254　http://www.ronso.co.jp/
印刷・製本　中央精版印刷
ISBN978-4-8460-0677-8